WiSt-Taschenbücher
Wirtschaftswissenschaftliches Studium

herausgegeben von
Prof. Dr. Dr. h.c. Erwin Dichtl
Prof. Dr. Otmar Issing

Geschichte der Nationalökonomie

Herausgegeben von

Prof. Dr. Otmar Issing

Mit Beiträgen von

Prof. Dr. Peter Dobias
Prof. Dr. Ernst Helmstädter
Prof. Dr. Hans-Joachim Jarchow
Prof. Dr. Manfred Neumann
Prof. Dr. Heinz Rieter
Prof. Dr. Bertram Schefold und Kristian Carstensen
Prof. Dr. Francesca Schinzinger
Prof. Dr. Karl-Heinz Schmidt,
Prof. Dr. Jochen Schumann
Prof. Dr. Joachim Starbatty

3., überarbeitete und ergänzte Auflage

Verlag Franz Vahlen München

Die Deutsche Bibliothek – CIP-Einheitsaufnahme

Geschichte der Nationalökonomie / hrsg. von Otmar Issing.
Mit Beitr. von Peter Dobias ... – 3., überarb. u. erg. Aufl. –
München : Vahlen, 1994.
(WiSt-Taschenbücher)
ISBN 3 8006 1762 5
NE: Issing, Otmar [Hrsg.]; Dobias, Peter

ISBN 3 8006 1762 5

Satz und Druck: C. H. Beck'sche Buchdruckerei, Nördlingen

Vorwort zur 1. Auflage

Vorlesungen zur „Geschichte der volkswirtschaftlichen Lehrmeinungen" oder wie es meist kurz hieß zur „Dogmengeschichte" zählten bis in die 50er Jahre zum Kanon des Lehrprogramms an den deutschen Universitäten. Im Überschwang der Rezeption und Fortentwicklung der modernen Theorie geriet jedoch diese Tradition in der Folgezeit immer mehr in Vergessenheit; schließlich suchte man in vielen Vorlesungsverzeichnissen vergeblich nach entsprechenden Ankündigungen. Seit einiger Zeit ist nun ein neuerwachtes Interesse an diesen Fragen festzustellen. Stellvertretend sei nur auf die Gründung eines „Dogmengeschichtlichen Ausschusses" im *Verein für Socialpolitik* hingewiesen.

Dank der Mitwirkung führender Autoren konnten wir für WiSt eine Serie zur „Geschichte der Nationalökonmoie" realisieren. Zwölf Beiträge, die im Laufe des Jahres 1983 erschienen sind, haben in einer auch für den studentischen Leser verständlichen Form über die Entwicklung unseres Faches von den Anfängen bis zur Gegenwart informiert. Nach der erfreulichen Resonanz, die von diesen WiSt-Artikeln ausging, faßt nun das vorliegende Taschenbuch die überarbeiteten und zum Teil ergänzten Aufsätze zusammen. Aufgrund der hervorragenden Kooperation aller Autoren innerhalb des Gesamtkonzeptes ist ein Werk von erstaunlicher Homogenität entstanden, das einen ausgezeichneten Überblick über dieses wichtige Gebiet gibt. Dafür schulde ich den Autoren herzlichen Dank.

Würzburg, im Winter 1983/84 *Otmar Issing*

Vorwort zur 3. Auflage

Das Interesse an der Geschichte der Nationalökonomie hält unverändert an. Der Erfolg dieses Buches mag zum einen als Beleg dieser Aussage gelten, zum anderen aber auch als Bestätigung einer Konzeption, die auf der Basis einer Artikelserie in WiSt von Anfang an auf eine verständliche Darstellung ausgerichtet war.

Leider sind in der Zwischenzeit drei Autoren verstorben. Für die Neuauflage konnte ich die Kollegen *Heinz Rieter, Bertram Schefold* und *Karl-Heinz Schmidt* gewinnen, die ihre jeweiligen Gebiete in völlig neuen Beiträgen behandelt haben. Alle übrigen Artikel wurden überarbeitet und teilweise erheblich ergänzt. Allen Autoren habe ich für die gute Zusammenarbeit zu danken. Herr Dr. *Hermann-Josef Hansen* hat mich bei der Redaktion unterstützt.

Frankfurt am Main, im März 1994 *Otmar Issing*

Inhaltsverzeichnis

Die Geschichte der Nationalökonomie als Geschichte ihres Fortschritts

Eine Exposition zur Dogmengeschichte

Ernst Helmstädter

1. Hat die Nationalökonomie Fortschritte gemacht?

Die folgende Einführung in die Dogmengeschichte geht davon aus, daß die Geschichte der Nationalökonomie die Geschichte ihres Fortschritts ist. Dieser Ausgangspunkt ist nicht unumstritten, weil der Fortschritt in diesem Fach als eine fragwürdige Kategorie gelten muß. „... sofern man überhaupt von einem ‚Fortschritt' sprechen kann, vollzieht er sich auf Umwegen, nicht nach dem Gebot der Logik, sondern unter dem Ansturm neuer Ideen, Beobachtungen oder Bedürfnisse oder unter dem Diktat der geistigen Interessen und Temperamente neuer Persönlichkeiten" [*Schumpeter*, 1965, S. 33].

Selbst wenn es in dieser Wissenschaft Fortschritt gibt, bleibt offen, was er wirklich bedeutet: „Die wissenschaftliche Ökonomie, soll sie eine Wissenschaft sein, unterscheidet sich von anderen Wissenschaften dadurch, daß sie nicht notwendig einen Fortschritt von vagen zu gesicherten Erkenntnissen für sich in Anspruch nehmen kann; in ihr gibt es keine unentwegte Suche nach Wahrheit, die – ist sie einmal aufgespürt – Ewigkeitswert erhält und alle widersprechenden Ansichten dem Vorwurf der Konfusion aussetzt" [*Gray, A.*, zitiert nach *Blaug*, 1971, S. 26].

Die Lösung des damit angedeuteten Dilemmas wird hier in der **Unterscheidung von drei Arten des Wissensfortschritts** gesucht. Diese Unterscheidung eröffnet die Möglichkeit, den für die Geschichte eines Wissenszweiges unentbehrlich erscheinenden Begriff des Fortschritts nutzbar zu machen, ohne ihn des für die Wirtschaftswissenschaften angezeigten ambivalenten Charakters zu berauben. Es geht somit um die Möglichkeiten der fortschreitenden Entfaltung eines Wissensgebietes und das neue Fachverständnis, das sich hieraus ergibt.

2. Kumulativer, substitutiver und zirkulärer Fortschritt

Jede Wissenschaft hat ihre Geschichte – selbstverständlich! Kein wissenschaftliches Fach ist je von einem noch so genialen Forscher zugleich ursprünglich und abschließend geschaffen worden. An der **Entwicklung** einer Wissenschaft arbeiten Generationen von Wissenschaftlern, für die gerade auch die weiteren Entwicklungsmöglichkeiten den Reiz des Faches ausmachen.

Ein abgeschlossenes Fach – wenn es so etwas gäbe – wäre uninteressant. Wissenschaft ist die Suche nach **neuer** Erkenntnis. Wo Stillstand eintritt, endet die Geschichte einer Wissenschaft.

Die Geschichte einer Wissenschaft kann man mit dem ökonomischen Prozeß der Kapitalakkumulation vergleichen. Es findet eine fortwährende Wissensakkumulation statt, laufend werden neue Erkenntnisse dem vorhandenen Wissensbestand hinzugefügt. Die neuen Erkenntnisse können das schon vorhandene Wissen **ergänzen und erweitern, aber auch zuweilen wertlos machen.** Sicher geglaubtes Wissen kann in Vergessenheit geraten oder uninteressant werden. Der Bestand an Humankapital, über den ein wissenschaftliches Fach verfügt, weist nicht nur laufende Zugänge sondern eben auch Abgänge auf.

Je nach dem besonderen Verhältnis zwischen Zugängen, Bestand und Abgängen ist die Geschichte eines wissenschaftlichen Fachs **nichts weiter als Geschichte** oder aber **selbst eine Erkenntnisquelle.** Wenn die Entwicklung einer Wissenschaft einen „kumulativen Fortschritt" [*Max Scheler,* 1921, S. 31] aufweist, bei dem Stein um Stein aufeinander gefügt wird, beschreibt ihre Geschichte den Prozeß der Ausweitung der Erkenntnisse oder, wie wir sagen wollen: einen **Erweiterungsprozeß** des Wissens. Die Abgänge sind in solchen Fällen minimal, wenn man von der Ausscheidung fehlerhafter Erkenntnisse absieht, die Zugänge an neuem Wissen erweitern den Wissensbestand **kumulativ.** Es gibt einen ständigen Fortschritt, den *Max Scheler* für die positiven Wissenschaften als typisch betrachtet [*Beckerath,* 1962].

Wenn hingegen die Entwicklung in der Weise abläuft, daß die neuen Erkenntnisse alte Erkenntnisse, die bei zutreffenden Voraussetzungen gar nicht falsch sein mußten, obsolet werden lassen, die Zugänge zum Wissensbestand also entsprechende Abgänge verursachen, dann erfolgt der Fortschritt durch Auswechslung einzelner Bausteine des Wissensbestandes. Wir wollen in diesem Falle von **substitutivem** Fortschritt sprechen. Wenn der Fortschritt von dieser Art ist, stellt sich die Geschichte des betreffenden Fachs als ein ständiger **Neuerungsprozeß** dar. Um das Fachwissen zu beherrschen, braucht man nicht in die Vergangenheit zurückzugreifen. Die „falschen Ansichten toter Männer“ sind wertlos.

Diesen beiden Formen des **kumulativen** und des **substitutiven** Wissensfortschritts, die es auch in der Nationalökonomie gibt, ist eine weitere, **unechte** Form des Fortschritts hinzuzufügen: der **zirkuläre** Fortschritt, die **Wiederkehr** obsolet gewordener Erkenntnisse. „Max Scheler hat einmal gesagt, der Metaphysik fehle zwar der ‚kumulative Fortschritt‘, der zum Wesen der positiven Wissenschaften gehöre, aber dafür könnten ihre Resultate auch nicht ‚entwertet‘ werden, wie es bei den fortschreitenden Wissenschaften der Fall sei“ [*Beckerath,* 1962, S. 328].

Daß es in der Nationalökonomie **zirkulären** Fortschritt gibt, liegt vor allem daran, daß ihr Erfahrungsgegenstand, die tatsächliche Wirtschaft, immer wieder die gleichen oder ähnliche Probleme aufwirft: Geldwertschwund, Handelsbilanzungleichgewicht, Depression, Arbeitslosigkeit usw. Mit der mehr oder weniger periodischen Wiederkehr solcher Probleme des **Erfahrungsgegenstandes Wirtschaft** stellen sich beim **Erkenntnisgegenstand Wirtschaftswissenschaft** wechselnde Akzentuierungen der Fragestellung ein. Alte Erkenntnisse können neue Aktualität erlangen. Es kann dann auch der Fall sein, daß die alten Erkenntnisse längst in Vergessenheit geraten sind und die Neubelebung, bewußt oder unbewußt, davon unabhängig erfolgt.

Fritz Neumark hat das, was wir unter **zirkulärem Fortschritt** verstehen, in einem interessanten Beitrag mit zahlreichen Beispielen (er würde spöttisch sagen: „Exempel von Beispielen“) belegt und auch gefragt, ob nicht gar die **Hektik des modernen Forschungsbetriebes selbst** (siehe den Slogan „Publish or perish“) die Unkenntnis alter Theorien begünstige. „Diese hat u. a. zur Folge, daß das Hauptbestreben der Autoren ‚neuer‘ Lehren dahin geht, das genaue Gegenteil der gerade herrschenden zu behaupten – ein unendlicher Prozeß, der wegen der erwähnten Unkenntnis mit der Verschwendung intellektueller Ressourcen verbunden ist“ [*Neumark,* 1975, S. 258, Fn. 3]. Auf die Tatsache, daß diese Unsitte auch in der Betriebswirtschaftslehre gang und gäbe ist, hat *Peter Eichhorn* hingewiesen: „Was teilweise als wissenschaftlicher ‚dernier crie‘ ausgegeben wird, entstammt oft dem Gedankengut vorausgehender Generationen“ [*Eichhorn,* 1984, S. 19].

Ein wichtiger Umstand für die Möglichkeit der Wiederkehr alter ökonomischer Theorien liegt in der prinzipiellen Schwierigkeit, eine solche Theorie endgültig zu widerlegen. Die Voraussetzungen, unter denen eine bestimmte Erkenntnis zwingend gelten soll, sind niemals vollständig zu erfassen. Eine zunächst widerlegte Theorie kann durch explizite Berücksichtigung vorher ungenannter Voraussetzungen möglicherweise wieder Gültigkeit erlangen. Ein Teil der Annahmen, unter denen eine Theorie gelten soll, ist auf **Werturteile** gegründet, die nicht jedermann teilen muß. Mit dem Wandel der Werturteile wandeln sich die Annahmen und Voraussetzungen einer Theorie, so daß der Wert ihrer Aussagen beträchtlichen Schwankungen unterliegen kann.

Wir sagten oben, daß es in der Nationalökonomie **unechten, zirkulären Fortschritt** gibt. Unecht ist dieser Fortschritt, insofern dabei relativ Neues durch Altbekanntes ersetzt wird. Für die Protagonisten einer alten Lehre, die gegen die herrschende Lehre ankämpfen, ist die Wiederkehr der alten Lehre (gewiß auch meist in neuem Gewand) ein Fortschritt, für die Vertreter der noch herrschenden Lehre dagegen nicht. Ob es sich also um Fortschritt handelt, ist beim **zirkulären Fortschritt Ansichtssache.** Der zirkuläre Fortschritt der Wissenschaft ist ein **dialektischer Prozeß, ein Meinungsstreit,** bei dem es keine endgültigen Sieger gibt.

3. Formen des Wissensfortschritts und Wissenschaftsgeschichte

Wir unterscheiden drei Formen des Wissensfortschrittes: **kumulativen, substitutiven** und **zirkulären** Fortschritt. In der Geschichte einer jeden Wissenschaft kommen diese drei Kategorien vor. Ihr Gewicht ist jedoch von Fach zu Fach verschieden. Und je nach der Bedeutung der drei Fortschrittsarten des Wissens für ein bestimmtes Fach steht die Fachgeschichte unter anderem Vorzeichen.

Bei **kumulativem** Fortschritt, der einem Prozeß der Wissens**erweiterung** zugrunde liegt, interessiert speziell die Datierung der neuen Erkenntnisse oder anders ausgedrückt: die **Prioritätsfrage.** Wer hat wann die erste Idee gehabt und wer hat den entgültigen Beweis für eine bestimmte Theorie geliefert? **Typisch hierfür ist die Geschichte naturwissenschaftlicher Entdeckungen.**

Unter **substitutivem** Fortschritt, der einen **Neuerungsprozeß** des Wissensstandes vorantreibt, hat man sich in der Regel eine Entwicklung vorzustellen, die von grundlegenden Änderungen in der Methode oder auch neuen Fragestellungen getragen wird. In jedem Fall wird das betreffende Fach dann **von Grund auf** verändert bzw. erneuert. Für die Wirtschaftswissenschaften kann als Beispiel die durchgehende Mathematisierung gelten, die in den vergangenen Jahrzehnten vorangetrieben wurde. Aber auch der Übergang von der objektiven Wertlehre der Klassik zur subjektiven Wertlehre der Neoklassik kann zum Teil im Sinne eines substitutiven Fortschritts aufgefaßt werden. Die subjektive Wertlehre löst das klassische **Wertparadoxon** und ersetzt eine ungelöste Aufgabe durch ihren Lösungsvorschlag. Die Geschichte des **substitutiven** Fortschritts ist die des **Methoden-** und des **Paradigmenwechsels** [*Kuhn*, 1967] oder etwas dramatischer – wenn man etwa an die Naturwissenschaften denkt – die **Geschichte der wissenschaftlichen Revolutionen.**

Der **zirkuläre** Fortschritt im Rahmen eines dialektischen Prozesses zeichnet die Sozialwissenschaften und auch die Nationalökonomie in besonderem Maße aus. Insoweit ist die Geschichte der Nationalökonomie in beträchtlichem Umfang die Geschichte **wiederkehrender Auseinandersetzungen um die grundlegenden Positionen,** von denen aus dieses Fach zu begreifen ist. Dieser Teil der Geschichte der Nationalökonomie lehrt, **wie unter sich verändernden Bedingungen der Objektwelt Wirtschaft sich die Versuche ihrer wissenschaftlichen Analyse einander ablösen, befruchten und fortentwickeln.**

Die Geschichte der Nationalökonomie umfaßt je nach der Art des Fortschritts, die für ihre unterschiedlichen Bestandteile maßgeblich sind, unterschiedliche Aspekte, die nun im einzelnen zu erläutern sind.

4. Die Erfahrungen: kumulativer Fortschritt

Die Nationalökonomie ist eine Erfahrungswissenschaft. Ohne Zweifel hat das Wissen über den Erfahrungsgegenstand Wirtschaft in Form von Statistiken, Berechnungen und sonstigen prä-theoretischen Informationen mit der Entwicklung des modernen Informations- und Verkehrssystems laufend zugenommen. Zu einem gewissen Teil stehen wir heute nicht mehr vor einem Daten**erfassungs-** und auch nicht vor einem Daten**verarbeitungs**problem, sondern vor Fragen der analytischen Auswertung.

Auch hierbei ist deutlich geworden, daß die Daten nicht von alleine sprechen. Man muß an die Daten beantwortbare Fragen stellen. Die Auswertung des kumulativ wachsenden Informationswissens verlangt wegen der Komplexität des Gegenstandes nach theoretischen Ansatzpunkten.

Grundsätzlich wäre es ja vorstellbar, daß die Beobachtung des Wirtschaftsprozesses, wenn sie bis zur letzten Wirtschaftseinheit und den Einzelheiten ihrer Entscheidungssituation durchdringt, eine vollständige Beschreibung des Wirtschaftsprozesses liefern würde. Das wäre die

„Entdeckung" der Wirtschaft durch vollständige Beschreibung. Aber die Wirtschaft wäre so dennoch nicht zu begreifen! **Die nicht durchdringbare Komplexität des wirtschaftlichen Prozesses verlangt nach begreifbarer Reduktion des Komplexitätsgrades durch theoretische Reflexion.**

Der kumulative Fortschritt des Informationsangebots über den Erfahrungsgegenstand Wirtschaft eröffnet die vielerlei Möglichkeiten der angewandten Wirtschaftsforschung. Von der *King*schen Regel [*Gregory King*, 1648–1712, siehe *Helmstädter*, 1981, S. 98] bis zu den heutigen ökonometrischen Modellen einer Volkswirtschaft führt ein weiter Weg der **empirischen Nationalökonomie.** Er wurde durch den Fortschritt der Datenerfassung ermöglicht. Die Geschichte dieser Entwicklung ist bis heute noch nicht geschrieben. Aber gleichwohl darf über das Faktum selbst im Rahmen einer Geschichte der Nationalökonomie nicht hinweggesehen werden.

Wir sagten oben, daß der kumulative Fortschritt die Geschichte der Entdeckungen einer Wissenschaft ist. „Entdeckungen" im eigentlichen Sinne gibt es jedoch in der Nationalökonomie nicht. Außer den Verbesserungen in der Erfassung der Erfahrungswelt gibt es wohl kaum nennenswerte weitere Beispiele kumulativen Fortschritts in der Nationalökonomie.

Zu denken wäre allenfalls noch an die Leistungen auf dem Gebiet der **Taxonomie.** Es hat sich Schritt für Schritt ein Kanon von Begriffen herausgebildet, der die früher häufigen Diskussionen um Begriffe (in der sogenannten „Begriffsnationalökonomie") abgelöst hat. Als Beispiel sei lediglich auf die kongeniale Definition des Geldes, die *Kurt Tucholsky* geliefert hat, hingewiesen: „Geld ist weder ein Zahlungsmittel noch ein Tauschmittel, auch ist es keine Fiktion, vor allem aber ist es kein Geld" [*Tucholsky*, 1975, S. 287]. Diskussionen um den Kapitalbegriff oder, um einen neueren Begriff wie den des neutralen technischen Fortschritts, trifft man heute nur noch selten an. Die Begriffe werden unter dem Gesichtspunkt ihrer Leistungsfähigkeit im Kontext mit bestimmten Fragestellungen ganz nüchtern betrachtet.

Zweifellos hat es beim Aufbau des heute üblichen Begriffsapparates einen kumulativen Fortschritt gegeben, so daß unnötige Begriffsdiskussionen in der heutigen ökonomischen Literatur eigentlich ausgemerzt sind.

Im Ganzen gesehen ist der kumulative Fortschritt für die Geschichte der Nationalökonomie vergleichsweise untypisch. Er bildet die Ausnahme und betrifft im wesentlichen die ständige Zunahme des prä-theoretischen Informationswissens über das Erfahrungsobjekt Wirtschaft.

5. Die Methoden: substitutiver Fortschritt

Unter den Methoden der Nationalökonomie versteht man die Art und Weise, wie an die Lösung eines wissenschaftlich interessierenden Problems herangegangen wird. Die Partialanalyse beispielsweise betrachtet einen bestimmten Ausschnitt aus dem volkswirtschaftlichen Prozeß und vernachlässigt also bewußt gewisse Rückwirkungen, die zwischen dem Teilbereich und der Volkswirtschaft insgesamt bestehen. Die Totalanalyse ist die zur Partialanalyse komplementäre Methodenalternative. Eine ähnliche grundlegende methodische Alternative ist die zwischen **rationaler Theorie** und **anschaulicher Theorie,** die *Salin* unterscheidet. Er nennt „jene Theorie, die sich mit Teilerkenntnis begnügt, **rationale** Theorie, – jene Theorie, der es um Gesamterkenntnis, um Wesenserkenntnis zu tun ist, **anschauliche** Theorie" [*Salin,* 1967, S. 181].

Ein typischer Fall substitutiven Fortschritts stellt die laufende Ersetzung qualitativ beschreibender durch quantitative Methoden dar. Dabei spielt die Mathematik eine entscheidende Rolle als Formulierungs- oder Sprachinstrument. Als solches ist sie nicht selbst Methode. Der methodische Ansatzpunkt liegt tiefer, nämlich in der Wahl der Aussageform: Soll ein ökonomisches Problem, z.B. die Preisbildung am Markt, in der Weise angegangen werden, daß die Zusammenhänge nur recht allgemein oder eben „qualitativ" charakterisiert werden, oder soll dies durch quantitative Beziehungen d.h. mathematische Funktionen geschehen?

Die meisten ökonomischen Probleme sind ihrer Natur nach quantitativ, z.B. auch die Frage nach der Preisbildung. So ist es nicht verwunderlich, daß im Verlauf der Geschichte der Nationalökonomie die quantitativen Methoden (statistische Erfassung, mathematische Formulierung, Experiment) kontinuierlich qualitative Methoden ersetzt haben. Das äußere Erscheinungsbild dieser Entwicklung zeigt sich in der zunehmenden Mathematisierung der Wirtschaftswissenschaften.

Die Vorteile der quantitativen Methoden sind ihre vergleichsweise präzise Formulierung der Hypothesen und Annahmen eines wirtschaftstheoretischen Modells und die Klarheit der Explikation dieser Annahme in der Lösung. Ausgangspunkt und Schlußfolgerung der wissenschaftlichen Analyse sind somit überschaubarer und durch die Kritik leichter zu fassen.

Da das methodische Vorgehen im Laufe der Geschichte der Nationalökonomie diesen Wandel zu den quantitativen Methoden erfahren hat, gibt es ein besonderes Übersetzungsproblem älterer Theorien in der

Sprache der heutigen Zeit. „Es ist eine Sünde, ältere Autoren nach dem Kanon moderner zu verurteilen; eine Todsünde begehen dagegen alle die – so hat es *Samuelson* formuliert –, welche den modernen Gehalt des Werkes eines älteren Autors nicht erkennen, nur weil dieser nicht die Terminologie und Symbolik der Gegenwart verwendet hat" [*Blaug*, 1971, S. 23f.].

Ein Beispiel für das methodenbedingte Handicap älterer Autoren ist das Multiplikatormodell des Wirtschaftskreislaufs. Viele Studenten der Wirtschaftswissenschaften verbinden mit dem Multiplikatorprinzip den Namen von *John M. Keynes* (1883–1946), der als sein genialer Erfinder gilt, obwohl er in *Knut Wicksell* (1851–1926) und *Nikolaus A. L. J. Johannsen* (1844–1928) Vorläufer hatte [*Schneider*, 1969, S. 179f.]. In Wirklichkeit ist *François Quesnay* (1697–1774) der erste Autor gewesen, der einen Multiplikatorprozeß des Wirtschaftskreislaufs mit Hilfe eines Zahlenbeispiels beschrieben hat, freilich ohne den späteren Terminus „Multiplikator" zu verwenden [*Peter*, 1953, S.5]. Man kann sein Kreislaufmodell auch in die für das *Keynes*sche Modell übliche graphische Darstellung übertragen [*Helmstädter*, 1983] und so den Vergleich zwischen beiden Leistungen der theoretischen Analyse ohne Handicap für den Autor, der 200 Jahre früher gelebt hat, ziehen. Ohne eine solche Übersetzung seiner Vorstellungen in die heutige Darstellungsform wird der Vergleich zuungunsten des früheren Autors verzerrt.

Substitutiver Fortschritt charakterisiert einen Neuerungsprozeß, in dem Neues das Alte ersetzt, und zwar endgültig. Dies ist der Fall bei der laufenden Zunahme der Anwendung quantitativer Methoden. Diese Entwicklung kann als ein Prozeß der Verbesserung und Verfeinerung der wirtschaftswissenschaftlichen Methoden betrachtet werden.

Teilweise treten neuere Methoden auf, ohne die älteren zu ersetzen. In diesem Falle liegt kumulativer Fortschritt vor. Der typische Fall ist gleichwohl der der Ersetzung überkommener Methoden durch leistungsfähigere bessere Methoden. Dies soll nun aber beileibe nicht heißen, daß etwa die Mathematisierung der Analyse ständig zu Verbesserungen führen muß, noch daß sie in alle Analysefelder eindringt. Zweifellos gilt auch für die Anwendung quantitativer Methoden das Ertragsgesetz. Ihr Erkenntnisbeitrag sinkt mit der Intensität der Anwendung. Es gibt manches Beispiel für bereits eingetretene sinkende Erkenntnisbeiträge durch übertriebene Mathematisierung. Trotzdem ist es richtig, daß die **bisherige** Entwicklung der quantitativen Methoden einen wichtigen Beitrag zum Erkenntnisfortschritt gebracht hat.

Wir haben oben auch den Paradigmenwechsel als mögliche Form substitutiven Fortschritts aufgeführt. Er stand auch am Beginn der Nationalökonomie als Wissenschaft mit der „Entdeckung" des Wirtschaftskreislaufs durch *François Quesnay*. Die Interdependenz aller volkswirtschaftlichen Aktivitäten zu berücksichtigen, ist seither oberstes Gebot. Die Totalanalyse ist der Partialanalyse grundsätzlich überlegen. Die Interdependenz war das neue, die Nationalökonomie geradezu etablierende Paradigma, das die vorherige Partialbetrachtung isoliert gesehener Wirtschaftstatbestände abgelöst hat.

Gleichwohl gibt es nach wie vor noch Partialanalyse, einfach um eine Problemstellung oder einen Modellzusammenhang im mikroökonomisch interessierenden Bereich überschaubar zu halten. Die dann stets erforderliche berühmte ceteris paribus-Annahme oder die Vorgabe exogener Variablenwerte zeigt jedoch, daß prinzipiell die Totalbetrachtung die überlegene ist.

Ein weiteres Beispiel für Paradigmenwechsel ist die Einschätzung der Rolle des Staates. Die alte Vorstellung, daß der Staat mit der Wirtschaft nichts zu tun haben solle (Laissez-faire-Prinzip) ist spätestens in diesem Jahrhundert der Vorstellung eines für die Wirtschaftsordnung und in gewissem Maße auch für den Wirtschaftsablauf verantwortlichen Staates gewichen.

Während der substitutive Fortschritt bei den Methoden in der Regel irreversibel ist, gibt es beim Paradigmenwechsel häufig genug zirkulären Fortschritt. Der Fall irreversiblen Paradigmenwechsels dürfte vergleichsweise selten sein. Aber die angeführten zwei Beispiele fallen unter diese Kategorie.

Auch der substitutive Fortschritt trifft ebenso wie der kumulative Fortschritt nur für Teilaspekte der Geschichte der Nationalökonomie zu. Aber der Prozeß stetiger Methodenverbesserung ist aus dieser Geschichte nicht wegzudenken. – Doch das eigentliche Drama der Geschichte der Wirtschaftswissenschaften spielt sich auf dem Felde des zirkulären Fortschritts ab.

6. Die Wertungen: zirkulärer Fortschritt

> Die Gegner der Auffassung des *Hayek* haben u.a. gesagt, daß seine Ausführungen „nichts Neues" enthielten. Diese Wendung, die meistens von Kritikern gebraucht wird, denen das behandelte Problem weniger vertraut ist, ist ohne bestimmtere Kennzeichnung unangebracht, denn, wie viele Dogmenhistoriker schon hervorhoben, ist zuletzt überhaupt nichts wirklich neu in der Nationalökonomie. Denn alle Anschauungen können irgendwie auf eine vorhergehende zurückgeführt werden.
>
> *Åkermann, J.* in der Zeitschrift für Nat.ök. Bd. V, 1934, S. 373, in einer Besprechung von *Hayek, F. A.:* Preise und Produktion, Wien 1931.

Was hier allgemein von „Anschauungen" gesagt wird, bezieht sich letztlich auf **Werturteile,** d.h. nicht auf **Sachurteile,** über die wissenschaftlich argumentiert werden kann. Auf solchen Werturteilen beruhen die grundlegenden wirtschaftlichen und auch wirtschaftswissenschaftlichen Positionen. Wer sich für eine Marktwirtschaft ausspricht, hat andere Werturteile als derjenige, der für eine Zentralverwaltungswirtschaft votiert. Selbst wenn man als Kriterium für eine solche Entscheidung die Effizienz oder den Wohlstand akzeptiert und sie damit von einem Sachurteil abhängig macht, hat man zuvor das Werturteil gefällt, daß Effizienz und Wohlstand den Maßstab abgeben sollen.

Daß die Nationalökonomie nicht voraussetzungslos, d.h. ohne jedes Werturteil, ihre Analyse begründen kann, ist die grundlegende Tatsache für den zu beobachtenden zirkulären Fortschritt. Der Vorrat an Werturteilen ist begrenzt und seit Jahrhunderten unverändert. Es gibt keine Ent- oder Umwertung dieser Werte sondern allenfalls Akzentverlagerungen.

Der Streit der Schulen, wie er sich in den Lehrbüchern der Dogmengeschichte darstellt, ist zu einem gewissen Teil auf solche Akzentverlagerungen im Wertsystem zurückzuführen. Die klassische Schule der Nationalökonomie war individualistisch orientiert. Der an ihr sich aufrichtende ökonomische Sozialismus orientierte sich stärker am Menschen als einem sozialen Wesen. Zwischen beiden Prinzipien der individuellen Freiheit und der Solidarität gibt es keinen Alternativentscheid. Es geht um die Gewichtung beider grundlegenden Werte, wie es das berühmte Stachelschweinmodell zeigt: Wenn Stachelschweine frieren, rücken sie näher zusammen, wenn es dann aber sticht, entfernen sie sich voneinander.

Für die Wiederkehr alter Anschauungen – wenn auch in neuem Gewande – spricht die häufige Verwendung der Vorsilbe „Neo-" zur Kennzeichnung der betreffenden Schule. Dem Sozialismus folgte die Neoklassik. Und es gibt neuerdings sogar eine Neo-Neoklassik. Zum Liberalismus bekennt sich der Neoliberalismus, auf den Marxismus folgte nach einigen Zwischenstufen der Neomarxismus. Im engeren Fachbereich der Nationalökonomie gibt er ferner den Neokeynesianismus, den Neomonetarismus, die neue Mikroökonomie und die neue Makroökonomie.

Stets handelt es sich hierbei um grundlegende Positionen oder Paradigmen, die einen Fachstandpunkt bestimmen, der früher schon eimal vertreten worden ist und auf dem Wege des zirkulären Fortschritts erneute Bedeutung erlang hat. Insofern dabei immer auch neue Gesichtspunkte berücksichtigt werden, ist nicht nur die Wiederkehr alter Standpunkte sondern auch deren Weiterentwicklung damit verbunden. Aber sie ist nicht so stark, daß sie eine ganz neue Bezeichnung verlangen würde.

Unter dem Zeichen des orthodoxen Marxismus gab es interessanterweise in den offiziellen Lehrbüchern der Geschichte der Politischen Ökonomie keinen solchen zirkulären Fortschritt des Schulenstreits. Dort endet der dialektische Prozeß des Wissensfortschritts der Politischen Ökonomie mit *Karl Marx* (1818–1883). Die weitere Geschichte war entweder als „konsequente" Weiterentwicklung (im Sinne des kumulativen Fortschritts) durch die dortigen Sozialisten gemäß den sozialistischen „Gesetzmäßigkeiten" oder als Verfall der Politischen Ökonomie in der bürgerlichen Nationalökonomie bzw. der „Vulgärökonomie" [Autorenkollektiv, 1965] gedeutet worden.

Die Akzentverlagerungen im Wertesystem sind ein Grund für zirkulären Fortschritt in der Geschichte der Nationalökonomie. Als weitere Gründe wurden oben bereits die Problemverlagerung im Erfahrungsgegenstand Wirtschaft angeführt. Markante Beispiele aus jüngerer Zeit sind der Keynesianismus, der sich auf das Problem der Bekämpfung der Arbeitslosigkeit gerichtet hat, oder der Monetarismus, für den das Problem einer Stabilisierung des Geldwertes an oberster Stelle rangiert.

Eine der interessantesten Aufgaben der Geschichte der Nationalökonomie besteht in der Analyse der Bestimmungsgründe für die im Rahmen zirkulären Fortschritts sich vollziehenden Wandlungen. Da sich bestimmte Konstellationen im Erfahrungsgegenstand Wirtschaft und Akzentverlagerungen im Wertsystem wiederholen können und dem jeweils neuen Paradigma Entfaltungschancen bieten, ist es prinzipiell möglich, die Geschichte das Fachs auch als Erkenntnisquelle zu begreifen.

Literatur

Lehrbücher zur Geschichte der Wirtschaftstheorie

Blaug, M., Systematische Theoriegeschichte der Ökonomie, Bd. 1, 2, 3, München 1971, 1972, 1975.

Brandt, K., Geschichte der deutschen Volkswirtschaftslehre, Band 1: Von der Scholastik bis zur klassischen Nationalökonomie, Freiburg i. Br. 1992.

Fusfeld, D. R., Geschichte und Aktualität ökonomischer Theorien. Vom Merkantilismus bis zur Gegenwart, Frankfurt, New York 1975.

Gide, Ch., Rist, Ch., Geschichte der volkswirtschaftlichen Lehrmeinungen, 3. Auflage, Jena 1923.

Hansmeyer, K. H., Lehr- und Methodengeschichte, in: *Ehrlicher, W.* u. a. (Hrsg.), Kompendium der Volkswirtschaftslehre Bd. 1, 5. Auflage, Göttingen 1975, S. 474–511.

Kruse, A., Geschichte der volkswirtschaftlichen Theorien, 4. Auflage, Berlin 1959.

Mombert, P., Geschichte der Nationalökonomie, Jena 1927.

Ott, A. E., Winkel, H., Geschichte der theoretischen Volkswirtschaftslehre, Göttingen 1985.

Recktenwald, H. C. (Hrsg.), Geschichte der politischen Ökonomie. Eine Einführung in Lebensbildern, Stuttgart 1971.

Salin, E., Politische Ökonomie. Geschichte der wirtschaftspolitischen Ideen von Platon bis zur Gegenwart, 5. Auflage, Tübingen, Zürich 1967.

Schmölders, G., Geschichte der Volkswirtschaftslehre, Wiesbaden 1961.

Schmölders, G., Geschichte der Volkswirtschaftslehre. Überblick und Leseproben, Reinbek bei Hamburg 1962.

Schneider, D., Geschichte betriebswirtschaftlicher Theorie. Allgemeine Betriebswirtschaftslehre für das Hauptstudium, München, Wien 1981.

Schumpeter, H. A., Geschichte der ökonomischen Analyse I und II, Göttingen 1965.

Starbatty, J. (Hrsg.), Klassiker des ökonomischen Denkens, 1. Band: Von Platon bis John Stuart Mill, 2. Band: Von Karl Marx bis John Maynard Keynes, München 1989.

Stavenhagen, G., Geschichte der Wirtschaftstheorie, 4. Auflage, Göttingen 1969.

Zimmermann, L. J., Geschichte der theoretischen Volkswirtschaftslehre, 3. Auflage, Köln 1967.

Sonstige Literatur

Autorenkollektiv, Geschichte der ökonomischen Lehrmeinungen (Übersetzung aus dem Russischen), Berlin 1965.

Beckerath, E. v., Lynkeus, Gestalten und Probleme aus Wirtschaft und Politik, Tübingen 1962.

Eichhorn, P., Betriebswirtschaftliche Sprachkultur unter anglo-amerikanischem Vorzeichen, in: *Kortzfleisch, G. v., Kaluza, W.* (Hrsg.), Internationale und nationale Problemfelder der Betriebswirtschaftslehre, Berlin 1984, S. 15–26.

Helmstädter, E., Wie bilden sich die Marktpreise nach Adam Smith? Bemerkungen zu dem vorstehenden Referat von Bertram Schefold, in: *Neumark, F.* (Hrsg.), Studien zur Entwicklung der ökonomischen Theorie I, Schriften des Vereins für Socialpolitik. N. F. Bd. 115/1, Berlin 1981, S. 93–109.

Helmstädter, E., Quesnays Multiplikatorabbau als kreislaufanalytisches Instrument, in: *Scherf, H.* (Hrsg.), Studien zur Entwicklung der ökonomischen Theorie III, Schriften des Vereins für Socialpolitik, N. F. Bd. 115/3, Berlin 1983, S. 37–54.

Kuhn, T. S., Die Struktur wissenschaftlicher Revolutionen, Frankfurt a. M. 1967.

Montaner, A. (Hrsg.), Geschichte der Volkswirtschaftslehre, Köln, Berlin 1967 (mit umfangreicher Bibliographie auf S. 435–453).

Neumark, F., Zyklen in der Geschichte ökonomischer Ideen, in: Kyklos, Vol. 28 (1975), S. 257–285.

Neumark, F. (Hrsg.), Studien zur Entwicklung der ökonomischen Theorie I, II, Schriften des Vereins für Socialpolitik, N. F. Bd. 115/1 Berlin 1981, N. F. Bd. 115/2, Berlin 1982.

Peter, H., Zur Geschichte, Theorie und Anwendung der Kreislaufbetrachtung, in: Schweizerische Zeitschrift für Volkswirtschaft und Statistik, 89. Jg. (1953) S. 1–24, S. 160–170.

Scheler, M., Die positivistische Geschichtsphilosophie des Wissens und die Aufgaben einer Soziologie der Erkenntnis in: Kölner Vierteljahreshefte für Socialwissenschaften, 1. Jg. (1921), Heft 1, S. 22–31.

Schmölders, G., Wirtschaftswissenschaft III: Theorienbildung in der Volkswirtschaftslehre, Geschichte, in: Handwörterbuch der Wirtschaftswissenschaft (HdWW), Bd. 9, Stuttgart u. a. 1982, S. 425–446.

Schneider, E., Einführung in die Wirtschaftstheorie, III. Teil, 11. Aufl., Tübingen 1969.

Tucholsky, K., Kurzer Abriß der Nationalökonomie, in: *Gerold-Tucholsky, M.* und *Raddatz, F. J.* (Hrsg.), Kurt Tucholsky, Gesammelte Werke, Bd. 9–1931, Reinbek bei Hamburg 1975, S. 287–289.

Vorläufer der Nationalökonomie

Francesca Schinzinger

1. Einführung

Von „volkswirtschaftlichen Lehrmeinungen" im modernen Sinne kann bis zum 16. Jahrhundert kaum gesprochen werden. Die Ausführungen über wirtschaftlich relevante Fragen gehen von der Antike bis zur Reformation von völlig anderen Fragestellungen aus, als sie in der Ökonomie als Wissenschaft heute üblich sind. Es gab keine „Ökonomen", vielmehr haben Philosophen und Theologen im Rahmen übergeordneter Zusammenhänge zu wirtschaftlichen Einzelfragen Stellung genommen.

Das Wirtschaftsleben findet nicht aus sich selbst heraus Beachtung, sondern wird unter **wirtschaftsethischen Gesichtspunkten** beurteilt.

Vieles, was in der Antike und im Mittelalter über „Wirtschaft" geschrieben wurde, ist somit nur im Kontext philosophischer und theologischer Überlegungen zu verstehen. Bei einem Versuch, solche Gedankengänge unter ökonomischen Gesichtspunkten zusammenzufassen, sind Vereinfachungen kaum zu vermeiden.

Im Mittelpunkt des folgenden Abrisses stehen die wirtschaftsethischen Gedanken mittelalterlicher Philosophen und Theologen. Dabei sollen nur die wichtigsten Fragenkomplexe und Autoren berücksichtigt werden.

Die ersten Überlegungen, die man – mit großer Vorsicht – als „ökonomisch" bezeichnen könnte, finden wir in der Literatur der griechischen Antike, als der Handel zur wirtschaftlichen Verflechtung aller damals bekannten Völker führte und das Geldwesen ausgebildet wurde.

Diese ökonomischen Überlegungen stammen aus zwei Wurzeln: zum einen aus den Erfordernissen der betrieblichen Praxis, zum anderen aus der Philosophie. Man hält Erkenntnisse fest, die bei der Bewältigung praktischer Aufgaben gewonnen worden waren; das wirtschaftliche Leben sieht man eingebunden in die gesellschaftliche Wirklichkeit und die damit verbundenen sozialethischen Probleme.

1.1. Xenophon

Unter den griechischen Schriftstellern, die sich mit ökonomischen Fragen beschäftigt haben, muß vor allem *Xenophon* (um 430–354 v. Chr.) hervorgehoben werden. Im Gegensatz zu *Platon* und *Aristoteles*, deren Einfluß auf die christlichen Philosophen sehr viel größer war, hat *Xenophon* sich mit wirtschaftlichen Zusammenhängen anhand praktischer, d.h. wirtschaftspolitischer Fragen (im weitesten Sinne des Wortes) auseinandergesetzt. *Xenophon* hat ein reichhaltiges Schrifttum hinterlassen. In bezug auf ökonomische Fragestellungen erscheinen zwei Werke wesentlich: „Ökonomik“ und „Von den Staatseinkünften der Athener“.

Mit der „Ökonomik“ liegt ein Lehrbuch mit Abhandlungen über Haushalt und Landwirtschaft vor; die Arbeitsteilung wird anhand der Unterschiede zwischen Stadt und Land ausführlich dargelegt. Zunächst wird die Frage nach der Bedeutung des Reichtums für den einzelnen diskutiert, insbesondere für seine Freiheit. Dann wird darüber reflektiert, **wie Reichtum erworben** und erhalten werden könne. *Xenophon* geht auch der Frage nach, warum der ökonomische Erfolg der Bauern so unterschiedlich ist. Er betont, großer Gewinn stelle sich nur dann ein, wenn die Bauern ihr Getreide dort verkaufen, wo es Mangelware sei und einen hohen Preis erziele.

Ökonomische Gedankengänge finden sich vor allem in „Von den Staatseinkünften der Athener“. Der in der „Ökonomik“ einzelwirtschaftlich verfolgte Gedankengang wird nun auf die Gemeinschaft bezogen unter der Fragestellung: **Wie können die Einkünfte des Staates vermehrt werden?** *Xenophon* nennt zunächst die Landwirtschaft und den Fischfang als Quellen des Reichtums in Attika. Dann wendet er sich dem Bergbau zu – neben dem Marmorbruch vor allem dem Silberbergbau.

Ausführlich wird der Nutzen der Silberförderung für die Staatseinkünfte dargelegt. *Xenophon* kennt noch nicht das Phänomen der Inflation, denn er schreibt, es könne gar nicht genug Silber in Umlauf gebracht werden. *Xenophon* sieht hier einen Unterschied zur Landwirtschaft, denn anders als in der Landwirtschaft könne der Ertrag im Bergbau proportional zum Einsatz der Arbeitskräfte steigen.

Anschließend untersucht er die Bedeutung des Handels und die Nützlichkeit fremder Kaufleute. Die Staatseinkünfte können nach *Xenophon* vermehrt werden, wenn Athen Handel und Schiffahrt sowie den Zuzug fremder Händler fördere. Die Bedeutung psychologischer Faktoren für die Konjunktur wird erkannt, wenn *Xenophon* betont, daß die Kriegsangst Bürger von Investitionen abschrecken könne, weil der Krieg die vorgenommenen Investitionen zunichte macht. Die Schrift über den Staatshaushalt der Athener läßt ferner – im Ansatz – bereits Gedanken einer staatlichen Lenkung der Wirtschaft erkennen: Der Autor stellt heraus, daß in Zeiten wirtschaftlicher Schwäche dem Staat Funktionen zuwachsen, die ursprünglich Privatleuten zukamen.

1.2. Platon

Platon (427–347 v. Chr.) hat als erster Theorie und Praxis begrifflich geschieden. Dennoch fordert er „Ganzheit“: Die Theorie sei darauf angelegt, verwirklicht zu werden. Von seinen Werken sind unter dem hier interessierenden Gesichtspunkt „Politeia“ (Staat), „Politikos“ (Staatsmann) und „Nomoi“ (Gesetze) wichtig.

Gerechtigkeit sieht *Platon* sowohl als Aufgabe des einzelnen an wie auch als Aufgabe des Staates. Das Wesen der Gerechtigkeit offenbare sich im Staat und in seinem Wirken. Ökonomisch relevante Schlüsse kann man aus *Platons* Ausführungen über die Ungerechtigkeit ziehen: Ungerechtigkeit sei der Feind jeglicher Gemeinschaft; hierin liege das Zerstörerische. Daraus könne gefolgert werden, daß auch Ungerechtigkeit beim Tausch zur Zerstörung der Gemeinschaft führe: Durch das Gewinnstreben würden eigennützige Interessen verfolgt, die sich gegen die Gemeinschaft richten. Dieses Streben müsse durch das Gesetz eingedämmt werden.

In den „Gesetzen“ lehnt *Platon* den **Handel** entschieden ab. Während er im „Staat“ noch die Berechtigung des Außenhandels anerkennt, wird hier Handel in jeder Form als unehrenhaft angesehen. Vor allem wendet sich *Platon* gegen diejenigen, die ohne Arbeit in dem von ihm verstandenen Sinn (d.h. Bebauen des Bodens) Gewinne zu erzielen versuchen. Mit dieser Mißachtung des Handels hat *Platon* die Lehren der Kirchenväter stark beeinflußt.

In diesem Zusammenhang äußert er sich auch über den **Preis.** Der Preis soll durch den „wirklichen Wert“ bestimmt werden. Welche Kriterien hierbei anzuwenden seien, sagt *Platon* allerdings nicht. Aus dem Zusammenhang könnte geschlossen werden, daß dieser „wirkliche Wert“ von den Produktionskosten bestimmt wird. *Platon* betont, der Staat müsse die Preise festlegen. Dies ist die erste uns überlieferte Forderung nach staatlicher Preisfestsetzung.

1.3. Aristoteles

Aristoteles (384–322 v. Chr.) ist wohl der griechische Denker, der auf das Abendland die größte Wirkung ausgeübt hat. Sein Interesse ist zunächst auf die exakte Beobachtung der Wirklichkeit gerichtet. Unter wirtschaftstheoretischen Gesichtspunkten sind vor allem zwei seiner Werke von Bedeutung, die „Politik" und die „Nikomachische Ethik", die „Ökonomik" stammt nach heutiger Erkenntnis nicht von ihm. Die „Nikomachische Ethik" wird durch den Kommentar *Alberts des Großen* in die mittelalterliche Theologie und Philosophie eingeführt.

Im ersten Buch der „Politik" untersucht *Aristoteles* den Haushalt als eine wichtige Grundlage der Staatswirtschaft. Hier findet sich der Begriff der Oikonomiké, nicht im modernen Sinn des Wortes mit Ökonomie zu übersetzen, sondern in der Bedeutung als Management des Haushaltes. Die moderne Ökonomie wird nur insoweit berührt als der Haushalt von außen mit materiellen Gütern versorgt werden muß. Diese Versorgung kann durch die Landwirtschaft oder die Jagd erfolgen, aber auch durch den Handel mit Produkten zwischen den Haushalten und durch indirekten Handel, für den im Gegensatz zum Naturaltausch Geld notwendig ist. In diesem Zusammenhang beschäftigt sich *Aristoteles* mit den Eigenschaften, die das Geld als Tauschmittel aufweisen muß und unterscheidet den Nutzen des Geldtausches von der Kunst der Bereicherung, der Chrématistiké. Diese sähe Geld und Geldeswert als Ziel, nicht als Mittel, um die materielle Basis für ein „gutes Leben des Menschen und des Haushalts" zu erreichen. Die Chrématistiké sei typisch für Wucherer und kleine Händler, diese würden versuchen, Geld dazu zu bringen, Geld zu erzeugen, dazu aber sei Geld nicht erfunden. Da das Wesen des Geldes darin liege, Tauschmittel zu sein, seien Zinsgeschäfte widernatürlich. Auf diese Ausführungen des *Aristoteles* gehen viele Argumente in der Zinsverbotsdebatte zurück, insbesondere das Argument, Geld könne keine Jungen werfen (Sterilitätsargument).

Im zweiten Buch der „Politik" spricht *Aristoteles* sich für das Privateigentum aus. Das Eigentum solle aber dem Gemeinwohl dienen, eine Position, aus der die Kirchenväter den Gedanken einer Verpflichtung des Eigentümers gegenüber Gott übernehmen, insbesondere das Gebot, aus dem Eigentum Almosen zu geben.

Bei *Aristoteles* klingt schon die Lehre vom „gerechten" Preis an: „Gerecht" sei im Wirtschaftsleben das, was das Glück der Staatsgemeinschaft schaffe und erhalte. Aus dem Verständnis von Gerechtigkeit heraus versucht *Aristoteles* zu bestimmen, was im Tauschverkehr als gerechtfertigt erscheint. Im fünften Buch der „Nikomachischen Ethik" definiert *Aristoteles* Gerechtigkeit auf zwei Ebenen. Die partikulare Gerechtigkeit ist zusammen mit Freigiebigkeit, Mut usw. einer der Punkte in seiner Liste individueller Tugenden. Wie alle anderen Tugenden liege auch die Gerechtigkeit in der Mitte zwischen zwei Extremen. *Aristoteles* betont ihre sozialen Aspekte. Von Bedeutung ist der Versuch des *Aristoteles,* die am Tausch beteiligten Produkte in eine mathematische Relation zu bringen, die seinen Gerechtigkeitsforderungen genügt. Diese Auffassung von Gerechtigkeit bei *Aristoteles* wird bis heute kontrovers diskutiert. Umstritten ist, inwieweit schon der natürliche, dem Gegenstand eigentümliche Wert vom ökonomischen Wert unterschieden wird. Diese Frage führt zu vielen Kontroversen der mittelalterlichen Scholastiker über das Problem, welche Art von ökonomischem Wert durch das Geld gemessen werden könne, so daß sich eine Gleichheit der Werte der ausgetauschten Waren ergibt, die der Forderung nach Tauschgerechtigkeit entspricht. Der aristotelische Gerechtigkeitsbegriff ist Ausgangspunkt der Lehre vom „justum pretium" bei *Thomas von Aquino.*

2. Kirchenväter und Scholastik

2.1. Die Kirchenväter

Die wichtigsten Schriftsteller an der Wende von der Antike zum Mittelalter sind die Kirchenväter. Als „Kirchenväter" bezeichnet die Theologie diejenigen Schriftsteller der Frühzeit, deren Werke wesentlicher Bestandteil der christlichen Lehre geworden sind. Ihr Weltbild und die daraus resultierenden Ansichten über wirtschaftliche Fragen orientieren sich vor allem an den Gegebenheiten der byzantinischen Wirtschaft. In den Wirren der Völkerwanderungszeit bewahrte Byzanz die antike Wirtschaftstradition und entwickelte sie weiter. Die Bedeutung der Kirchenväter für das wirtschaftliche Leben ergibt sich nicht nur aus ihren Aussagen zu ökonomischen Tatbeständen, sondern auch aus ihren allgemeineren Gedanken über Gut und Böse im Handeln der Menschen, über ihr Verhältnis zu den irdischen Gütern, über den Staat und seine Bedeutung für die Gläubigen. Durch die Verwendung der Begriffe aus der griechischen Philosophie bei der Auslegung der Bibel schaffen die Kirchenväter das Fundament, auf dem die christliche Ethik gründet.

Für das christlich bestimmte Denken und Handeln im Mittelalter sind die Kirchenväter die höchste Autorität. So wirken ihre Gedanken bis in die Reformationszeit fort. Sie schreiben als Theologen, daher wird bei ihnen das wirtschaftliche Leben unter dem Gesichtspunkt des Sollens betrachtet.

Die wirtschaftlich relevanten Stellen in der **Bibel** haben fast ausschließlich normativen Charakter. Die Bibel versucht nicht zu erklären, was ist, sie versucht nicht gesellschaftliche oder wirtschaftliche Zusammenhänge in irgendeiner Weise zu analysieren, sondern sie verkündet „Gebote Gottes". Besonders deutlich wird der Gebotscharakter in den Büchern *Mose.* Hier finden sich detaillierte Vorschriften für das Zusammenleben der Menschen. Die hier interessierenden Normen des Alten Testaments betreffen das Zinsverbot, das Verbot des Übervorteilens bei der Festsetzung von Preisen, die Regelung der Schuldverhältnisse, die Rechte der Fremden und der Sklaven, das Verhältnis zu den Tieren sowie die Pflicht zur Einhaltung von Ruhetagen. Sie alle lassen sich unter dem Gebot der „Gerechtigkeit" zusammenfassen.

Die Bibel und der jüdisch-christliche Sprachgebrauch verstehen unter „Gerechtigkeit" das gesamte religiös-sittliche Verhalten der Menschen. Im Gegensatz zur Auffassung der Griechen ist diese Gerechtigkeit aber auf den Gott der Offenbarung bezogen. „Gerecht" sei vor allem der, der den Willen Gottes erfülle.

Das Neue Testament löst die sozialethischen Bestimmungen aus dem Gesetzesformalismus der jüdischen Tradition. Die ethischen Bestimmungen sind im wesentlichen Zielvorstellungen. In den Evangelien finden sich widersprüchliche Aussagen zum wirtschaftlichen Handeln. Daraus resultieren auch die unterschiedlichen Interpretationen dieser Texte. Die Frage, ob die Evangelien ein konkretes sittliches Verhalten fordern, wird heute weitgehend verneint. Dies war in der Zeit der Kirchenväter völlig anders. Die frühen christlichen Schriftsteller nehmen einzelne Worte *Jesu* und der Apostel aus dem Gesamtzusammenhang und konstruieren aus dem Neuen Testament sittliche Normen auch für das Wirtschaftsleben. Diese Tendenz setzt sich im Mittelalter und in der Reformationszeit fort. Aus der Verurteilung der Profitgier wird z. B. die Verurteilung aller Handelsgeschäfte abgeleitet. Besonders deutlich wird diese einseitige Interpretation beim Zinsverbot.

In scharfem Gegensatz zu den Ansichten der griechischen Schriftsteller steht das christliche Arbeitsethos, das vor allem auf *Paulus* zurückzuführen ist (1. und 2. Brief an die Thessalonicher). *Paulus* ermahnt die Gemeinde, die Arbeit als soziale Pflicht zu betrachten: Der Christ soll arbeiten, um anderen nicht zur Last zu fallen und um in der Lage zu sein, den Bedürftigen zu helfen.

Die Kirchenväter stellen **Regeln für das Verhalten im Tauschverkehr** auf. Ihre Überlegungen kreisen nicht um die Bestimmung des „gerechten" Preises, sie fragen selten nach den Kosten oder nach den Bedürfnissen (Nachfrage), sondern vor allem nach der ethischen Haltung der Tauschpartner. Ihr Ziel ist es, Betrug und Habsucht einzudämmen. Irdischer Besitz sei an sich wertfrei; je nachdem wie die Güter gebraucht werden, seien sie als sittlich gut oder als sittlich böse anzusehen.

Wohl der bedeutendste der lateinischen Kirchenväter ist *Augustinus* (354–430). Seine Gedanken haben nicht nur die mittelalterlichen Theologen beeinflußt, sondern auch die Reformatoren. *Augustinus* übt eine umfangreiche Tätigkeit in Predigten und Schriften aus. Dabei hat er großen Anteil an der Entwicklung der christlichen Lehre auf fast allen Gebieten der Theologie und Philosophie. Seine Staatslehre prägt das Selbstverständnis der mittelalterlichen Gesellschaft. In den Schriften des *Augustinus* zeigen sich vielfältige Einflüsse antiker Philosophen. Die meisten Aussagen zu wirtschaftlichen Fragen hängen mit der **Betonung der Gemeinschaft** zusammen: Er verurteilt das maßlose Gewinnstreben, weil es das Gebot der Liebe in der Gemeinschaft verletze, insbesondere wenn die Notlage des Schwächeren dabei ausgenutzt werde.

2.2. Die Scholastik

In den Nachfolgestaaten des Weströmischen Reiches bildet sich die hochentwickelte römische Verkehrswirtschaft wieder zurück zum Naturaltausch. In den Gebieten Westeuropas ist bis ins 11. Jahrhundert das Interesse an wirtschaftlichen Fragen dementsprechend gering. Bis zum 11. Jahrhundert dient der Handel hauptsächlich der Versorgung mit Luxusgütern und wird deshalb im Zusammenhang mit der Verurteilung des Luxus bekämpft. Als der Handel für die Bevölkerung der aufblühenden Städte an Bedeutung gewinnt, paßt sich die kirchliche Lehre nur zögernd den Notwendigkeiten der Praxis an. So wird der Handel auch dann noch als eine verwerfliche Tätigkeit bezeichnet, als Orden und sonstige kirchliche Institutionen bereits intensiv daran beteiligt sind.

Die Scholastiker versuchen ebensowenig wie die Kirchenväter rein ökonomische Zusammenhänge zu erkennen. Es geht vielmehr um die Frage der Vereinbarkeit des tatsächlichen ökonomischen Verhaltens mit der christlichen Ethik. Man sucht nicht nach ökonomischen Gesetzmäßigkeiten, sondern nach Verhaltensnormen für das Wirtschaftsleben.

Die wirtschaftsbezogenen Gedankengänge der Theologen des hohen und späten Mittelalters kreisen um zwei Probleme: Den „gerechten" Preis und das Zinsverbot. Basis der Überlegungen ist neben den Lehren der Kirchenväter in erster Linie die aristotelische Philosophie, die vor allem von *Albert dem Großen* vermittelt wird.

Das Postulat des **„gerechten" Preises** ist seit der Antike lebendig geblieben. Als politische Forderung tritt es vor allem in Zeiten wirtschaftlicher Not auf. Eine Interdependenz zwischen staatlicher Preisregulierung und theologischer Reflexion solcher Fragen ist anzunehmen.

Der Preis soll im sozialethischen Sinne „gerecht" sein, nicht nur im Hinblick auf das Tauschen der Individuen, sondern auch bezogen auf die Ziele der Gemeinschaft. Der Preis soll – kurz zusammengefaßt – kostenorientiert und (relativ) unabhängig von der Nachfrage sein. Die Forderung nach dem „gerechten" Preis richtet sich zuerst an das Gewissen des einzelnen; da dieser aber die Freiheit hat, gegen sein Gewissen zu handeln, müsse die Obrigkeit das rechte Handeln erzwingen.

Der zweite bedeutende Gegenstand mittelalterlicher Überlegungen zu ökonomischen Fragen ist das **Zinsverbot.** Es geht auf die Geringschätzung des Handels und der Geldgeschäfte in der Antike und auf die Bibel zurück (z.B. 5. *Mose,* 20–21, 23; *Lukas,* 6, 27–36). Das „Wucherverbot" wird schließlich zum Mittelpunkt der ökonomisch relevanten Bestimmungen des kanonischen Rechts. Dieses kanonische Zinsverbot steht dabei in engem Zusammenhang mit der Forderung nach Preisgerechtigkeit – es wendet sich gegen ein ungerechtfertigtes Entgelt für ein Darlehen. Hervorzuheben ist, daß das Zinsverbot den Gläubigen von der lateinischen Kirche gerade in einer Zeit eingeschärft wird, in der sich – vor allem in Italien – die Geldwirtschaft ausbreitet. Dabei befindet sich die Kirche in einem Zwiespalt: Als geistliche Macht verurteilt sie etwas, was sie selbst praktiziert. Je stärker sich Handelsverkehr und Geldwirtschaft entwickeln, desto erfolgreicher findet die Wirtschaft neue Wege, das Zinsverbot zu umgehen.

2.2.1. Albert der Große (Albertus Magnus)

Der Dominikaner *Albert der Große* (um 1200–1280) ist der erste, der *Aristoteles,* insbesondere die beiden Werke, mit denen das ökonomische Denken beeinflußt wurde, seinen lateinisch schreibenden und lesenden Zeitgenossen erläutert, indem er nicht nur übersetzt, sondern die „Politik" und die „Nikomachische Ethik" auch vollständig kommentiert. Damit hat er das ökonomische Denken stark beeinflußt.

Wichtigster Gegenstand des Kommentars von *Albert* sind die Argumente des *Aristoteles* zum Privateigentum, die *Platon* widersprechen. Über

Albert übt *Aristoteles* großen Einfluß auf die scholastische Tradition aus. Es wird der Gedanke betont, daß Privateigentum eine politische Tatsache und eine Gelegenheit zum Ausüben christlicher Caritas sei. In *Alberts* Kommentar werden die aristotelischen Argumente aus der „Politik“ mit dem vierten Buch der „Nikomachischen Ethik“ verbunden.

Problematisch ist die Haltung der Scholastiker zum gesellschaftlichen Stand als Komponente der Bestimmung des gerechten Preises. Hier wird die aristotelische Theorie der Gerechtigkeit herangezogen, allerdings häufig kommutative und distributive Gerechtigkeit vermischt. Die Standeszugehörigkeit bei der Bestimmung des gerechten Preises zu berücksichtigen, ist eine Sicht, die *Albert* nicht teilt. Allerdings kritisiert er mehrfach das Ausnutzen der Standesunterschiede in der von Gott oder der Natur gegebenen, durch Ungleichheit geprägten Gesellschaft des Mittelalters und auch der Antike.

In den Werken des *Albertus Magnus* sucht man vergebens eine generelle Verurteilung des Handels wie auch die so häufig in mittelalterlichen Schriften bis in die Reformationszeit zu findenden detaillierten Beschreibungen und Verdammungen des betrügerischen und wucherischen Händlers. Im Kommentar zum ersten Buch der „Politik“, in dem *Aristoteles* den Handelsgewinn verurteilt, stellt *Albert* fest, daß die Menschen mit dem Naturaltausch beginnen, wenn sie ihre Bedürfnisse nicht länger im eigenen Großhaushalt befriedigen können. Aufgrund der Bevölkerungszunahme wird der Handel auf weiter entfernte Gebiete ausgedehnt, wobei u.a. Probleme des Transports auftreten und Geld als Tauschmittel notwendig wird. Ziel dieser Transaktionen auf Geldbasis sei immer, Notwendiges im Austausch gegen Überflüssiges zu erwerben. Daneben sei als Resultat der Erfindung des Geldes eine zweite Art des Handels getreten, in der Geld für immer mehr Geld getauscht werde; diese Tauschvorgänge gingen gegen die Natur des Geldes, ihr Motiv sei die Habgier. Eine andere Ausdrucksform der Habgier sei das Monopol. Monopolistische Praktiken schaden der Gemeinschaft; aus diesen Überlegungen resuliert die Verurteilung von Verhaltensweisen, die darauf gerichtet sind, den Reichtum einzelner Händler zu Lasten der anderen Tauschpartner zu vergrößern. Deswegen sieht *Albertus Magnus* eine Notwendigkeit, den Handel zu überwachen. Dabei nennt er Restriktionen bezüglich des Personenkreises, der Wochentage und der Jahreszeit. Es sei z.B. nicht erlaubt, Korn und Wein in großen Mengen im Herbst zu kaufen, um bewußt einen Mangel herbeizuführen und daraus später Gewinn erzielen zu können. Daneben sollten Maßnahmen ergriffen werden, um Täuschung und Betrug beim Handel auszuschließen.

In bezug auf den gerechten Preis ist vor allem auf *Alberts* Untersuchung der aristotelischen Tauschgerechtigkeit im fünften Buch der „Ethik" zurückzugreifen. Ein gerechter Preis liegt nach *Albert* dann vor, wenn der Preis von den am Handel Beteiligten freiwillig akzeptiert wird und keine Täuschung vorliegt, auch wenn die aristotelischen Prinzipien der Äquivalenz nicht voll erfüllt sind. Dabei ist darauf hinzuweisen, daß der Preis im Mittelalter häufig von der Obrigkeit festgelegt wird oder gewohnheitsmäßig gilt. Diese Preisregulierungen werden von *Albert* gutgeheißen, solange sie dazu dienen, den schwächeren Tauschpartner zu schützen. *Albert* sieht den Preis als gerecht an, zu dem das verkaufte Gut den Schätzungen des Marktes beim Verkaufsakt entspricht. *Alberts* Identifizierung des gerechten Preises mit dem Marktpreis im Wettbewerb (ohne Täuschungsabsicht) ist nicht unumstritten. Wenn dies angezweifelt wird, so wohl deshalb, weil die Kriterien des Marktes in bezug auf den gerechten Tausch als inkompatibel mit anderen Kriterien wie Arbeit und Kosten angesehen werden. Dies betont *Albert* in seinen Kommentaren der aristotelischen „Ethik", es ist aber festzuhalten, daß solche alternativen Kriterien sich gegenseitig stützende Leitlinien darstellen und nicht inkompatibel oder widersprüchlich sind.

Wichtig ist, daß die Kommentare *Alberts des Großen* zum fünften Buch der „Ethik" des *Aristoteles* die aristotelische Theorie der Gerechtigkeit in der mittelalterlichen Philosophie und Theologie fest verankert haben. Auf *Albert* geht die klare Unterscheidung zwischen zwei Formen der Gerechtigkeit zurück, nämlich der distributiven und der kommutativen Gerechtigkeit. Im Tauschhandel sei die Gerechtigkeit eine Frage der kommutativen Gerechtigkeit. Diesem vereinfachten Schema der aristotelischen Gerechtigkeitsdiskussion folgt man durch das ganze Mittelalter. *Albert* hat dies auch in seinen Kommentar des *Matthäus*-Evangeliums Eingang finden lassen; er unterstreicht die hergebrachte Verurteilung des Wuchers als Unterdrückung der Bedürftigen. Hier schließt sich wieder der Kreis zum Zinsverbot und der Feststellung, daß z.B. bei der Miete eines Hauses der Nutzen für eine bestimmte Zeit überlassen werde, während beim Geld kein Nutzen (utilitas) überlassen werden könne – Geld werde durch Gebrauch nicht verschlissen. Bei der Betonung dieses traditionellen Argumentes (z. B. in seinem Kommentar zum mutuum) stellt *Albert* fest, daß es nicht immer zutrifft. Der Kommentierung des *Lukas*-Evangeliums fügt er das Argument des Risikos hinzu, betont aber weiter vor allem das Argument der Sterilität des Geldes. Auch *Albert* geht davon aus, daß der Schuldner ein Darlehen aus einer Notlage heraus verlangt und der Wucherer an dem, was der Schuldner mit harter Arbeit geschaffen hat, beteiligt werden wolle.

2.2.2. *Thomas von Aquino*

Thomas von Aquino (1225–1274) ist der mittelalterliche Theologe, der den größten Einfluß auf die Lehre der katholischen Kirche gehabt hat. *Thomas'* Ethik basiert auf der Unterscheidung von göttlichem Gesetz, Naturgesetz und der Gesetzgebung der Staaten und der Völker (lex divina, lex naturalis und lex positiva). In dieser Ordnung bestehe eine Hierarchie. Die Institutionen, die aus göttlichen Gesetzen oder aus natürlichen Gesetzen entspringen, sind nicht von der Willkür staatlicher Gesetze abhängig. Tugend ist nach *Thomas* das Einhalten der Vernunftordnung, die in ihrer Zielrichtung dem göttlichen Gesetz entspricht. Seine Überlegungen zu ökonomischen Fragen legt *Thomas von Aquino* in den Quaestiones 57–79 im zweiten Teil des zweiten Buches der Summa Theologiae dar; Gegenstand ist die Gerechtigkeit. Nach *Thomas* stehen die Formen des wirtschaftlichen Tausches, z.B. Kauf, Miete, Darlehen und die sie bestimmenden Verträge stets unter der Forderung nach Gerechtigkeit. Die Wirtschaft ist für *Thomas* ein Feld ethisch bestimmten Handelns; die Gerechtigkeit ist diejenige Orientierung des Handelns, die dazu führt, daß die Wirtschaft ihrer Aufgabe voll entsprechen kann.

Auch *Thomas* verurteilt den Handel, aber nur insoweit, als er die Allgemeinheit oder den Schwächeren schädigt. *Thomas* sieht ebenso wie *Aristoteles* den Nutzen der Kaufleute, die Mangel und Überfluß an verschiedenen Orten ausgleichen. Warenaustausch zum Zwecke der Bedarfsdeckung sei eine notwendige Aufgabe. Der Kaufmann dürfe daher die Waren teurer verkaufen und seine Aufwendungen in den Preis einrechnen. Reines Gewinnstreben um seiner selbst willen wird abgelehnt; es komme darauf an, daß der Gewinn moderat sei und nur als Lohn für die Arbeit des Kaufmanns diene.

Bei *Thomas* wird die Lehre vom „gerechten" Preis weiter ausgebaut. Der aus der arbeitsteiligen Wirtschaft hervorgegangene Tausch habe seinen Zweck gesamtgesellschaftlich zu erfüllen. Wichtig ist die bereits bei den Kirchenvätern vollzogene Anerkennung der Arbeitsleistung als Bestimmungsmoment für den „gerechten" Preis. Der andere Preisbildungsfaktor wird in den „Kosten" gesehen; unter Kosten sind hier im wesentlichen die Rohstoffkosten zu verstehen. *Thomas* geht dabei von den durch das Zunftwesen bestimmten Produktionsbedingungen der Handwerker aus. *Thomas* berücksichtigt bei der Bestimmung des Preises auch die Bedürfnisse, deren Vorhandensein die Tauschhandlung ja erst erforderlich mache. Der Preis der Güter bestimme sich nach Maßgabe der Bedürfnisse unter Berücksichtigung von Arbeit und Kosten. *Tho-*

mas sucht nach einem einheitlichen Maßstab, nach dem der „Wert" gemessen werden könne. Dabei kommt er nach heutiger Auffassung zu der Meinung, daß der Wert einer Ware am besten durch den Marktpreis ausgedrückt werde, der den beiderseitigen Nutzen der Tauschpartner dokumentiere.

Auch in der Frage des Zinsverbotes lehnt sich *Thomas* an *Aristoteles* an. Entscheidend ist dabei seine Auffassung vom Wert des Geldes, dessen Bedeutung in seiner Wertbeständigkeit und in der Vertretungsmöglichkeit für andere Güter liege. *Thomas* rechnet das Geld zu den „Verbrauchsgütern". Mit der Erfüllung ihrer Funktion der Bedürfnisbefriedigung hören die Verbrauchsgüter auf zu bestehen (z.B. Speisen). Das Geld diene dazu, eine Tauschhandlung zu ermöglichen; sein Gebrauch sei damit zugleich sein Verbrauch. Als Verbrauchsgut könne es aber nicht dauernd genutzt werden. Nutzungsgüter bestünden auch nach der Bedürfnisbefriedigung weiter (z.B. ein Haus – für die Nutzung eines Hauses müsse dementsprechend eine Pacht entrichtet werden). *Thomas* benutzt also das schon von *Aristoteles* eingeführte „Unfruchtbarkeitsargument". Daraus resultiert die generelle Ablehnung des Zinses.

Dennoch sieht *Thomas* das Zinsproblem nicht einfach mit einem Verbot als gelöst an. Die veränderte Wirtschaftskultur und das Vordringen der Geldgeschäfte nötigen ihn, sich auch mit den Gründen, aus welchen das Zinsnehmen erlaubt sein könne, zu befassen. Er erkennt vier legitime Gründe für das Zinsnehmen an:

- Möglicher Schaden bei der Ausleihe (damnum emergens),
- entgangener Gewinn (lucrum cessans),
- versäumte Rückgabetermine,
- Beteiligung an einem kaufmännischen Unternehmen (societas).

Hier findet sich schon ein Ansatz für die Erkenntnis der Produktivität des Kapitals. Die Fälle, in denen *Thomas* das Zinsnehmen als erlaubt ansieht, öffnen nicht nur Wege zur Umgehung des Zinsverbotes, sondern bilden die Grundlage für seine Aufhebung, weil hier implizit die Möglichkeit der produktiven Nutzung des Geldes anklingt.

Auch die Frage der Lohnfestsetzung wird von *Thomas* untersucht, er sieht sie als Sonderfall des „gerechten" Preises. Der Arbeitsvertrag ist für ihn juristisch ein Mietvertrag. Der Arbeiter überlasse dem Arbeitgeber seine Arbeitskraft zur Nutzung. Wie beim Tausch von Waren bestehe auch beim Lohn die Gerechtigkeit in der Entsprechung von Leistung und Gegenleistung. Mittelalterlich ist die Auffassung von *Thomas,* daß für die Lohnhöhe die Qualifikation der betreffenden Person „im Gesamtganzen", ihr „Stand" in der Gesellschaft, entscheidend sei. Jedem

Stand stehe ein bestimmtes Einkommen zu. Der Lohn des Arbeitnehmers sei dann „gerecht", wenn er dem standesgemäßen Einkommen entspricht. *Thomas* stellt die ständische Ordnung nicht in Frage, sie ist für ihn Teil der göttlichen bzw. der natürlichen Ordnung.

2.2.3. Johannes Buridanus

Johannes Buridanus (1300–1358) baut mit seinem Schüler *Oresmius* (um 1320–1382) die **Geldlehre** aus, da in seiner Zeit die Geldwirtschaft große Fortschritte macht und auch für den Verkehr mit der römischen Kurie an Bedeutung gewinnt.

Buridanus untersucht das Wesen des Geldes unter zwei Gesichtspunkten: dem des Metallgehalts und dem der **Kaufkraft.** Die Kaufkraft des Geldes sieht er losgelöst von dessen Substanzwert. *Buridanus* sieht das Wirtschaftsleben bestimmt von den Bedürfnissen der Menschen, nicht der einzelnen, sondern der Gesamtheit der Konsumenten. Er berücksichtigt also als erster die Gesamtnachfrage. Der Marktpreis sei das Ergebnis von Angebot und Nachfrage. Er sei der Preis, den die Gesamtheit der Konsumenten billige, daher könne man ihn als „gerecht" bezeichnen. *Buridanus* ist also der erste, der die Gesamtnachfrage und das Gesamtangebot mit der Frage des gerechten Preises verknüpft und so einen Ansatz zur modernen Untersuchung des Preisbildungsprozesses bietet. Je größer das zu befriedigende Bedürfnis sei, desto größer sei auch der Wert des Gutes. Entscheidend sei aber nicht das individuelle, sondern das allgemeine Bedürfnis. Gerechtigkeit sieht er schon dann gegeben, wenn jeder Partner die Güter eintauschen kann, die ihm notwendig erscheinen. Die Tatsache, daß *Buridanus* sich zu untersuchen bemüht, wie der Preis zustandekommt, bevor er moralische Maßstäbe anlegt, zeigt, daß sich in seinen Werken tatsächlich Ansätze wirtschaftstheoretischen Denkens finden.

2.2.4. Antonin von Florenz

Antonin von Florenz (1389–1459) gehört zu den wenigen Theologen, die sich ausführlicher mit dem Erkenntnisobjekt „Wirtschaft" auseinandergesetzt haben. Seine Ausführungen, die in erster Linie dem Hauptwerk „Summa theologica" zu entnehmen sind, beziehen sich insbesondere auf die Problematik der **Preisgerechtigkeit** und die **Lehre vom Kapital.**

Antonins Erkenntnisse im wirtschaftlichen Bereich resultieren aus der immer größer werdenden Diskrepanz zwischen überliefertem Gedankengut und der beobachteten wirtschaftlichen Realität im Florenz des Quattrocento. Er bleibt zwar dem Wertesystem der Scholastik verpflichtet, versucht jedoch die Statik des thomistischen Systems aufzuweichen, um der wirtschaftlichen Entwicklung seiner Zeit Rechnung zu tragen.

Ein zentrales Problem in *Antonins* Überlegungen zum wirtschaftlichen Geschehen bildet die Frage der Preisgerechtigkeit. In seiner Preislehre versucht er eine Synthese zwischen Vorstellungen der Preisgebundenheit und denen freier Preisbildung. Ausgangspunkt seiner Preisüberlegungen sind die Äußerungen zur Wertlehre. In Anlehnung an *Duns Scotus* (um 1266–1308) unterscheidet er einen „natürlichen" Wert und einen Gebrauchswert. Für die Wertbestimmung der tauschfähigen Güter sei lediglich der Gebrauchswert ausschlaggebend.

Antonin nennt drei Bestimmungsgründe des Gebrauchswertes: Zum einen werde der Wert eines Gutes durch seine Nützlichkeit bestimmt, d.h. durch seine Eignung, Bedürfnisse zu befriedigen (virtuositas). Zum anderen sei der Wert eines Gutes von der jeweiligen Seltenheit (raritas) abängig. „Virtuositas" und „raritas" seien objektive Eigenschaften eines Gutes. Doch nicht allein diese objektiven Eigenschaften bestimmen den Wert, sondern auch eine subjektive Komponente spiele bei der Wertbestimmung eine Rolle, die *Antonin* mit „complacibilitas" bezeichnet. Gemeint sind die unterschiedlichen subjektiven Einschätzungen des betreffenden Gutes durch die Individuen.

Diese subjektiven Unterschiede bei der Bewertung eines Gutes ließen nun die genaue Fixierung des Wertes auf einen Punkt und damit die Festlegung eines gerechten Preises nicht zu. Nach den Vorstellungen *Antonins* existiert für jedes Gut vielmehr eine bestimmte Wertspanne, innerhalb derer sich der Preis bewegen könne. Auf der Basis seiner Wertlehre konstruiert *Antonin* nun einen dreistufigen gerechten Preis. Für jedes Gut existiere ein sog. frommer Preis (niedrigste Stufe), ein Interessen-Preis (mittlere Stufe) und ein strenger Preis (höchste Stufe). Der untere und der obere Preis gelten als Grenzen, innerhalb derer sich Schwankungen des tatsächlichen Preises vollziehen können. Selbst Abweichungen von diesem dreifach gestuften Preis läßt *Antonin* zu. Innerhalb der festgelegten Grenzen bestimme sich der Preis nun sowohl durch „Arbeit und Kosten" als auch durch die jeweilige Relation von „raritas" und „complacibilitas".

Durch diese Konstruktion des dreifach gestuften gerechten Preises löst er das Problem des **Kreditkaufs.** *Antonin* hebt zwar die Vorteile der Barzahlung hervor, läßt jedoch auch Geschäfte, bei denen Zahlungsfrist gewährt wird, gelten. In diesem Fall hält er die Forderung eines höheren Preises für gerechtfertigt. Der Preis bei Zahlungsaufschub dürfe jedoch nicht die obere Grenze des justum pretium überschreiten.

Der Kompromißcharakter der Preislehre *Antonins* besteht darin, daß er sowohl einen gerechten Preis fixiert als auch gewisse Schwankungen zuläßt, die sich infolge der unterschiedlichen Einschätzungen ergeben. Diese in gewissen Grenzen vorgesehene Freiheit der Preisbildung komme dem individuellen Gewinnstreben entgegen.

Mit seinen Vorstellungen zur Preisgerechtigkeit geht eine positive Bewertung des **Handels** einher. Der Handel gleiche nicht nur Überfluß und Mangel zwischen verschiedenen Orten aus, er fördere zugleich das friedliche Zusammenleben der Völker. *Antonin* analysiert die einzelnen Handelsleistungen; aus diesen leitet er dann ein entsprechendes Entgelt ab.

Auch die **Lehre vom Kapital** hat *Antonin* weiterentwickelt. Wesentlich ist seine anhand des Kriteriums der Produktivität vorgenommene Unterscheidung von Kapitalanlage und Geldleihe. *Antonin* betrachtet die Kapitalanlage als produktiv und somit den Kapital-Zins als gerechtfertigt. Bei der reinen Geldleihe lehnt *Antonin* in der Regel die Erzielung eines Gewinns ab. Doch hält er die Entrichtung eines Entgelts dann für zulässig, wenn es als Ersatz für Schaden oder für entgangenen Gewinn dient.

3. Das XVI. Jahrhundert

3.1. Spanien: Die Schule von Salamanca

Neben den Vertretern der „Geldlehre", die hier nicht mehr vorgestellt werden sollen, da sie den sozialethischen Rahmen sprengen, ist im 16. Jahrhundert die Schule von Salamanca von großer Bedeutung für die Ansätze ökonomisch-theoretischer Erkenntnisse.

Im 14. und 15. Jahrhundert treffen auf der iberischen Halbinsel die Gedanken antiker Schriftsteller sowie islamische, jüdische und christliche Tradition aufeinander; Philosophie und Theologie werden mit neuen Fragen konfrontiert, suchen und finden neue Antworten. Nach der Entdeckung der neuen Welt ändern sich die ökonomischen Probleme: Die negativen Folgen des Zustroms von Edelmetall werden spürbar. Schon um die Mitte des 16. Jahrhunderts wird deutlich, daß Gold und Silber nicht mit Reichtum (= Wohlstand) gleichzusetzen sind. Preissteigerungen großen Ausmaßes, Vernachlässigung der Landwirtschaft, Qualitätsrückgang im Gewerbe und Bankrotte großer Handelshäuser führen zu neuen Überlegungen über den **„gerechten" Preis** und über das

Zinsverbot, die zur Grundlage ökonomisch-theoretischer Erkenntnisse werden. Die Universität Salamanca, bis dahin führend bei der Weiterentwicklung des Naturrechts und des Völkerrechts, wird nun zu einem Zentrum ökonomisch-sozialethisch orientierter Forschung. Im Mittelpunkt steht das Problem des „Geldes“: Analysiert werden das Phänomen der Inflation sowie der nationale und internationale Güter- und Geldkreislauf. Auf dieser Grundlage werden die **Preisbildung** und die **Kreditgeschäfte** untersucht. Ergebnis dieser Forschungen sind Ansätze zu einer subjektiven Wertlehre und die Weiterentwicklung der Quantitätstheorie des Geldes unter Berücksichtigung des Außenhandels (Wechselkurse).

3.1.1. Luis de Molina

Luis de Molina (1535–1600) ist wohl der bedeutendste Wirtschaftsethiker des 16. Jahrhunderts; er hat die induktive Methode empirischer Erforschung ökonomischer Tatbestände mit der normativen Ethik der Scholastik zu verbinden versucht.

Die Erkenntnisse der Schule von Salamanca werden im neu gegründeten Jesuitenorden besonders intensiv aufgenommen und theologisch-philosophisch weiterentwickelt. Diese Richtung bleibt methodisch in der scholastischen Tradition, betont aber inhaltlich vor allem das Konkrete, geschichtlich Wandelbare. Sehr intensiv beschäftigt sich *Molina* mit dem Handel – entsprechend seiner Bedeutung für die Wirtschaft der iberischen Halbinsel im 16. Jahrhundert. Aus sich selbst sei Handel weder gut noch böse, er werde es erst durch die Ziele, die ihm zugrunde liegen. Unter den erlaubten Zielen führt *Molina* auch das Ziel auf, durch Ansammeln von Reichtum eine höhere soziale Stellung zu erreichen; damit geht er weit über *Thomas von Aquino* hinaus, für den die jeweilige soziale Stellung den Rahmen des legitimen Erwerbsstrebens setzt.

Zentrales Thema ist auch bei *Molina* der **„gerechte“ Preis**. Angesichts der realen Probleme der spanischen Wirtschaft, insbesondere der Inflation, beschäftigt er sich nicht nur mit möglichen Bestimmungsgründen für den Preis, sondern geht darüber hinaus intensiv dem Problem der konkreten Preisbildung nach. Daß hier Faktoren entscheidend sein können, die weit über „Arbeit und Kosten“ hinausgehen, hatte die Schule von Salamanca herausgearbeitet. Entscheidende Faktoren der Preisbildung sind nach *Molina* Mangel oder Überfluß an Waren, Größe der Nachfrage, Intensität der Bedürfnisse und Expansion oder Kontraktion der Geldmenge. Der letzte Punkt berücksichtigt die tatsächlich beobachtete Entwicklung der Preise und geht damit über die traditionellen Faktoren

Nutzwert, Knappheit und Wertschätzung (utilitas, raritas, communis aestimatio) weit hinaus. Die Erkenntnis der komplexen Zusammenhänge bei der Preisbildung führt bei *Molina* zu scharfer Kritik an der staatlichen Preispolitik in Spanien. Sein ökonomisch wohl wichtigster Einwand lautet: Es ist für den Gesetzgeber unmöglich, die Preistaxen so flexibel zu gestalten, daß sie zeitlich und räumlich unterschiedlichen Verhältnissen gerecht werden könnten.

In Zusammenhang mit der Preisbildung werden auch die Probleme von Zins und Kapital erörtert: Bei Vorauszahlung (Kauf mit Lieferaufschub) könne der Preis gedrückt werden; wird auf Kredit gekauft, dürfe der Preis höher sein. *Molina* erkennt wohl als erster Theologe die ökonomische Funktion des Handels und der Verlagsgeschäfte, so daß er die Finanzierung der Produktion durch Kredite der Abnehmer bejaht. *Molina* konstatiert auch, daß es einen Markt für „Geld" gibt; er sieht die veränderte Funktion des Geldes und betont, daß Gebrauch und Verbrauch des Geldes auseinanderzuhalten seien. Damit könne auch auf das Geld das Gesetz von Angebot und Nachfrage angewendet werden, es existiere ein „Marktpreis" für Geld. Aus dieser Erkenntnis leitet er jedoch nicht die Abschaffung des Zinsverbotes ab, sondern nur eine differenzierte Sicht der erlaubten Kreditgeschäfte.

3.2. Die Reformatoren

Im ausgehenden Mittelalter kommt eine Entwicklung in Gang, die das wirtschaftliche Leben grundlegend verändert.

Die Aussagen der Reformatoren zu ökonomischen Fragen sind jedoch noch überwiegend vom mittelalterlichen Denken geprägt. Auch für die Schriftsteller dieser Zeit läßt sich eine Geschichte rein „volkswirtschaftlicher" Meinungen nicht aufzeichnen. Unverändert stehen **ethische Fragen im Mittelpunkt** der ökonomisch relevanten Überlegungen. Wie bei den Scholastikern gehen die Gedankengänge der Reformatoren von den Fragen des **Zinsnehmens** und des **„gerechten" Preises** aus. Veränderungen in Wirtschaft und Gesellschaft werden nicht systematisch untersucht, sondern bilden nur den Anstoß oder den Hintergrund für sozialethische Forderungen.

3.2.1. Martin Luther

Martin Luther (1483–1546) äußert sich zu ökonomisch relevanten Fragen im Zusammenhang mit den Problemen, die er in seiner Umgebung vorfindet oder die an ihn als Seelsorger herangetragen werden. Seine

Äußerungen sind also nicht, wie etwa bei *Thomas von Aquino*, das Ergebnis systematischer Reflexion. Dies zeigen besonders *Luthers* Ausführungen zum **Zinsproblem**. Er läßt die in der Scholastik erlaubten Zinstitel nicht gelten; er bezeichnet sogar den Rentenkauf als „Wucher". Er bekämpft auch radikal den Luxus, der seiner Ansicht nach die Geldentwertung verursacht, da wegen luxuriöser Bedürfnisse der Reichen Gold und Silber ins Ausland abflössen. Besonders heftig greift *Luther* die großen Handelsgesellschaften an, die den Ruin der Handwerker verursachen. Er vertritt sehr nachdrücklich die Prinzipien obrigkeitlicher Preisfestsetzung.

Für den Ökonomen sind nicht nur *Luthers* Stellungnahmen zu Zins und Preis wichtig; von großer Tragweite sind vor allem seine Gedanken über die Rolle des Staates, die **Obrigkeit** und den Gehorsam.

Die meisten Dogmenhistoriker folgen wohl der Auffassung von *Wilhelm Roscher*, daß *Luther* ungeachtet seiner revolutionären Stärke im wesentlichen ein konservativer Geist gewesen ist, der am Bestehenden, Althergebrachten, festzuhalten wünschte. Dies zeigt sich in seinen Stellungnahmen zum Bauernkrieg und zum kanonischen Recht. Obwohl er das kanonische Recht als ein Hauptbollwerk des Papsttums ablehnt, folgt er vielen Bestimmungen des kanonischen Rechts, die in der katholischen Kirche schon umstritten oder abgeschwächt waren, fast buchstabengetreu – insbesondere in den Passagen, die das Wirtschaftsleben betreffen. Seine Stellungnahme im großen Bauernkrieg von 1525 zeigt nicht nur seine positive Haltung gegenüber der von Gott eingesetzten Obrigkeit, sondern auch sein Entsetzen über die im Bauernkrieg begangenen Morde. Er betont, daß die notwendigen Reformen nicht durch Aufruhr erzwungen, sondern von der Obrigkeit durchgeführt werden sollten.

Die Stellungnahmen *Luthers* führen zu einer Stärkung der fürstlichen Macht. Konkret fordert er von der Obrigkeit Eingriffe in das Wirtschaftsleben, insbesondere Festsetzung der Preise, Zurückdrängen des Luxus, Regelung bzw. Unterbindung des Außenhandels (z. B. beim Getreidehandel, wo Luther für Staatsmagazine eintritt und den privaten Kornhandel vielfach als Wucher bezeichnet.) Auch das kanonische Zinsverbot soll von der Obrigkeit konsequent durchgesetzt werden.

3.2.2. Johannes Calvin

Johannes Calvin (1509–1564) erkennt die **Bedeutung des Kapitals** für die wirtschaftliche Entwicklung. Er sieht auch die positiven Seiten der Entfaltung des Erwerbsstrebens, des Handels und der Kreditwirtschaft. Die

Tatsache, daß er das Zinsnehmen nicht undifferenziert als mit dem Christentum unvereinbar ansieht, hat weitreichende Bedeutung für die Herausbildung des modernen Wirtschaftslebens.

Calvin argumentiert zugunsten des Zinses: Mit dem Geld könne man ein Stück Land kaufen, das einen Ertrag abwirft. Wenn ein Kaufmann das Geld in einem anderen Wirtschaftszweig anlege, so dürfe er auch hier Ertrag erwarten, also Zinsen fordern. Den alten aristotelischen Einwand, daß Geld kein Geld erzeugen könne, hält er durch die ökonomische Praxis für teilweise widerlegt. Mit dem biblischen Zinsverbot sei nur der Schutz der Armen gegen die Lieblosigkeit der Reichen gefordert; es gehe nicht um den Schutz desjenigen, der mit dem geliehenen Gelde den Ertrag seines Betriebes steigere.

4. Schlußbemerkung

Dieser Abriß macht die Entwicklung ökonomischen Denkens von der Antike bis zur Reformationszeit deutlich. Es handelt sich um die ersten Ansätze des Denkens über das Erkenntnisobjekt „Wirtschaft". Diese Ansätze der Vorläufer der eigentlichen Nationalökonomie stellen weder systematische Reflexionen noch in sich geschlossene Theorien dar, denn das Denken über „Wirtschaft" ist nicht das primäre Ziel der genannten Philosophen und Theologen. Diesen geht es vielmehr darum, wirtschaftliche Einzelprobleme, die sich im realen gesellschaftlichen Zusammenleben ergeben, aufzugreifen und daraus ethische Normen zu entwickeln. Ausgangspunkt aller Überlegungen zu ökonomischen Einzelfragen bildet die Wirklichkeit, wie sie sich den einzelnen Philosophen und Theologen darbietet. In dem Maße, wie sich diese Realität verändert, tritt auch ein Wandel in den ökonomischen Anschauungen ein. Besonders deutlich wird dieser Wandel in den wirtschaftsethischen Vorstellungen bei der jeweiligen Einschätzung des Handels und der damit verbundenen Probleme der Preisgerechtigkeit und des Zinses.

Literatur

Quellen

Antoninus (Archiepiscopus Florentinus), Summa theologica, Teil I–IV, Graz 1959.
Artistoteles, Nikomachische Ethik, übersetzt, eingeleitet und kommentiert von *F. Dirlmeier,* Frankfurt, Hamburg 1957.
Aristoteles, Politik, nach der Übersetzung von *F. Susemihl* bearb., mit Numerie-

rung, Gliederungen u. Anm. hrsg. von *N. Tsouyopoulos* und *E. Grassi*, Hamburg 1965.
Augustinus, Aurelius, Der Gottesstaat, in dt. Sprache von *C. J. Perl*, Bd. 1–3, Salzburg 1951–1953.
Buridanus, Johannes, Quaestiones super decem libros ethicorum Aristotelis ad Nicomachum, unveränderter Nachdruck der Ausgabe Paris 1513, Frankfurt 1968.
Buridanus, Johannes, Quaestiones super octos libros politicorum Aristotelis, unveränderter Nachdruck der Ausgabe Paris 1513. Frankfurt 1969; Auszüge in dt. Übersetzung, in: *K. Diehl* und *P. Mombert*, Ausgewählte Lesestücke zum Studium der politischen Ökonomie, Bd. IV, Karlsruhe 1920.
Calvin, Johannes, Opera quae supersunt omnia, hrsg. von *G. Baum, E. Cunitz* u. a., Braunschweig 1863–1900.
Duns Scotus, Johannes, Abhandlung über das erste Prinzip, hrsg. und übers. von *W. Kluxen*, Darmstadt 1974.
Luther, Martin, Von Kauffshandlung und Wucher, Faksimile der 1524 durch *Hans Lufft* zu Wittenberg gedruckten Erstausgabe, mit Kommentarbeiträgen von *Helmut Hesse* und *Gerhard Müller*, Düsseldorf 1987.
Molina, Luis de, Concordia liberi arbitrii cum gratiae donis, divina praescientia, providentia, praedestinatione et reprobatione, Lissabon 1588, Krit. Ausgabe von *J. Rabeneck*, Madrid-Ona 1953.
Platon, Der Staat, Gesetze, in: Sämtliche Werke, übersetzt von *Friedrich Schleichermacher*, hrsg. von *W. F. Otto* u. a., 6 Bde., Hamburg 1957–60.
Thomas von Aquino, Ökonomie, Politik und Ethik aus Summa Theologiae, Textauswahl von *H. C. Recktenwald*, Faksimile-Nachdruck einer Textauswahl aus den ersten beiden Bänden der 1946 von *Anton Koberger* in Nürnberg gedruckten Ausgabe der Summa Theologiae des *Thomas von Aquin*. Kommentar mit Beiträgen von *P. Koslowski, N. Lobkowicz, H. C. Recktenwald, E. A. Synan, H. Thurn* und *A. F. Utz*, Düsseldorf 1991.
Xenophon, Ökonomik, Übersetzung und Kommentar von *K. Meyer*, Westerburg 1975.
Xenophon, Von den Staatseinkünften der Athener, in: Xenophons von Athen Werke ..., Stuttgart 1827–69.

Weiterführende Literatur

Braeuer, W., Urahnen der Ökonomie, München 1981.
Grice-Hutchinson, M., Early Economic Thought in Spain, (1170–1740), London 1978.
Höffner, J., Wirtschaftsethik und Monopole im 15. und 16. Jahrhundert, Jena 1941.
Ilgner, C., Die volkswirtschaftlichen Anschauungen Antonins von Florenz, Paderborn 1904.
Kautz, J., Die geschichtliche Entwicklung der National-Oekonomik und ihrer Literatur, unveränderter Neudruck der Ausgabe Wien 1860, Glashütten 1970.
Langholm, O., Economics in the medieval schools: wealth, exchange, value, money and usury according to the Paris theological tradition 1200–1350, (Stu-

dien und Texte zur Geistesgeschichte des Mittelalters, Bd. 29), Leiden, New York, Köln 1992.

Leitherer, E., Geschichte der handels- und absatzwirtschaftlichen Literatur, Köln, Opladen 1961.

Mombert, P., Geschichte der Nationalökonomie, Jena 1927.

Oncken, A., Geschichte der Nationalökonomie, 4. unveränderte Aufl., Neudruck der Ausgabe Leipzig 1902, Aalen 1971.

Prien, H.-J., Luthers Wirtschaftsethik, Göttingen 1992.

Roscher, W., Ansichten der Volkswirtschaft aus dem geschichtlichen Standpunkte, 2 Bde., 3. Aufl., Leipzig, Heidelberg 1878.

Roscher, W., Geschichte der National-Oekonomik in Deutschland, Faksimile-Ausgabe der 1874 in München erschienenen Erstausgabe, Kommentar mit Beiträgen von *J. G. Backhaus, G. Eisermann, P. D. Groenewegen* und *F. Schinzinger*, Düsseldorf 1992.

Schachtschabel, H. G., Der gerechte Preis, Geschichte einer wirtschaftsethischen Idee, Berlin 1939.

Schinzinger, F., Ansätze ökonomischen Denkens von der Antike bis zur Reformationszeit, Darmstadt 1977.

Schreiber, E., Die volkswirtschaftlichen Anschauungen der Scholastik seit Thomas v. Aquin, Jena 1913.

Schumpeter, J. A., Geschichte der ökonomischen Analyse, 2 Bde., Göttingen 1965.

Seipel, J., Die wirtschaftsethischen Lehren der Kirchenväter, Wien 1907.

Weber, W., Wirtschaftsethik am Vorabend des Liberalismus, Münster 1959.

Wiskemann, H., Darstellung der in Deutschland zur Zeit der Reformation herrschenden nationalökonomischen Ansichten, Leipzig 1864.

Merkantilismus, Kameralismus, Physiokratie

Karl-Heinz Schmidt

1. Problemstellung und Abgrenzungen

Die wirtschaftliche Entwicklung verlief in den Ländern Europas vor Beginn der Industrialisierung sehr unterschiedlich. Auch die Wirtschafts- und Sozialstruktur der Länder wies erhebliche Unterschiede auf. Bereits im 15. und 16., aber vor allem im 17. und 18. Jahrhundert versuchten die Herrscher, die Wirtschaftskraft des eigenen Landes – notfalls auf Kosten anderer Länder – zu steigern, um dadurch größere politische und wirtschaftliche Macht zu gewinnen. Das galt auf dem Kontinent überwiegend für Könige und Fürsten, in England vor allem für Unternehmertum und Handelsorganisationen. Dabei entstanden unterschiedliche Empfehlungen, Handlungsanweisungen, Projekte und Programme, zugleich aber auch zwei Probleme:

(1) Lassen wichtige Gemeinsamkeiten der Ziele und Mittel ein gemeinsames Leitbild der Wirtschaftspolitik in den europäischen Staaten erkennen?
(2) Ist es gerechtfertigt, die zugrunde liegenden Wirtschaftslehren als Ansätze oder gar als geschlossenes System einer Wirtschaftstheorie einzustufen?

Um die Grundmuster der Wirtschaftspolitik der europäischen Staaten im Zeitalter des Absolutismus abzugrenzen und die zugrundeliegenden Wirtschaftslehren zu kennzeichnen, wurden die Begriffe „*Merkantilismus*" und „Merkantilsystem" – besonders in England und Frankreich – angewendet. Die geldpolitischen Empfehlungen ökonomischer Denker des 15. und 16. Jahrhunderts – auch als Frühmerkantilisten bezeichnet – faßte *Karl Marx* als Autoren des „Monetarismus" zusammen; sie erlangten vor allem in England wirtschaftspolitischen Einfluß. In Frankreich gewannen merkantilistische Lehren besonders zur Zeit des Generalkontrolleurs der Finanzen, *Jean Baptiste Colbert,* von 1661 bis 1683 Bedeutung.

Im Heiligen Römischen Reich deutscher Nation wurden merkantilistische Ideen und Regeln überwiegend unter dem Begriff **„Kameralismus"** zusammengefaßt. Dadurch sollten einerseits die besonderen Formen des Merkantilismus in den deutschen Kleinstaaten, andererseits die Erweiterung der wirtschaftspolitischen Empfehlungen zu Handlungsregeln für die Gesetzgebung, Verwaltung und Finanzwirtschaft des Fürsten („camera") ausgedrückt werden. Dennoch vertraten alle bedeutenden Kameralisten des deutschen Sprachraums bei wirtschaftspolitischen Problemen merkantilistische Auffassungen. In Preußen und Österreich herrschten sie bis zum Ende des 18. Jahrhunderts vor.

Dagegen setzte in Frankreich um die Mitte des 18. Jh. eine Gegenbewegung ein: die **„Physiokratie"** („Herrschaft der Natur"). Dieser Begriff faßt die Lehrmeinungen einer Gruppe französischer Ökonomen und Staatsphilosophen zusammen, die von *François Quesnay* (1694–1774), einem Leibarzt des *Königs Ludwig XV.* von Frankreich, begründet und von seinen Anhängern verbreitet und weiterentwickelt wurden. Ausgehend vom Naturrecht und der Kritik am „Colbertismus", bildete *Quesnay* als der originelle Denker mit seinen Schülern – zum Teil in sektiererischer, geheimer Zusammenarbeit – die erste geschlossene Schule der Volkswirtschaftslehre.

Der Einfluß des Merkantilismus sank in Frankreich jedoch bereits nach dem Tod *Ludwigs XIV.* (1715). In England wurde der Merkantilismus um die Mitte des 18. Jahrhunderts unter dem Einfluß der Industrialisierung verdrängt, obwohl 1767 *James Steuart* noch die merkantilistischen Lehren systematisch zusammenfaßte. Aber die Veröffentlichung des „Wealth of Nations" von *Adam Smith* (1776) bereitete mit einer vernichtenden Kritik des Merkantilismus die Verbreitung der Wirtschaftslehren des Liberalismus vor.

2. Die Wirtschaftslehren des Merkantilismus

2.1. Geld und Beschäftigung

Obwohl der Merkantilismus nicht zu einem geschlossenen wirtschaftstheoretischen Lehrgebäude entwickelt wurde, stellten einige Beiträge merkantilistischer Schriftsteller doch wesentliche Ansätze zu einer Wirtschaftstheorie dar. Sie knüpften dabei an die seit der Renaissance und Reformation zunehmenden Bestrebungen an, wirtschaftliches Handeln auf der Grundlage des Egoismusprinzips zu erklären und wirtschaftspolitische Maßnahmen des Staates als Ziel-Mittel-Beziehungen anzusehen und zu begründen.

So verschiedenartig die wirtschaftspolitischen Lehren und Rezepte in den einzelnen Ländern Europas auch waren, lag ihnen doch eine einheitliche Auffassung des Wirtschaftsprozesses zugrunde: ausgehend von einer unterbeschäftigten Wirtschaft dachten die Merkantilisten staatswirtschaftlich. Sie empfahlen, die wirtschaftspolitischen Maßnahmen auf die Hebung der produktiven Kräfte in Handel, Gewerbe und Landwirtschaft auszurichten und durch die gesteigerte Entfaltung der Produktivkräfte sowohl die Wirtschaft als auch den Staat zu fördern. Dabei berücksichtigten sie lang- und kurzfristige Probleme. Langfristig sollten die produktiven Kräfte, das Produktionspotential, erweitert werden. Kurzfristig strebten sie die Erhöhung der kaufkräftigen Nachfrage an, um Arbeitskräfte, Boden und Produktivkapital jederzeit ohne inflationäre Preissteigerungen in den Wirtschaftsprozeß einzugliedern. Wie wichtig diese stabilitätspolitische Orientierung der Wirtschaftspolitik war, zeigt die Wirtschaftgeschichte Europas vom 16. bis 18. Jahrhundert. Die Goldzufuhr nach Europa und die Erweiterung der Handelsräume durch die Kolonien, der Dreißigjährige Krieg und seine kontraktiven Folgen und die Forderungen von Handel und Gewerbe nach wirtschaftlicher Freiheit machten wirtschaftspolitische Maßnahmen notwendig mit dem Ziel, den Geldumlauf und die Entwicklung der produktiven Kräfte zu lenken und durch die Förderung der einheimischen Wirtschaft die wirtschaftliche und politische Macht des Landesfürsten zu erhöhen.

Dabei änderten sich die Begründungen der wirtschaftspolitischen Maßnahmen im Zeitablauf: während frühmerkantilistische Schriftsteller in dem Besitz metallischen Geldes eine hohe Bedeutung für Reichtum und Entwicklung des Landes zu erkennen glaubten, stellten spätere Autoren des Merkantilismus die Funktionen des Geldes in den Vordergrund; Geld war danach ein Mittel, um den Wirtschaftsprozeß anzuregen; Handelsbilanzüberschüsse wurden als Ausdruck von Wirtschaftswachstum und Machtausdehnung angesehen, jedoch nicht ausschließlich auf Kosten anderer Länder (im Sinne eines Nullsummenspiels), sondern – entsprechend der dynamischen Betrachtungsweise – im Rahmen langfristigen wirtschaftlichen Wachstums; dabei rückte der Staat als Subjekt und Objekt der Wirtschaftspolitik in den Mittelpunkt des Merkantilismus, im besonderen auf dem europäischen Kontinent. Der Merkantilismus war daher nach Auffassung von *Eli Heckscher* (1932) „... vor allem Einheitsbildner“. Neuere Forschungen heben dagegen die zeitlichen und räumlichen Unterschiede der wirtschaftlichen Entwicklung und der angewendeten Maßnahmen merkantilistischer Wirtschaftspolitik, besonders in Frankreich, hervor (*Jean-Claude Perrot*, 1992).

Die stimulierenden und stabilisierenden Wirkungen einer Vermehrung der Geldmenge und einer Erhöhung der Umlaufgeschwindigkeit des Geldes im Hinblick auf Beschäftigung und Produktion wurden bereits in der ersten Hälfte des 17. Jahrhunderts in England dargestellt. Die Vermehrung der Geldmenge sollte dazu beitragen, neue Arbeitsplätze im Gewerbe und Handwerk zu schaffen, das eigene Land von den Einfuhren wichtiger Waren der gewerblichen Wirtschaft unabhängig zu machen und dadurch die wirtschaftliche und politische Macht des Landes zu erweitern. In den kontinentaleuropäischen Ländern sollten diese wirtschaftspolitischen Maßnahmen vor allem die Macht des Landesfürsten stärken.

Aber nicht nur die expansiven, sondern auch die kontraktiven Wirkungen der Änderungen von Geldmenge und Umlaufgeschwindigkeit des Geldes wurden untersucht. Die verschiedenen Formen des Hortens und der „Schatzbildung" sind in den merkantilistischen Darstellungen der Geldwirkungen nachlesbar. Bekannte Beispiele sind im deutschen Sprachraum *Johann Joachim Becher* (1635–1682) und *Johann Heinrich Gottlob von Justi* (1717–1771).

Becher wirkte als bedeutendster Vertreter des Merkantilismus österreichischer Richtung. Auf die negativen Wirkungen der „Schatzbildung" wies er durch sein bekanntes Beispiel des reichen Mannes hin, „... der 20000 Reichstaler in seiner Kiste tod liegen hat und sich hingegen sechs Jahr mit einem alten zerrissenen Kleid behülfft und sein Gelt dem bono publico zum besten nie unter die Leut kommen läßt". (Darauf und auf weitere Beispiele machte *Fritz Blaich* bereits in den früheren Auflagen dieses Buches aufmerksam). Der bedeutende Systematiker des deutschen Kameralismus, *v. Justi,* verglich den Geldumlauf eines Landes mit dem Blutkreislauf des menschlichen Körpers, den der Regent durch alle dienlichen Mittel beeinflussen müsse, damit „... die Unterthanen in den Stand gesetzet (werden), sowohl durch Fleiß und Arbeit ihre Nothdurft und Bequemlichkeit zu gewinnen, als auch das Ihrige zu den Bedürfnissen des Staates beizutragen ... Der Reichthum ist das Blut, die Gewerbe sind die Adern, und die Regierung ist das Herz, in welches der in den Gewerben circulierende Reichthum durch die Abgaben nach und nach fließet, und sich von da wieder in alle Theile des Staatskörpers durch den Aufwand der Regierung ergießet". Die Zirkulation des Geldes könne durch vier Hauptmittel gefördert werden, und zwar sei erforderlich, „1) daß der gesammte Nahrungsstand im Lande in einem guten Zusammenhang erhalten werde; 2) daß das Land seinen Credit beständig aufrecht erhalte; 3) daß die Manufacturen und Handwerke sich in einem guten Zustande befinden, und 4) daß dem Müßiggange und dem Betteln gesteuert werde."

Die Forderung, das Geld müsse ständig in Umlauf gehalten werden, bildet einen notwendigen Bestandteil der merkantilistischen Geldlehren. Zugleich ist die Berücksichtigung der monetären und güterwirtschaftlichen Kreislaufströme für die Merkantilisten kennzeichnend. Daher maßen sie den Geldausgaben des Staates für Güter und Dienste und der reichen Familien für Luxusgüter große Bedeutung bei, sofern diese Güter im Inland hergestellt wurden. Dabei schätzten sie die Inflationsgefahr gering ein, da sie eine hohe Angebotselastizität oder Unterbeschäftigung des Landes unterstellten.

In England vertrat *James Steuart* (1712–1780) die Auffassung, daß der Staat die Aufgabe habe, Störungen im wirtschaftlichen Kreislauf zu verhindern. Daher müsse der Staatsmann „... nicht allein berücksichtigen, wie das Geld, das ein dauernder Wert ist, von Hand zu Hand geht, sondern die Folgen der Verschiedenheit der Konsumtion abwägen, die es auf seinem Wege nach sich zieht".

Auch der anglo-irische Bankier *Richard Cantillon* (um 1680–1734) trat in seinem „Essai" (1734, veröffentlicht 1755) für die Grundzüge merkantilistischer Geld- und Beschäftigungspolitik ein. Er hielt die Förderung einer aktiven Handelsbilanz für ein sehr wichtiges wirtschaftspolitisches Instrument. Dabei übersah er nicht die inflatorischen Wirkungen des damit verbundenen steigenden Geldangebots, doch wies er auf die Möglichkeiten zunehmenden Sparens und Hortens der Händler und Produzenten sowie erhöhter internationaler Geldtransaktionen hin. Er folgerte daraus, daß die Preise nicht notwendig im gleichen Verhältnis steigen müssen wie die inländische Geldmenge, eine Aussage, die auch von anderen Autoren jener Zeit (*Potter, Law* und später *Hume*) getroffen wurde, wie *Anthony Brewer* (1988) hervorhebt.

In Schweden hielten merkantilistische Lehren ebenfalls Einzug, jedoch überwiegend unter dem Einfluß kontinentaler merkantilistischer Autoren, im besonderen deutscher Kameralisten. Den schwedischen Anhängern der staatlichen Regulierungspolitik, z.B. *Anders Berch*, standen Kritiker gegenüber, die als Reformmerkantilisten oder gar als Liberale bezeichnet wurden. Darauf haben bereits *Eli F. Heckscher* (1942, 1949) und *Karl Petander* (1912) hingewiesen. Neuere Beiträge zeigen, daß auch in Schweden die praktische Wirtschaftspolitik nicht ohne theoretische Grundlage vollzogen wurde, daß aber verschiedene „Visionen" wirtschaftlicher und sozialer Probleme dabei erörtert wurden (*Lars Magnussen*, 1987).

2.2. Das Theorem von der aktiven Handelsbilanz

Die „Monetaristen" oder „Bullionisten" des 15. und 16. Jahrhunderts hatten die Bestände an Edelmetallbarren (= Bullion) und an Gold- und Silbermünzen als Gradmesser des Reichtums bzw. des wirtschaftlichen Wohlstands eines Landes betrachtet. Daraus leiteten sie die Empfehlung ab, Abflüsse von Edelmetall oder Geld in das Ausland zu verhindern. Doch bereits der Direktor der Ostindischen Kompagnie, *Thomas Mun* (1571–1641), zeigte am Beispiel des Handels zwischen England und Indien, daß ein Passivsaldo in der Handelsbilanz Englands im Austausch mit einem Land durchaus den Aktivsaldo der gesamten Handelsbilanz Englands erhöhen kann.

Auch die späteren Merkantilisten meinten stets die gesamte Handelsbilanz eines Landes, wenn sie empfahlen, eine aktive Handelsbilanz anzustreben. Dabei berücksichtigten sie den Einfluß von Dienstleistungen und internationalen Kapitalbewegungen auf die Zahlungsbilanz, obgleich sie über die Handelsbilanz schrieben. Sie erläuterten zugleich die Wirkungen der „unsichtbaren Posten" der Zahlungsbilanz, im besonderen der Überweisung von Frachtraten und Versicherungsspesen, der Unterstützungszahlungen an befreundete Nationen, der Finanzierung von Ausgaben für im Ausland geführte Kriege, für Reisende im Ausland und für Beiträge an den Papst, z.B. in der Form des „Peterspfennigs" (*Fritz Blaich*, 1988).

Das merkantilistische Theorem von der aktiven Handelsbilanz wurde 1656 von *John Locke* mit der Doppelfunktion des Geldes begründet (*Hans Chr. Binswanger*, 1982); danach soll Geld einerseits Zinserträge erbringen und andererseits durch Tausch die Güter für „des Leibes Notdurft und Bequemlichkeit" verschaffen, oder wie *Eli F. Heckscher* (1932, I) es ausdrückte: Geld war teils Produktionsfaktor, teils allgemeines Tauschmittel. Daher sah *Locke* nur zwei Möglichkeiten, das Geld eines Landes zu vermehren: durch die Edelmetallproduktion in den Bergwerken des betreffenden Landes oder die Anwendung von Gewalt, die Aufnahme von Krediten sowie den Handel. Für England erkannte *Locke* nur den Handel, im besonderen den Außenhandel, als realistischen Weg an (*H. Chr. Binswanger*, 1982).

Ein anderer origineller Autor, der die Wirkungen von Handelsüberschüssen auf die wirtschaftliche Entwicklung hervorhob, war der Kaufmann *Dudley North* (1641–1691), Direktor der Levante- und Afrika-Kompagnie und Mitglied des englischen Parlaments. Er zog aus den Funktionen des Geldes und den Wirkungen des Handels jedoch andere

Schlüsse als viele merkantilistische Autoren. Nach seiner Auffassung beeinträchtigten Handelsbeschränkungen des Staates die nationale Wohlfahrt. Die Anhäufung von Edelmetallen sei ein Nebenprodukt eines blühenden Handels; daher brauche sich der Staat nicht um die Versorgung der Wirtschaft mit Edelmetallen und Geld zu kümmern. Dennoch ist er – wie *Alfred Bürgin* (1982) hervorhebt – nicht mit den liberalen Ökonomen des 19. Jahrhunderts gleichzusetzen, sondern in enger Verbindung mit dem ökonomischen Denken seiner Zeit zu sehen, d.h. mit der vorrangigen Bedeutung der Handelstätigkeit, aber ohne die Vorstellung einer Naturgesetzlichkeit des ökonomischen Ablaufs (1993).

Nachdrücklich begründete schließlich *James Steuart* das Theorem von der aktiven Handelsbilanz. Danach ist eine Vermehrung des nationalen Reichtums nur möglich, wenn ein Land konsumierbare Waren ausführt und dafür nichtkonsumierbare Ware, das Geld, einführt. Sobald Edelmetalle als Tausch- und Zahlungsmittel gelten, steigert der Erwerb solcher Edelmetalle den nationalen Reichtum.

Die handelspolitischen Empfehlungen der Merkantilisten betrafen daher vielfältige Maßnahmen zur Verhinderung der Ein- oder Ausfuhr von Gütern (Verbote, protektionistische Vorschriften, Mengenkontingente), aber auch Eingriffe zur Förderung der Ein- und Ausfuhr (Subventionen, Steuerbegünstigungen, Handels- oder Produktionsmonopole, Handelskriege, militärische Aktionen). Aus der Billigung von Kriegen als merkantilistisches Instrument ist jedoch kaum die Auffassung ableitbar, daß die Merkantilisten allgemein überzeugt waren, die „Reichtümer" der Erde seien global in konstanter Menge vorhanden, so daß ein Land nur auf Kosten anderer gewinnen könne. Bei *Richard Cantillon* zeichnete sich bereits eine dynamische Auffassung ab, derzufolge der Kapitalbestand nicht begrenzt und das technische Wissen nicht konstant waren. Soweit die Autoren indessen die Auffassung vertraten, Reichtum und Macht der Nationen seien ausschließlich von den Proportionen der einzelnen Länder abhängig, knüpften sie an die Erfahrungen des statischen Wirtschaftsablaufs im vorindustriellen Zeitalter an (*Fritz Blaich*, 1988).

2.3. Lohn- und Bevölkerungspolitik

Um die Arbeitsteilung zu erweitern und die Wettbewerbsfähigkeit der Unternehmungen im Außenhandel zu stärken, forderten die Merkantilisten ein möglichst niedriges Lohnniveau im Inland. Infolge der arbeitsintensiven Produktion würden relativ niedrige Lohnsätze – zusammen mit den merkantilistischen Maßnahmen zur Verminderung der Ausgaben für importierte Rohstoffe – zu relativ niedrigen Stückkosten der Produktion führen. Dadurch werde die Wettbewerbsfähigkeit der Exportgüter auf den internationalen Märkten erhöht. Zugleich könne der Binnenhandel mit Waren des regionalen und lokalen Bedarfs erweitert und die Arbeitsteilung intensiviert werden.

Voraussetzung für ein niedriges Lohnniveau im Inland war jedoch ein ständiges hohes Angebot an Arbeitskräften. Daher empfahlen die Merkantilisten Maßnahmen des Staates zur Erhöhung des Arbeitsangebots. Sie forderten, daß der Staat das Wachstum der Bevölkerung fördern solle. Dadurch werde zugleich der inländische Verbrauch erhöht, so daß die Arbeitsteilung und der Binnenhandel erweitert werden könnten. Im ausgehenden 17. Jahrhundert herrschte daher ein fast fanatisches Bemühen um Bevölkerungsvermehrung (*Eli F. Heckscher,* II, 1932). Die empfohlenen Maßnahmen umfaßten die Förderung der Einwanderung und Verhinderung der Auswanderung, die Erschließung und Besiedlung unbewohnter Gebiete, die Förderung von Eheschließungen, die Kontrolle der Arbeitszeiten, die Abschaffung von „Müßiggang" sowie die Aufhebung der Armengesetze und der Fürsorgemaßnahmen von Staat und Kirche. In „Arbeitshäusern" oder „Werkhäusern" sollten arbeitsscheue, umherziehende Personen zur Arbeitsdisziplin „erzogen" werden (*Fritz Blaich,* 1988). Jedoch wiesen die Merkantilisten auch auf die Bedeutung von Maßnahmen zur Verbesserung der Aus- und Fortbildung von Arbeitskräften hin. Sie forderten den Ausbau des Bildungswesens, im besonderen die Errichtung von Fachschulen; auf diesem Wege werde ebenfalls die Wettbewerbsfähigkeit der Unternehmungen, im besonderen in exportorientierten Gewerbezweigen, erhöht.

So trat der französische Merkantilist *François de Forbonnais* (1722–1800) für die Erhöhung der Bevölkerung ein, weil dies die Voraussetzung für die Entwicklung des Industriesystems sei. Der französiche Finanzminister *Jean Baptiste Colbert* (1619–1683) legte ebenfalls großes Gewicht auf die Vermehrung der Bevölkerung. Er förderte die Frühehen und bemühte sich, die Heiratsmitgiften zu vermindern und die Vertreibung jüdischer Kaufleute und der Hugenotten einzuschränken. Durch die Erhöhung der Bevölkerung wollte er günstige Produktionsbedingungen (Arbeitskräfte, niedriges Lohnniveau) und eine steigende Nachfrage nach gewerblichen Waren herbeiführen; denn im Wachstum der Bevölkerung, Beschäftigung, Produktion und Nachfrage sah er die Grundlagen für die Erhöhung der Steuereinnahmen, der Staatsausgaben und des Wohlstands des Landes (*Karl Erich Born,* 1989).

Auch der Theoretiker der Übergangszeit vom Merkantilismus zur Klassischen Nationalökonomie, *Richard Cantillon,* stellte die Bevölkerung in seinem „Essai“ (1734, 1755) als endogene Variable dar. Eine große Bevölkerungszahl beurteilte er – nicht zuletzt aus militärischen Erwägungen – positiv. In der geschlossenen Volkswirtschaft hänge die Beschäftigung vom Verhältnis von Arbeit und Boden in der Produktion ab, wobei dieses Verhältnis durch die Güternachfrage bestimmt werde. In der offenen Volkswirtschaft könne die Beschäftigung durch Exporte arbeitsintensiv erzeugter Güter und Importe bodenintensiv hergestellter Produkte erhöht werden (*Anthony Brewer,* 1988).

In England berücksichtigte *James Steuart* das Verhältnis von Bevölkerungszahl und Boden. Er wies auf die Spannungen zwischen dem Bevölkerungswachstum und dem Nahrungsspielraum eines Landes hin und machte darauf aufmerksam, daß das Bevölkerungsproblem nur gelöst werden könne, wenn Beschäftigung und Unterhalt der Bevölkerung gesichert werden. Darauf müßten die wirtschaftspolitischen Maßnahmen des Staates ausgerichtet werden (*James Steuart,* I, 1770).

2.4. Steuerpolitik und Staatsausgaben

Die grundlegenden Anschauungen des französischen Merkantilismus zur Ordnung der Staatsfinanzen müssen aus den praktischen Maßnahmen erschlossen werden, da der Absolutismus die Entstehung eines wissenschaftlichen Schrifttums zur Finanzpolitik des Staates erschwerte. Somit sind die finanz- und steuerpolitischen Maximen des französischen Finanzministers unter *König Ludwig XIV, Jean Baptiste Colbert* (1619–1683), aufschlußreich. Um die Staatsausgaben wieder in den Rahmen der verfügbaren Staatseinnahmen zurückzuführen, empfahl er in einer Modellrechnung ein Verhältnis von 1:3 zwischen Steueraufkommen und umlaufender Geldmenge. Eine entsprechende Relation sollte auch für die einzelnen Provinzen gelten. Dort sollten die Provinzintendanten dafür sorgen, daß die Kosten der Steuererhebung gesenkt würden (*Karl Erich Born,* 1989). Zugleich sollten die Staatsausgaben regional differenziert werden.

Colbert richtete auch die Gewerbe- und Handelspolitik auf die Ziele der Finanzpolitik aus. Durch Änderungen von Steuersätzen und -bemessungsgrundlagen sowie durch veränderte Schwerpunkte der Staatsausgaben und ordnungspolitische Maßnahmen zur Reorganisation der Finanzverwaltung versuchte er, die wirtschaftliche Entwicklung Frankreichs zu stabilisieren. Einerseits senkte er die auf den Bauern lastende „taille“, eine direkte Steuer, und die „gabelle“, eine Salzsteuer, andererseits erhöhte er die Verbrauchsteuern, Gewerbesteuern und städtischen Akzisen; zugleich ließ er den Anteil der Steuereinnehmer an dem Steueraufkommen kürzen und die Steuererhebung durch seine Beamten intensiv kontrollieren. Weitere Maßnahmen betrafen die Kündigung von Anleihen, die Rückforderung ungerechtfertigter Auszahlungen des Staates, die Einschränkung von Steuerprivilegien, die Erhöhung von Ausfuhrzöllen auf inländische Rohstoffe und Nahrungsmittel, die Senkung von Einfuhrzöllen auf importierte Rohstoffe und Lebensmittel, die Erhöhung der Einfuhrzölle auf importierte Fertigprodukte und die Senkung von Ausfuhrzöllen für Exporte inländischer Erzeugnisse.

Die ordnungspolitischen Maßnahmen, vor allem *Colberts* „ordonnances" zu verschiedenen Sachgebieten, führten eine straffe Zentralisierung der Verwaltung und eine das französische Kerngebiet umfassende gemeinsame Wirtschafts- und Rechtsordnung herbei. Zu den neuen Schwerpunkten der Staatsausgaben zählten die Ausgaben für den Bau von Straßen, Kanälen, Häfen und Bildungseinrichtungen und für die Ansiedlung neuer privilegierter, aber kontrollierter Unternehmungen, der königlichen Manufakturen (*Fritz Blaich,* 1988). Sie stellten die neue Industrie des Absolutismus dar. Indem sie neue Fertigungsverfahren anwendeten und überwiegend Luxusgüter für den Export produzierten, zogen sie Geld ins Land. Durch ihre Lieferungen an den königlichen Hof ersparten sie zugleich staatliche Ausgaben für den Import solcher Güter. Andererseits veranlaßte *Colbert* den Bau und die Ausrüstung einer großen Handels- und Kriegsflotte sowie die Gründung von Handelskompagnien; letztere sollten den französischen Überseehandel durchführen, bestanden jedoch nicht lange (*Alfred Bürgin,* 1959).

In England wurden die finanzpolitischen Maßnahmen vor allem auf den Aufstieg des Bürgertums ausgerichtet, sei es direkt durch Steuerbegünstigungen oder indirekt durch Förderung der gewerblichen Produktion und des Handels. Im deutschen Sprachraum hatten die finanz- und ordnungspolitischen Maßnahmen ein besonders großes Gewicht, weil dort die Empfehlungen der merkantilistischen Ratgeber und Beamten ausdrücklich auf die Förderung der Finanzwirtschaft des Fürsten, die „camera", ausgerichtet wurden.

2.5. Merkmale des Kameralismus

Die Ausprägungen merkantilistischer Wirtschaftslehren und Maßnahmen im deutschen Sprachraum gelten zwar als „Kameralismus", doch unterscheidet sich der Kameralismus der deutschen Staaten von dem

Merkantilismus der westeuropäischen Länder hinsichtlich der Konzeption und der Schwerpunkte der Wirtschafts- und Finanzpolitik.

Der Kameralismus strebte wie der Merkantilismus die Steigerung der Macht des absolutistischen Staates durch wirtschaftspolitische Maßnahmen an, doch bezog er stärker als der Merkantilismus fiskalische, juristische, politische und soziale Ziele und Maßnahmen in die Wirtschaftspolitik ein. Das entsprach der wirtschaftlichen und sozialen Lage der Staaten im deutschen Sprachraum nach dem Dreißigjährigen Krieg und den Schwierigkeiten des Wiederaufbaus. Die hohen Bevölkerungsverluste und die Zerstörungen der Territorien hatten zur Folge, daß die deutschen Staaten ihre Wirtschafts- und Finanzpolitik vordringlich auf das Bevölkerungswachstum und die Stabilisierung der Finanzwirtschaft ausrichteten (*Hermann Schäfer*, 1987).

Die Autoren des Kameralismus können in zwei Gruppen, die älteren und jüngeren Kameralisten, gegliedert werden. Die älteren Kameralisten gehen von der Vorstellung aus, daß die absolute Monarchie den Zweck des Staates, die „allgemeine Glückseligkeit", erfüllt. Dagegen melden die jüngeren Kameralisten, wie *von Justi* und *Joseph Freiherr von Sonnenfels* (1733–1817), Kritik an. Sie fordern eine „eingeschränkte Monarchie", in der die Macht des Monarchen ihre Grenze in den Freiheitsrechten des Individuums findet. Diese Differenzierung wird jedoch neueren dogmenhistorischen Beiträgen zufolge nicht hinreichend berücksichtigt (*Josef Wysocki*, 1982). Andererseits ist der Zwiespalt nicht zu übersehen, in dem Autoren wie *Justi* und *Sonnenfels* sich befanden: sie waren zur Loyalität gegenüber dem Staat verpflichtet, erkannten aber, daß der Staatszweck nur erreicht werden kann, wenn die individuellen Freiheitsrechte angemessen berücksichtigt werden. Die neuen Leitbilder des Liberalismus zeichneten sich (1760 ff) ab. So mag es zu erklären sein, daß *Sonnenfels* gegen Ende des 18. Jahrhunderts die Autoren, die für die „Vermehrung der fürstlichen Einkünfte" eintraten, als „diese verächtlichen Miethknechte der Tyrannei" kennzeichnete (*Josef Wysocki*, 1982).

Vom Konzept der Entwicklungsstufen ausgehend hat *Anton Tautscher* drei Gruppen kameralistischer Autoren unterschieden: Vorläufer (vom Ende des 16. bis zur Mitte des 17. Jh.), Autoren der Kameraltheorie (*J. J. Becher, V. L. Seckendorff, Ph. W. Hornigk, W. Schröder* u. a.), sowie Autoren des aufgeklärten Absolutismus, der politischen Ökonomik, der Wirtschaftspolizei und der Staatswirtschaft (*J. G. H. von Justi, J. Sonnenfels, G. H. Zincke, J. G. Darjes, J. F. Pfeiffer* u. a.). Indem die Kameralisten sich auf drei Hauptaufgaben konzentrierten – die „Fiscalsachen" (Finanzverwaltung), „Polizeysachen" (Wirtschaftspolitik) und „Oeconomiesachen" (betriebswirtschaftliche Verwaltung der staatlichen Wirtschaftsbetriebe) –, verbanden sie verwaltungstechnische Grundsätze und bevölkerungspolitische Ziele mit volks- und betriebswirtschaftlichen Lehren. Damit hat der Kameralismus das Konzept des Wohlfahrtsstaates und andere moderne Gedanken vorweggenommen (*Hermann Schäfer,* 1987).

3. Die Wirtschaftstheorie der Physiokraten

3.1. Grundlagen und Klassenschema

Die Kritik an der staatlichen Wirtschaftslenkung und die Vernachlässigung der Landwirtschaft durch die Merkantilisten veranlaßte die um *François Quesnay* versammelte Gruppe französischer Ökonomen – „les économistes" – in der zweiten Hälfte des 18. Jahrhunderts zu Überlegungen und Reformvorschlägen, um die „Herrschaft der Natur" im Wirtschaftsprozeß und in der Wirtschaftspolitik durchzusetzen und die staatliche Wirtschaftslenkung zu überwinden. Zwar hielten die „Physiokraten" an den Grundsätzen des Absolutismus fest, doch wiesen ihre Vorschläge und Forderungen zur Wirtschaftspolitik über den Merkantilismus hinaus. Im Gegensatz zu den Merkantilisten bemühten sie sich zunächst um eine genaue Analyse des Wirtschaftsablaufs, bevor sie ein wirtschaftspolitisches Programm entwarfen. Dabei konnten sie an verschiedene Autoren anknüpfen, die sowohl dem späten Merkantilismus als auch der frühen Klassik der Nationalökonomie zugeordnet werden und die sich als Wegbereiter der Physiokratie erwiesen haben: *P. d. Boisguillebert* (1646–1714), *W. Petty* (1623–1687), *R. L. d'Argenson* (1694–1757) und *R. Cantillon* (1680–1734). *Boisguillebert* hob das Eigeninteresse der Menschen hervor. Er hielt staatliche Eingriffe nur bei Störungen des Wirtschaftsprozesses und der Wirtschaftsstruktur für erforderlich. Dabei spach er sich für die Interessen der Landwirtschaft aus. Nach *Joseph Alois Schumpeters* Auffassung reicht das aber nicht aus, „... ihn zum Ahnherrn der spezifisch physiokratischen Analyse zu machen" (*J. A. Schumpeter,* I, 1965). Dagegen ist *Petty* nach *Schumpeters* Einschätzung „... einer der Großen in der Geschichte der Wirtschaftslehre", der von allen Wirtschaftswissenschaftlern gelobt wurde. Mit seiner „politischen Arithmetik" verknüpfte er Theorie und Empirie. Um Messungen der Wirklichkeit durchzuführen, wies er den Weg zur Sozialproduktberechnung, den nach ihm *Quesnay* beschritten hat. Von *d'Argenson* wurde – nach *August Oncken* (1877) – die Formel „laissez faire" – eingeführt. *Cantillon* entwickelte – früher als *Quesnay* – ein

Kreislaufschema, das die gleiche Klassenstruktur aufwies wie das spätere „Tableau économique“ von *Quesnay*. *Schumpeter* wies daher auf die Kette: *Petty – Cantillon – Quesnay* hin; er begründete sie mit der „ökonometrischen Begeisterung“ der Autoren und mit ihren Aussagen über Boden und Arbeit als Quellen des Reichtums. Die Suche nach einem Boden – Arbeit – Wertmaßstab habe sich jedoch – wie alle ähnlichen Unternehmen – „als Fehlschlag erwiesen“ (*J. A. Schumpeter*, I, 1965). Dennoch werden auch gegenwärtig neue Versuche unternommen, die Zusammenhänge zwischen den Aussagen der drei Autoren zu den Problemen der Wertbestimmung, der Messung des „Reichtums“ und der Stabilität des Wirtschaftskreislaufs darzustellen (*Heino Klingen*, 1992).

Außer den genannten Autoren beschrieben verschiedene Ökonomen der Übergangszeit, z.B. *Ernst Ludwig Carl* (1722/23), früher als *Cantillon* und *Quesnay* den Wirtschaftsprozeß als einheitliches System der Preisbildung und Einkommensverteilung, – bereits unter Vorrangstellung der Landwirtschaft, jedoch noch unter merkantilistischer Ordnung und Regulierung.

Für die Entwicklung der physiokratischen Wirtschaftslehre erwies sich indessen *Quesnays* Analyse des Wirtschaftsprozesses mit Hilfe eines Modells der Volkswirtschaft als grundlegend. Es umfaßte drei – als „Klassen“ bezeichnete – Sektoren: 1. die Landwirtschaft („la classe productive“), 2. die Grundeigentümer („la classe des propriétaires“ bzw. „distributive“) und 3. die gewerbliche Wirtschaft, vor allem die Kaufleute und Handwerker („la classe stérile“). Entsprechend der physiokratischen Grundannahme, daß nur in der landwirtschaftlichen Produktion ein Reinertrag oder Mehrwert („Produit net“) erzielt werden könne, umfaßt der produktive Sektor die bäuerlichen Pächter einschließlich ihrer mithelfenden Familienangehörigen. Den Überschuß des Ertrages über die Produktionskosten schulden sie als Pacht den Grundeigentümern, zu denen sowohl der König als auch alle geistlichen und weltlichen Bodenbesitzer zählen. Diese verwenden die Pachteinkünfte für Käufe landwirtschaftlicher und gewerblicher Erzeugnisse. Dadurch erfüllen sie nach Auffassung der Physiokraten eine wichtige volkswirtschaftliche Funktion: die Distribution. Dagegen messen die Anhänger *Quesnays* der gewerblichen Wirtschaft weder eine Produktivitätsfunktion, noch eine Distributionsfunktion zu; vielmehr unterstellen sie, daß die Kaufleute und Handwerker den Wert der in ihren Unternehmen produzierten Güter nur um die bei ihrer wirtschaftlichen Tätigkeit aufgewendeten Lohn- und Kapitalkosten erhöhen.

Diese Annahmen entsprachen einerseits dem Stand der Technik und der wirtschaftlichen Entwicklung Frankreichs, andererseits wurden sie mit der Ablehnung des Colbertismus begründet. Die durchgreifende Wirtschaftslenkung und die hohe Steuerbelastung der Landwirtschaft sowie die wachsende Verschuldung des französischen Staates veranlaßten die Physiokraten, mehr wirtschaftliche Freiheit und weniger Steuerzahlungen außerhalb des Sektors der Grundeigentümer zu verlangen. Solche Forderungen waren für den Königshof revolutionär. Daher mußten *Quesnay* und seine Anhänger bei der Bekanntgabe ihres Programms sehr vorsichtig vorgehen. Deshalb veranlaßten sie, daß der König das erste Exemplar des „Tableau économique" an einer Druckerpresse bis zur Hälfte des Abdrucks eigenhändig herstellte (*Horst Claus Recktenwald*, Hrsg., 1965). So gelang es, die quantifizierte Darstellung des Wirtschaftskreislaufs mit Zustimmung des Königs zu verbreiten.

Auch die weiteren Annahmen standen in Beziehung zu dem Entwicklungsstand der französischen Wirtschaft. Das gilt für die Verwendung der Pachteinkünfte der Grundeigentümer wie für die starke Stellung der Zünfte in der gewerblichen Wirtschaft, wobei die Handwerksmeister jedoch nur wenig mehr als den Lebensunterhalt erwirtschafteten. Ihre geringe Kapitalausstattung und die stagnierende Einkommensentwicklung der vorindustriellen französischen Wirtschaft trugen zu dieser Einkommenslage im 18. Jahrhundert bei. Dennoch ist das „Tableau économique" nicht als eine Volkswirtschaftliche Gesamtrechnung der französischen Wirtschaft, sondern als modellhafte Darstellung der Größenrelationen der Produktionsfaktoren, Produktion und Einkommen anzusehen. Die Diskussion der „richtigen" Interpretation ist jedoch unter Ökonomen und Historikern nicht abgeschlossen (*Jean-Claude Perrot*, 1992; *Gianni Viaggi*, 1985).

3.2. Das „Tableau économique"

Analogien zwischen Natur und Wirtschaft wurden im 18. Jahrhundert unter dem Einfluß der Aufklärungsphilosophie und des Naturrechts intensiv diskutiert. Die Kenntnisse über den menschlichen Blutkreislauf regten zahlreiche Autoren an, den Wirtschaftsablauf mit dem Kreislauf des Blutes zu vergleichen. Daher liegt es nahe anzunehmen, daß wie *Cantillon* und *v. Justi* auch *Quesnay* zu seiner Darstellung des Wirtschaftsprozesses von dem Bild des Blutkreislaufs angeregt wurde. *Cantillons* Beschreibungen des Wirtschaftskreislaufs und dessen sozialer Klassenstruktur waren *Quesnay* offenbar bekannt. Da jedoch nur wenige Exemplare von *Cantillons* „Essai" vorhanden waren, erregte das von *Quesnay* 1758 angeregte „Tableau économique" unter den Physiokraten und darüber hinaus bald große Aufmerksamkeit. Es wurde besonders von *V. de Mirabeau, P.S. Dupont de Nemours, P.P. Mercier de la Rivière* und *G.F. Le Trosne* ausgebaut, einerseits um als „Tableau fondamental“ den idealen, stets anzustrebenden Zustand der Wirtschaft darzustellen und den „ordre naturel“ auszudrücken, andererseits um die Störungen des Wirtschaftsablaufs durch den „ordre positif“, durch zu hohe Steuern oder Luxusausgaben der Grundeigentümer, also durch Änderungen der Einkommensverwendung, quantitativ nachzuweisen. Solange die Grundeigentümer – den Annahmen des Modells entsprechend – die Hälfte ihrer Pachteinkünfte für Nahrungsmittelkäufe ausgeben, wird das eingesetzte Kapital in der folgenden Periode ersetzt und der Wirtschaftskreislauf aufrechterhalten. Wenn dagegen die Grundeigentümer Pachteinkünfte horten oder zum größeren Teil für den Kauf gewerblicher Luxusgüter verwenden, wird der Kreislauf schrumpfen. Erhöhen die Grundeigentümer indessen ihre Aufwendungen für Nahrungsmittel und schränken sie die Ausgaben für Luxusgüter und andere Gewerbeprodukte ein, wird die Stagnation des Kreislaufs vermieden, weil die landwirtschaftliche Bruttoproduktion in der folgenden Periode erhöht wird und die gewerbliche Wirtschaft – nach vorübergehender Verminderung ihrer Erlöse – wieder steigende Umsätze erzielen kann. Dazu tragen die abschreibungsbedingten erhöhten Aufwendungen der Landwirtschaft und die in der Folge steigenden Ausgaben der übrigen „Klassen“ bei.

Diese Ergebnisse zogen die Physiokraten heran, um die Regierung aufzufordern, die Steuerbelastung der französischen Bauern zu senken, für „einträgliche“ Preise der landwirtschaftlichen Produkte zu sorgen und den Ausbau der landwirtschaftlichen Produktion zu fördern. Sie wurden jedoch heftig kritisiert, weil sie von der Annahme ausgingen, daß nur der Boden Produktivitätssteigerungen realisieren könne und die Landwirtschaft deshalb die Quelle des Wirtschaftswachstums sei.

Quesnay entwickelte das „Tableau économique“ weder in einem Schritt, noch als Einzelstudie. Vielmehr entstanden mehrere Versionen, deren Bedeutung für die physiokratische politische Ökonomie jedoch neueren Forschungen zufolge geringer ist als bisher angenommen wurde (*H. Klingen*, 1992; *G. Vaggi*, 1987; *E. Fox-Genovese*, 1976). Die Grundlagen seiner wirtschaftstheoretischen Auffassung entwickelte *Quesnay* in seinen ökonomischen Schriften, besonders in mehreren Enzyklopädieartikeln, die in verschiedenen Werken und Zeitschriften veröffentlicht wurden. *Quesnay* schrieb einige dieser Beiträge früher als das „Tableau économique“, dessen endgültige Fassung (1766) als die verständlichste angesehen wurde und daher häufig zitiert worden ist (vgl. *Fritz Blaich*, 1. und 2. Auflage dieses Buches, 1983, 1988).

In den drei Auflagen des Tableau aus den Jahren 1757–1759 stellte *Quesnay* die Transaktionen zwischen den Klassen als „Zickzack"-Schema dar. Entgegen der bisher verbreiteten Auffassung, daß *Quesnay* sich hierbei von dem Bild des menschlichen Blutkreislaufs anregen lassen habe, ergaben neue Forschungen, daß es sich eher um eine mechanische Analogie handele (*Heinz Rieter,* 1983, 1990; *Giorgio Gilibert,* 1989). Danach muß die These von der Blutkreislaufanalogie der Physiokraten relativiert werden, denn das „Zickzack"-Schema des „Tableau économique" läßt eine große formale Ähnlichkeit mit dem Ablauf einer Kugellauf-Uhr erkennen (*H. Rieter,* 1983). Zudem sei die Kugellauf-Analogie vermutlich besser geeignet, die maximale volkswirtschaftliche Reproduktion zu erklären (*H. Rieter,* 1983; *H. Klingen,* 1992). Denn es sei *Quesnay* nicht primär um eine Volkswirtschaftliche Gesamtrechnung als Ausdruck eines geschlossenen Wirtschaftskreislaufs gegangen, sondern um die Quelle des Kreislaufs und die Bedingungen, unter denen der Einkommensstrom sich ständig regeneriert (*H. Rieter,* 1990). Nach Auffassung der Physiokraten galt der Boden als alleinige Quelle der „Reichtümer" und die Landwirtschaft als der einzige produktive Sektor der Volkswirtschaft.

Auch *Alfred Bürgin* (1993) hebt hervor, daß *Quesnay* das von ihm selbst so genannte „Zickzack"-Schema nicht in Anlehnung an den Blutkreislauf, sondern im Sinne einer Bewegungs- und Mechanismusanalogie verwandte. *Quesnay* wollte dadurch Erkenntnisse der Physik von Descartes auf die Ebene der Politischen Ökonomie übertragen. Im Gegensatz dazu sei das Werk von *Adam Smith* als Anwendung der Newtonschen Physik anzusehen (*Alfred Bürgin,* 1993, S. 337f.).

Die bekannteste Darstellung des „Tableau économique" ist die in einem Essay von 1766 enthaltene und häufig kommentierte Form. *Fritz Blaich* erläuterte sie auch in den früheren Auflagen dieses Buches sowie in anderen Beiträgen (*F. Blaich,* 1983, 1988). Ausgehend von den drei Sektoren bzw. Klassen (A = landwirtschaftliche Pächter, B = Eigentümer, C = Gewerbesektor), unter der Annahme einer vorgegebenen Struktur und Verteilung des zur Produktion eingesetzten Kapitalbestands und auf der Grundlage der Annahme, daß nur die Landwirtschaft einen Reinertrag erzielen könne, stellte *Quesnay* den Ablauf des Kreislaufs und der Reproduktion mit wenigen Zahlenangaben dar. Dabei betrachtete er das Kapital als Summe von „Vorschüssen" für langlebige Kapitalgüter der Landwirtschaft („avances primitives"), für Saatgut, Rohstoffe etc. der Landwirtschaft („avances annuelles") und für Meliorationen und Landgewinnung („avances foncières"), wobei er die letzteren je-

Quelle: *Rieter, H.:* Quesnays Tableau Economique als Uhren-Analogie, in: Schriften des Vereins für Socialpolitik N.F. Band 115/IX, S. 57–94, hier: S. 73.

Schema 1: Quesnays „Tableau-Uhr"

doch nicht weiter berücksichtigte. Unter den weiteren Annahmen über die Konsumeignung für landwirtschaftliche Produkte und die Produktionskoeffizienten der Landwirtschaft gelangte *Quesnay* zu dem bekannten Bild des Wirtschaftsablaufs, das die Transaktionen zwischen den Sektoren zeigt. (Vgl. *F. Blaich*, in: *Otmar Issing:* Geschichte der Nationalökonomie, 2. Auflage, München 1988, S. 44.) Danach stehen der Landwirtschaft am Ende der ersten Wirtschaftsperiode wieder Vorschüsse in der anfänglichen Höhe zur Verfügung, und der Gewerbesektor hat – trotz seiner „Sterilität" – sein eingesetztes Betriebskapital wieder erwirtschaftet.

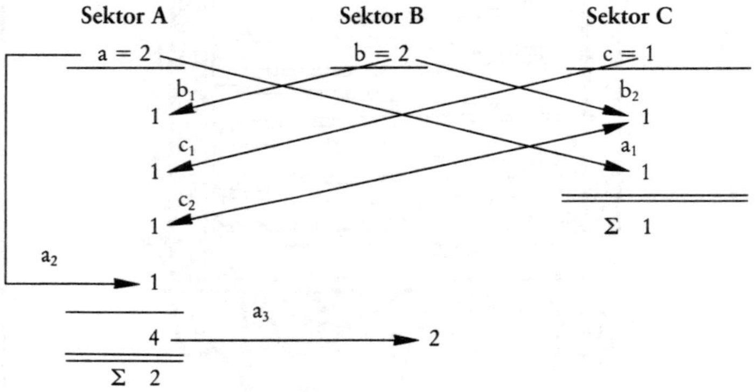

a = Avances annuelles der Landwirtschaft
b = Pachteinkünfte der Grundbesitzer aus der vorhergehenden Wirtschaftsperiode
c = Betriebskapital des Gewerbesektors
a_1 = A kauft Waren und Dienstleistungen im Werte von 1 Mrd. L. von C
a_2 = Umsätze in Höhe von 1 Mrd. L. innerhalb des Sektors A
a_3 = A zahlt den Reinertrag in Höhe von 2 Mrd. L. gegen Ende der Wirtschaftsperiode als Pacht an B
b_1 = B kauft für 1 Mrd. L. Nahrungsmittel von A
b_2 = B kauft für 1 Mrd. L. Waren und Dienstleistungen von C
c_1 = C kauft Rohstoffe im Werte von 1 Mrd. L. von A
c_2 = C kauft Nahrungsmittel im Werte von 1 Mrd. L. von A

Vgl. *Issing*, O., Geschichte der Nationalökonomie, 2. Auflage, München 1988, S. 44.

Schema 2

Quesnays Darstellung wurde von seinen Anhängern weiterentwickelt und modifiziert. Es hat darüber hinaus in der Literatur zahlreiche Modifizierungen und unterschiedliche Stellungnahmen erfahren – von umfassender Zustimmung bis zur Nichtbeachtung (*H. Rieter*, 1990; *H. Klingen*, 1992; *G. Vaggi*, 1985, 1987).

3.3. Wirtschafts- und finanzpolitische Folgerungen der Physiokraten

Mit der Darstellung der **volkswirtschaftlichen** Zirkulation und Reproduktion verfolgten die Physiokraten letztlich politische Ziele, im besonderen die Begründung ihrer Forderungen nach Reformen der Produktion und Preisbildung der Landwirtschaft, des Steuersystems, der Staatsverschuldung und der Staatsausgaben. Hierbei zogen sie Ansätze zu einer Wert- und Preislehre und einer Theorie der Wirtschaftsordnung heran, die über die physiokratischen Auffassungen hinausgehende wirtschaftstheoretische und -politische Bedeutung erlangten.

Da die Physiokraten die wirtschaftlichen Transaktionen zwischen den verschiedenen Klassen nachweisen wollten, bemühten sie sich um die Erklärung der Preisbildung. Zu diesem Zweck unterschieden sie zwischen Gebrauchswert und Tauschwert, wobei sie den Tauschwert im Preis eines Gutes zu erkennen glaubten. Jedoch grenzten sie zwei Erscheinungsformen des Preises ab: den „natürlichen" oder „fundamentalen" Preis und den „laufenden" Preis. Der natürliche Preis umfaßt bei Waren der „sterilen" Klasse nur die Produktionskosten, dagegen bei landwirtschaftlichen Produkten zusätzlich den Mehrwert, der als Reinertrag der Natur entsteht. Der laufende Preis ergibt sich aufgrund der Schwankungen von mengenmäßigem Angebot und kaufkräftiger Nachfrage. Wenn er über den Produktionskosten liegt, bezeichnen sie ihn als „bon prix", denn aus ihren Grundannahmen folgt, daß hohe Preise für landwirtschaftliche Produkte zu hohen Einkommen und Ausgaben der Grundeigentümer und in der Folge zu hohen Einkommen und Ausgaben der gesamten Wirtschaft führen.

Zur Lohnbildung vertraten *Quesnay* und seine Anhänger die Auffassung, daß die Lohneinkommen nicht über das Existenzminimum der Arbeiter hinaus ansteigen können, weil die Arbeitskraft keine neuen Werte schaffe und die Arbeiter am Arbeitsmarkt zueinander in Konkurrenzbeziehungen stehen. Andererseits würden die Nominallöhne steigen, wenn die Getreidepreise und Lebensmittelpreise zunehmen, denn in diesem Fall würden die Landwirte mehr Arbeitskräfte nachfragen. Dagegen würden sinkende Getreidepreise eine abnehmende Arbeitskraftnachfrage in der Landwirtschaft und darüber hinaus sinkende Beschäftigung und Einkommen in der gesamten Volkswirtschaft hervorrufen. *Quesnay* forderte daher staatliche Eingriffe in den Wirtschaftsprozeß. Sie sollten hohe Getreidepreise ermöglichen. Darüber hinaus trat er für die Zinsregulierung ein. Dadurch sollte der Kapitalmangel der Landwirtschaft beseitigt werden. Zugleich sollten leistungsfähige landwirtschaftliche Großbetriebe – nach dem Vorbild der englischen Landwirtschaft – errichtet werden. *Quesnay* begründete durch seine theoretischen Überlegungen außerdem die Erhebung direkter Steuern. Da allein die Landwirtschaft Reinerträge erziele, den übrigen Sektoren indessen nur die Produktionskosten in den Preisen ersetzt würden, müßten die Steuern stets von der Klasse der Grundeigentümer getragen werden. Daher forderten *Quesnay* und seine Anhänger, auf den die Steuererhebung verteuernden Umweg indirekter Steuern zu verzichten und stattdessen nur eine Steuer zu erheben, die vom Reinertrag der Grundeigentümer zu tragende, die Alleinsteuer („impôt unique"). Jedoch sahen sich die Physiokraten angesichts der Staatsausgaben und der fehlenden Steuereinnahmen veranlaßt, auch gewisse indirekte Steuern zu akzeptieren. Zugleich hielten sie ihre Ablehnung der Staatsverschuldung weitgehend aufrecht. Sie begründeten ihre schuldenfeindliche Auffassung vor allem mit dem Hinweis, daß die Zinszahlungen den einzigen produktiven Sektor, die Landwirtschaft, belasten und die Empfänger arbeitsloser Einkommen unterstützen. Auch führe die Erhebung indirekter Steuern durch die Steuerpächter zu erhöhter Steuerbelastung der „unteren" Einkommensschichten und zur Steigerung der Staatsverschuldung. Die Physiokraten hoben die negativen Transfereffekte und die destabilisierenden Wirkungen der Staatsverschuldung so sehr hervor, daß ihnen mögliche positive Wirkungen einer eingeschränkten Staatsverschuldung nicht diskussionswürdig erschienen.

Die Empfehlungen der Physiokraten zur Wirtschafts- und Finanzpolitik sind folgerichtige Ableitungen aus dem physiokratischen Theoriesystem. Es beruht auf der Unterscheidung der natürlichen Ordnung („ordre naturel") und der von Menschen gesetzten Ordnung („ordre positif"). Solange die natürliche Ordnung nicht verwirklicht ist, sind staatliche Eingriffe in den Wirtschaftsprozeß notwendig. Andererseits soll sich der Staat regulierender Eingriffe enthalten, soweit der freie Tauschverkehr zu einer stabilen wirtschaftlichen Entwicklung führt. Daher forderten die Physiokraten vor allem Reformen in drei Richtungen:

(1) Reform der Landwirtschaft durch Förderung technisch und wirtschaftlich leistungsfähiger Großbetriebe;

(2) Reform des Handels: Schaffung eines „großen", für alle inländischen Produzenten zugänglichen, aber nach außen weitgehend geschlossenen Binnenmarktes, mit der Ausfuhr von Getreide zwecks Stabilisierung der Getreidepreise auf hohem Niveau und der Getreideeinfuhr bei Mißernten;
(3) Reform der öffentlichen Finanzwirtschaft und Finanzpolitik, im besonderen Erhebung der „Alleinsteuer" vom Reinertrag des Bodens und allenfalls ergänzender indirekter Steuern. Einschränkung bzw. Ablehnung der Staatsverschuldung und strengere Kontrollen der Steuererhebung (Steuerpächter) und der Staatsausgaben.

Ziel der Reformen war die Bewältigung der Krise der französischen Politik. Zugleich strebten die Physiokraten aber auch eine neue theoretiche Begründung der Wirtschafts- und Finanzpolitik an. Sie bildeten die erste geschlossene Schule der Nationalökonomie.

4. Nachwirkungen des „Merkantilismus", des „Kameralismus" und der „Physiokratie" in der modernen Wirtschaftswissenschaft

Die Wirtschaftslehren des Merkantilismus wurden von der Physiokratie und in der folgenden Zeit vom klassischen Liberalismus abgelehnt. Erst der gegen Ende des 19. Jh. zunehmende Interventionismus, die Diskussion über Schutzzölle oder Freihandel und die wachsende Intensität von Strukturkrisen und Konjunkturkrisen ließen das Interesse an den merkantilistischen Lehren allmählich wieder steigen. Nachhaltiges Interesse für die Ziele und Empfehlungen des Merkantilismus lösten jedoch die Folgen der Weltwirtschaftskrise aus. Was *Thomas Robert Malthus* (1766–1834) bereits gegen die Lehren von *Adam Smith* (1723–1790) und *Jean Baptiste Say* (1767–1832) einwandte – ein über die Investitionen hinausgehendes Sparen könne zu gesamtwirtschaftlicher Unterbeschäftigung führen –, nahm *John Maynard Keynes* 1936 in einer „Allgemeinen Theorie" wieder auf. Er schrieb den Merkantilisten das Verdienst zu, bereits das Unterbeschäftigungsgleichgewicht erkannt und auf das Zurückbleiben der Investitionsneigung hinter der Sparneigung zurückgeführt zu haben.

In Deutschland wurden derartige Erkenntnisse weitgehend unabhängig von *Keynes* entwickelt, wie die Untersuchungen von *Carl Föhl, Hans Richter-Altschaffer, Herbert Timm* u.a. zeigen. *Wilhelm Lautenbach* und später *Andreas Paulsen* standen ausdrücklich den Auffassungen von *J.M. Keynes* nahe.

Einschränkend muß jedoch der Hinweis von *Fritz Blaich* beachtet werden, daß *Keynes* die länger anhaltende unfreiwillige Arbeitslosigkeit lohnabhängiger Arbeiter erklären wollte; er sah die Ursachen in der Verminderung der effektiven Nachfrage, vor allem der privaten Investitionen. Dagegen mußten die Merkantilisten hauptsächlich Wege finden, um die strukturelle Arbeitslosigkeit zu überwinden; sie mußten das Problem der geringen Arbeitsproduktivität lösen; zu diesem Zweck empfahlen sie einerseits Handelsfreiheit, andererseits regulierende und ordnungspolitische Eingriffe des Staates. Auch Maßnahmen, die eine strengere Arbeitsdisziplin herbeiführen und somit die Entwicklung der Manufakturbetriebe und der Arbeitsteilung fördern sollten, gehörten zum Programm des Merkantilismus.

Auch der „Kameralismus“ im deutschen Sprachraum ist nicht ohne Nachwirkungen in der modernen Wirtschaftswissenschaft geblieben. Besonders die Arbeiten von *Becher, Sonnenfels* und *Justi* werden in der Finanzwissenschaft, Wirtschafts- und Sozialpolitik herangezogen, um die Rolle des Staates zu analysieren, die Bedeutung staatlicher Einnahmen und Ausgaben für die wirtschaftliche Entwicklung zu begründen, die Stellung öffentlicher Unternehmen im Wirtschaftsprozeß darzustellen und die Vor- und Nachteile des Wohlfahrtsstaates zu untersuchen. Das Interesse an den Arbeiten der frühen und späteren Merkantilisten ist besonders im deutschen Sprachraum feststellbar.

Die Erkenntnisse der Physiokraten wirkten sich zunächst gegen Ende des 18. Jh. in Frankreich und einigen anderen europäischen Ländern (Baden, Österreich, Toskana, Polen, Rußland, Sachsen, Schweden) anregend auf theoretische Lehren und praktische Forderungen von Ökonomen aus. Dennoch verloren sie rasch an Einfluß auf Theorie und Praxis – aus zwei Gründen: die physiokratischen Reformen blieben in der Praxis weitgehend erfolglos, und der Einfluß des Liberalismus auf das ökonomische Denken und die Wirtschaftspolitik drang von England aus auf den europäischen Kontinent – zwar verzögert, jedoch nachhaltig – vor. Ab der Mitte des 19. Jh. erreichten die theoretischen Lehren der Physiokraten indessen grundlegende Bedeutung für die Entwicklung der Wirtschaftswissenschaft, vor allem in den folgenden Bereichen:

(1) Auf der Grundlage des „Tableau économique“ wurden die Kreislaufanalyse und die Theorie der Kapitalbildung und Reproduktion entwickelt. *Karl Marx* knüpfte an *Quesnays* Auffassungen bei der Darstellung seiner Mehrwerttheorie und Theorie des Kapitalumschlags an. Auch die Entwicklung der Kreislauftheorie, der Theorie des mikroökonomisch fundierten Gleichgewichts, der Input-Out-

put-Analyse und der Theorien der Kapitalbildung und des wirtschaftlichen Wachstums wurden durch die Erkenntnisse der Physiokraten angeregt oder gefördert.

(2) Wie besonders die neueren Forschungen erkennen lassen, regte *Quesnay* durch sein „Tableau économique" nicht nur Erkenntnisse über die Gleichgewichtsbedingungen einer stationären Wirtschaft an, sondern auch über die Bedingungen eines allgemeinen volkswirtschaftlichen Gleichgewichts.

(3) Das „Tableau économique" wurde von den Physiokraten – besonders von *Quesnays* Schüler *P.S. Dupont de Nemours* (1739–1817) – zu ersten Ansätzen einer Quantifizierung des Wirtschaftsprozesses in Frankreich genutzt.

(4) Die Finanzwissenschaft verdankt der Physiokratie wertvolle Einsichten in die Voraussetzungen und Wirkungen der Steuerüberwälzung, in die Interdependenz zwischen dem staatlichen und privaten Sektor der Volkswirtschaft, in die fiskalischen und ökonomischen Begründungen der Besteuerung und in die Beurteilung der Staatsverschuldung.

(5) Die Theorie der Wirtschaftspolitik kann die Überlegungen der Physiokraten zur Wirtschaftsforschung, zur Wirtschaftsfreiheit und zu regulierenden Eingriffen des Staates in den Wirtschaftsprozeß nutzen.

In den europäischen Staaten des 17. und 18. Jahrhunderts zeichnete sich zwar kein für Europa insgesamt gültiges Leitbild der Wirtschaftspolitik ab, doch lagen dem „Merkantilismus" und seiner Ausprägung im deutschen Sprachraum, dem „Kameralismus", ähnliche Grundmuster der Wirtschaftspolitik in den betreffenden europäischen Staaten zugrunde. Die „Physiokratie" bildete sogar die erste geschlossene Lehre der Wirtschaftstheorie, obgleich auf umstrittenen Annahmen beruhend. Der Merkantilismus und der Kameralismus unterscheiden sich durch die Aufgaben und Leitbilder der staatlichen Wirtschaftspolitik, doch sind beide Grundmuster durch die Vielzahl staatlicher Eingriffe in den Wirtschaftsprozeß und durch ihre Ausrichtung auf die Stabilisierung des absolutistischen Staates, das „Ancien Régime", gekennzeichnet. Dagegen entwickelten die Physiokraten konkrete Reformvorschläge. Das wurde jedoch häufig übersehen. Die Reduktion von *Quesnays* Werk auf eine quantitative Darstellung des Kreislaufs einer Volkswirtschaft würde dem physiokratischen Entwurf einer „Gesamtschau im aristotelischen Sinne" indessen nicht gerecht werden. (*A. Bürgin*, 1993).

François Quesnay wußte und wollte mehr als er zeigen durfte. Auch das kann von grundlegender Bedeutung sein.

Literatur

Barna, T.: Quesnay's Model of Economic Development, in: European Economic Review 8, 1976, S. 315–338.

Binswanger, H. Chr.: Geld und Wirtschaft im Verständnis des Merkantilismus, in: *Neumark, F.* (Hrsg.), Studien zur Entwicklung der ökonomischen Theorie, N.F. Bd. 115/II, Berlin 1982, S. 93–129.

Blaich, F.: Der Beitrag der deutschen Physiokraten für die Entwicklung der Wirtschaftswissenschaft von der Kameralistik zur Nationalökonomie, in: *Scherf, H.* (Hrsg.), Studien zur Entwicklung der ökonomischen Theorie III, Schriften des Vereins für Socialpolitik, N.F. Bd. 115/III, Berlin 1983, S. 9–36.

Blaich, F.: Merkantilismus, in: HdWW, Bd. 5, Stuttgart, New York 1988, S. 240–251.

Blaich, F.: Merkantilismus, Kameralismus, Physiokratie, in: *Issing, O.* (Hrsg.): Geschichte der Nationalökonomie, 1. Aufl., München 1984, 2. überarb. u. erg. Auflage, München 1988, S. 35–48.

Blaich, F.: Physiokratie, in: HdWW, Band 6, Stuttgart, New York 1988, S. 84–89.

Blaich, F.: Die Epoche des Merkantilismus, Wiesbaden 1973.

Born, K. E.: Jean Baptiste Colbert (1619–1683), in: *Starbatty, J.* (Hrsg.): Klassiker des ökonomischen Denkens I, München 1989, S. 96–113.

Brewer, A.: Cantillon and mercantilism, in: History of Political Economy, 20, 1988, S 447–460.

Bürgin, A.: Colbert, Jean-Baptiste, in: HdSW, 2. Bd., Stuttgart, Tübingen, Göttingen 1959, S. 526–529.

Bürgin, A.: Merkantilismus: Eine neue Lehre von der Wirtschaft und der Anfang der politischen Ökonomie, in: *Neumark, F.* (Hrsg.), Studien zur Entwicklung der ökonomischen Theorie, N.F. Bd. 115/II, Berlin 1982, S. 9–61.

Bürgin, A.: Zur Soziogenese der Politischen Ökonomie. Wirtschaftsgeschichtliche und dogmenhistorische Betrachtungen, Marburg 1993.

Cardoso, J. L.: Economic thought in late eighteenth-century Portugal: physiocratic and Smithian influences, in: History of Political Economy 22, 1990, S. 429–441.

Fox-Genovese, E.: The Origins of Physiocracy. Economic Revolution and Social Order in Eighteenth-Century France, Ithaca, London 1976.

Gilibert, G.: François Quesnay (1694–1774), in: *Starbatty, J.* (Hrsg.), Klassiker des ökonomischen Denkens I, München 1989, S. 114–133.

Heckscher, E. F.: Mercantilism, 2. Aufl., London, New York 1955.

Helmstädter, E.: Quesnays Multiplikatortableau als kreislauftheoretisches Instrument, in: *Scherf, H.* (Hrsg.), Studien zur Entwicklung der ökonomischen Theorie III, Schriften des Vereins für Socialpolitik, N.F. Bd. 115/III, Berlin 1983, S. 37–54.

Hosfeld-Guber, J.: Der Merkantilismusbegriff und die Rolle des absolutistischen Staates im vorindustriellen Preußen, München 1985.

Institut National d'Etudes Démographiques (Hrsg.): François Quesnay et la Physiocratie, Bd. 1: Préface, Etudes, Biographie, Bibliographie; Bd. 2: Textes annotés, Paris 1958.

Klingen, H.: Politische Ökonomie der Präklassik, Marburg 1992.

Kuczynski, M. (Hrsg.): François Quesnay. Ökonomische Schriften, 2 Bde. Berlin 1971.

Leontief, W., Recktenwald, H. C.: Über François Quesnays „Physiokratie". Vademecum zu einem frühen Klassiker. Frankfurt a. M., Düsseldorf 1987.

Magnusson, L.: Mercantilism and „reform" mercantilism: the rise of economic discourse in Sweden during the eigtheenth century, in: History of Political Economy, 19, 1987, S. 415–433.

Meek, R. L. (Hrsg.): Turgot on Progress, Sociology and Economics, Cambridge 1973.

Meek, R. L.: The Economics of Physiocracy. Essays and Translations, Cambridge/Mass. 1963.

Negishi, T.: History of Economic Theory, Amsterdam, New York, Oxford, Tokyo 1989.

Niehans, J.: A History of Economic Theory, Classic Contributions 1720–1980, Baltimore and London 1990.

Perrot, J.-Ch.: Une histoire intellectuelle de l'économie politique, XVIIe – XVIIIe siècle. Editions de l'École des hautes Études en Sciences Sociales. Paris 1992.

Petty, W.: Schriften zur politischen Ökonomie und Statistik. Übersetzt und mit einem Nachwort hrsg. v. W. Dörlich, Berlin 1986.

Recktenwald, H. C. (Hrsg.): Lebensbilder großer Nationalökonomen. Einführung in die Geschichte der Politischen Ökonomie, Köln, Berlin 1965.

Rieter, H.: Justis Theorie der Wirtschaftspolitik, in: Vademecum zu einem Klassiker des Kameralismus, Düsseldorf 1993, S. 23–40.

Rieter, H.: Quesnays Tableau Economique als Uhren-Analogie, in: *Scherf, H.* (Hrsg.), Studien zur Entwicklung der ökonomischen Theorie IX, Schriften des Vereins für Socialpolitik, N. F. Bd. 115/IX, Berlin 1990, S. 57–94.

Rieter, H.: Zur Rezeption der physiokratischen Kreislaufanalogie in der Wirtschaftswissenschaft, in: *Scherf, H.* (Hrsg.), Studien zur Entwicklung der ökonomischen Theorie III, Schriften des Vereins für Socialpolitik, N. F. Bd. 115/III, Berlin 1983, S. 55–99.

Roncaglia, A.: Petty. The Origins of Political Economy, Armonk, New York 1985.

Samuelson, P. A.: Quesnay's ‚Tableau Economique' as a Theorist would Formulate it Today, in: *Braley, I.* and *Howard, M.* (Hrsg.): Classical and Marxian Political Economy, Essays in Honour of Ronald L. Meek, London, Basingstoke, 1982, p. 45–78.

Schäfer, H.: Physiokratie, in: Staatslexikon, 7. Auflage, IV. Band, Freiburg, Basel, Wien 1988, Sp. 392f.

Schmidt, K.-H.: Die finanzpolitischen Reformvorschläge der Physiokraten, in: *Scherf, H.* (Hrsg.), Studien zur Entwicklung der ökonomischen Theorie III, Schriften des Vereins für Socialpolitik, N. F. Bd. 115/III, Berlin 1983, S. 101–138.

Schmitt, H. O.: Mercantilism. A Modern Argument. Manchester School 47 (2),

S. 93–111, wiederabgedruckt in: *Blaug, M.* (Hrsg.): Pioneers in Economics, 4, The Early Mercantilists, Aldershot, Brookfield, 1991, S. 193–211.

Schumpeter, J.A.: Geschichte der ökonomischen Analyse, I, Grundriß der Sozialwissenschaft, Göttingen 1965.

Sommer, L.: Die österreichischen Kameralisten in dogmengeschichtlicher Darstellung, Neudruck der Ausgabe Wien 1920–1925, Aalen 1967.

Stavenhagen, G.: Geschichte der Wirtschaftstheorie, Grundriß der Sozialwissenschaft, 4. Auflage, Göttingen 1969.

Steuart, J.: Untersuchung über die Grundsätze der Volkswirtschaftslehre, 3 Bde., dt. Übersetzung, Sammlung sozialwissenschaftlicher Meister, XIV, Jena 1913/14.

Tribe, K.: Governing Economy. The Reformation of German Economic Discourse 1750–1840, New York, La Rochelle, Melbourne, Sidney 1988.

Vaggi, G.: The Economics of François Quesnay, Durham 1987.

Vaggi, G.: The role of profits in Physiocratic economics, in: History of Political Economy 17, 1985, S. 367–384.

Weulersse, G.: La Physiocatie à la fin du règne de Louis XV (1770–1774), Paris 1959.

Wysocki, J.: Zur kameralistischen Theorie der Besteuerung von Grund und Vermögen unter Bezug auf die Reform Josefs II., in: *Neumark, F.* (Hrsg.), Studien zur Entwicklung der ökonomischen Theorie, N.F. Bd. 115/II, Berlin 1982, S. 131–147.

Die klassische Politische Ökonomie

Bertram Schefold
Kristian Carstensen

1. Alte und neue Klassik

Als Klassik wird in der Dogmengeschichte der Ökonomie sowohl eine **Epoche** als auch eine **Theorie** bezeichnet. In theoretischer Hinsicht unterscheidet man seit dem ausgehenden 19. Jahrhundert zwischen Klassik und Neoklassik. Die klassischen Ökonomen gehen bei der Erklärung der Preise und der Verteilung von den Reproduktionsbedingungen der Wirtschaft aus, während sich die Neoklassik durch die Betonung der subjektiven Nutzenbewertung auszeichnet (vgl. Aufsatz „Neoklassik" in diesem Band). In keynesianischer Tradition bezeichnet man auch die Anhänger der These, daß die Wirtschaft von selbst der Vollbeschäftigung zustrebt, als Klassiker. Diesem Sprachgebrauch wollen wir hier aber nicht folgen, auch nicht jenem, der allgemein Werke als „klassisch" bezeichnet, die durch Qualität und Originalität hervorragen und als Vorbilder gelten.

Zu den theoretischen und historischen Vorläufern der Klassik zählen unter anderem *William Petty* (1623–87), *David Hume* (1711–76) und *Sir James Steuart* (1713–80). Einige der zentralen klassischen Ideen findet man ferner bei den Physiokraten und insbesondere bei *Richard Cantillon* (1697–1734) (vgl. *Streißler*, 1981). Der Beginn der Klassik im engeren Sinne kann mit dem Erscheinen des ökonomischen Hauptwerks ihres ersten großen Vertreters, dem schottischen Moralphilosophen *Adam Smith* (1723–90), „An Inquiry into the Nature and Causes of the Wealth of Nations" (1776), datiert werden. Nicht zuletzt durch die Rezeption dieser Schrift wurde die Politische Ökonomie zu Beginn des 19. Jahrhunderts zur Modewissenschaft.

Epochemachend waren die von *David Ricardo* (1772–1823) verfaßten „Principles of Political Economy and Taxation" (1817), dessen Schaffen, zusammen mit dem seiner Zeitgenossen, Freunde und Kontrahenten *James Mill* (1773–1836), *Robert Malthus* (1766–1834) und *Robert Torrens* (1780–1864) den Höhepunkt der Klassik markiert. Zu den unmittelbaren Nachfolgern zählen der Sohn *James Mills, John Stuart Mill* (1806–73) und *Karl Marx* (1818–83), soweit er sich als Ökonom im Rahmen der ricardianischen Theorie bewegte.

Die Klassik als Epoche wurde durch die **marginalistische** („neoklassische") **Zäsur** in den siebziger Jahren des neunzehnten Jahrhunderts beendet, die vor allem mit den Namen *Léon Walras, Carl Menger* und *William Stanley Jevons* verknüpft ist. Deren Werk kann sich auch auf Vorläufer berufen, die zur Zeit der Klassik lebten, der von *Smith* und *Ricardo* formulierten Theorie aber mehr oder minder distanziert gegenüberstanden, so vor allem *John Baptiste Say* (1767–1831), *Nassau William Senior* (1790–1864) und den Deutschen *Johann Heinrich von Thünen* (1783–1850) und *Hermann Heinrich Gossen* (1810–58). Man muß betonen, daß die Klassiker die Neoklassik nicht deswegen nicht vorwegnahmen, weil sie den Gedanken einer Wertbestimmung durch Nutzen nicht kannten, sondern weil sie einer anderen Begründung des Werts den Vorzug gaben. Ein Autor, der *vor* der Epoche der Hauptvertreter der Klassik Grundgedanken der Nutzentheorie schon ansprach, war der früh berühmte *Ferdinando Galiani* (1728–1787).

Die ricardianische Preis- und Verteilungstheorie wurde im Verlauf des frühen zwanzigsten Jahrhunderts nur von wenigen Außenseitern weiterverfolgt. Anhaltendes neues Interesse wurde 1960 durch die Publikation von *Piero Sraffas* Hauptwerk „Production of Commodities by Means of Commodities" ausgelöst. *Sraffa* selbst hatte in den fünfziger Jahren die Herausgabe der Werke *Ricardos* besorgt und in einem Vorwort zu dessen „Principles" die Genesis seiner Theorie nachvollzogen.

Dieser Aufsatz will in erster Linie eine Anleitung zur Lektüre der Hauptwerke beider Protagonisten der klassischen Politischen Ökonomie geben: *Smith'* „Wealth of Nations" (im folgenden: WN) und *Ricardos* „Principles" (im folgenden: PPE). Nach einigen einführenden Bemerkungen im folgenden Abschnitt wollen wir uns dabei auf eine detailliertere Darstellung der Theorien des Werts und der Verteilung konzentrieren. Unter mehreren denkbaren Herangehensweisen, die etwa bei *Smith* die liberale Wirtschaftspolitik oder die Sicht der wirtschaftlichen Entwicklung als eines Wachstumsprozesses in den Vordergrund rücken könnten, haben wir uns für diesen Schwerpunkt entschlossen, weil mit der Klassik die Ökonomie zur analytischen Wissenschaft wurde und dies bis heute als eine ihrer bleibenden Errungenschaften zu gelten hat.

2. „The Wonderful World of Adam Smith"

Bereits dem Titel des ersten Buches von „Wealth of Nations" können wir entnehmen, welchem Gegenstand die klassische Ökonomie ihr Interesse widmet. Die harmlos und allgemein klingende Formulierung „Of the Causes of Improvement in the productive Powers of Labour, and of the Order according to which its Produce is naturally distributed among the different Ranks of the People" enthält bei genauem Hinsehen eine scharfe Kritik an zeitgenössischen ökonomischen Dogmen. Seinen Hauptvorwurf richtet *Smith* an die Merkantilisten, die in seinen Augen allein um die Aufteilung des von ihnen als unvergrößerbar vorgestellten Edelmetallschatzes auf die Nationen bekümmert waren. Nicht dieser Schatz aber ist für deren Reichtum maßgeblich, sondern die stete Vermehrung des Arbeitsproduktes.

Das Sozialprodukt pro Kopf der Bevölkerung (Y/B) ist definitorisch gleich dem Produkt aus Arbeitsproduktivität (Y/L) und der Beschäftigungsquote (L/B). Diese Zerlegung, die *Smith* mit seinen Begriffen gleich auf der ersten Seite seines Buches einführt, erlaubt ihm, auf die wesentlichen Bestimmungsgründe zu schließen, die die Versorgung der Bevölkerung mit den „necessaries and conveniences of life" regulieren. Sie ist, so *Smith,* in erster Linie abhängig von Niveau und Wachstum der **Arbeitsproduktivität** („skill, dexterity and judgement") und in zweiter vom Fortschritt der **Kapitalakkumulation,** der den Umfang produktiver Beschäftigung bestimmt (WN:I.1–6; vgl. *Jeck* in *Kurz,* 1990). Diese beiden großen Themen werden in den ersten zwei Büchern des „Wealth of Nations" im Detail behandelt; das erste beginnt mit dem berühmten Beispiel, in dem **Smith** von den Vorzügen zunehmender Arbeitsteilung in der Produktion von Stecknadeln berichtet. Die **Arbeitsteilung** gewinnt ihre überragende Bedeutung als Wachstumsmotor der Ökonomie. Charakter und Bedeutung der Mechanisierung hat er dagegen noch nicht erfaßt. Dies blieb *Ricardo* vorbehalten, der die Folge möglicher technologischer Arbeitslosigkeit erkannte und im letzten Kapitel der „Principles" erörterte, während erst *Andrew Ure* (1778–1857) und *Charles Babbage* (1791–1871) die innere Logik der technischen Entwicklung und die Institutionen des Fabrikwesens zu beschreiben begannen. Zum Beispiel: Arbeitsteilung führt zur Vereinfachung der Handgriffe, erst der vereinfachte Handgriff läßt sich durch die Aktion einer simplen Mechanik ersetzen, deren Erfindung dann naheliegt (vgl. *Rosenberg,* 1985: 313).

Die **Einkommensverteilung** des wachsenden Reichtums auf die Klassen der Gesellschaft ist das zweite große Thema der Untersuchung von *Smith*. Entstehung und Verwendung des Mehrproduktes bestimmen in der Tradition der Physiokraten die Entwicklung der Wirtschaft. Nach Ersatz der vernutzten Produktionsmittel und nach Abzug der für den Unterhalt der Arbeiter notwendigen Lohngüter vom jährlichen Output ergibt sich ein Überschuß, der zur Verteilung als Profit und Rente auf die übrigen Klassen zur Verfügung steht *(Surplustheorie)*. Ein Vorbild findet er in *François Quesnay*, der in seinem Tableau Economique die Bedingungen untersucht hatte, denen eine Ökonomie genügen muß, die sich jährlich **reproduzieren** und darüber hinaus einen Überschuß erwirtschaften will (vgl. den Aufsatz „Merkantilismus, Kameralismus, Physiokratie" in diesem Band). *Smith* schließt sich der Vorstellung einer sich jährlich reproduzierenden Ökonomie an, geht aber einen entscheidenden Schritt über die physiokratische Auffassung, daß allein die agrarische Produktion einen Surplus hervorbringe, hinaus und erklärt auch die Arbeit der „artificers, manufacturers and merchants", also Handwerk, Industrie und Handel, für produktiv (WN:IV.ix.29).

Das populäre Bild *Smith'* zeichnet ihn als marktwirtschaftlichen Liberalen und Verfechter der auf Wächterfunktionen reduzierten Staatstätigkeit. *Smith* habe mit seiner „natural order of liberty" die sich formierende kapitalistische Gesellschaft philosophisch legitimiert und ein realistisches Menschenbild entworfen, in dem **Eigennutz** als Triebkraft des Handelns wirkt: „it is not from the benevolence of the butcher, the brewer, or the baker, that we expect our dinner, but from their regard to their own interest" (WN:I.ii.2). Nicht allein entspringe diese Triebkraft der menschlichen Natur, sie sei auch wünschenswert und nützlich, denn handelt der Einzelne nach seinem Gewinnmotiv, sorge er für den größtmöglichen Wohlstand aller – „led by an invisible hand to promote an end which was no part of his intention" (WN:IV.ii.9).

Die kraftvollen Formulierungen, in denen *Smith* den liberalen Gedanken herausarbeitete, vermögen seine Leser in der Tat noch immer im Bann zu halten. Seine Vision trägt bis heute dazu bei, die Grundzüge einer auf freies Handeln gestützten Wirtschaftsordnung zu bestimmen. Daß solches Handeln im geeigneten Rahmen positive Folgen haben kann, die gar nicht intendiert waren, wie der berühmte Satz von der „unsichtbaren Hand" im Kern besagt, ist eine der faszinierendsten Entdeckungen der Geistesgeschichte, die mit *Smith* zum Durchbruch gelangte.

Gründliche Lektüre und der Blick auf das Gesamtwerk eines Wissenschaftlers, der als Moralphilosoph begann und sich mit allen Gebieten der Gesellschaftswissenschaften intensiv befaßte, fördern allerdings ein differenzierteres Bild zu Tage. Richtig ist, daß *Smith* sich mit großer Überzeugungskraft gegen den Interventionismus der Merkantilperiode wandte, wie er noch von seinem Landsmann *Steuart* vertreten wurde, der einem gedachten idealen Staatsmann weitreichende Kompetenzen bei der Behebung dessen, was wir heute Marktversagen nennen, zuwies. *Smith* hat *Steuarts* Glauben, der Staat könne die wirtschaftliche Entwicklung gestalten, zurückgewiesen oder stark relativiert, ohne seinen großen Rivalen auch nur mit einem Zitat zu würdigen. *Steuarts* Auffassungen galten *Smith* als verfehlt und überholt, und zwar sowohl, weil er an der Kompetenz des Staatsmanns Zweifel hegte, wie weil er den Marktkräften mehr vertraute. *Smiths* Menschenbild unterschied sich jedoch von dem der späteren Neoklassik.

In der vor dem „Wealth of Nations" publizierten „Theory of Moral Sentiments" legte *Smith* nämlich eine Ethik dar, in der die Fähigkeit der Menschen, sich in ihr Gegenüber einzufühlen („sympathy"), und die Bindung ihrer Gewissen an die Billigung des unparteiischen Beobachters („impartial spectator") ihr Zusammenleben in der zivilen Gesellschaft ermöglicht. **Sympathie** ist Eigennutz gegenübergestellt, letzterer ist ohne erstere für *Smith* nicht denkbar. Der innere Zusammenhang der Gesellschaft beruht also nicht nur auf dem Eigennutz allein. (Vgl. *Reich,* 1991, und zum Gesamtwerk *Kurz,* 1990, und Ökonomie und Gesellschaft, 1991).

Die oft undifferenzierte Berufung auf den „laissez faire"-Ökonomen *Adam Smith* sollte ferner nicht darüber hinwegtäuschen, daß er an der entstehenden Industriegesellschaft auch Kritik übte. *Smith* geißelte beispielsweise die Stupidität einer durch Arbeitsteilung auf die geistlose Wiederholung immer gleicher Handgriffe reduzierte Handarbeit. Sie mache den Arbeiter „as stupid and ignorant as it is possible for a human creature to become" (WN:V.i.f.50). Abhilfe schaffe allein öffentlich geförderte Erziehung.

Einseitige Auslegungen gehen zudem in vielen Fällen mit einer Geringschätzung der klassischen Werttheorie einher, die entweder als unvollständiger Vorläufer der späteren Neoklassik oder als schlichter Irrtum gewertet wird. Die Klassiker selbst begriffen das Verständnis der **Gesetze,** die Wert und Verteilung bestimmen, aber stets als logische Voraussetzung, die langfristige Entwicklung kapitalistischer Ökonomien zu beschreiben. Ob sie diesen Anspruch – den spätere Neoklassiker in entsprechender Weise auch für ihre Theorie erhoben haben – einlösen konnten, soll nun im folgenden geprüft werden.

3. Lohn, Preis und Profit

3.1. Natürlicher Preis und Marktpreis

Natürliche Preise (modern: Produktionspreise) erfüllen im klassischen System die Bedingung der Reproduktion: Sie decken die Kosten der Produktion einschließlich eines Profits, der mit einheitlicher Rate auf den Wert des vorgeschossenen Kapitals entfällt. Mit ihnen verbindet sich die Vorstellung, daß unter sonst gleichbleibenden Umständen die freie **Konkurrenz** der Marktteilnehmer in der langen Frist eine Glättung aller Abweichungen von den natürlichen Preisen bewirkt, sie als Gravitationszentren fungieren.

Unten wird auf die unterschiedlichen Bestimmungen des natürlichen Preises bei *Smith* und *Ricardo* einzugehen sein. Zunächst aber soll in der Gegenüberstellung zum Konzept des **Marktpreises** seine Funktion für die klassische Theorie erläutert werden, über die sich beide einig sind.

Das Niveau der Marktpreise ist von vielgestaltigen, zufälligen und temporären Einflüssen abhängig. In der Konzeption von *Smith* (der sich *Ricardo* später anschließt) bildet sich der Marktpreis in Abhängigkeit vom natürlichen Preis: ein in der historischen Situation gegebenes Angebot einer Ware trifft auf jene Nachfrage (**„effectual demand"**), die zum als bekannt angenommenen natürlichen Preis zahlungswillig ist (WN: I. VII. 8). Angebot und Nachfrage markieren je einen *Punkt* im Preis-Mengenraum. Wenn der Punkt des Angebots (der ‚Zufuhr', wie supply besser übersetzt wird), mit dem der effektiven Nachfrage zusammenfällt, herrscht Gleichgewicht. Fallen beide auseinander, beobachtet man auf dem betrachteten Markt also eine Überschußnachfrage oder ein Überschußangebot, führt im ersten Fall die Konkurrenz unter den Käufern zu einem Anstieg des Marktpreises über den natürlichen, im zweiten die Konkurrenz unter den Verkäufern zur entgegengesetzten Abweichung beider. Dieser Gedanke läßt sich schon bei *Steuart* nachweisen.

War hier die Konkurrenz auf dem Gütermarkt als Triebkraft der Abweichung dargestellt, ist die folgende Anpassung des Marktpreises an den natürlichen Preis von der Konkurrenz auf den Faktormärkten angeleitet. Der **Extraprofit,** der aus einem überhöhten Marktpreis resultiert, schafft Anreiz, zusätzliches Kapital in die Produktion der betreffenden Ware zu investieren, wodurch sich in mittlerer Frist die produzierte Menge vergrößern und der Marktpreis der Ware wieder sinken wird. Dieser Prozeß wird in der modernen Literatur als Gravitation des

Marktpreises um den natürlichen Preis beschrieben. Die Konkurrenz der Kapitale kann diese Anpassung leisten, solange ihr keine Hindernisse entgegenstehen, also keine Barrieren des Eintritts in oder des Austritts aus der Branche existieren. *Smith'* politische Gegnerschaft zur merkantilistischen Wirtschaftspolitik, die auf staatlichen Monopolgarantien und anderen Gewerbebeschränkungen als Lenkungsinstrumente fußte, findet hier ihren theoretischen Unterbau.

Gegenüber der modernen mikroökonomischen Theorie fällt auf, daß an keiner Stelle des Arguments die Existenz von Angebots- und Nachfrage*kurven,* also einer funktionalen Beziehung zwischen Preisen und Mengen, postuliert wird. Tatsächlich, und dieser Punkt war unter den Interpreten *Smith'* immer wieder umstritten, steht die Größe der Abweichung zwischen dem natürlichen und dem Marktpreis in keiner analytisch zugänglichen Beziehung zur Abweichung zwischen dem Marktangebot und der natürlichen Nachfrage. Weit davon entfernt, eine ökonomische Theorie auf dem Instrumentarium von Angebot und Nachfrage gründen zu wollen, wie dies die spätere Neoklassik tat, weist *Smith* dem Marktpreis eine nachrangige Rolle zu, die systematischer, allgemein gültiger Erklärung nicht zugänglich ist (vgl. *Schefold,* 1981). Marktpreise verkörpern Störungen der regelmäßigen Reproduktion, der das eigentliche Interesse gilt.

Ansätze zu einer auf Angebot und Nachfrage gegründeten Werttheorie finden sich dann später in den Schriften von *Sismondi* und *Malthus,* der seine Theorie in Auseinandersetzung mit *Ricardo* darlegt, und vor allem bei *Ricardos* Schüler *Senior.* Der Entwicklung des von *Cournot* (1801–1877), *Rau* (1792–1870) und später *Marshall* entwickelten Kreuzes von Angebot und Nachfrage stand entgegen, daß die Klassiker Angebot und Nachfrage als Kräfte auffaßten, deren Intensität mit den Wettbewerbskräften wechselte. Eine Abweichung der gehandelten von den gleichgewichtigen Mengen konnte daher ebensowohl einer Veränderung der Wettbewerbsintensität wie der (etwa durch Ernteschwankungen beeinflußten) Verfügbarkeit der Waren am Markt geschuldet sein, so daß eine Abweichung der Marktpreise vom Gleichgewichtspreis nicht auf einen einfachen funktionalen Zusammenhang zurückzuführen war. Kurzfristige Veränderungen der Wettbewerbslage wurden in nachklassischer Analyse wenig beachtet. Andererseits schienen die Kräfte von Angebot und Nachfrage den Klassikern im Gleichgewicht „aufgehoben", so daß in ihren Augen die Höhe des Gleichgewichtspreises selbst durch Angebot und Nachfrage unbestimmt blieb, ungefähr so, wie sich an einem beschwert hängenden Seil die Kräfte der Aufhängung und der Gewichte auf der ganzen Länge des Seils die Waage halten. Die Höhe des natürlichen Preises mußte deshalb aus Bestimmungsfaktoren abgeleitet werden, die mit Angebot und Nachfrage nicht unmittelbar zusammenhängen.

Es mag ferner überraschen, daß bei der Definition der „effectual demand" die zum natürlichen Preis nachgefragten Mengen als gegeben angenommen wurden. In der Tat findet man bei *Smith* (und den anderen Klassikern) keine Theorie der Nachfrage, deren Abstraktionsgrad an den der Werttheorie heranreichte. *Smith* interessierte sich für soziale Rollen, die sich im **Konsumverhalten** manifestieren – den Tagelöhnern, die allein „necessaries" verzehren und den Landadeligen, die ihre Renten für „luxuries" verausgaben. Eine Vereinheitlichung dieser qualitativ ganz verschiedenen Konsumverhalten als Nutzenmaximierung und eine Abbildung der Wahlentscheidung zwischen Konsumgütern durch funktionale Beziehungen zwischen Preisen und Mengen wäre ihm fremd gewesen (vgl. *Schefold,* 1981). Die Tatsache, daß *Smith* (und mit ihm die klassische Theorie auch in ihrer modernen Version) nachgefragte Mengen für die Wertbetrachtung als gegeben annimmt, verweist darauf, daß sie außerhalb der Werttheorie und ihr vorgelagert zu bestimmen sind. Eine aussagekräftige Theorie des Konsums muß dabei auf den Allgemeinheitsanspruch, der von der späteren Haushaltstheorie der Neoklassik erhoben wird, verzichten.

3.2. Lohn und Profit

Nach klassischer Vorstellung ist die Höhe und Zusammensetzung des **natürlichen** („normalen") **Reallohns** unabhängig von den Preisen und von ihrer Herleitung bekannt. Die einfachste Vorstellung, mit der sich diese These füllen läßt, ist die eines rein physischen Subsistenzlohnes, wie sie von den Physiokraten gelegentlich behauptet und den Klassikern häufig – aber zu Unrecht – unterstellt wurde. Die Höhe des natürlichen Lohnes ist bei den Klassikern an historische und nationale Umstände geknüpft; er bestimmt sich unter Einschluß jener „comforts which custom renders absolute necessaries" (PPE:94), und sein Anstieg ist im Zeitverlauf „with better education and improved habits" (*Ricardo,* Works II:115) zu erwarten.

Sowohl *Smith* wie *Ricardo* beschäftigen sich ausführlich mit der Frage, warum Marktlöhne zum Niveau des **natürlichen Lohnsatzes** tendieren werden. *Smith* sieht einen wesentlichen Grund in der Solidarität der Unternehmer: „masters are always and every where in a sort of tacit, but constant and uniform combination, not to raise the wages of labour" (WN:I. viii. 13). Die Verhandlungsmacht der Arbeiter ist durch Koalitionsverbote eingeschränkt, die Koalition der Unternehmer durch ihre geringe Zahl erleichtert. Schließlich verschafft ihnen ihr Vermögensbesitz längeren Atem.

Ricardo, der in diesem Punkt strenger der Idee anhängt, daß die Gesetze der politischen Ökonomie in Naturgesetzen fundiert sind, betont dagegen den Mechanismus des „Bevölkerungsgesetzes": steigt der Lohn über sein normales Niveau, ist ein Zuwachs der Arbeitsbevölkerung die natürliche Folge, deren Effekt wiederum ein Rückgang des Lohnes sein wird, befördert durch zusätzliche Konkurrenz auf dem Arbeitsmarkt (PPE:94). *Ricardo* lehnt sich hier an die von *Malthus* propagierte **Bevölkerungstheorie** an, die in ihrer säkularen Version behauptet, daß der Anstieg der Nahrungsmittelproduktion mit dem Bevölkerungswachstum nicht Schritt halten kann. Als globale Aussage ist diese Prognose historisch widerlegt. Für das System der Klassik aber ist vor allem die Tatsache von Bedeutung, daß die Höhe des Reallohns durch Umstände begründet wird, die mit den relativen Preisen und dem Umfang und der Verteilung des Surplus in keinem Zusammenhang stehen.

Die von *Smith* und *Ricardo* vorgetragenen Auffassungen über die Bestimmung des Lohnsatzes scheinen zu übersehen, daß Lohnsätze mindestens ebenso differenziert sind wie die Arten der Lohnarbeit. In der modernen Literatur begegnet dem Leser diese Vereinfachung als die Annahme **homogener Arbeit.** Theoretisch schlüssig läßt sich diese Annahme allerdings nur rechtfertigen, wenn gezeigt werden kann, daß die Lohnsätze für Arbeiten verschiedener Qualität feste Relationen aufweisen. In der Tat waren die Klassiker überzeugt, daß eine solche konventionelle, sich allenfalls langsam wandelnde Hierarchie der Lohnsätze existiert, die dem Theoretiker die verlangte Reduktion verschiedenartiger Arbeitsarten auf einen gemeinsamen, homogenen Maßstab erlaubt (WN:I.x.c.63. PPE:20–2). Entscheidend wiederum ist, daß diese Hierarchie vom absoluten Niveau des als Indikator herangezogenen Lohnsatzes unabhängig ist.

Smith formuliert das erste Mal deutlich, daß der Profit allein vom Wert des vorgeschossenen Kapitals, nicht vom Arbeitseinsatz („inspection and direction") der Unternehmer bestimmt ist. Dieser Definition gleich angeschlossen ist die Feststellung, daß sich der Profit in Proportion zur Größe des Kapitalstocks ermißt (WN:I.vi.6), er also **mit uniformer Rate auf alle Einzelkapitale** entfällt. Diese Idee ist für *Smith* keinesfalls neu, durch ihn wird sie aber zum Angelpunkt der politischen Ökonomie. Für wenigstens 150 Jahre sollte sie in der Wissenschaft unangefochten bleiben. Das tatsächliche Niveau der natürlichen Profitrate (und seine Bedeutung für verschiedene Wachstumsregime) diskutiert *Smith,* mit historischen Beispielen reich bebildert, im dritten Buch des „Wealth of Nations".

3.3. Arbeitswerte und „adding-up"

Smith' Theorien von Wert und Verteilung sind eng verknüpft mit einer **Stufentheorie der wirtschaftlichen Entwicklung.** Den Fortschritt menschlicher Gesellschaft verfolgt er über vier Etappen, die der Jäger und Sammler („hunters") ohne Privateigentum, der Hirtenvölker („shepherds"), die Eigentum, damit Ungleichheit, und die ersten Formen einer zentralen Regierung hervorbringt, der Agrikultur, in der das Landeigentum zur eigentlichen Einkommens- und Machtquelle wird, andererseits Städte als unabhängige Republiken entstehen, schließlich der gegenwärtigen Tausch- und Handelsgesellschaft („commerce"). Fortschritt wird vorgestellt als wiederkehrender Prozeß von Aufstieg, Stagnation und Verfall. Seine innere Widersprüchlichkeit läßt sich beispielhaft an der Arbeitsteilung verdeutlichen, die, wie wir schon sahen, einerseits bewundernswerte Produktivitätssteigerungen erlaubt, andererseits die Arbeiter in eine unerträgliche Beschränktheit zwingt.

Die Regeln des Tausches ergeben sich aus der Höherentwicklung der Gesellschaft. Im „early and rude state of society which precedes both the accumulation of stock and the appropriation of land" (WN:I.vi.1) bestimmt sich das **Tauschverhältnis** zweier Waren durch das Verhältnis der direkt zu ihrer Produktion aufgewandten Arbeit. Sobald, in der „improved society", die Akkumulation von Kapital und die Aneignung des Landes in den Händen Weniger, die Profit und Rente als Besitzeinkommen beanspruchen, vollzogen ist, sind die Arbeiter zur Teilung ihres Produktes gezwungen und *Smith* zur Aufgabe seiner einfachen Arbeitswerttheorie. An ihre Stelle tritt die Definition des natürlichen Preises als Summe seiner Komponenten Lohn, Rente und Profit (WN: I.vi). *Sraffa* (1951:xxxv) charakterisierte diesen Ansatz später als „adding-up theory of prices". *Ricardos* Kritik wird zeigen, warum *Smith* auf diesem Weg die logisch konsistente Bestimmung der Profitratenhöhe nicht gelingen konnte.

Auf ein Problem ist schon an dieser Stelle hinzuweisen. Die Höhe des Lohnes ist durch die Preise der Subsistenzgüter bestimmt, die selbst wiederum mit Hilfe von Arbeit erzeugt wurden. Der Rekurs über die vorgelagerten Produktionsstufen kann allein dann zur von *Smith* geforderten vollständigen Auflösung des Preises in seine Komponenten Lohn, Rente und Profit führen, wenn auf einer Stufe ausschließlich direkte Arbeit eingesetzt wird – eine schwerlich haltbare produktionstechnische Annahme. Diese Zirkularität der *Smith*schen Werttheorie wurde von *Marx* kritisiert (vgl. *Garegnani,* 1984, par. 9).

Obwohl die Bestimmung der relativen Preise durch *Smith* inkonsistent ist, nehmen wir mit ihm nun an, sie seien gegeben. Die Preise werden dann von *Smith* in sog. „kommandierter Arbeit" ausgedrückt, d.h. er macht die Lohnrate zum Numéraire, oder benützt, wie *Keynes* sich ausdrückt, Lohneinheiten. Der Wert einer Ware entspricht dann nicht so viel Arbeitszeit, wie in ihr enthalten ist (das wäre nach der Arbeitswertlehre der Fall), sondern so viel, wie Lohnarbeitszeit mit der Ware gekauft werden kann: Daß *Smith* so eine Verbindung zur Messung in Arbeitszeit aufrechterhielt, die Arbeitswertlehre aber, kaum eingeführt, hinter sich ließ, hat viele Interpreten verwirrt. Umsomehr wurde in der Folge *Ricardos* ordnungsschaffende analytische Schärfe bewundert. *Smith'* Verdienst liegt in der Verbindung der Theorie mit einer wirtschaftspolitischen Konzeption und historischer Anschauung. Diese großartige und vielbewunderte Synthese ist jedoch zu weitläufig, um hier mehr als nur angedeutet werden zu können.

4. „The Full Flowering of Classical English Political Economy"

Das wissenschaftliche Hauptziel *Ricardos,* das er dann selbst zum „principal problem in political economy" (PPE:5) erhoben hat, war das Verständnis der Gesetze, die die Verteilung der Einkommen auf die einzelnen Gesellschaftsklassen bestimmen. Die Früchte dieser Bemühungen finden sich schließlich im ersten Kapitel der „Principles", „On Value", zusammengefaßt; eine wichtige Vorarbeit hatte *Ricardo* aber bereits mit dem 1815 erschienenen „Essay on the Influence of a low Price of Corn on the Profits of Stock" (meist kurz: „Essay on Profits", Works IV:357ff.) geleistet.

Sraffa rekonstruiert in seiner Einleitung zu den „Principles" (1951: XXXff.) vier analytische Schritte, in denen *Ricardo* sich seinem Ziel annähert (vgl. *Kurz/Salvadori,* 1992, Kap. 1).

4.1. Erster Schritt: „getting rid of rent"

Im ersten Schritt eliminierte *Ricardo* die Komplikationen, die im Zusammenhang der **Bodenrente** auftreten, jenem Einkommen also, das Besitzern des knappen, nicht produzierbaren Produktionsmittels Boden für die Nutzung der „original and indestructible powers of the soil" zufließt (PPE:67). Seine Theorie der extensiven Rente geht von der einfachen Beobachtung aus, daß die Steigerung des landwirtschaftlichen Ertrages regelmäßig mit der Expansion der landwirtschaftlichen Bodennutzung einhergeht. Die für *Ricardo* natürliche Annahme war, daß dabei zunächst Areale hoher, dann zunehmend geringerer Fruchtbarkeit kultiviert werden. Im Maß des Qualitätsunterschiedes zweier Areale, auf denen mit gleicher Technik dasselbe Produkt angebaut wird, sind die Erträge auf beiden verschieden, und landlose Produzenten werden um Pachtverträge für die fruchtbareren Parzellen konkurrieren. Diese Konkurrenz erlaubt den Besitzern dieser Parzellen die Forderung einer Rentzahlung, deren Höhe offenbar ebenfalls davon abhängig ist, wie groß der Ertragsunterschied zwischen beiden Arealen bemessen ist, denn das auf beiden erzeugte Produkt wird auf dem Markt zu einem einheitlichen Preis gehandelt. Die Rente muß sich, bei freier Konkurrenz, auf einem Niveau einstellen, das kapitalistischen Pächtern von Parzellen beider Landqualitäten die gleiche Profitrate garantiert.

Besitzer von Parzellen der geringeren Qualität können dagegen so lange keine Rente fordern, als nicht das gesamte Areal niedrigerer Fruchtbarkeit unter den Pflug genommen worden ist, für ein gegebenes Nachfrageniveau diese Landsorte also im Überschuß verfügbar ist. An der Bebauungsgrenze, für den schlechtesten aller landwirtschaftlich genutzten Böden, gilt also, daß auf ihm mit der geringsten Arbeitsproduktivität, aber ohne Einschluß einer Rente zur gegebenen allgemeinen Profitrate produziert wird: der Preis des Produktes ist durch die **Produktionskosten einschließlich** des **Profitaufschlages** auf diesem letzten, marginalen Boden bestimmt. Die Differenz zwischen dem Ertrag auf dem schlechtesten Boden und den Erträgen auf allen besseren wird als Rente abgeschöpft. *Ricardo* gelang es mit dieser Überlegung, die Rente aus der Preisbestimmung auszuschalten: Nicht die Höhe der Rente bestimmt den Preis, sondern die Ausdehnung der Bebauung, aus der die Höhen des Preises und der Rente folgen. Die Annullierung eines Verteilungsparameters impliziert zugleich eine Kritik an *Smith,* der behauptet hatte, der natürliche Preis könne durch die Summe seiner drei Komponenten Lohn, Profit und Rente bestimmt werden.

Aus der Sicht eines *Smith*ianers setzt sich der Preis des Nettoproduktes auf dem besseren Boden aus Lohn, Profit und Rente zusammen. Die „natürliche“ Rente eines besseren Bodens läßt sich jedoch erst im Vergleich zum jeweils schlechtesten Boden bestimmen, woraus sich die Überlegenheit von *Ricardos* analytischem Vorgehen ersehen läßt. Der Nettopreis läßt sich rechnerisch stets als Summe von Lohn, Profit und Rente darstellen, aber die im Folgenden von *Ricardo* untersuchte Frage ist, ob sich die Komponenten autonom und unabhängig voneinander bestimmen lassen, oder ob nicht die Vergrößerung der einen eine Senkung der anderen nach sich zieht.

4.2. Zweiter Schritt: „it is the profits of the farmers that regulate the profits of all other trades“

Sraffa hat später mit modernen mathematischen Instrumenten *Ricardos* Einsicht, daß die Rente für die Preisbestimmung eliminiert werden kann, in einem Modell des allgemeinen Gleichgewichts bestätigt. *Ricardo,* dem diese Instrumente nicht zur Verfügung standen, griff zur Untersuchung der fundamentalen Gesetze der Einkommensverteilung auf ein Modell zurück, mittels dessen er die Komplikationen auszuschließen hoffte, die mit der Berechnung von Warenwerten einhergehen. Diesen Komplikationen sind alle Ökonomien unterworfen, die mehr als eine Ware produzieren, denn physisch verschiedene Waren können nur über ihre Bewertung kommensurabel gemacht werden. Sein zweiter gedanklicher Schritt bestand in der Konstruktion des berühmten **Kornmodells,** in dessen landwirtschaftlichem Sektor allein eine einzige Ware, Korn, produziert und konsumiert wird. In seinen erhaltenen Schriften ist das Modell nicht expliziert, es kann aber aus seinem Briefwechsel rekonstruiert werden. Unabhängig von der Kontroverse, ob *Ricardo* das Modell tatsächlich in dieser Form formuliert hatte, ist es in analytischer und dogmenhistorischer Hinsicht außerordentlich nützlich.

Die Subsistenzerfordernisse der Arbeiter definieren ihren Bedarf an Korn als Reallohn, die Produktionstechnik einen Bedarf an Korn als Saatgut. Beide Inputs, die zusammen das Kornkapital bilden, stehen in fester Relation zueinander; Substitution zwischen beiden ist ausgeschlossen. Die Profitrate läßt sich ohne jeden Rückgriff auf Preise direkt als eine Relation von Mengengrößen darstellen, nämlich als Quotient aus Kornertrag minus Kornkapital (dem Kornprofit) und diesem Kapitalvorschuß. Dabei wird vorausgesetzt, daß die Kornproduktion keine Industrieprodukte als Input benötigt. Die Preise aller anderen, industriell produzierten Waren müssen sich auf Grundlage der aus dem Agrarsektor gegebenen Profitrate bilden, wenn, wie angenommen, Korn das einzige Lohngut auch der Industriearbeiter ist. Weil die Profitrate als **„material rate of produce“** des kornproduzierenden Sektors bestimmt ist, die definitionsgemäß von den relativen Preisen der Industriewaren unbeeinflußt bleibt, kann die genauere Untersuchung der Preisbildung unterbleiben, wenn – wie hier – nur die Einkommensverteilung interessiert.

In moderner Sprechweise ist Korn die einzige **Basisware** des Systems, also die einzige Ware, die direkt in die Produktion aller Waren (einschließlich Korn) eingeht. Auf diese Annahme stützt *Ricardo* sein Verfahren zur Bestimmung der Profitrate und auf sie vor allem zielte *Malthus* mit seiner theoretischen Kritik an *Ricardos* Kornmodell, auf die gleich einzugehen ist. Vorher aber sollen *Ricardos* Auffassungen über die Entwicklung der Profitrate im Verlauf der Kapitalakkumulation nachgetragen werden.

Mit dem Übergang auf immer schlechtere Böden im Zuge des Bevölkerungswachstums muß bei konstantem Reallohn die Profitrate fallen, da die Relation des Kornüberschusses zum eingesetzten Kornkapital bei fallender Produktivität sinken muß. Den im Verlauf des Wachstumsprozesses sinkenden Profiten steht ein Anstieg der aggregierten Renten gegenüber. Das unterschiedliche Ausgabeverhalten beider Klassen, die Besitzeinkommen beziehen, macht diese Umverteilung folgenreich: während „landlords" ihre Einkommen überwiegend „unproduktiv" konsumieren, werden Profite der „manufacturer" zu einem erheblichen Teil „produktiv" investiert, worin sich ihr volkswirtschaftlicher Nutzen erweist. Genau diese Triebkraft des Wachstums droht bei sinkender Profitrate in der langen Frist zu versagen: Ohne ausreichende Profitabilität gibt es keinen Investitionsanreiz mehr, und die Gesellschaft erreicht einen **stationären Zustand** („stationary state"), in dem die Rate der Kapitalakkumulation auf Null gefallen ist. Diese Konsequenz wird eintreten, bevor die Profitrate selbst auf Null gefallen ist. Sie wird in die Zukunft verschoben, soweit es gelingt, durch technischen Fortschritt die Arbeitsproduktivität zu steigern, bleibt aber, so Ricardos pessimistische Prognose, schließlich unvermeidlich.

Für *Ricardos* Zeit war seine Überlegung nicht unvernünftig, daß die Höhe des natürlichen Lohnsatzes vor allem vom Preis des wichtigsten Subsistenzmittels Korn und damit von der Arbeitsproduktivität auf dem marginalen, rentlosen Land abhängt. Der Kornpreis ist ein volkswirtschaftliches Datum von zentraler Bedeutung. Mit dem Argument, allgemeine Prosperität setze einen niedrigen Kornpreis voraus, bekämpfte *Ricardo* als Abgeordneter des englischen Unterhauses (seit 1819) die in den Corn Laws festgeschriebenen, in seiner Sicht preistreibenden Importbeschränkungen.

4.3. Ein Zwischenschritt: Malthus' Kritik am Kornmodell

Die Konstruktionsprinzipien des Kornmodells leiten auf den Schluß, daß die Ausdehnung der Bebauungsgrenze (eine Änderung der Technik) die gleichen Wirkungen entfaltet, wie eine Steigerung des Reallohnes (eine Änderung der Verteilung): sie mindern den Profit. Gleichzeitig wird deutlich, daß Änderungen von Technik und Verteilung zu Variationen der relativen Preise führen müssen, wenn Kapital nicht mehr als physisch homogenes Gut angesehen werden kann. Die beiden Ursachen wirken unter allgemeineren Annahmen unterschiedlich und müssen folglich separat untersucht werden. Zur Schärfung von *Ricardos* Blick auf diese Fragen, schließlich zur Weiterentwicklung seiner Theorie trugen wesentlich die intensiven Auseinandersetzungen mit seinem Freund und Kontrahenten *Malthus* bei, die sich seit 1813 mehr und mehr auf Fragen der Verteilung konzentrierten.

Malthus' zentraler Einwand gegen *Ricardo* betraf die Plausibilität von dessen Profitratenbestimmung: Da realiter in keiner Branche Input und Output aus der gleichen Ware bestehen und Arbeiter ihre Substistenz keinesfalls allein aus Korn bestreiten, ist *Ricardos* Versuch, das Wertproblem zu umgehen, unzulässig. Denn werden, so wandte *Malthus* ein, in der Produktion von Korn auch weitere Produktionsmittel eingesetzt, so muß deren Preis, ausgedrückt in Korneinheiten, sinken, wenn der Preis von Korn steigt. Diese relative Verbilligung aller Produktionsmittel außer Korn kann unter gewissen Umständen dessen Verteuerung überkompensieren, so daß auch beim Übergang zu schlechteren Böden eine steigende Profitrate resultiert. Diese reale Möglichkeit erfordere den Rekurs auf eine Werttheorie schon beim Eintritt in die Analyse. *Malthus* selbst bot *Ricardo* eine auf Angebot und Nachfrage gestützte Theorie an, die diesen (und uns) aber wenig überzeugen konnte. Zunächst beharrte *Ricardo* auf seinem Modell und maß den Komplikationen, die mit Änderungen **relativer Preise** einhergehen, ein vernachlässigbar geringes Gewicht bei.

Mit modernen Mitteln läßt sich zeigen, daß *Malthus* genau genommen unrecht hat. Wenn die Produktion einer Einheit Korn zum Preis p_k die Kornmenge a für Saatgut und Löhne, ferner die Menge Dünger m mit dem Preis p_m erfordert und die uniforme Profitrate durch r gegeben ist, lautet die Preisgleichung des Kornsektors auf dem marginalen Boden

$p_k = (1 + r)(ap_k + mp_m)$,

resp.

$1 = (1 + r)[a + m(p_m/p_k)]$,

drückt man alle Preise in Korn aus. Nach *Ricardos* Prognose muß r fallen, wenn a mit dem Übergang auf schlechtere Böden steigt. *Malthus* wandte ein, daß die Verteuerung von Korn relativ zu Dünger den Preis p_m/p_k senken wird, wodurch der von *Ricardo* als zwingend postulierte Zusammenhang zweifelhaft wird. Um diese Behauptung zu prüfen, wird das Mehrsektorenmodell durch eine Preisgleichung für Dünger geschlossen, von dem hier angenommen sei, das er durch Einsatz von b Einheiten Korn hergestellt wird. Die Gleichung lautet also

$$p_m = (1 + r)bp_k,$$

und nach Einsetzen in die Korngleichung erhält man

$$1 = (1 + r)[a + (1 + r)bm].$$

Für gegebene Technik, also konstantes b und m, erkennt man, daß r und a invers verknüpft sind, womit sich *Ricardos* These bestätigt. Raum für *Malthus'* Hypothese bliebe nur, wenn Korn nicht in die Produktion von Dünger einginge, also keine Basisware wäre.

Bald aber stellte sich heraus, daß der Einwand *Ricardo,* der angetreten war, die Verteilung des Sozialprodukts auf die Gesellschaftsklassen zu untersuchen, zur Beantwortung der Frage zwang, wie dieses Sozialprodukt logisch konsistent zu messen sei. Es läßt sich leicht einsehen, warum. Man stelle sich etwa vor, daß sich die Relation von Löhnen und Profiten zwischen zwei Perioden zugunsten der Löhne verschoben habe. Eine Aussage über die Änderung der realen Verteilung läßt sich aber erst treffen, wenn auch die relativen Preise bekannt sind: Sollte sich parallel zur quotalen Verteilung die Preisrelation zwischen den von Arbeitern konsumierten Gütern („necessaries") und den von Profitbeziehern konsumierten („luxuries") zugunsten der letzteren verschoben haben, ist es im Widerspruch zum ersten Anschein möglich, daß Arbeiter in der zweiten Periode relativ schlechter gestellt sind.

Der Umweg, der *Ricardo* mit der Untersuchung aufgenötigt wurde, wie die relativen Preise auf eine Änderung der Verteilung reagieren, hielt ihn bis zu seinem Lebensende beschäftigt. Eine ihn selbst vollständig befriedigende Lösung hat er nicht gefunden. Seine Anstrengungen förderten aber eine Anzahl bemerkenswerter Einsichten zu Tage, die für die ökonomische Theorie bis heute von Gewicht sind.

4.4. Dritter Schritt: „the relative quantity of labour (..) almost exclusively determin[es] the relative value of commodities“ (PPE: 20)

Als Reaktion auf die Kritik des Kornmodells und den Versuch im „Essay on Profits“ die Frage des Werts zu umgehen, formulierte *Ricardo*, im dritten der vier gedanklichen Schritte, seine Werttheorie in den „Principles“. Die erste Aufgabe, die sich ihm dabei stellte, war die konsistente **Bestimmung der Profitrate in Wertgrößen.** Bekanntlich ist diese definiert als Quotient aus Profitsumme und „Kapital“, wobei beides, der gesellschaftliche Surplus und der Kapitalvorschuß, aber Aggregate heterogener Güter sind, die bewertet sein müssen, um die Profitrate als (dimensionslose) Zahl ermitteln zu können.

Reichtum ist das Produkt menschlicher Bearbeitung der Natur. Die für die Klassiker natürliche Folgerung aus dieser Tatsache war, die Arbeitszeit auch als Maß des Wertes heranzuziehen. Für die kapitallose Ökonomie mit freiem Land hatte *Smith* anschaulich gemacht, daß Waren sich im Verhältnis der direkt aufgewandten Arbeitszeit tauschen. *Ricardo* zeigte zunächst, daß von den Pachtzahlungen für das Land abstrahiert werden kann, wenn Land nicht mehr frei ist und Kapital hinzutritt. Der entscheidende weitere Schritt bestand nun in seiner Feststellung (PPE: 22 ff.), daß das Kapital berücksichtigt werden kann, indem auch die Kapitalgüter durch die in ihrer Produktion aufgewandte Arbeit gemessen werden. Das bedeutet, daß nicht allein die direkte, sondern auch die in den Produktionsmitteln verkörperte, indirekte Arbeitszeit in die Wertbestimmung eingeht. Werden Inputs wie Outputs der Produktion einheitlich in Arbeitswerten gemessen, können sie aggregiert und die Profitrate als Quotient von in Arbeitszeit gemessenen Warenaggregaten bestimmt werden.

Ricardo gewinnt mit seiner Werttheorie die gegen *Smith* mit seiner Vorstellung des „adding-up“ kritische Einsicht, daß die Einkommensaggregate nur in gegenseitiger Abhängigkeit zu bestimmen sind und bei gegebener Technik jeder Zuwachs der Löhne zu einem Rückgang der Profitrate führen muß und vice versa (PPE: 194 und anderswo). Diese These läßt sich am einfachsten belegen, wenn mit *Ricardo* zunächst angenommen wird, daß der Kapitalvorschuß allein aus Löhnen besteht (vgl. *Garegnani*, 1984, par. 8). Es bezeichne r die Profitrate, Y das in Arbeitswerten gemessene Sozialprodukt und N den ebenfalls in Arbeitswerten gemessenen notwendigen Konsum der Arbeiter, also die Lohnsumme. Dann gilt, daß
$r = (Y-N)/N$ und $dr/dN < 0$,

wenn Y konstant gehalten wird und Variationen des Lohns betrachtet werden. *Ricardos* Einsicht ist in der modernen Theorie als **„inverse Beziehung zwischen Profitrate und Lohnsatz“** formal bewiesen worden, und sie überlebt die spätere Kritik an seiner Werttheorie und die von ihm selbst vorgebrachten Modifikationen, auf die jetzt einzugehen ist.

Die Annahme des „Essays“, Korn sei das einzige Lohngut, mußte im Rahmen der dort vertretenen Theorie den Schluß nahelegen, daß ein allgemeiner Lohnanstieg einen Anstieg aller Preise zur Folge hat. Diese Behauptung, die auch die adding-up Theorie *Smith'* impliziert und der *Ricardo* ursprünglich angehangen hatte, widerrief er bereits im „Essay“. Im Rahmen der Werttheorie der „Principles“ zeigt sie ihre Widersprüchlichkeit deutlich, da sich die Arbeitsaufwände in den einzelnen Produktionszweigen ja nicht verändert haben.

Für *Ricardo* sind die Begriffe Wert und (normaler) Preis im Grunde identisch. Die Werte sind ursprünglich durch den direkten und indirekten Arbeitseinsatz in der Produktion einer Ware bestimmt, in seinem Ausdruck: „the quantity of labour bestowed on the production of commodities regulates their relative value“ (PPE:30). *Marx* nannte dies später den Arbeitswert. Daß diese Definition des Werts aber nicht genügt, kann man folgendermaßen sehen. Die Werte werden für den wirtschaftlichen Verkehr in monetärer Form ausgedrückt. Der monetäre Standard ist **Gold.** (Mit seinen geldtheoretischen Schriften hatte *Ricardo* wesentlich dazu beigetragen, daß England nach den Napoleonischen Kriegen 1821 zum Goldstandard zurückkehrte, durch den weitgehenden Gebrauch von Banknoten als Zahlungsmittel den Goldbedarf aber einschränkte.) In *Ricardos* klassischer Konzeption ist Gold eine Ware wie jede andere, deren Wert durch ihre Produktionskosten determiniert ist. Stellt sich der Wert einer Ware in Gold dar, ist bei seiner Änderung zu fragen, ob ihre Ursache in der Produktion dieser Ware, oder in der Produktion von Gold liegt.

Ein allgemeiner Lohnanstieg schließt aber die Verteuerung der Arbeit in den Goldminen ein, und seine Wirkung auf die in Gold normierten Preise ist von den Produktionsbedingungen in den einzelnen Zweigen abhängig. In Produktionszweigen, in denen verhältnismäßig viel Kapital und wenig Arbeit eingesetzt wird, wirkt sich der Lohnanstieg relativ schwächer auf den Preis der dort produzierten Waren aus als in Zweigen, die mehr Arbeit und wenig Kapital einsetzen. Zumindest das Produkt desjenigen Zweiges mit dem höchsten Kapital-Arbeitsverhältnis in der gesamten Wirtschaft wird, relativ zu Geld, also in seinem Geldpreis, *fallen*, wenn der Lohn steigt und dieser Zweig nicht die Geldproduktion selbst darstellt. Schon die Möglichkeit, daß Geldpreise bei Lohnsteigerungen fallen können, wirkt auf den ersten Blick paradox. Die Einsicht, daß ein Anstieg der Löhne im allgemeinen einzelne Preise erhöhen, andere aber senken wird, wurde von *Ricardo* zurecht als Kritik gegen *Smith* ausgelegt (PPE:46). Sie untergräbt den bei *Smith* zu findenden Glauben, daß der Einfluß von Verteilungsänderungen auf relative Preise intuitiv erfaßbaren Gesetzen gehorcht: Arbeitsintensiv produzierte Waren können im Preis relativ zu kapitalintensiv produzierten sinken, wenn die Profitrate steigt. Die theoretische Schlußfolgerung widerspricht besonders modernen Anschauungen, weil Geldlohnsteigerungen seit der Abschaffung des Goldstandards häufig mit Inflation verbunden sind. Für korrekt deflationierte Preise bleibt *Ricardos* Einsicht aber gültig. Wenn sich die relativen Preise mit der Verteilung ändern, können sie nicht allein durch die in der Produktion aufgewendeten Arbeitszeiten bestimmt sein.

Ricardo war andererseits gezwungen, die Effekte der **unterschiedlichen Dauer der Kapitalbindung** und unterschiedlicher Kapitalintensitäten in den einzelnen Produktionszweigen als Modifikation seiner allgemeinen Regel der Wertbestimmung anzuerkennen (PPE:30). Er belegt diesen Effekt mit einem Beispiel (PPE:33), in dem ein Kapitalvorschuß eine Anzahl Arbeiter beschäftigt, um in der ersten Periode eine Maschine zu produzieren, mittels derer sie in der nächsten Tuch erzeugen. Der Preis des Tuchs muß den Preis des durch eine gleiche Anzahl Arbeiter in zwei Perioden produzierten Korns übersteigen, weil der Vorschuß im ersten Fall für zwei Perioden ausgelegt wird und der Ausgleich der Profitraten verlangt, daß auf den (rechnerischen) Profit der ersten ein Zinseszins in der zweiten entfällt. Auch dieses einfache Beispiel demonstriert, daß nicht allein die direkt und indirekt aufgewandte Arbeit, sondern auch die Höhe der Profitrate in die Bestimmung des relativen Preises eingeht.

4.5. Vierter Schritt: „the invariable standard of value"

Trotz aller offenkundigen Probleme hielt *Ricardo* am Prinzip der Wertbestimmung durch die aufgewandte Arbeit fest – mit schwankendem Glauben. Sein Zweifel wird gerade dann sichtbar, wenn er das Prinzip zu verteidigen sucht, etwa mit der berühmt gewordenen (und ganz unbegründeten) Behauptung, die Abweichung der Preise von den Arbeitswerten könne nicht mehr als sechs oder sieben Prozent betragen (PPE:36). Die Überzeugung, die natürlichen Preise seien im wesentlichen durch die Arbeitszeit bestimmt, hielt ihn davon ab, eine schärfere Terminologie vorzuschlagen.

Marx identifiziert Wert und Arbeitswert einerseits und spricht andererseits statt vom „natürlichen“ Preis vom Produktionspreis, weil er nicht eine Beziehung zwischen Dingen der Natur sondern der Wirtschaft reflektiert. *Ricardo* dagegen sieht zwar einen Unterschied zwischen der Arbeitszeitbestimmung („the quantity of labour bestowed on commodities“) und dem natürlichen Preis, der bei ungleichen Kapitalintensitäten und uniformer Profitrate von der gemessenen Arbeitszeit abweichen muß, er verwendet den Wertbegriff aber für beides. Er führt ihn ein als den natürlichen Preis, der sich unter den für die Gültigkeit der Arbeitswertlehre notwendigen Bedingungen errechnet, dann modifiziert er beide – Wert und natürlichen Preis – entsprechend den Kapitalintensitäten. Die *Marx*sche Terminologie ist klarer, auch wenn es *Marx* nicht gelang, die Abweichung seiner Produktionspreise von den Arbeitswerten quantitativ exakt zu bestimmen. Hieran unter anderem scheiterte seine Arbeitswertlehre, die nicht auf die – offensichtlich falsche – Behauptung hinauslief, die relativen Preise seien den relativen Arbeitswerten gleich, sondern auf die ebenfalls falsche, aber weniger leicht zu widerlegende, die Produktionspreise ließen sich auf Arbeitswerte zurückführen.

In dem von *Ricardo* kurz vor seinem Lebensende verfaßten Manuskript „Absolute and Exchangeable Value“ erklärte er resümierend, daß ihm die Messung der Werte in Arbeitszeiten unter allen vorgeschlagenen Standards die beste schiene – „but it is far from being the perfect one“ (Works IV:402). In dieser Schrift und den vorhergehenden Ausgaben der „Principles“ versuchte *Ricardo,* durch die Bestimmung eines **unveränderlichen Wertmaßstabs** eine Klärung seines werttheoretischen Problems zu erreichen.

Eine Ware stellt einen solchen Wertmaßstab dar, wenn sie in bezug auf beide Preisbestimmungsgründe, nämlich die Menge enthaltener Arbeit und die Dauer der Kapitalbindung, unter durchschnittlichen Bedingungen produziert wird. *Ricardo* verlangte von dieser Ware, daß ihr Wert gegenüber Änderungen der Einkommensverteilung einerseits und der eingesetzten Technik andererseits unveränderlich ist (PPE:44). Er erkannte (Works IV:364), daß der Einfluß durch die Dauer der Kapitalbindung fortfällt und die relativen Preise den Arbeitswerten proportional sind, wenn die Relation von Arbeit zu Fixkapital in allen Produktionszweigen einheitlich ist. Nun lag nahe zu vermuten, daß der Wert einer Ware, in deren Produktion **Arbeit und Fixkapital in gerade durchschnittlichem Verhältnis** eingehen, durch Änderungen der Verteilung unberührt bleibt und sie den gesuchten Maßstab darstellt (PPE:45). *Ricardos* angestrengte Suche nach einer solchen Ware, oder wenigstens der Klärung, welchen Bedingungen der Maßstab genügen muß, war schließlich erfolglos. In den „Principles" hielt er an der Hoffnung fest, daß, für praktische Zwecke und als Annäherung, Gold als Standard tauglich sei (PPE:45, 87).

Die theoretisch schlüssige Formulierung eines gegenüber Verteilungsänderungen invarianten Wertmaßstabs gelang erst *Sraffa* mit der Standardware (1960:Kap. IV). Die komplexere und theoretisch unabhängige Anforderung eines auch technologisch invarianten Maßes gibt *Sraffa* auf. *Ricardos* Problemstellung erschließt sich so am ehesten von *Sraffas* partieller Lösung: Seine Standardware ist definiert als Warenkorb, in den alle Basiswaren in gerade jenen Proportionen eingehen, in denen sie direkt und indirekt auch zu ihrer eigenen Produktion verwandt werden. Diese (im einzelnen nur formal nachzuvollziehende) Konstruktion erlaubt, den Vektor des Nettooutputs als skalares Vielfaches des Vektors der Kapitalgüter anzugeben. Input und Output dieses fiktiven Standardsystems weisen eine homogene Struktur auf, und die Profitrate kann ohne Umweg über die Wertbetrachtung durch physischen Vergleich errechnet werden. Ein weitgespannter Kreis schließt sich: Mit Mitteln der modernen Mathematik wird demonstriert, daß sich die analytische Vereinfachung des intuitiv zugängigen Kornmodells, die *Ricardo* die Herleitung der Profitrate als einer „material rate of produce" erlaubte, für Modelle mit vielen Produktionssektoren bestätigen läßt. Die Potenz einer Ökonomie, einen Überschuß über den Produktionsmitteleinsatz zu erzeugen, wird durch die Gebrauchswertstruktur zum Ausdruck gebracht und bedarf nicht der Gegenüberstellung von Arbeit und Mehrarbeit.

Ein Kondensat von *Sraffas* Analyse ist seine berühmte Lohnformel: Wenn der Lohnsatz in seiner Standardware ausgedrückt wird, gilt

$$w = 1 - \frac{r}{R}$$

d.h. der Lohnsatz w hängt stets linear mit der Profitrate r zusammen; die Technik wird dabei lediglich durch die maximale Profitrate R charakterisiert, bei der der Lohn Null wird und die natürlich nie bei einer realen Umverteilung, sondern nur in Gedanken erreicht werden kann.

5. Das kanonische klassische Modell

Ungeachtet aller Differenzen unter den klassischen Autoren läßt sich ein gemeinsames Grundgerüst ihrer Theorien identifizieren, auf dem auch die moderne klassische, durch *Sraffa* initiierte Schule aufbaut. Die Beziehungen zwischen Verteilung und relativen Preisen wird im Rahmen eines Produktionssystems untersucht, das sich den relevanten Daten vollständig angepaßt hat. Diese sind:

(1) der vorgeschossene, zum Kapital zählende Reallohn,
(2) das Sozialprodukt in Höhe und Zusammensetzung,
(3) die zur Produktion der einzelnen Waren verfügbaren Techniken.

Dieser Datenkranz ist hinreichend, die relativen Preise und die verbleibenden Verteilungsparameter (die uniforme Profitrate und die Rentsätze) zu bestimmen. Den Nachweis einer konsistenten Bestimmung verdanken wir *Sraffa* (1960). Nach einer von *Garegnani* (1984,par.3) vorgeschlagenen Nomenklatur bilden die Daten, zusammen mit den Preisgleichungen und ihren Lösungen, den **Kern** der klassischen Theorie. Die Herleitung der Daten und die Klärung ihrer Beziehungen untereinander – die Theorie des Konsums, der Verteilung und Technikgenese, der effektiven Nachfrage und des Wachstums – sind gleichermaßen Gegenstand der ökonomischen Theorie, müssen aber je nach historischen Umständen und auf notwendigerweise geringerem Abstraktionsgrad erfolgen.

Der Gegensatz zwischen Wert („value“) und Reichtum („riches“) beispielsweise wird von *Ricardo* nicht im Rahmen strenger Theorie, sondern deskriptiv erläutert. Der Reichtum („riches“) nimmt infolge der Steigerung der Produktivität zu, aber das in Arbeitswerten ausgedrückte Sozialprodukt („value“) wird bei konstanter Beschäftigung nicht wachsen, weil das Fallen der Werte und das Steigen der Mengen sich kompensieren. Die ricardianische Theorie kannte für das Anwachsen der Gebrauchswerte jedoch kein Maß.

Wie viele Passagen des „Wealth of Nations“ und der „Principles“ (vor allem ihr letztes Kapitel, „On Machinery“) belegen, schenkten die Klassiker der Frage große Aufmerksamkeit, welche Techniken profitmaximierende Unternehmer unter gegebenen Alternativen wählen werden. Die Erörterung dieser wichtigen Frage müssen wir hier leider zurückstellen; es sei nur angedeutet, daß bei *Ricardo* die Beeinflussung der Wahl der Technik durch die Lohnhöhe bereits eine Rolle spielt und daß er der erste führende Theoretiker war, der die Möglichkeit technologischer Arbeitslosigkeit vor dem Hintergrund der zeitgenössischen Auseinandersetzungen um das Maschinenwesen anerkannte.

6. Die Ablösung der Klassik

Zweifel an der Gültigkeit von *Ricardos* Theorie wurden schon bald nach seinem Tod durch die offenkundige Diskrepanz zwischen zwei Tendenzen des von ihm angenommenen Wachstumsszenarios und der tatsächlichen Entwicklung der englischen Wirtschaft ausgelöst. Weder stieg der Anteil der Renten am Sozialprodukt – er fiel im Zuge des Fortschritts der Agrartechnik –, noch verharrten die Reallohnsätze auf einem durch ein Bevölkerungsgesetz erklärbaren, niedrigen Niveau, sondern sie stiegen von der Mitte des Jahrhunderts an stetig. In analytischer Hinsicht wurde er dadurch nicht in Frage gestellt, weil seine Konzepte auch genutzt werden können, um Wachstum bei technischen Fortschritt und steigenden Löhnen zu analysieren, und das Vertrauen der Klassiker in die Wachstumskräfte wurde bestätigt.

Die theoretische Kritik, die unter den frühen Neoklassikern vor allem von *Jevons,* später von *Marshall* und anderen formuliert wurde, griff aber weiter. Neben anderen Motiven, unter denen nicht zuletzt die politisch brisanten Implikationen der *Marx*schen Theorie eine Rolle spielten, waren offenkundige Schwächen der klassischen Theorie Ursache der Abkehr von ihr.

Jevons exemplifizierte seine Kritik an der Arbeitswerttheorie an der Kuppelproduktion: Ohne Rekurs auf eine Nutzentheorie könne der Wert von gemeinsam in einem Prozeß produzierten Gütern nicht bestimmt werden; die Aufteilung der in dem Prozeß geleisteten Arbeit auf seine Produkte sei ausgeschlossen (vgl. *Kurz/Kalmbach,* 1983, S. 63f.). Andere haben den oben schon diskutierten Einfluß der Profitrate auf die Bestimmung relativer Preise als Angriffspunkt für den schlüssigen Nachweis genutzt, daß Waren sich nicht im Verhältnis der in ihnen enthaltenen Arbeit tauschen.

Sraffa hat später demonstriert, wie sich die Arbeitswerttheorie aufgeben und durch eine konsistente Theorie der Produktionspreise ersetzen läßt, ohne gleichzeitig auf die spezifisch klassische Einsicht in die Verteilungsabhängigkeit der Preise zu verzichten. Im Rahmen seiner modernen klassischen Theorie zeigt sich ferner, daß nicht der Lohnsatz, sondern alternativ die Profitrate als Verteilungsparameter der Preislösung vorgegeben sein kann. Diese zunächst formale Erweiterung eröffnete den Weg für ganz verschiedenartige Theorien der Verteilung, die die moderne Makroökonomie mit dem klassischen Modell zu verknüpfen suchten (vgl. *Schefold,* 1989, S. 324ff., und, zum aktuellen Stand der klassischen Theoriebildung, *Bharadwaj/Schefold,* 1990, mit Bibliographie).

Literatur

Bharadwaj, K., Schefold, B., Essays in Honour of Piero Sraffa, London 1990.

Dobb, M., Theories of Value and Distribution since Adam Smith. Ideology and Economic Theory, Cambridge 1972; deutsch: Wert- und Verteilungstheorien seit Adam Smith. Eine nationalökonomische Dogmengeschichte, Frankfurt 1977.

Garegnani, P., Value and Distribution in the Classical Economists and Marx, in: Oxford Economic Papers, 36 (1984), S. 291–325; deutsch: Wert und Verteilung bei den klassischen Ökonomen und bei Marx, in: *Garegnani, P.*, Kapital, Einkommensverteilung und effektive Nachfrage; hrsg. von *Kurz, H. D.*, Marburg 1989, S. 17–60.

Heilbroner, R., The Worldly Philosophers, New York 1953–1986.

Kurz, H. D. (Hrsg.), Adam Smith (1773–1790). Ein Werk und seine Wirkungsgeschichte, Marburg 1990.

Kurz, H. D., Kalmbach, P., Klassik, Neoklassik und Neuklassik, in: Ökonomie und Gesellschaft, Jahrbuch 1, Frankfurt 1983.

Kurz, H. D., Salvadori, N., Theory of Production, Mailand 1992.

Malthus, T. R., Principles of Political Economy, New York 1951.

Mill, J. S., Collected Works of John Stuart Mill, Toronto 1963–84.

Ökonomie und Gesellschaft, Jahrbuch 9: Adam Smiths Beitrag zur Gesellschaftswissenschaft, Frankfurt 1991.

Pasinetti, L. L., A Mathematical Formulation of the Ricardian System, in: Review of Economic Studies, 27 (1960), S. 78–98; wieder abgedruckt in: *Pasinetti, L. L.*, Growth and Income Distribution. Essays in Economic Theory, Cambridge 1974, S. 1–28.

Reich, H., Eigennutz und Kapitalismus, Berlin 1991.

Ricardo, D., The Works and Correspondence of David Ricardo, hrsg. von *Sraffa, P.*, Cambridge 1951–73. Eine Neuausgabe der deutschen Übersetzung von: On the Principles of Political Economy and Taxation, die auch das Vorwort *Sraffas* enthält, wird von *H. D. Kurz* herausgegeben.

Rosenberg, N., Perspectives on Technology, London 1985.

Samuelson, P. A., On the Canonical Classical Model of Political Economy, in: Journal of Economic Literature, 16 (1978), S. 1415–1434.

Schefold, B., Nachfrage und Zufuhr in der klassischen Ökonomie, in: *Neumark, F.* (Hrsg.), Studien zur Entwicklung der ökonomischen Theorie I, Schriften des Vereins für Socialpolitik, N.F. 115/1, Berlin 1981, S. 53–92.

Schefold, B. (Hrsg.), Ökonomische Klassik im Umbruch, Franfurt 1986. Enthält u.a. die deutsche Übersetzung von *Ricardos* Schrift Absolute and Exchangeable Value, und *Schefold* (1981).

Schefold, B., Mr Sraffa on Joint Production and Other Essays, London 1989.

Schefold, B., Weihrauch, P., Ricardo-Marshall-Sraffa. Ökonomische Theorie als Geschichte der Ricardo Interpretationen. in: Das Wirtschaftsstudium (wisu), Teile I und II, Heft 7 und 8–9 (1987), S. 383–387, S. 462–467.

Skinner, A. S., Art. Adam Smith, in: New Palgrave Dictionary of Economics, Bd. IV, London, Basingstoke 1987, S. 357–374.

Smith, A., The Glasgow Edition of the Works and Correspondence of Adam Smith, hrsg. von *Campbell, R. H.* und *Skinner, A. S.,* Oxford 1986. Deutsche Übersetzungen von: An Inquiry into the Nature and Causes of the Wealth of Nations liegen vor von: *Thal, P.,* Berlin 1963, und *Recktenwald, H. C.,* München 1974.

Sraffa, P., Production of Commodities by Means of Commodities, Cambridge 1960. Die deutsche Übersetzung: Warenproduktion mittels Waren, Frankfurt 1976, ist z. Zt. vergriffen.

Streißler, E. (1981) Adam Smith – Der Adam oder nur Wachstum? Paradoxa einer wissenschaftlichen Revolution, in: *Neumark, F.* (Hrsg.), Studien zur Entwicklung der ökonomischen Theorie I, Schriften des Vereins für Socialpolitik, N. F. 115/1, Berlin 1981, S. 9–52.

de Vivo, G., Art. David Ricardo, in: New Palgrave Dictionary of Economics, Bd. IV, London, Basingstoke 1987, S. 183–198.

Walsh, V., Gram, H., Classical and Neoclassical Theories of General Equilibrium, New York 1980.

Sozialismus

Peter Dobias

1. Überblick

Die Bezeichnungen „sozialistisch" und „Sozialismus" tauchen zu Beginn des 19. Jahrhunderts auf, doch gibt es bis heute keine wirklich operationale Definition von „Sozialismus" und „sozialistischer Wirtschaftstheorie". Dies hängt vor allem mit der Vielzahl sich sozialistisch nennender Theorierichtungen zusammen.

Innerhalb dieser sozialistischen Richtungen und Schulen spielt marxistisches Denken sicherlich eine große Rolle. Allerdings ist sozialistische Wirtschaftstheorie nicht mit Marxismus identisch. Einerseits haben vormarxistische Theoretiker bedeutende sozialwissenschaftliche Beiträge geliefert. Andererseits werden nach *Marx* – und meist in Auseinandersetzung mit seinem System – zahlreiche eigenständige Ansätze sozialistischer Theorien entwickelt. Diese beziehen sich vor allem auf die von *Marx* und den Marxisten inhaltlich oder methodisch vernachlässigten Bereiche, so etwa auf Fragen der Planwirtschaft, des Marktsozialismus und neuerdings der nachindustriellen Gesellschaft. Entsprechend läßt sich von vormarxistischem, marxistischem und nachmarxistischem Sozialismus sprechen.

Im folgenden wird nun ein Überblick über die Hauptrichtungen des vormarxistischen Sozialismus gegeben, während im Mittelpunkt des Beitrages „Sozialismus-Marxismus" dann der marxistische Sozialismus stehen wird.

2. Vormarxistischer Sozialismus

Etwa ab der Französischen Revolution von 1789 beginnt die Phase des vormarxistischen Sozialismus, die mit dem Erscheinen des Kommunistischen Manifests von *Karl Marx* und *Friedrich Engels* im Revolutionsjahr 1848 weitgehend abgeschlossen ist. Beeinflußt von den Ideen der Französischen Revolution und der Aufklärungsphilosophie mit ihrer Kritik an überkommenen politischen Vorstellungen und Institutionen, entwikkeln sich frühsozialistische Systeme und Schulen zunächst in Frankreich. Die wichtigsten sind jene von *Babeuf*, *Saint-Simon* und *Fourier*. Demgegenüber stehen die vormarxistischen Sozialisten Englands, bei denen vor allem *Owen* zu erwähnen ist, in starkem Maße unter dem Einfluß der sozialen Folgen der industriellen Revolution sowie bis zu einem gewissen Grade der Theorie des klassischen Liberalismus. Auch in Deutschland hat es frühsozialistische Ansätze gegeben, doch sind diese theoretisch weitgehend bedeutungslos. (In *Abb. 1* sind die theoretischen Positionen und politischen Konzeptionen der wichtigsten Frühsozialisten zusammengefaßt).

2.1. Babeuf

François Noel (Gracchus) Babeuf (1760–1797) war eher ein politisch aktiver Revolutionär als ein systematischer Theoretiker, doch hat er mit seinen radikalen Kommunismusvorstellungen den Leninismus nicht unerheblich beeinflußt. Sein **Menschen- und Geschichtsbild** beruht auf einem radikalen Gleichheitsprinzip („Die Natur hat jedem Menschen ein gleiches Recht auf den Genuß aller Güter gegeben"), vor allem jedoch auf dem Prinzip des Klassenkampfes. Die ganze Geschichte ist für ihn ein ständiger Klassenkampf zwischen Armen und Reichen und zwar seit jener Zeit, da die Menschheit begann, vom ursprünglichen Naturzustand gleicher Eigentumsverteilung abzuweichen.

Auf der Grundlage dieses Weltbildes wird die **herrschende Gesellschaftsordnung** einer scharfen Kritik unterzogen, wobei der Kampf allen Privilegien als solchen gilt:

- Im politischen Bereich wird die Gewaltenteilung abgelehnt, dem Volk ein Veto bei der Gesetzgebung zugestanden, für Abgeordnete ein imperatives Mandat und für alle Bürger ein freier Zugang zu allen öffentlichen Ämtern gefordert. Politische Gleichheit wird dabei als Voraussetzung für soziale Gleichheit angesehen.
- Im ökonomischen Bereich wird das „barbarische, vom Kapital diktierte Gesetz" des Marktmechanismus kritisiert. Es führe zur Monopolisierung, zu Krisensituationen, vor allem aber zur Unterdrückung der Arbeiter als der „wirklichen Erzeuger".

Die angestrebte **sozialistische Wirtschaftsordnung** soll durch folgende Merkmale gekennzeichnet sein:

- Die private Eigentumsordnung, als bürgerliche Erfindung bezeichnet, macht der „nationalen Gütergemeinschaft" Platz. Sie umfaßt zunächst das Eigentum von „Revolutionsfeinden", längerfristig wegen der Aufhebung des Erbrechts aber alle Produktionsmittel und darüber hinaus auch zahlreiche Konsumgüter.

- Es besteht eine allgemeine Arbeitspflicht und zwar in sogenannten Klassen, in welche die einzelnen Werktätigen auf Anweisung der obersten Behörde nach dem Prinzip der gesellschaftlichen Nützlichkeit eingewiesen werden. Die freie Wahl des Arbeitsplatzes wird somit aufgehoben.
- Die Allokations-, Produktions- und Verteilungsentscheidungen sind weitgehend zentralisiert, wobei die Ausführung dieser zentralen Entscheidung auf naturalwirtschaftlichem Wege erfolgt.
- Da auch keine Geldlöhne bestehen, werden die Güter des individuellen Konsums an die Mitglieder der nationalen Gütergemeinschaft auf der Grundlage des Gleichheitsprinzips verteilt. Darüber hinaus nimmt der kollektive Konsum einen großen Raum ein.
- Zur Leitung des gesamten Wirtschaftsprozesses besteht ein hierarchisch gegliedertes System von Leitungsinstitutionen, die der obersten Staatsverwaltung unterstehen.
- Außenwirtschaftliche Transaktionen werden vom staatlichen Außenhandelsmonopol vorgenommen. Die Ein- und Ausfuhr von Gold und Silber ist verboten.

Babeuf und seine Anhänger haben auch eine Konzeption für die **Übergangsperiode** zwischen alter und neuer Gesellschaftsordnung entwickelt. Der Umsturz erfolgt durch eine revolutionäre Minderheit, die hierzu allerdings die Unterstützung des Proletariats braucht. Um sich diese zu sichern, benutzen die Berufsrevolutionäre materielle Anreize. So empfiehlt *Babeuf* beispielsweise, Lebensmittel kostenlos an die städtischen Volksmassen zu verteilen. Politische Gegner werden langfristig politisch entrechtet, von der obersten Staatsverwaltung kontrolliert und gegebenenfalls in abgesonderte Besserungsanstalten mit Zwangsarbeit, also in Konzentrationslager, eingewiesen. Zur Vorbereitung der Revolution hat die revolutionäre Minderheit als Vertreterin absoluter Rede-, Presse- und Versammlungsfreiheit und als Anhängerin des Widerstandrechts aufzutreten, um die Massen für sich zu gewinnen. Ist auf diese Weise die politische Macht errungen, sollen allerdings die Grundrechte stark eingeschränkt werden, um eine Konterrevolution zu verhindern. Auch längerfristig sollen diese Rechte in der sozialistischen Gesellschaft nicht wieder eingeführt werden.

	Gesellschaftstheorie	Kapitalismuskritik	Sozialismuskonzeption
Babeuf, F. N. (1760–1797)	• radikale Gleichheitsforderung • Klassenkampf	• Monopolisierung Krise, Unterdrückung	• nationale Gütergemeinschaft • zentrale Planung und Leitung • Außenhandelsmonopol • Unterdrückung Andersdenkender
Saint-Simon, C. H. (1760–1825)	• objektive Entwicklungsgesetze • Fortschrittsoptimismus • Klassenkampf	• Kritik unproduktiver sozialer Gruppen	• Produktionsgenossenschaften • kooperative Koordinations-mechanismen • Absterben des Staates
Fourier, F. M. C. (1772–1837)	• dialektische Theorie gesellschaftlicher Entwicklung • Fortschrittoptimismus	• Kritik anarchischer Konkurrenz • Kritik an Entfremdung der direkten Produzenten	• Genossenschaften • öko-sozialistische Ansätze
Owen, R. (1771–1858)	• Durchsetzung der Vernunft durch Aufklärung	• Arbeitswert-Theorie	• autarke Genossenschaften • zentrale Planung und Leitung • psychiatrische Behandlung Andersdenkender
Sonstige:			
Blanc, L. (1813–1882)			• demokratischer Sozialismus
Blanqui, L. A. (1805–1881)			• gewaltsame Revolution durch Elite von Berufsrevolutionären
Cabet, E. (1788–1856)			• christlicher Sozialismus
Proudhon, P. J. (1809–1865)			• Anarchismus
Weitling, W. (1808–1871)			• Zentrale Planwirtschaft durch gewaltsame Revolution
Hess, M. (1812–1875)			• herrschaftsfreier Kommunismus

Abb. 1: Überblick über wichtige frühsozialistische Konzeptionen

2.2. Saint-Simon

Während *Babeuf* vom Prinzip des Klassenkampfes zwischen Armen und Reichen ausgeht und die politische und soziale Gleichheit auf revolutionärem Wege anstrebte, schwebt *Claude-Henri Rouvroy, Comte de Saint-Simon* (1760–1825) eine Reformpolitik von oben zur Durchsetzung einer hierarchisch gegliederten industriellen Gesellschaftsordnung vor. Indem er das positivistische Erkenntnisideal der damaligen Naturwissenschaften, das von der Erfahrung als der alleinigen Grundlage und Quelle aller Erkenntnis ausgeht, auf die Gesellschaft überträgt, gelangt *Saint-Simon* zu einer Theorie der gesellschaftlichen Entwicklung. Diese dient ihm zur Kritik der herrschenden gesellschaftlichen Zustände und zur Ableitung einer Konzeption für die künftige Gesellschaftsordnung.

Diese **Gesellschaftstheorie** *Saint-Simons* geht von folgenden Prinzipien aus:

- Ebenso wie die Natur wird die Gesellschaft durch objektive Gesetzmäßigkeiten bestimmt. Diese gilt es zu erkennen und zur Grundlage politischen Handelns zu machen.
- Entwicklung bedeutet dabei sowohl in der Natur wie in der Gesellschaft Fortschritt zu immer höheren, immer besseren Zuständen. Wie die heutigen gesellschaftlichen Bedingungen jenen der Vergangenheit überlegen sind, so ist auch mit einer Verbesserung der gesellschaftlichen Zustände in der Zukunft zu rechnen: „Das goldene Zeitalter des Menschen liegt nicht hinter uns, sondern vor uns."
- Eine wichtige Rolle in diesem Prozeß gesellschaftlichen Fortschritts spielt die Wissenschaft. Wenn es nur gelingt, ihr eine hervorragende Stellung im öffentlichen Leben bei völliger Unabhängigkeit gegenüber gesellschaftlichen Gruppen einzuräumen, werden ihre Forschungsergebnisse dem ökonomisch-technischen Fortschritt und damit letztlich dem gesellschaftlichen Gesamtfortschritt dienen. Auf diese Weise läßt sich die Gesellschaft praktisch unbegrenzt verbessern.

Mit diesem gesellschaftstheoretischen Ansatz hängt die **Klassentheorie** *Saint-Simons* zusammen, die sich beträchtlich von jener *Babeufs* unterscheidet:

- Nach *Babeuf* ist die gesamte bisherige menschliche Geschichte durch eine grundsätzliche Konfliktbeziehung zwischen den Klassen der Besitzenden und jener der Nichtbesitzenden gekennzeichnet. *Saint-Simon* behält nun zwar die Vorstellung von einem Konflikt zwischen zwei sozialen Klassen bei, verwendet jedoch im Gegensatz zu *Babeuf* keinen einheitlichen, für alle bisherigen Gesellschaftssysteme geltenden Klassenbegriff. Vielmehr geht er davon aus, daß eine neue gesellschaftliche Epoche auch durch eine neuartige Klassenstruktur und durch neue Formen und Inhalte von Klassenkonflikten gekennzeichnet ist.

- Die nach Zerstörung des Feudalsystems zur Herrschaft gelangte, bisher unterdrückte Klasse bildet die produktive oder industrielle Klasse. Sie umfaßt alle Arbeiter, Handwerker, Bauern, Händler, Fabrikanten, Künstler und Gelehrte. Ihr stehen die Reste der bisher herrschenden „unproduktiven" Klasse, also vor allem des Adels und des Klerus, gegenüber.
- Für *Saint-Simon* besteht nun das soziale Problem allein in der Abschaffung dieser unproduktiven Klasse, während er zwischen Arbeitern und Unternehmern, die ja beide zur produktiven Klasse gehören, keinen Interessengegensatz sieht. Das Ende des Feudalsystems und die Beseitigung der unproduktiven Klasse bedeuten damit denn auch die Aufhebung der Klassengesellschaften und die Beseitigung von Klassenkonflikten.

Für *Saint-Simon* ergibt sich allerdings jetzt folgendes Problem: Während nach seiner Klassentheorie die gesellschaftliche Entwicklung mit der Beseitigung der unproduktiven Klassen weitgehend abgeschlossen sein müßte, unterstellt sein fortschrittsoptimistisches Gesellschaftsbild einen unendlichen gesellschaftlichen Fortschritt. *Saint-Simon* versucht, dieses Problem dadurch zu lösen, daß er eine Art absolut optimaler Gesellschaftsordnung annimmt, zu der die gesellschaftliche Entwicklung hinführt.

Ist diese erreicht, so kann sie prinzipiell nicht mehr verbessert werden. Die geschichtliche Entwicklung findet ihren Abschluß. *Saint-Simon* muß bei dieser Lehre vom Ende der gesellschaftlichen Entwicklung aber unterstellen, die Struktur der optimalen Gesellschaft und die Wege, die zu ihr hinführen, zu kennen. Er setzt mit anderen Worten voraus, im Besitz der absoluten gesellschaftlichen Wahrheit zu sein. Dieser Totalitätsanspruch der Gesellschaftstheorie ist es denn auch, der den Saint-Simonismus in besonders starkem Maße mit dem Marxismus verbindet.

Entsprechend seinem entwicklungstheoretischen Ansatz richtet sich die Kritik von *Saint-Simon* im wesentlichen gegen das **Feudalsystem.** Adel, Klerus und Militär sind unproduktive soziale Gruppen, die von den arbeitenden Schichten der Gesellschaft ausgehalten werden, also eine rein parasitäre Existenz führen. Es gelte, die Reste der Feudalordnung zu beseitigen und damit die Gesellschaft auf dem Prinzip der produktiven Arbeit zu begründen. Seine Kritik an der unproduktiven Klasse stellt *Saint-Simon* in einer „Parabel" dar. Der Verlust von „30000 Personen, die als die wichtigsten im Staat betrachtet werden", Herzöge, Großwürdenträger, Staatsminister, Marschälle, Kardinäle, Erzbischöfe usw. „würde sicherlich die Franzosen betrüben", doch wäre dies „kein politisches Unglück für den Staat". Einer Katastrophe würde es demgegenüber gleichkommen, wenn Frankreich die ersten 3000 seiner Gelehrten, Künstler und Handwerker verlieren würde.

Die klassenlose **„industrielle" Gesellschaftsordnung,** die *Saint-Simon* anstrebt und zu der nach seiner Meinung die gesellschaftliche Entwicklung hinführt, wird durch eine Art kooperativer Hierarchie gekennzeichnet:

- *Saint-Simon* überträgt die hierarchischen Verhältnisse eines Produktionsbetriebs, wie er sie sieht, auf die Gesellschaft. Wie im Betrieb der Arbeiter dem Unternehmer unterstellt ist, so soll im politischen System der Unternehmer dem Wissenschaftler als dem intellektuellen Führer untergeordnet sein. *Saint-Simon* schwebt eine Art Zweiteilung der politischen Macht zwischen Intellektuellen und Unternehmern vor, wobei die ersteren die eigentliche politische Führungsrolle übernehmen sollen.
- Auf der untersten Stufe der neuen Hierarchie steht das durch die Unternehmer gelenkte Proletariat. Da aber Klassengegensätze in der neuen Gesellschaft nicht mehr bestehen, wird die hierarchische Einordnung der einzelnen Gruppen von diesen selbst bejaht. Das radikale Gleichheitsprinzip Babeufs hat damit in der neuen Gesellschaftsordnung von *Saint-Simon* keinerlei Platz.
- Wenn in der neuen Gesellschaftsordnung die Klassengegensätze verschwunden sind und die Herrschaft der Intellektuellen zu einer neuen gemeinsamen Weltanschauung führt, die als geistiges Band die Gesellschaft dauernd zusammenhält, so kann an einen Abbau der Staatsgewalt gedacht werden. Politische Gewalt zur Sicherung des Bestands der Gesellschaft oder der Herrschaft einer bestimmten Klasse ist dann nicht mehr notwendig. An die Stelle des staatlichen Herrschaftsverbandes tritt „die Verwaltung des Menschen über die Sachen".

Der hierarchischen Gesellschaftsordnung entspricht eine **kooperative Wirtschaftsordnung:**

- Grundsätzlich bleibt das Privateigentum Grundlage der neuen Gesellschaft. Allerdings soll jeder, der produktive Arbeit ausübt, nach Maßgabe seiner Anstrengungen und seiner Fähigkeiten Eigentümer von Produktionsmitteln werden. Insofern ist die angestrebte industrielle Hierarchie auch eine Hierarchie des Eigentums. *Saint-Simon* scheint dabei an Produktionsgenossenschaften zu denken, in denen unterschiedliche Eigentumsrechte bestehen.

- Innerhalb dieser Wirtschaftsordnung wird zwar einerseits der Konkurrenzmechanismus als Ausleseverfahren im Interesse der Gesamtgesellschaft begrüßt. Andererseits finden sich bei *Saint-Simon* Vorstellungen, wonach die Marktwirtschaft durch kooperative Koordinationsmechanismen ersetzt werden soll. Wirtschaftliche Zusammenarbeit und institutionalisierter Interessenausgleich müßten letztlich das Konkurrenzprinzip überwinden.
- Dieses kooperative Wirtschaftssystem löst auch alle sozialen Probleme. Einerseits ordnen sich die unteren sozialen Schichten freiwillig in den ihnen zugewiesenen Platz der Hierarchie ein. Andererseits sollen umfangreiche Arbeitsbeschaffungsmaßnahmen im Infrastrukturbereich die Arbeitslosigkeit beseitigen und den Lebensstandard der breiten Masse anheben.

Nach seinem Tod entwickelten *Saint-Simons* Schüler sein System weiter und gingen dabei zum Teil beträchtlich über die Vorstellungen von *Saint-Simon* hinaus. In der Kapitalismuskritik wird die „Ausbeutung des Menschen durch den Menschen“ hervorgehoben und auf die herrschende Eigentumsordnung zurückgeführt. Daher wird auch die völlige Abschaffung des Erbrechts gefordert. Auch wird dem Konkurrenzmechanismus eine selbstzerstörende Tendenz unterstellt. Die Marktwirtschaft führt zu ihrer eigenen Aufhebung und macht sogenannten „Assoziationen“ Platz. Durch eine Art selektiver Kreditpolitik der Zentralbank und des ihr untergeordneten Bankensystems soll der Wirtschaftsprozeß im Interesse der direkten Produzenten, also der Arbeiter, gelenkt werden. Erst unter diesen institutionellen Voraussetzungen kann das Entlohnungsprinzip „jedem nach seiner Fähigkeit, jeder Fähigkeit nach ihren Leistungen“, das später bei Marx eine große Rolle spielen wird, durchgesetzt werden.

2.3. Fourier

Das **Menschen- und Geschichtsbild** von *François Marie Charles Fourier* (1772–1837) wird bestimmt einerseits durch eine individual-psychologische Trieblehre und andererseits, ähnlich wie bei *Saint-Simon,* durch eine naturwissenschaftlich ausgerichtete Entwicklungstheorie. Auf der Grundlage dieser beiden Ansätze entwickelt *Fourier* eine Gesellschaftstheorie. Diese dient ihm, ähnlich wie bei *Saint-Simon,* zur Kritik der herrschenden Gesellschaft und zur Konstruktion des Modells einer neuen sozialistischen Ordnung.

Der Mensch ist für *Fourier* ein Triebwesen. Sein Verhalten wird nicht nur durch die auf die Sinne bezogenen Triebe, sondern auch durch eine Anzahl von gesellschaftlich orientierten Neigungen (Freundschaft, Liebe, Ehrgeiz usw.) bestimmt. Menschliches Glück hängt dabei von der Befriedigung dieser Triebe ab. Nun kann es aber unter den Bedingungen bestimmter Gesellschaftsordnungen dazu kommen, daß einige Triebe mehr oder weniger stark unterdrückt werden, der Mensch also leidet. Dies ist denn auch das Zeichen für die Fehlerhaftigkeit der Gesellschaftsordnung. Es kommt daher darauf an, ein gesellschaftliches und ökonomisches System zu finden, das es allen Menschen erlaubt, ihre sinnlichen und gesellschaftlichen „Triebe" zu befriedigen und in einer harmonischen Gesellschaft konfliktfrei miteinander zu kooperieren.

Die **gesellschaftliche Entwicklung** ist nun nach *Fourier* den gleichen Bedingungen von Kindheit, Aufstieg, Höhepunkt, Abstieg und Verfall unterworfen, die auch für Naturerscheinigungen gelten:

- Die paradiesische Urgesellschaft bildet die Kindheitsepoche der menschlichen Gesellschaft. An sie schließt sich die Aufstiegsperiode mit den Unterstufen der Wildheit, des Patriarchats und der Barbarei an. Diese bilden bei ökonomischer Höherentwicklung einen sozialen Rückschlag gegenüber der Urphase.
- Der eigentliche soziale Aufstieg folgt entsprechend in den drei nächsten Unterstufen der Zivilisation (in der sich nach *Fourier* die Menschheit seinerzeit befindet), des „Garantismus" und „Soziantismus".
- Höhepunkte der gesellschaftlichen Entwicklung ist die Phase der „Harmonie". Hier ist der „Höhepunkt des Glücks" erreicht, eine Art Synthese aus paradiesischer Urgesellschaft einerseits, den Gesellschaftsordnungen der Aufstiegsphase andererseits.
- An die Harmoniephase schließt sich die Periode des Verfalls an, mit der der allmähliche Abstieg eingeleitet wird.

Allerdings wird die Verfallsperiode von *Fourier* nur eher als unwesentliches Anhängsel betrachtet. Insofern ist auch bei *Fourier* die Vorstellung vom Abschluß der Geschichte enthalten. Die bestehende Gesellschaftsordnung wird, wie bei *Saint-Simon* und vor allem später bei *Marx*, nur als Durchgangsstadium verstanden, das überwunden werden muß bzw. kann und nach ihrer Überwindung einer neuen höheren Gesellschaftsordnung Platz macht. Die Lehre *Fouriers* ist damit ebenfalls durch einen starken Fortschrittsoptimismus bestimmt. Bemerkenswert hierbei ist, daß *Fourier* hier an einen dialektischen Fortschritt denkt, als Entwicklung von einem ursprünglichen „goldenen Zeitalter" über gesellschaftlich unvollkommenere aber materiell fortschrittlichere Gesellschaftsordnungen bis hin zu einem neuen „goldenen Zeitalter", das die materielle und kulturelle Höherentwicklung mit der ursprünglichen gesellschaftlichen Vollkommenheit verbindet. Dabei geht *Fourier* davon aus, daß es möglich ist, geschichtliche Phasen abzukürzen und sogar zu überspringen. Die hier in der sozialistischen Theorie zum ersten Mal auftauchende Vorstellung von der Möglichkeit einer Abkürzung der historischen Entwicklung durch Aufklärung und politische Aktion hat dann im späteren sozialistischen Denken, bis hinein in die Gegenwart, eine außerordentlich große Rolle gespielt.

Sieht man von *Fouriers* recht amüsanter und teilweise durchaus „feministisch" wirkender Kritik am bürgerlichen Familiensystem und seiner Ehemoral ab, so richten sich seine Angriffe vor allem gegen das **kapitalistische Wirtschaftssystem,** als die „empfindlichste Stelle der Zivilisation":

- Die kapitalistische Konkurrenz ist verantwortlich für den geringen Lebensstandard der Arbeiter, für die Behinderung des technischen Fortschritts, für die Konzentration des Kapitals und den Vernichtungswettbewerb und für die periodisch auftretende Wirtschaftskrisen mit ihren weltwirtschaftlichen Auswirkungen.
- Das Hauptproblem des Kapitalismus liegt darin, daß sich individuelles Interesse und gesellschaftliches Gesamtinteresse nicht entsprechen und daß eine einheitliche Planung und Planausführung nicht besteht. *Fourier* spricht daher auch, wie später *Marx,* von „anarchistischer Konkurrenz": „Schon jetzt können wir den Mechanismus des freien Handels, d.h. der freien Lüge, diese wahre industrielle Anarchie, diese monströse Macht in der Gesellschaft, der Schande preisgeben."
- Bemerkenswert ist auch *Fouriers* Kritik an der Lage der Arbeiter: Die Arbeitszeit ist zu lange, die Arbeit zu gleichförmig und damit für den Arbeiter unbefriedigend, die Arbeitsbedingungen sind skandalös und die ständige Furcht vor Arbeitslosigkeit führt zu einer materiellen und psychischen Belastung. Wichtiger als Demokratie und politische Menschenrechte ist daher für *Fourier* das ökonomische Recht auf Arbeit und auf ein Existenzminimum.

Dem kritisierten Kapitalismus stellt *Fourier* seine sehr detaillierte Konzeption einer **sozialistischen Gesellschafts- und Wirtschaftsordnung** gegenüber:

- In Ihrem Mittelpunkt steht ein System von Produktions- und Wohngenossenschaften, die er „Phalanges" nennt.
- Der Arbeitsschwerpunkt einer solchen Genossenschaft liegt eher im Bereich der Landwirtschaft als der Industrie. Der Mensch soll nämlich in einer inneren Beziehung zur Natur bleiben und vor den Gefah-

ren einer zu großen Technisierung geschützt werden. Bemerkenswert ist in dieser Hinsicht der Unterschied zu den Vorstellungen von *Saint-Simon* und *Marx.*

- Indem *Fourier* davon ausgeht, der Mensch sei „instinktmäßig ein Feind der Gleichheit", stimmt er jedoch mit *Saint-Simon* in der Ablehnung des Gleichheitsprinzips überein. So werden denn bewußt soziale Unterschiede der Arbeits- und Lebensbedingungen auf Grund der unterschiedlichen Fähigkeiten der einzelnen Genossenschaftsmitglieder angestrebt. Letztlich läuft dies, ähnlich wie bei *Saint-Simon,* auf eine soziale Hierarchie hinaus.
- Innerhalb einer Genossenschaft erhält jede Abteilung einen Gewinn, dessen Höhe das oberste Genossenschaftsorgan festlegt, wobei vor allem auf die soziale Nützlichkeit der betreffenden Abteilung abgestellt wird. Das gleiche Prinzip gilt auch für die Einkommenverteilung innerhalb einer Abteilung. Dabei nimmt *Fourier* teilweise neuere Verteilungsdiskussionen vorweg. Beispielsweise schlägt er vor, die Entlohnung der Ärzte an die Verhütung von Krankheiten und nicht etwa an die Anzahl der behandelten Fälle zu binden.

Die detaillierte Schilderung des Aufbaus und der Lebensweise in den vorgesehenen Genossenschaften hat *Fourier* viel Spott und Kritik eingetragen. So wird beispielsweise der Tagesablauf für die einzelnen Gruppen ebenso minuziös geregelt wie die verschiedenen Gruppen von „Liebeskorporationen" zur Ausübung der freien Liebe. Demgegenüber bleiben die Ausführungen zu den ökonomischen Koordinations- und Steuerungsmechanismen vage und verschwommen. Dies unterscheidet *Fourier* deutlich von *Babeuf* und *Saint-Simon.* Im Gegensatz zu *Babeuf* entwickelt *Fourier* auch keine eigentliche Theorie des gesellschaftlichen Übergangs vom alten zum neuen System. Während sich *Babeuf* als Revolutionär und künftiger Gesetzgeber sieht, will *Fourier* vielmehr als reiner Theoretiker die Gesellschaft überzeugen und dabei gegebenenfalls auch gesellschaftliche Experimente benutzen. Dies erinnert an *Saint-Simon,* der ebenfalls kein eigentliches Programm für die Übergangsperiode besitzt. Allerdings unterscheidet sich *Fourier* gegenüber *Saint-Simon* in einem wesentlichen Punkt. Bei *Saint-Simon* ist nämlich die künftige Gesellschaftsordnung schon zu seiner Zeit fast völlig ausgebildet, so daß nur noch die Reste der feudalen Gesellschaft zu beseitigen sind. Demgegenüber sind bei *Fourier* tiefgreifende Änderungen der Gesellschafts- und Wirtschaftsstruktur notwendig.

2.4. Owen

Dem englischen Frühsozialismus fehlt die intellektuelle Faszination des französischen Vormarxismus. Auch *Robert Owen* (1771–1858), der bedeutendste Vertreter des vormarxistischen Sozialismus in England, hat trotz seiner politischen Ausstrahlung keineswegs die theoretische Bedeutung der französischen Frühsozialisten. Im Gegensatz vor allem zu *Saint-Simon* und *Fourier* ist *Owen* nämlich in erster Linie Praktiker. Er war einer der erfolgreichsten Geschäftsleute seiner Zeit und gleichzeitig ein wirkungsvoller demokratischer Sozialreformer.

Owen leitet seine Kapitalismuskritik und seine Konzeption einer sozialistischen Gesellschaft aus einem ganz bestimmten **Menschenbild** ab. In Anlehnung an Vorstellungen des Utilitarismus ist für ihn Ziel allen menschlichen Handelns das eigene Glück, das allerdings nur dann erreicht werden kann, wenn durch Überwindung selbstsüchtigen Handelns das „Glück der Mitmenschen" gefördert wird. Andererseits geht er aber von der Unfreiheit des menschlichen Willens aus. Es sind nämlich die gesellschaftlichen Umwelteinflüsse, die in erster Linie das menschliche Handeln bestimmen, so daß eine freie Wahlmöglichkeit ausscheidet. Damit aber kann die Abkehr vom egoistischen Verhalten – abgesehen von pädagogischen Bemühungen, die für *Owen* eine sehr große Rolle spielen – im wesentlichen nur durch Veränderung der gesellschaftlichen Bedingungen erreicht werden.

Aus diesem Menschenbild ergibt sich zumindest ansatzweise auch eine **Theorie der gesellschaftlichen Entwicklung:**

- Die bisherige menschliche Geschichte war gekennzeichnet durch Irrationalität und Elend, selbstsüchtiges Handeln und Leiden. Dies lag an den unterentwickelten, noch unaufgeklärten gesellschaftlichen Bedingungen.
- Nun setzt sich aber in zunehmendem Maße die „Herrschaft der Vernunft" durch. Damit können auf Grund rationaler Einsicht die gesellschaftlichen Verhältnisse immer besser gestaltet werden, bis schließlich ein gesellschaftlicher Zustand erreicht ist, in dem die individuellen Interessen mit den gesellschaftlichen Gesamtinteressen zusammenfallen.
- Wenn aber unterstellt wird, die Menschheit sei allmählich ihrer alten Fehler und Irrtümer müde geworden und gehe schrittweise „zur Herrschaft der Vernunft" über, dann wird auch ein friedlicher Übergang von der alten zur neuen Gesellschaftsordnung für möglich gehalten. Alle gesellschaftlichen Schichten, Arbeiter wie Kapitalisten,

können und müssen von der Möglichkeit und Notwendigkeit sozialer Reformen überzeugt werden.

- Es sind damit auch nicht etwa Klassenkonflikte, welche die gesellschaftliche Entwicklung vorwärts treiben und es ist auch nicht die Arbeiterklasse, die zum Träger des gesellschaftlichen Umwälzungsprozesses wird. Die Aufklärung der Gesellschaft und damit die Einleitung der sozialen Umwälzungsprozesse ist vielmehr die Aufgabe einer kleinen Schicht aufgeklärter Männer. Nur sind es bei *Owen* nicht mehr Berufsrevolutionäre (wie bei *Babeuf*) oder intellektuelle Theoretiker (wie bei *Saint-Simon* und *Fourier*) sondern aufgeklärte und sozialreformerisch tätige „Praktiker".

Wenn auch *Owen* keine eigentliche Kapitalismusanalyse vorgelegt hat, so wird in seiner Kritik der herrschenden Bedingungen doch der Einfluß der klassischen englischen Nationalökonomie sichtbar. Dies gilt vor allem für die **Arbeitswerttheorie.** Die schlechten Arbeits- und Lebensbedingungen der Arbeiterschaft werden mit der Unterkonsumtion der Arbeiterklasse begründet, wobei deren Ursache in der monetären Tauschwirtschaft gesehen wird. Die Einführung des Geldes hat den wahren Wert der Produkte, der nur die menschliche Arbeit selbst sein kann, verzerrt. Denn ursprünglich sei der gesellschaftliche Austausch auf der Grundlage der Produktionskosten, gemessen in Arbeitseinheiten, erfolgt. Die gesellschaftlichen Bedingungen haben aber allmählich zur Entwicklung des Handels und damit zur Einführung des Geldes geführt. Es gilt daher, die Arbeit wieder zum alleinigen Wertmaß zu machen, was wiederum nur durch Veränderung der gesellschaftlichen Verhältnisse möglich ist.

Wenngleich *Owen* auch weniger durch Theorien als durch gesellschaftliche Reformexperimente aufklärend wirken wollte, hat er doch eine Grundkonzeption für eine **sozialistische Gesellschafts- und Wirtschaftsordnung** vorgelegt:

- Grundlage der neuen Gesellschaftsordnung ist ein Netz von Arbeits- und Siedlungsgemeinschaften. In ihnen existiert kein Privateigentum an den Produktionsmitteln und an Stelle einer durch Berufsrollen bestimmten sozialen Schichtung gibt es eine altersmäßig abgestufte Schichtung aller Tätigkeiten und zwar ohne Berücksichtigung individueller Neigungen oder Fähigkeiten. Diese Altershierarchie ermöglicht eine soziale Rotation, so daß jedes Gesellschaftsmitglied mit zunehmendem Lebensalter immer besser die Gemeinschaft übersehen kann.
- Innerhalb einer Gemeinschaft werden alle Tätigkeiten zentral geplant und kollektiv ausgeführt. Die Güterverteilung erfolgt ebenfalls zen-

tral unter Berücksichtigung des Prinzips der Altershierarchie. Marktmechanismus und Handel sind dabei ebenso überflüssig wie Geld.

- Für die einzelnen Gemeinschaften ist ein hoher Grad der Selbstversorgung vorgesehen, um keine Gemeinschaft in Abhängigkeit von einer anderen geraten zu lassen. Auch soll es zwischen den Gemeinschaften keinen eigentlichen Konkurrenzmechanismus geben, da dieser von *Owen* nur als Vergeudung von Kapital und Arbeit angesehen wird. Andererseits bestehen aber auch keine überregionalen Planungs- und Leitungsinstitutionen. Vielmehr stellt sich *Owen* eine Art bilateralen Austauschs zwischen den Gemeinschaften auf der Grundlage des Arbeitswertprinzips vor.
- Da die sozialistische Gesellschaftsordnung vollkommen sein wird, kann es gegen sie natürlich keine rational begründbare Opposition geben. Eine prinzipielle Gegnerschaft läßt daher auf einen geistigen Defekt schließen. Wer die Gesellschaftsordnung grundsätzlich kritisiert und angreift, wird daher denn auch konsequent als Geisteskranker angesehen und bis zu seiner Genesung in ein „Hospital für körperlich, geistig und sittlich Kranke" eingewiesen.

2.5. Sonstige vormarxistische Sozialisten

Neben *Babeuf, Saint-Simon, Fourier* und *Owen,* den sicherlich bedeutendsten Vertretern des Frühsozialismus, haben auf einzelnen Teilgebieten auch andere vormarxistische Sozialisten eine gewisse Bedeutung.

Innerhalb des **französischen** Frühsozialismus gilt dies für *L. Blanc* (1813–1882), *L. A. Blanqui* (1805–1881), *E. Cabet* (1788–1856) und *P. J. Proudhon* (1809–1865). *Blanc* ist ein früher Vertreter des demokratischen Sozialismus. Sein Programm sieht Verstaatlichung, eine vom Staat beherrschte Privatwirtschaft sowie die Einführung industrieller und landwirtschaftlicher Produktionsgenossenschaften auf Initiative des Staates vor. Während *Blanc* dieses Programm auf demokratischem Wege durchsetzen will, plädiert *Blanqui* für den gewaltsamen Umsturz der bestehenden Ordnung durch eine Elite von Berufsrevolutionären. Er hat mit dieser Vorstellung, ähnlich wie *Babeuf,* stark auf *Lenin* eingewirkt. Zwischen dem „Sozialdemokraten" *Blanc* und dem „Bolschewisten" *Blanqui* steht *Cabet,* der eine Art christlichen Kollektivismus vertritt. Durch Aufklärung soll im Rahmen der bürgerlichen Demokratie allmählich ein Gesellschaftssystem des „wahren Christentums" eingeführt werden. In diesem soll das Privateigentum aufgehoben, eine allgemeine Gütergemeinschaft und soziale Gleichheit hergestellt werden. Setzen *Blanc* und *Cabet* auf den demokratischen Staat zur Durchsetzung von

Reformzielen und fordert *Blanqui* die revolutionäre Übernahme der Staatsgewalt durch eine politische Elite, so vertritt *Proudhon* den Anarchismus. Produktionsgenossenschaften, Gütergemeinschaft und Verstaatlichung werden ebenso abgelehnt wie der Staat und die politische Demokratie, da alle derartigen Institutionen die Freiheit der Individuen beschränken und letztlich zu sozialer Ungleichheit führen. An die Stelle des ohne eigene Arbeit gewonnenen Eigentums wird ein „universelles Eigentum“ der einzelnen Arbeiter gesetzt, deren Produkte auf der Grundlage des Arbeitswertprinzips ohne Geld ausgetauscht werden.

In **England** hatte der große Sozialreformer *Owen* eine Reihe weniger bedeutender Vorläufer. Zu erwähnen ist hier etwa *C. Hall* (1740–1820), der eine Art Klassenkampf zwischen Kapital und Arbeit in dem von ihm kritisierten Industriesystem aufzeigt. Erwähnt seien abschließend zwei **deutsche** Frühsozialisten, *W. Weitling* (1808–1871) und *M. Hess* (1812–1875). Beeinflußt von den Ideen von *Fourier, Babeuf, Saint-Simon, Owen* und zum Teil *Proudhon* entwickelt *Weitling* ein politisches Programm, das die erste Phase der deutschen Arbeiterbewegung nicht unbeträchtlich beeinflußt hat. Es sieht die Aufhebung des Privateigentums, die Abschaffung des Geldes und die Einführung einer umfassenden Zentralplanung auf dem Wege eines gewaltsamen Umsturzes der bestehenden Gesellschaft vor. Während bei *Weitling* das Handwerk noch im Mittelpunkt der Überlegungen steht, geht *Hess* von den Bedingungen industrieller Großproduktion aus. Beeinflußt von anarchistischen Ansätzen, vor allem von *Proudhon,* entwickelt er die Konzeption eines herrschaftsfreien Kommunismus, der aber nicht etwa durch Revolution, sondern durch Aufklärung und Erziehung erreicht werden soll.

3. Einflüsse des vormarxistischen Sozialismus auf Marxismus und nachmarxistischen Sozialismus

Von Marxisten wird der vormarxistische Sozialismus kritisch als **„utopischer Sozialismus“** bezeichnet. Während es nämlich nach marxistischer Auffassung darauf ankommt, den notwendigen Zusammenbruch des Kapitalismus und seine ebenso notwendige Umwandlung in eine sozialistische Ordnung auf Grund objektiver sozio-ökonomischer Gesetzmäßigkeiten zu erklären, hätten die Frühsozialisten auf Grund ihrer subjektiven Wertvorstellungen bloße Denkmodelle idealer Gesellschaften entworfen und diese dem kritisierten System gegenübergestellt. Die „erheiternden Phantastereien“ dieser frühsozialistischen Vorstellungen sind nach Meinung der Marxisten bedingt durch die noch unterentwickelten ökonomischen Bedingungen, welche denn auch die revolutionäre Mission der Arbeiterklasse noch nicht erkennen ließen. Sie waren daher „von vornherein zur Utopie verdammt" *(F. Engels).*

Trotz der marxistischen Abgrenzungen gegenüber den „utopischen Sozialisten" haben diese doch einen gewaltigen **Einfluß auf den Marxismus,** und zwar primär auf den historischen Materialismus, ausgeübt. Dies gilt vor allem für zwei Bereiche:

- **Theorie der sozio-ökonomischen Entwicklung:** *Marx* knüpft an die fortschrittsoptimistischen Lehren vor allem von *Saint-Simon* und *Fourier* an, wonach Sinn der menschlichen Geschichte die fortschreitende Durchsetzung der Vernunft ist und sich diese mit Hilfe quasi-naturwissenschaftlicher Gesetzmäßigkeiten vollzieht. Indem er diese Vorstellungen mit der *Hegelschen* Dialektik verbindet, entwickelt *Marx* seine Theorie von der Abfolge sozio-ökonomischer „Gesellschaftsformationen", in der die historische Entwicklung der Gesellschaftssysteme durch die Dialektik von Produktivkräften und Produktionsverhältnissen erklärt wird. Auch die marxistische Vorstellung, daß die Entwicklung mit der Errichtung einer klassenlosen Zukunftsgesellschaft zum Abschluß kommt und daß auf dem Wege dorthin gegebenenfalls auch einige Entwicklungsstufen übersprungen werden können, stammt von den „utopischen Sozialisten".
- **Klassentheorie:** *Marx* knüpft vor allem an die Vorstellungen von *Babeuf* über die bisherige Geschichte als ständigem Klassenkampf zwischen besitzenden und nichtbesitzenden Klassen an. Er entwickelt auf dieser Grundlage seine Theorie von den sozialen Klassen als den Trägern und vom Klassenkampf als dem Motor der sozio-ökonomischen Entwicklung. Dabei übernimmt er zum Teil sogar wörtlich Formulierungen von *Babeuf.*

Marx und *Engels* haben nur eine sehr rudimentäre Sozialismuskonzeption hinterlassen. Marxistische und nachmarxistische Sozialisten stehen denn auch vor dem Problem einer geeigneten Strategie für den Übergang auf ein sozialistisches System und einer Konzeption für die **sozialistische Wirtschaftspolitik.** Sie greifen dabei immer wieder auch auf vormarxistische Vorstellungen zurück:

- Der Leninismus übenimmt von den Frühsozialisten, vor allem von *Babeuf* und *Blanqui,* die Lehre von der revolutionären Diktatur einer aufgeklärten Minderheit sowie die Konzeption einer straff zentralistisch organisierten sozialistischen Wirtschaft.
- Osteuropäische Wirtschaftsreformer orientieren sich bei ihren Reformprojekten auch an frühsozialistischen Modellen entscheidungs-

dezentralisierter und kooperativer Koordinationsmechanismen (*Saint-Simon, Owen, Fourier*) sowie teilweise auch an den Vorstellungen vom Absterben des Staates (*Saint-Simon*).

- In den öko-sozialistischen Konzepten linker Kritiker der modernen Industriegesellschaften finden sich schließlich Überlegungen, die eine frappierende Ähnlichkeit mit Vorstellungen des vormarxistischen Sozialismus aufweisen. Dies gilt vor allem für das Phalange-Modell *Fouriers* mit seiner Skepsis gegenüber der technischen Industriewelt, seiner Betonung der landwirtschaftlichen Arbeit und der Vielseitigkeit und Flexibilität der Arbeitsprozesse, seinem unorthodoxen Erziehungs- und Verteilungssystem und nicht zuletzt auch seinen quasi-feministischen Vorstellungen.

Aus den Theorien des vormarxistischen Sozialismus lassen sich sicherlich keine Hypothesen ableiten, mit denen heutige ökonomische Strukturen und Prozesse erklärt oder auf deren Grundlage wirtschaftspolitische Maßnahmenprogramme für die uns heute bedrängenden Probleme formuliert werden könnten. Das unterscheidet diese – möglicherweise – von keynesianischen und neoklassischen Richtungen der Volkswirtschaftslehre. Ihre Bedeutung liegt jedoch in dem beträchtlichen geistesgeschichtlichen Einfluß auf sozialistische Schulen der Volkswirtschaftslehre sowie auf bedeutsame ordnungspolitische Maßnahmen, auch wenn diese Einflüsse im einzelnen nicht offen zutage liegen. Insofern vermag die Beschäftigung mit dem vormarxistischen Sozialismus bis heute zum Verständnis wichtiger Ideologien und Institutionen beizutragen.

Literatur

Cole, G. D. H., Socialist Thought, The Forerunners 1789–1850, London u. a. 1967.

Euchner, W. (Hrsg.), Klassiker des Sozialismus, Bd. I, München 1991.

Hahn, M. (Hrsg.), Vormarxistischer Sozialismus, Frankfurt 1974.

Höppner, J., Seidel-Höppner, W. (Hrsg.), Von Babeuf bis Blanqui. Französischer Sozialismus und Kommunismus vor Marx, Band I: Einführung, Band II: Texte, Leipzig 1975.

Kool, F., Krause, W. (Hrsg.), Die frühen Sozialisten, München 1972 (Dokumente der Weltrevolution, Band 1/2).

Petitfils, J.-C., Les Socialismes Utopiques, Paris 1977.

Ramm, Th., Die großen Sozialisten als Rechts- und Sozialphilosophen, Band I, Stuttgart 1955.

Ramm, Th. (Hrsg.), Der Frühsozialismus, Quellentexte, 2., erweiterte Auflage, Stuttgart o. J.

Stuke, H., Frühsozialismus; in: *Kernig, C. D.* (Hrsg.), Marxismus im Systemvergleich, Grundbegriffe, Bd. 1, Frankfurt, New York 1973.

Stuke, H., Sozialismus, I: Geschichte; in: Handwörterbuch der Wirtschaftswissenschaft, Bd. 7, Stuttgart, Tübingen, Göttingen 1977.

Sozialismus – Marxismus

Peter Dobias

1. Einleitung

Nachdem in „Sozialismus" (vgl. S. 89 ff.) der Beitrag des vormarxistischen Sozialismus zur Geschichte der Volkswirtschaftslehre untersucht worden war, soll nun ein Überblick über den marxistischen Sozialismus gegeben werden. Ähnlich wie in „Sozialismus" werden auch hier die gesellschaftstheoretischen Grundlagen (3.) und die Beiträge zur Theorie der kapitalistischen (4.) und sozialistischen Wirtschaft (5.) im Mittelpunkt stehen. Bei der Sozialismusanalyse wird dann auch kurz auf nachmarxistische Ansätze innerhalb der sozialistischen Wirtschaftstheorie einzugehen sein.

Allerdings ergibt sich dabei folgende Schwierigkeit. Während sich nämlich der vormarxistische Sozialismus zeitlich und personell ziemlich genau abgrenzen läßt, fehlt eine sachlich überzeugende und weitgehend akzeptierte Marxismusdefinition. Dies macht die Abgrenzung zwischen marxistischem und nachmarxistischem Sozialismus und zwischen marxistischer und nicht-marxistischer Wirtschaftstheorie recht schwierig. Da in dieser ideologisch verfahrenen Situation willkürliche definitorische Festsetzungen nicht weiter helfen, wird in diesem Aufsatz mit einem Marxismusbegriff gearbeitet, der trotz einer gewissen Verschwommenheit einigermaßen plausibel ist. Er stammt von *L. Kolakowski* und besagt, daß zum Marxismus einerseits die „Gesamtheit der charakteristischen Ansichten und Theorien von *Karl Marx*" gehören und andererseits jene sozialwissenschaftlichen Bereiche, welche „die Anwendung der Methode und des Begriffsapparats von *Marx* auf neue Forschungsgebiete" praktizieren.

2. Karl Marx und seine Zeit

Als *Karl Marx* (1818–1883) im Herbst 1836, fünf Jahre nach *Hegels* Tod, die Berliner Universität bezieht, gerät er in den „Doktorclub", der bald führend in der Bewegung der Linkshegelianer wird. Dort erwirbt *Marx* seine umfassende philosophische, an *Hegel* orientierte Bildung. Dabei ist neben der **Dialektik** für *Marx* auch *Hegels* **Vernunftansicht der Weltgeschichte** bedeutsam geworden:

- Von *Hegel* übernimmt *Marx* die Vorstellung, daß alle Dinge und Verhältnisse Widersprüche in sich tragen, durch Widersprüche („Konflikte") bewegt werden.
- Der durch Widersprüche vorwärts getriebenen Weltgeschichte liegt ein ganz bestimmter Plan zugrunde. Es kommt nur darauf an, diesen aufzudecken, dann kann man die Zukunft nicht nur prognostizieren, sondern auch steuern.

Nachdem sich im Zeitalter *Metternichs Marx'* Plan einer akademischen Karriere zerschlagen mußte, betätigt er sich zunächst journalistisch, gerät in die Tagespolitik und über diese an die französischen **Frühsozialisten.** *Marx* übernimmt von diesen den Gedanken der gesellschaftlichen Entwicklung und das Klassenkampfprinzip:

- Die frühsozialistische Lehre, wonach die menschliche Gesellschaft sich von einer vollkommenen, aber noch unterentwickelten Urgesellschaft zu einer sozial vollkommenen Zukunftsgesellschaft auf hohem ökonomisch-technischen Niveau hin bewegt und dabei Phasen der Unterdrückung und Ausbeutung durchläuft, wird von *Marx* mit der dialektischen Geschichtsphilosophie *Hegels* verschmolzen.
- Dabei werden die Widersprüche, durch die sich die Gesellschaft vorwärts entwickelt, durch Klassenkonflikte näher bestimmt.

Die Übernahme der frühsozialistischen Klassentheorie führt damit zu einer materialistischen Umdeutung des dialektischen Idealismus von *Hegel. Marx* kommt jetzt zu dem Ergebnis, „daß Rechtsverhältnisse wie Staatsformen ... in den materiellen Lebensverhältnissen wurzeln ...", weshalb er die gesellschaftlichen Verhältnisse nun mit Hilfe der **Politischen Ökonomie** analysieren will. Dies geschieht vor allem ab 1849 in London. *Marx* untersucht dort nicht nur die ökonomische Entwicklung in England als des zu seiner Zeit industriell fortgeschrittensten Landes, sondern setzt sich auch mit der klassischen politischen Ökonomie auseinander. Bedeutsam werden für ihn *A. Smith* und *D. Ricardo*, aber auch *F. Quesnay:*

- Die Arbeitswerttheorie von *Smith* und vor allem von *Ricardo* macht *Marx* zur Grundlage seiner Mehrwerttheorie, die im Mittelpunkt seines gesamten ökonomischen Systems steht.
- *Marx'* Lohn- und Verteilungstheorie, vor allem aber seine Theorie vom Fall der Profitrate, lehnt sich an *Ricardos* Theorie vom fallenden Unternehmergewinn an.
- Mit *Quesnays* Theorie des Wirtschaftskreislaufs setzt sich *Marx* im zweiten Band des „Kapital" auseinander. Sie wird fundamental für seine eigene Kreislauf- und Wachstumstheorie.

Die Gesellschaftstheorie des Historischen Materialismus bildet den Rahmen für *Marx'* ökonomische Kapitalismusanalyse, aber auch die Grundlage für ökonomische, soziale und politische Analysen aller marxistischen Theorierichtungen bis heute. Bevor das ökonomische System von *Marx* dargestellt wird, sollen daher die Grundzüge dieser Gesellschaftstheorie skizziert werden.

3. Historischer Materialismus

Marx hat seine „materialistische Geschichtsauffassung" – die Bezeichnung „historischer Materialismus" geht auf *Engels* zurück – nirgends in systematischer Form dargelegt. Erst nach seinem Tode wurden seine bruchstückartigen Bemerkungen zu einem in sich geschlossenen System zusammengefügt. Dieses geht nach der traditionellen marxistisch-leninistischen Betrachtungsweise von folgendem **dialektischen Schema der Gesellschaftsformationen** aus:

- In der kommunistischen Urgesellschaft (These) gibt es noch keine Arbeitsteilung und kein Privateigentum, so daß die Arbeitsprodukte den Produzenten gehören und noch keine gesellschaftlichen Herrschaftsverhältnisse bestehen. Ökonomisch handelt es sich wegen der außerordentlich niedrigen Arbeitsproduktivität um extrem unterentwickelte Gesellschaften.
- Ansteigende Arbeitsproduktivität und zunehmende Arbeitsteilung erlauben ein arbeitsfreies Leben der Produktionsmittelbesitzer. In diesen Klassengesellschaften (Anti-These) kommt es zu immer drückenderen Formen der Ausbeutung und Unterdrückung, bis sie im Kapitalismus, der letzten Klassengesellschaft, ihren Höhepunkt erreicht haben.
- Durch Beseitigung des Privateigentums an den Produktionsmitteln und allmähliche Aufhebung der Arbeitsteilung wird im Kommunis-

mus die ursprüngliche menschliche Freiheit wieder hergestellt, Ausbeutung und Herrschaftsverhältnisse aufgehoben und zwar auf hohem ökonomischen Niveau (Synthese).

Die dialektische Durchsetzung der menschlichen Freiheit durch Arbeit ist der Plan, der der menschlichen Geschichte zugrunde liegt. Wie sich diese Entwicklung im einzelnen vollzieht, versucht *Marx* mit Hilfe der **Dialektik von Produktivkräften und Produktionsverhältnissen** zu zeigen.

Innerhalb einer Gesellschaftsformation entwickeln sich die technisch-ökonomischen Produktionsbedingungen („Produktivkräfte") und die sozialen Beziehungen im Produktionsprozeß, vor allem die Eigentumsverhältnisse („Produktionsverhältnisse"), unterschiedlich:

- Die Produktivkräfte sind das bewegliche „dynamische" Element einer Gesellschaftsformation. Sie können sich potentiell relativ stetig entwickeln.
- Ob dies der Fall ist, hängt von den Produktionsverhältnissen ab, die das „statische" Element bilden. Erlauben sie zunächst die volle Nutzung des technisch-ökonomischen Potentials, so kommt es im Laufe des Wirtschaftswachstums und des technischen Fortschritts zu zunehmenden Spannungen zwischen Produktivkräften und Produktionsverhältnissen.
- Die Produktionsverhältnisse sind aber im allgemeinen nur diskontinuierlich, d.h. nur durch Übergang auf ein neues System, durch eine neue Produktionsweise, veränderbar. Ist ein solches neues System von Produktionsverhältnissen geschaffen worden, so erhalten die Produktivkräfte zunächst volle Entwicklungsmöglichkeiten, bis auch hier Spannungen einsetzen, die letztlich wiederum durch Systemveränderung beseitigt werden müssen.

Träger dieses Entwicklungsprozesses sind die **sozialen Klassen:**

- Die herrschende, unterdrückende Klasse verfügt über das Eigentum an den Produktionsmitteln. Sie will die bestehenden Produktionsverhältnisse erhalten. Ihr Klasseninteresse ist konservativ.
- Die beherrschte, unterdrückte Klasse ist vom Eigentum an den Produktionsmitteln ausgeschlossen. Sie ist daher an der Umwälzung der Produktionsverhältnisse interessiert. Ihr Klasseninteresse ist revolutionär.

Klassenkampf ist dann die bewußte Auseinandersetzung zwischen den politischen Organisationen der herrschenden und der beherrschten Klasse:

- Mit zunehmenden Spannungen zwischen Produktivkräften und Produktionsverhältnissen verschärft sich die ökonomische Krisensituation. Die beherrschte Klasse entwickelt ein Klassenbewußtsein und bildet eine politische Klassenorganisation. Die Klassenkonflikte wachsen.
- Sind die Spannungen zwischen Produktivkräften und Produktionsverhältnissen unerträglich geworden, so auch die ökonomische Krisen- und die soziale Konfliktsituation. Damit ist die Voraussetzung der sozialen Revolution gegeben, mit der die bisher unterdrückte Klasse zur neuen herrschenden Klasse und damit zur Trägerin einer technisch-ökonomisch fortschrittlichen Produktionsweise wird.

Einem bestimmten System von Produktionsverhältnissen (Basis) entspricht nicht nur eine soziale Klassenstruktur, sondern auch bestimmte Wertvorstellungen und Institutionen (Überbau). Mit dieser **Basis-Überbau-Lehre** will *Marx* Ideologiekritik üben. Er will die herrschenden gesellschaftlichen Bewußtseinsformen als ideologisch denunzieren, als richtige Widerspiegelung einer „falschen“, weil durch politisches Handeln veränderbaren gesellschaftlichen Realität. Ideologiekritik an der klassischen politischen Ökonomie ist für *Marx* eines der zentralen Erkenntnisziele im Rahmen seiner Kapitalismusanalyse. Dieser wenden wir uns gleich zu. Zuvor aber sei angesichts der rudimentären Form, in der uns die „materialistische Geschichtsbetrachtung“ von *Marx* vorliegt, auf folgende **Interpretationsschwierigkeiten** hingewiesen:

- Für den Marxismus-Leninismus ist die *Marx*'sche Dialektik eine zentrale Bestimmtheit des Seins, also Realdialektik. Danach wären dann der Spätkapitalismus, sein Zusammenbruch und die Entstehung des Sozialismus durch objektive dialektische Gesetze bestimmt. Demgegenüber neigen westliche Marxforscher eher dazu, Dialektik bei *Marx* als Methode des Denkens und zwar vor allem als Darstellungsmethode zu sehen. Das würde bedeuten, daß Sozialismus keine historisch notwendige, unausweichliche Folge des ebenso unausweichlichen Zusammenbruchs des Kapitalismus wäre. *Marx* ist hier jedenfalls durchaus mehrdeutig interpretierbar.
- Selbst wenn man davon ausginge, nach *Marx* sei der Zusammenbruch des Kapitalismus und seine Ersetzung durch den Sozialismus durch in der gesellschaftlichen Realität wirkende dialektische Gesetze bestimmt, stellt sich die Frage, was in diesem Zusammenhang unter „Determinierung“ und „objektiver Notwendigkeit“ zu verstehen wäre. Während Marxisten-Leninisten einem streng kausalen Geschichtsdeterminismus zuneigen, ließe sich auch die Position vertreten, daß sich das bei *Marx* sichtbare Spannungsverhältnis zwischen Notwen-

digkeit und Freiheit zugunsten der Freiheit auflösen ließe. Danach wäre Sozialismus eine mögliche, aber keineswegs eine zwangsläufige Folge der historischen Entwicklung. Auch an diesem Punkte ist also *Marx* unterschiedlich interpretierbar.

4. Kapitalismusanalyse

4.1. Methodischer Ansatz

Ausgehend von seiner historisch-materialistischen Gesellschaftstheorie interessiert sich *Marx* in seiner Kapitalismusanalyse für das „ökonomische Bewegungsgesetz des Kapitalismus". Er will die Entwicklung der Produktivkräfte und die Beschaffenheit der Produktionsverhältnisse und vor allem die zunehmenden Spannungen zwischen Produktivkräften und Produktionsverhältnissen, die ihren Ausdruck in sich verschärfenden Klassenkonflikten finden, untersuchen. Er will die ökonomischen Krisenerscheinungen aufzeigen, die mit diesen zunehmenden Spannungen und Konflikten einhergehen und schließlich zum Zusammenbruch des Kapitalismus führen müssen. Dabei werden bereits drei **methodische Besonderheiten der marxistischen Analyse sichtbar:**

- Indem sie auf Beschreibungen, kausale Erklärungen und bedingte Prognosen abstellt, diese aber in den Rahmen einer umfassenden Sozialphilosophie stellt, ist marxistische Wirtschaftstheorie durch eine enge Verbindung erfahrungswissenschaftlicher und spekulativer Momente gekennzeichnet.
- Indem sie nicht nur beschreiben und erklären will, sondern durch das Aufzeigen der immanenten Krisenhaftigkeit des Systems Klassenbewußtsein wecken und die „Massen" politisch aktivieren und mobilisieren will, bietet marxistische Wirtschaftstheorie gleichzeitig Analyse und Wertung, will sie gleichzeitig deskriptiv und normativ sein.
- Indem sie ökonomische Strukturen und Prozesse vor dem Hintergrund von Klassenkonflikten und ihrem institutionellen und ideologischen Überbau analysiert, ist marxistische Wirtschaftstheorie keine „reine" Ökonomie, sondern eine umfassende Sozialwissenschaft, in der Ökonomie, Soziologie und politische Ideenlehre aufs engste miteinander verbunden sind.

Motor der sozioökonomischen Entwicklung einer Gesellschaftsformation, also auch des Kapitalismus, sind nach marxistischer Auffassung die Klassenkonflikte. Diese sind zwar nicht ausschließlich, aber doch im wesentlichen Verteilungskonflikte. Ausgangspunkt der marxistischen Kapitalismusanalyse ist daher denn auch die Frage nach den Determinanten der kapitalistischen **Einkommensverteilung.** Nun kommt diese zwar in Lohn- und Zinssätzen, Profitraten und Marktpreisen zum Ausdruck, doch sind dies aus marxistischer Sicht nur oberflächliche Erscheinungsformen des Systems. Mit den Konstellationen von Angebot und Nachfrage auf den Faktor- und Gütermärkten kann man nicht die Gesetzmäßigkeit der Einkommensverteilung und damit der Systementwicklung erklären. Vielmehr bedürfen diese „Oberflächenphänomene" ihrerseits zunächst der Erklärung durch das „Wesen" des Kapitalismus.

4.2. Produktion des Mehrwerts

Im kapitalistischen Wirtschaftsprozeß kauft der Kapitalist Waren (Vorprodukte, Investitionsgüter, Arbeitsleistungen) ein und erlöst beim Verkauf der produzierten neuen Waren (Konsumgüter, Investitionsmittel) einen Profit. Wie ist dies eigentlich möglich? Zur Untersuchung dieser Frage geht *Marx* von zwei **Annahmen** aus:

- Er abstrahiert von den beiden Zirkulationsphasen „Wareneinkauf" und „Warenverkauf" und konzentriert seine Untersuchung ganz auf die Produktionsphase. Damit soll eine Erklärung der Profitentstehung durch Wettbewerbsverzerrungen und dergleichen und eine Lösung des Verteilungsproblems durch Wettbewerbs- oder Preispolitik ausgeschlossen werden. Es soll gezeigt werden, daß die „Ausbeutung" im Wesen des Kapitalismus selbst liegt und nur mit diesem selbst auch beseitigt werden kann.
- Zum anderen wird der Einkauf der Inputs und der Verkauf der Outputs zu ihren Werten unterstellt, wobei der Wert als Vergegenständlichung menschlicher Arbeit (Arbeitswert) verstanden wird. Damit soll ebenfalls die Mehrwertentstehung im Bereich der Produktionsphase nachgewiesen werden.

Aus diesen Annahmen werden die zentralen Theoreme der **Mehrwerttheorie** abgeleitet:

- Ist Mehrwert die Differenz zwischen dem Arbeitswert der Outputs und dem Arbeitswert der Inputs, so kann Mehrwert nur dann entstehen, wenn ein Input in der Lage ist, mehr Arbeitswert an das Produkt abzugeben, als in ihm steckt.
- Damit können die im Produktionsprozeß eingesetzten Produktionsmittel keinen Mehrwert schaffen. Sie können nämlich nur die in ihnen vergegenständlichte Arbeit auf das Produkt als Wert übertragen.

- Der Faktor Arbeit kann ebenfalls die in ihm vergegenständlichte Arbeit übertragen, da auch für die „Ware Arbeitskraft" das gleiche Arbeitswertprinzip wie für alle anderen Waren gilt. Wird er jedoch länger im Produktionsprozeß eingesetzt, als der „notwendigen Arbeitszeit" entspricht, also der Zeit, in der so viel an Werten geschaffen wird, wie zur Produktion und Reproduktion der eingesetzten Arbeitskraft erforderlich ist, so werden weitere Arbeitsleistungen abgegeben, es wird zusätzliche Arbeit vergegenständlicht, es entsteht Mehrwert.
- Die erste Möglichkeit zur Produktion des Mehrwerts besteht damit in der Verlängerung der Gesamtarbeitszeit bei gegebener notwendiger Arbeitszeit. Offenbar ist diese Möglichkeit aber sehr begrenzt.
- Daher wird vor allem die zweite Möglichkeit, die Produktion des relativen Mehrwerts, berücksichtigt. Sie besteht darin, bei gegebener Gesamtarbeitszeit die notwendige Arbeitszeit zu verringern. Dies bedeutet eine Verminderung des Werts der „Ware Arbeitskraft", also letztlich eine Erhöhung der Arbeitsproduktivität.

4.3. Realisierung des Mehrwerts

Für *Marx* ist jetzt die Frage geklärt, wie der Mehrwert entstehen kann. Allerdings ist den Kapitalisten mit der Produktion des Mehrwerts nicht gedient, vielmehr muß dieser auf dem Markt „realisiert" werden. Dazu müssen aber bestimmte Bedingungen erfüllt sein. Diese werden von *Marx* als nächstes untersucht. Er konzentriert sich dabei ausschließlich auf die beiden Zirkulationsphasen „Wareneinkauf" und „Warenverkauf", wobei er die eingangs gemachte Annahme des Austauschs zu Arbeitswerten beibehält.

Marx leitet die **Bedingungen für die Realisierung des Mehrwerts** aus einem Zwei-Sektoren-Modell ab, wobei er zunächst von „einfacher Reproduktion", also stationärem Kreislauf, und dann von „erweiterter Reproduktion", also wachsender Wirtschaft, ausgeht. Der im Produktionsmittel- und im Konsumgütersektor produzierte Mehrwert wird genau in der gleichen Höhe auch realisiert, wenn Angebot und Nachfrage jeweils übereinstimmen:

- Dies ist bei **einfacher Reproduktion** der Fall, wenn die Nettoproduktion im Produktionsmittelsektor dem Vorleistungsverbrauch des Konsumgütersektors entspricht.
- Bei **erweiterter Reproduktion** ist die Realisierungsbedingung dann gegeben, wenn die Nettoproduktion im Produktionsmittelsektor der Summe aus dem Vorleistungsverbrauch des Konsumgütersektors und den Nettoinvestitionen beider Sektoren entspricht.

In seiner Analyse der erweiterten Reproduktion zeigt *Marx* schließlich die **Bedingungen stetigen Wirtschaftswachstums** auf, wobei bei konstanten Strukturparametern alle Variablen mit der gleichen Rate wachsen.

4.4. Verteilung des Mehrwerts

Sofern die Realisierungsbedingungen erfüllt sind, wird der produzierte Mehrwert von der Kapitalistenklasse insgesamt auch in dieser Höhe „realisiert". Mikroökonomisch jedoch können produzierter Mehrwert und realisierter Profit auseinanderfallen. Diese – vor allem intersektorale – **Mehrwertverteilung** untersucht *Marx* im dritten Schritt seiner Kapitalismusanalyse, in der er den Gesamtprozeß als Einheit aus Produktions- und Zirkulationsprozeß betrachtet.

Streben die Kapitalisten nach Profitmaximierung, so führt dies bei freier Konkurrenz und völliger Kapitalmobilität zu einer einheitlichen volkswirtschaftlichen Profitrate, verstanden als Quotient aus makroökonomischem Mehrwert und der Summe aus makroökonomischem konstanten Kapital (Produktionsmitteleinsatz) und variablem Kapital (Arbeitseinsatz). Das Verhältnis von konstantem zu variablem Kapital, von *Marx* „organische Kapitalzusammensetzung" genannt, wird nun im allgemeinen von Unternehmung zu Unternehmung abweichen. Nur dort, wo die „individuelle Kapitalzusammensetzung" der volkswirtschaftlichen Kapitalzusammensetzung entspricht, fällt der **realisierte Profit** mit dem **produzierten Mehrwert** zusammen. Ist die mikroökonomische Kapitalzusammensetzung geringer als die volkswirtschaftliche Kapitalzusammensetzung, so ist der realisierte Profit kleiner als der produzierte Mehrwert und umgekehrt. Der Kapitalmarktmechanismus führt also zu einer technologisch bedingten intersektoralen Profitstruktur. Der Gesamtumfang des realisierten Profits aber entspricht dem in der Volkswirtschaft produzierten Mehrwert, wobei dieser aus der Ausbeutung der Arbeiter durch die einzelnen Kapitalisten resultiert.

An dieser Stelle seiner Analyse kann für *Marx* auch das **Verhältnis von Wert und Preis** geklärt werden. Hierfür gelten nämlich die gleichen Beziehungen wie für das Verhältnis von Mehrwert und Profit. In die Werte geht der produzierte Mehrwert ein, in die Preise, genauer: in die langfristigen Gleichgewichtspreise bei freier Konkurrenz, die sogenannten „Produktionspreise", der Profit. Dort, wo produzierter Mehrwert und realisierter Profit zusammenfallen, die individuelle Kapitalzusammensetzung also der volkswirtschaftlichen Kapitalzusammensetzung entspricht, stimmen Wert und Produktionspreis überein. Weichen mikroökonomische und makroökonomische Kapitalzusammensetzung jedoch voneinander ab, so auch Werte und Produktionspreise. Da makroökonomisch Mehrwert und Profit zusammenfallen, ist auch die Summe der Werte gleich der Summe der Produktionspreise. Da schließlich die kurzfristigen Marktpreise um die langfristigen Gleichgewichtspreise fluktuieren, kommt *Marx* zu dem Ergebnis, daß es in letzter Instanz die Werte sind, welche die Preise bestimmen, daß damit die Wertanalyse letztlich Voraussetzung der Preisanalyse ist.

Marx geht bei seiner Analyse also (vgl. *Abb. 1)* zunächst von Angebot und Nachfrage auf den einzelnen Güter- und Faktormärkten aus und damit von Marktpreisen, Unternehmergewinn, Kapitalzins und Grundrente. Diese bilden für ihn oberflächliche Erscheinungsformen. Sie können erst dann erklärt werden, wenn die wesentlichen Systemgrundlagen, auf denen sie beruhen, aufgedeckt sind. Dies ist nur möglich durch **Abstraktion** von allem Unwesentlichen. *Marx* gelangt so zu den abstrakten Kategorien Wert, Mehrwert und Mehrwertrate. Erst nach Herausarbeitung der Gesetze der Mehrwertproduktion und des dahinter stehenden Arbeitswertprinzips ist es für ihn möglich, die konkreteren Kategorien Profit und Profitrate und schließlich die Oberflächenformen Unternehmergewinn, Kapitalzins und Grundrente zu erklären.

Profit und Profitrate wiederum führen zur Erklärung der langfristigen Gleichgewichtspreise (Produktionspreise), die letztlich auf den zuvor erklärten Werten beruhen und die ihrerseits den Ausgangspunkt für Fluktuationen der Marktpreise bilden. Indem *Marx* somit durch Abstraktion zunächst zu den „wesentlichen“ Kategorien vorstößt, gelangt er durch schrittweise Aufhebung vereinfachender Annahmen wieder an die „Oberfläche“, die erst jetzt erklärt werden kann.

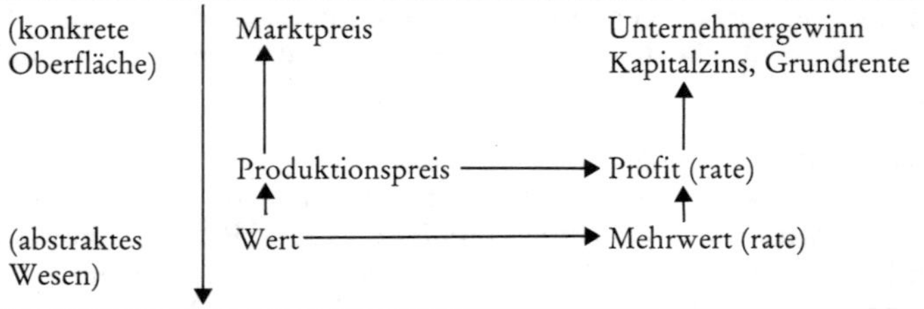

Abb. 1: Wert und Preis, Mehrwert und Profit bei Marx

4.5. Krise und Zusammenbruch

Aus seinen Gesetzen der Mehrwertproduktion und Profitrealisierung leitet *Marx* Hypothesen zu langfristigen gesellschaftlichen Entwicklungstrends sowie zu zyklischen Schwankungen um diese Trends ab. Die **Trendaussagen** beziehen sich vor allem auf drei Bereiche:

- **Technologisch bedingte Freisetzung von Arbeitskräften:** Das kapitalistische Profitstreben führt zur Erhöhung des relativen Mehrwerts, also zur ständigen Erhöhung der Arbeitsproduktivität durch technischen Fortschritt. Dieser bedeutet für *Marx* Erhöhung der Arbeitsproduktivität durch solche Rationalisierungsinvestitionen, bei denen die organische Kapitalzusammensetzung langfristig stärker wächst als das konstante Kapital, so daß der Beschäftigungsgrad, ausgedrückt durch das variable Kapital, sinkt. Wegen zunehmender Rationalisierung kommt es zur Entstehung der „industriellen Reservearmee".
- **Fall der Profitrate:** Wie unter 4.4 gezeigt, ist die Profitrate der Quotient aus Mehrwert (m) und der Summe aus konstantem und variablem Kapital (c + v) bzw. der Quotient aus Mehrwertrate (m/v) und der um 1 vermehrten organischen Kapitalzusammensetzung (1 + c/v). Steigt nun die organische Kapitalzusammensetzung bei konstanter Mehrwertrate, so muß die Profitrate sinken.
- **Konzentration:** Durch Akkumulation kommt es zur Erweiterung des Produktionsmittelbesitzes in den Händen der einzelnen Kapitalisten („einfache Konzentration"), vor allem jedoch zur Zentralisation, also zur Konzentration bereits gebildeten Kapitals und damit zur „Expropriation" von Kapitalisten durch Kapitalisten. Diese Entwicklung ist ebenfalls bedingt durch das Profitstreben. Sie führt zu einer weiteren Beschleunigung des technischen Fortschritts mit den oben angedeuteten Konsequenzen sowie zur Vernichtung des bisher selbständigen Mittelstandes und zur Konzentration der Produktionsmittel in wenigen Händen. Dies wiederum hat eine starke Polarisierung in der Gesellschaft und ein Anwachsen der Klassenkonflikte zur Folge.

Diese Entwicklungen vollziehen sich nicht gradlinig, sondern im Wege **zyklischer Schwankungen um den Trend,** wobei sich die Intensität dieser Schwankungen immer weiter verstärkt. Jeder Konjunkturaufschwung führt zur Verminderung der „industriellen Reservearmee", jeder Abschwung läßt diese wieder ansteigen, wobei innerhalb eines Zyklus der Freisetzungseffekt überwiegt. Mit zunehmendem Konzentrationsgrad und Rationalisierungsdruck steigt die Kapitalintensität der Produktion. Diese läßt die Profitrate weiter sinken, schwächt die Wachstumsdynamik immer weiter ab und führt damit zur Verminderung der Investitionsneigung, so daß die Arbeitslosigkeit von Konjunkturzyklus zu Konjunkturzyklus immer mehr ansteigt. Zunehmende Massenarbeitslosigkeit und Verelendung führen zum Anwachsen des proletarischen Klassenbewußtseins und damit der Klassenkonflikte, die durch die erwähnten Konzentrationserscheinungen noch verschärft werden.

Diese zunehmende Krisenanfälligkeit ist nach marxistischer Auffassung Ausdruck der **Widersprüche** innerhalb dieses Systems selbst: Es basiert auf Privateigentum an den Produktionsmitteln, Marktkoordination, Profitmaximierung und Ausbeutung der Arbeiter durch die Kapitalisten. Doch führen die systemimmanenten Gesetzmäßigkeiten letztlich zur Beseitigung des Privateigentums und des Marktmechanismus durch Konzentration, zum Sinken der Profitrate und zur Freisetzung von Arbeitskräften. Diese Systemwidersprüche sind Ausdruck wachsender Spannungen zwischen den Produktivkräften und den kapitalistischen Produktionsverhältnissen. Sie können letztlich nur durch deren revolutionäre Beseitigung, also durch den Übergang auf ein sozialistisches System, aufgehoben werden.

Bevor auf die marxistischen Vorstellungen von der Gestaltung eines solchen sozialistischen Systems eingegangen wird, sei auf einige **Interpretationsschwierigkeiten** der Krisen- und Zusammenbruchstheorie hingewiesen. Sie ergeben sich aus deren Stellung im *Marx*'schen Gesamtsystem sowie – ähnlich wie beim „Historischen Materialismus" – aus ihrem rudimentären Charakter:

- Die *Marx*'sche Theorie enthält, wie gezeigt, auch ein normatives Element. Sie will Klassenbewußtsein erzeugen und verstärken, die „Massen" politisch aktivieren und dadurch die krisenhafte Entwicklung des Kapitalismus verschärfen. Sie wird dies aber nur dann können, wenn sie den „Massen" verständlich ist, wenn sie populär wirkt, komplexe Voraussetzungen der Argumentation vernachlässigt und die Aussagen vereinfacht. Dies mag erklären, weshalb sich gerade in den krisentheoretischen Passagen gelegentlich ein Unbedingtheitsgrad findet, der der ansonsten eher nüchtern-soliden Modellanalyse der Mehrwerttheorie fremd ist und einer möglicherweise einseitigen Interpretation Vorschub leistet.
- Nicht nur durch die Verquickung deskriptiver und normativer Analyseziele wird das Verständnis der Krisentheorie erschwert, sondern auch durch ihre umstrittene Stellung im Rahmen der Gesamtanalyse. Was wir nämlich an Krisen- und Zusammenbruchstheorie kennen, findet sich verstreut im „Kapital", das von *Marx* nur als erster Teil seines geplanten umfangreichen Werks vorgesehen war. Weitere Teile

sollten das Grundeigentum, die Lohnarbeit, den Staat und die Außenwirtschaft behandeln. Insofern bietet das „Kapital" nur das Modell einer geschlossenen Volkswirtschaft ohne staatliche ökonomische Aktivität und ohne Gewerkschaften. Die krisentheoretischen Aussagen ließen sich dann auch nur auf dieses Modell beziehen und wären bei Einführung von Staat, Gewerkschaften usw. entsprechend zu modifizieren. *Marx* ist also auch hier keineswegs so eindeutig interpretierbar, wie dies der Marxismus-Leninismus nahelegt.

- Schließlich argumentiert *Marx* in seiner Krisen- und Zusammenbruchstheorie gelegentlich mit „Tendenzen" oder „tendenzieller Entwicklung" – so etwa in seiner Profitratentheorie –, wobei er hierunter prognostische Aussagen zu verstehen scheint, die sehr viel vager und unbestimmter sind als Prognosen auf der Grundlage deterministischer Gesetzeshypothesen. Insofern ließen sich die *Marx*'schen Aussagen über die Selbstzerstörung des Kapitalismus eher als Aussagen über mögliche und weniger als solche über wahrscheinliche oder gar sichere Entwicklungen verstehen. Auch unter diesem Gesichtspunkt ist also Vorsicht bei der Übernahme leicht eingängiger marxistisch-leninistischer Interpretationen angebracht.

Diese Interpretationsschwierigkeiten der Krisen- und Zusammenbruchstheorie haben – zusammen mit jenen des „Historischen Materialismus" – durchaus Konsequenzen für das Verständnis der *Marx*'schen Sozialismusvorstellungen, denen wir uns nun zuwenden.

5. Sozialismusanalyse

5.1. Merkmale sozialistisch-kommunistischer Transformation

Im Gegensatz zu den vormarxistischen Sozialisten haben *Marx* und *Engels* keine eigentliche Sozialismuskonzeption vorgelegt. Sie haben nur ziemlich allgemeine und daher auch mehrdeutige Bedingungen für die **Umwandlung des Kapitalismus in den Sozialismus** formuliert. Diese wurden später von den Marxisten-Leninisten aufgegriffen und im Sinne ihrer eigenen Sozialismusvorstellungen interpretiert. Danach kommt es bei der sozialistischen Revolution darauf an,

- die angesichts der fortgeschrittenen gesellschaftlichen Polarisierung ohnehin nur noch verschwindend kleine Schicht von Produktionsmittelbesitzern zu enteignen und damit ökonomisch und politisch zu entmachten,

- den wegen des fortgeschrittenen Zentralisierungsprozesses bereits hoch konzentrierten Produktionsapparat durch den sozialistischen Staat zu übernehmen,
- den durch die kapitalistischen Konzerne bis auf wenige Restbestände ausgehöhlten Marktpreismechanismus durch eine staatliche Planung und Lenkung zu ersetzen.

Aufhebung des Privateigentums an den Produktionsmitteln und des Marktmechanismus sind einerseits Bedingungen für die volle Entfaltung der Produktivkräfte, also für wirtschaftliches Wachstum, während Wachstum andererseits Voraussetzung für den Aufbau des Kommunismus, der höheren sozialistischen Entwicklungsphase, ist. Wichtiges Merkmal der kommunistischen Zukunftsgesellschaft ist die Verteilung nach den Bedürfnissen. Soll diese aber nicht etwa durch Anpassung der Bedürfnisse an ein gegebenes Güterangebot, sondern durch Anpassung des Angebots an die Bedürfnisse erfolgen, so erfordert dies beträchtliche Produktivitäts- und Produktionssteigerungen, also Wachstum. Marxisten huldigen daher im allgemeinen einem ausgesprochenen **Wachstumsfetischismus.**

Verstaatlichung der Produktionsmittel, Ersetzung von Marktbeziehungen durch zentrale Planung und Leitung bei hoher Entscheidungszentralisierung und Priorität wachstumspolitischer Ziele – dies sind zentrale Elemente der marxistisch-leninistischen Sozialismuskonzeption. Ob damit aber den *Marx*'schen Intentionen Rechnung getragen wird, war bereits vor dem Zusammenbruch der sozialistischen Systeme des Ostens umstritten. Und in der Tat gibt es angesichts der rudimentären und unsystematischen Aussagen von *Marx* zur Gestaltung eines sozialistischen Wirtschaftssystems hier erhebliche **Interpretationsschwierigkeiten.** Diese beziehen sich nicht so sehr auf das alte Argument, das „humanistische“ Menschenbild insbesondere des jungen *Marx* widerspreche einem entscheidungszentralisierten, hierarchischen System, das sich vor allem auf Verhaltensanweisungen stützt. Zwar wendet sich *Marx* durchaus gegen die Unterdrückung des Menschen durch den Menschen und plädiert für menschliche Selbstverwirklichung in einer freien Gesellschaft. Doch setzt für ihn das Ende der Entfremdung und die Herstellung der menschlichen Freiheit die Aufhebung von Privateigentum, Arbeitsteilung und letztlich auch Marktkoordination voraus, also ein Wirtschaftssystem, das planwirtschaftlichen Vorstellungen sehr nahe kommt.

Die Diskussionen um mögliche planwirtschaftliche Implikationen der *Marx*'schen Theorie beziehen sich vielmehr auf den bereits oben angesprochenen Stellenwert des „Historischen Materialismus“ und der Krisen- und Zusammenbruchstheorie:

- Betrachtet man *Marx* nur als seriösen ökonomischen Analytiker, sieht also nicht nur von politisch gemeinten Vereinfachungen ab, sondern vor allem von dem geschichtsphilosophischen Rahmen seiner Ökonomie, so ergeben sich bei allen Mehrdeutigkeiten kaum Anhaltspunkte für Vorstellungen von einer zwangsläufigen Ersetzung des marktwirtschaftlichen Systems durch eine Zentrale Planwirtschaft.
- Sieht man jedoch im „Historischen Materialismus" mehr als ein bloß unverbindliches weltanschauliches Programm, versteht man Dialektik im Sinne von Realdialektik und gewichtet man den geschichtsdeterminierenden Charakter der Entwicklungsgesetze stark, so wird man in *Marx* durchaus einen theoretischen Begründer der Zentralen Planwirtschaft sehen können.

5.2. Plansozialismus

Die von *Marx* und *Engels* formulierten Transformationsbedingungen stecken nur einen sehr allgemeinen Rahmen für die sozialistische Umgestaltung mit einem entsprechend breiten Interpretationsspielraum ab. Konkrete Entscheidungshilfen bieten sie dem **sozialistischen Wirtschaftspolitiker** nicht. Dieser steht, wie nach 1917 in Rußland, vor drei Fragen: Welches ist die unter den jeweiligen Bedingungen bestmögliche Strategie wirtschaftlichen Wachstums im Sinne der marxistischen Sozialismus- und Kommunismusvorstellungen? Wie ist das Wirtschaftssystem zur Durchsetzung dieser Strategie zu gestalten? Welches ist der geeignete Zeitpunkt für diese sozialistische Umgestaltung?

Für die damaligen russischen Verhältnisse hat *Lenin* 1917 versucht, diese Fragen mit seiner Konzeption des **„staatsmonopolistischen Kapitalismus"** zu beantworten. Unter den Bedingungen eines gesamtwirtschaftlich niedrigen Entwicklungsniveaus der Industrie und des Kapitalismus, so *Lenin,* könne der Sozialismus nicht schlagartig durch Übernahme des hochkonzentrierten Industrieapparats durch den sozialistischen Staat und durch Enteignung der wenigen verbliebenen Großkapitalisten eingeführt werden. Vielmehr müsse der kapitalistische Sektor ausgedehnt und weiterentwickelt werden, wobei einerseits durch staatliche Steuerung der Monopole und andererseits durch die Kontrolle der Kapitalisten durch Arbeiterräte die Interessen der Arbeiterklasse gewährleistet werden könnten. Indem das – kapitalistische – Wirtschaftssystem durch das – sozialistische – politische System gesteuert werde, könne der staatlich regulierte Monopolkapitalismus „zum Nutzen des ganzen Volkes angewandt" und längerfristig schrittweise in ein sozialistisches Wirtschaftssystem tranformiert werden.

In der sowjetischen **Industrialisierungsdebatte** (1924–1928) ging es um mögliche Alternativen zu dieser von *Lenin* entwickelten Strategie. Im Gegensatz zu späteren sowjetmarxistischen Debatten wurde diese Kontroverse auf hohem theoretischen und intellektuellen Niveau ausgeführt. In ihr zeichneten sich zwei alternative Strategiemöglichkeiten ab: Einer Strategie des staatlich regulierten Kapitalismus bei einer eher behutsamen Politik der Industrialisierung und der sozialistischen Umgestaltung *(Bucharin)* wurde die Strategie forcierter Industrialisierung durch bewußte Ausbeutung des Privatsektors *(Preobraženskij)* gegenübergestellt.

Auf der Grundlage einer extremen Industrialisierungs- und Kollektivierungsstrategie, welche die „linken" Vorschläge der Industrialisierungsdebatte bei weitem übertraf, wurde dann ab etwa 1930 in der UdSSR das System der **Zentralen Planwirtschaft** aufgebaut. Dies geschah ohne erkennbare theoretische Fundierung auf Grund eines willkürlichen politischen Dezisionismus. Die sowjetische Wirtschaftswissenschaft, der sogar offiziell die Beschäftigung mit wirtschaftspolitischen Fragen untersagt wurde, hatte nur noch die Funktion einer wissenschaftlich verbrämten Apologetik der jeweiligen Parteilinie. Aus der völligen Sterilität, in die sie auf diese Weise geriet, hat sich die marxistische Wirtschaftstheorie der sozialistischen Länder bis zum Schluß nicht völlig befreit. Dabei waren die ökonomischen Probleme beim Aufbau der Zentralen Planwirtschaft alles andere als gelöst. Trotz zweifellos hoher Wachstumsraten in den Prioritätsbereichen und beeindruckender Industrialisierungserfolge in den Anfangsjahren waren diese Systeme bis zu deren Zusammenbruch durch erhebliche systembedingte Ineffizienz gekennzeichnet.

Erst nach dem 20. Parteitag der KPdSU (1956) kam es zu einer gewissen, wenn auch nach wie vor beschränkten Entdogmatisierung. Es entwickelten sich vor allem in zunehmendem Maße Ansätze zu einer **Planungstheorie.** In diesen wurden Konzeptionen für Planungssysteme mit hoher Entscheidungszentralisierung und bei meist starker informationeller Dezentralisierung entwickelt. Damit sollten die Funktionsmängel der Planwirtschaft durch effiziente Allokation knapper Ressourcen beseitigt werden, ohne die Grundstruktur des Systems selbst in Frage zu stellen. Bei diesen Ansätzen handelt es sich meist um entscheidungslogische Theorien, mit denen das neoklassische Paradigma entweder völlig unkritisch rezipiert oder der marxistischen Terminologie nur oberflächlich angepaßt wird. Im Sinne des eingangs erwähnten Marxismusbegriffs von *Kołakowski* können diese „Planökonomen" daher auch kaum zur marxistischen Wirtschaftstheorie gerechnet werden. Allerdings gibt es bemerkenswerte Ansätze, in denen eine Synthese aus neoklassischen und marxistischen Vorstellungen versucht wird. Zu erwähnen sind hier vor allem die Arbeiten des polnischen Ökonomen *O. Lange* und seiner Schule.

5.3. Marktsozialismus

Steht ein großer Teil jener Ökonomen, die sich um eine partielle Effektivierung der gegebenen sozialistischen Wirtschaftssysteme bemüht haben, im Grunde außerhalb der marxistischen Tradition, so bedienen sich jene Ökonomen im allgemeinen der Methode und des Begriffsapparats von *Marx,* die auf eine **Alternative zum Wirtschaftssystem sowjetischen Typs** abstellen. Dies gilt vor allem für die Vertreter der Konzeption eines Marktsozialismus. Theoretisch am besten ausgebaut war hier zweifellos die jugoslawische Konzeption des Selbstverwaltungssozialismus.

Die Unterschiede zwischen sowjetischem Plansozialismus und jugoslawischem **Selbstverwaltungssozialismus** waren beträchtlich. Sie beziehen sich vor allem auf die Rolle des Staates und die ökonomischen Koordinationsmechanismen:

- Für den Selbstverwaltungssozialismus ist die Übernahme des enteigneten Produktionsapparats in staatliche Hand in der sozialistischen Revolution allenfalls ein erster Schritt zum Aufbau eines sozialistischen Wirtschaftssystems. Entscheidungszentralisierte Planung und Leitung der Wirtschaftsprozesse mag am Anfang der sozialistischen Entwicklung stehen, darf aber kein Merkmal eines entwickelten sozialistischen Systems sein. In Anlehnung an *Engels* und *Lenin* sowie an frühsozialistische Theoretiker, vor allem an *Saint-Simon,* wird vielmehr die Vorstellung vom Absterben des Staates vertreten. Sind die sozialistischen Produktionsverhältnisse gefestigt, so kann sich der Staat immer weiter zurückziehen und seine Funktionen auf Selbstverwaltungsorgane übertragen.
- Die vergesellschafteten Unternehmen und Unternehmensteile sollen von Selbstverwaltungsorganen mit weitgehender Entscheidungsautonomie verwaltet werden. Die Koordination der Entscheidungen der Selbstverwaltungsorgane soll dabei nicht über den Plan und längerfristig auch nicht über den Markt erfolgen, sondern im Wege kooperativer Verhaltensabstimmungen, in die auch die staatliche Wirtschaftspolitik, sofern noch nicht restlos „abgestorben", mit einzubeziehen wäre.

Obwohl theoretisch interessant, konnte sich diese Konzeption des Selbstverwaltungssozialismus im alten Jugoslawien niemals völlig durchsetzen. Und wo dies doch partiell der Fall war, mußten die entsprechenden Ansätze wegen ihrer negativen ökonomischen Folgen noch vor dem Auseinanderbrechen Jugoslawiens wieder rückgängig gemacht werden.

6. Kritische Würdigung

Marx ist sicher eine der großen Gestalten in der Geschichte der Volkswirtschaftslehre. Er kann als Vorläufer zahlreicher, später weiter ausgebauter **Theorien** angesehen werden, so der Kreislauf- und Wachstumstheorie, der sozialen Theorie der Einkommensverteilung, ansatzweise der Theorie des Konjunkturzyklus sowie – im Bereich der Soziologie – der Theorien sozialer Konflikte und sozialen Wandels. Viele Konzepte von *Marx* sind so sehr in die modernen Sozialwissenschaften, vor allem die Soziologie, integriert worden, daß ihre Ursprünge im einzelnen kaum noch zu erkennen sind. Auch hat *Marx* mit erstaunlicher Klarheit schon zu seiner Zeit solche Probleme wie Konzentration, technologische Arbeitslosigkeit und nachlassende Wachstumsdynamik untersucht, die uns bis heute beschäftigen und gerade in letzter Zeit wieder in den Mittelpunkt politischer Diskussionen gerückt sind. Grundsätzlich sind natürlich alle Theoreme und Theorien dazu bestimmt, überholt zu werden und zu veralten. Die Theorien von *Marx* machen hier keine Ausnahme. Gerade der Versuch, diese der wissenschaftlichen Kritik zu entziehen, haben zu der Sterilität der dogmatisierten marxistischen Theorie geführt.

Wenn von marxistischer Seite immer wieder auf die Fruchtbarkeit gerade der *Marx*'schen **Methoden** verwiesen wird, so darf nicht verkannt werden, daß die marxistische Theorie der kapitalistischen Entwicklung in eine spekulative Geschichtsphilosophie eingebettet ist, die im Sinne des kritischen Rationalismus zweifellos empirisch gehaltlos, weil grundsätzlich nicht überprüfbar ist. Nicht nur dies. Sie basiert auf der Vorstellung, daß objektive Gesetzmäßigkeiten der gesellschaftlichen Entwicklung bestehen, die, wenn einmal erkannt und zur Grundlage politischen Handelns gemacht, notwendig zu gesellschaftlicher Freiheit und menschlicher Selbstverwirklichung jenseits ökonomischer Notwendigkeiten führen müssen. Diese optimistische Geschichtsmetaphysik mit ihrer Wissenschafts- und Fortschrittsgläubigkeit dürfte heute angesichts der politischen Erfahrungen unseres Jahrhunderts – nicht zuletzt jenen mit dem „realen Sozialismus" –, angesichts der drohenden Selbstzerstörung unserer Lebensgrundlagen und angesichts der äußerst begrenzten

Erkenntnismöglichkeiten der Sozialwissenschaften – gerade der Volkswirtschaftslehre – im allgemeinen nur noch auf historisches Interesse stoßen.

Methodisch problematisch ist aber auch *Marx'* Vorgehensweise in seiner Mehrwerttheorie, die immerhin die Grundlage seiner gesamten Kapitalismusanalyse darstellt. Definiert man nämlich – wie dies *Marx* tut – Mehrwert als Differenz zwischen Output- und Inputwert und Wert als Vergegenständlichung menschlicher Arbeit, dann muß definitionsgemäß der Mehrwert auf den Einsatz des Faktors Arbeit zurückgehen. Die Mehrwerttheorie ist inhaltlich nicht unplausibel. Auch stellt sie den bis heute interessanten Versuch dar, die Einkommensverteilung unter Verweis auf gesellschaftliche Machtverhältnisse zu erklären. Letztlich bietet sie aber keine Aussagen über kausale Ursache-Wirkungs-Zusammenhänge. Sie zeigt nur die logischen Implikationen bestimmter Definitionen auf. Insofern könnte man sie auch als tautologisch bezeichnen.

Andere Aspekte der *Marx'*schen Methode stellen demgegenüber bis heute eine Herausforderung für den Ökonomen dar. Hierzu könnte vor allem die Vorstellung gehören, daß ökonomische Institutionen gesellschaftlich bedingt sind und dem historischen Wandel unterliegen und daß dieser Wandel sich diskontinuierlich, im Wege gesellschaftlicher Konflikte, vollzieht. Letzten Endes ist dies die Vorstellung von einer integrativen Sozialwissenschaft.

Umstritten bleibt auch und gerade nach dem Zusammenbruch der sozialistischen Systeme des Ostens die **wirtschaftspolitische Wirkung** von *Marx*. War *Marx* der theoretische Wegbereiter der östlichen Planwirtschaft mit ihren gravierenden ökonomischen Funktionsproblemen und ihren menschenverachtenden Unterdrückungsmechanismen? Oder wurde er zu Unrecht für den „Realsozialismus" in Anspruch genommen, war also an dessen systemimmanenten Problemen sozusagen „unschuldig"? Einfache Antworten sind angesichts der Komplexität und Mehrdeutigkeit des *Marx'*schen Systems sicherlich nicht möglich. Auch wird es hierbei im einzelnen auf die relative Gewichtung der verschiedenen *Marx'*schen Erkenntnisziele und Methoden ankommen, vor allem auf die Rolle des geschichtsphilosophischen Elements hegelianischer Provenienz. Festzuhalten bleibt aber folgendes: Man wird den Zusammenbruch des Realsozialismus nicht verstehen können ohne dessen ökonomische Funktionsprobleme, diese nicht ohne die Funktionsweise der Zentralen Planwirtschaft und deren Grundstruktur nicht ohne Rückgriff auf einzelne Elemente der *Marx'*schen Theorie. Aus der *Marx'*schen Analyse mögen sich durchaus auch andere als die von den Leninisten und Stalinisten abgeleiteten ordnungspolitischen Implikationen ergeben. Doch bleibt das *Marx*'sche Werk eine unverzichtbare Grundlage für die verstehende Erklärung der Entstehung, Struktur und Wirkungsweise der Zentralen Planwirtschaft. In diesem Sinne bildet es das theoretische Fundament des Realsozialismus, seiner Probleme und seines Zusammenbruchs.

Literatur

Dobias, P., Zur Struktur des Marxschen Systems, in: Weltwirtschaftliches Archiv, Bd. 105 (1970), Heft 2.

Dobias, P., Karl Marx und der Realsozialismus, in: Jahrbuch für Sozialwissenschaft, Bd. 45 (1994), Heft 1.

Euchner, W., Karl Marx, München 1982.

Friedenthal, R., Karl Marx. Sein Leben und seine Zeit, München, Zürich 1981.

Kernig, C. D. (Hrsg.), Marxismus im Systemvergleich, Frankfurt, New York 1973.

Lieber, H.-J., Helmer, G. (Hrsg.), Marx-Lexikon. Zentrale Begriffe der politischen Philosophie von Karl Marx, Darmstadt 1988.

Löw, K. (Hrsg.), Marxismus. Quellenlexikon, 2. Auflage, Köln 1985.

Lotter, K., Meiners, R., Treptow, E. (Hrsg.), Marx-Engels-Begriffslexikon, München 1984.

Mandel, E., Marxistische Wirtschaftstheorie, Frankfurt 1972.

Marx, K., Engels, F., Werke (MEW), herausgegeben vom *Institut für Marxismus-Leninismus beim ZK der SED,* Berlin-Ost 1966ff.

Marx, K., Werke, Schriften, Briefe, herausgegeben von *H.-J. Lieber,* Darmstadt 1960ff.

Marx, K., Engels, F., Gesamtausgabe (MEGA), herausgegeben vom *Institut für Marxismus-Leninismus beim ZK der SED,* Berlin-Ost 1975ff.

Ott, A. E., Karl Marx (1818–1883) in: *Starbatty, J.* (Hrsg.), Klassiker des ökonomischen Denkens, Bd. II, München 1989.

Peters, H.-R., Politische Ökonomie des Marxismus. Anspruch und Wirklichkeit, Göttingen 1980.

Steitz, W., Einführung in die Politische Ökonomie des Marxismus, Paderborn 1977.

Sweezy, P. M., Theorie der kapitalistischen Entwicklung. Eine analytische Studie über die Prinzipien der Marx'schen Sozialökonomie, Frankfurt 1972.

Zinn, K. G., Arbeitswerttheorie. Zum heutigen Verständnis der positiven Wirtschaftstheorie von Karl Marx, Herne, Berlin 1972.

Historische Schulen

Heinz Rieter

Die Wirtschaftswissenschaft ist eine Disziplin, in der viele Erkenntniswege erfolgversprechend sind. Ihre Annalen verzeichnen auf der einen Seite geniale Einzelgänger, durch deren bahnbrechende Leistungen die Fachwelt entweder mit einem Schlage – wie im Fall des Keynesianismus – oder auf stillen, langen Wegen – man denke an den späten Triumph der Marginalisten *Thünen, Cournot* oder *Gossen* – verändert wurde. Und auf der anderen Seite künden sie vom Bienenfleiß der Kärrner, die Stein auf Stein schichten, um ein fest gefügtes Gedankengebäude zu errichten. Die Politische Ökonomie des Marxismus ist dafür ein anschaulicher Beleg. Mit besonderer Liebe verfolgt die Dogmengeschichte freilich jene Strömungen, die – wie die klassisch-neoklassischen – das ökonomische Denken dauerhaft zu prägen vermögen. Doch auch die Sektierer und Außenseiter dürfen nicht übersehen werden. Obwohl ihr Wirken meist Episode bleibt, ist ihr wissenschaftlicher Einfluß manchmal nachhaltig, wie das Beispiel der Physiokraten bezeugt. Zudem weiß der Historiograph, daß es im Fach eh und je sowohl Forschungsansätze gegeben hat, die sich auf einen ‚rein' ökonomischen Erklärungsraum beschränken (z. B. die Grenznutzenlehren oder die Allgemeine Gleichgewichtstheorie), als auch solche, die das Wirtschaftliche derart mit dem Gesellschaftlichen, Politischen, Rechtlichen, Psychologischen usw. verquickt sehen, daß sie einen möglichst breiten Erklärungsrahmen für notwendig erachten. Hierzu gehören vor allem jene Richtungen in der Volkswirtschaftslehre, die **Historische Schulen** genannt werden. Ihr weiter – wie ihre Kritiker meinen: zu weiter – Horizont ist ihnen durch eine Weltanschauung vorgezeichnet, die in der europäischen Geistesgeschichte tief und fachübergreifend verwurzelt ist – den **Historismus.**

1. Historismus

Der Begriff selbst kommt erst Ende des 19. Jahrhunderts auf (vgl. *Rothacker*). Sein Inhalt war und ist schillernd. Während er anfangs nur abwertend als Inbegriff des Überholten, Gegenwartsfeindlichen, Mittelbaren oder Unpraktischen gedeutet wird (besonders von *Friedrich Nietzsche,* 1844–1900), bekommt er später verschiedentlich einen positiven Klang, so bei dem Theologen und Philosophen *Ernst Troeltsch* (1865–1923) als Synonym für die Moderne, die all unser Denken „historisiert" habe, oder bei dem Historiker *Friedrich Meinecke* (1862–1954), der damit „eine der großen Revolutionen, die das abendländische Denken erlebte", benannt sehen will. In neuerer Zeit ist seine normative Tönung – jedenfalls in der Wirtschaftswissenschaft – zusehends verblaßt.

Nach *Schnädelbach* (S. 51 f.) sind mit dem Terminus drei sich mehr oder weniger überlappende Inhalte zu verknüpfen: **Historismus** im Sinne

(1) eines geisteswissenschaftlichen **Positivismus,** der durch „wertfreie Stoff- und Faktenhuberei" objektive Erkenntnis zu erlangen glaubt;
(2) eines historischen **Relativismus,** der „mit dem Hinweis auf das historische Bedingtsein und die Variabilität aller kulturellen Phänomene absolute Geltungsansprüche ... zurückweist";
(3) einer **Sozial- und Kulturwissenschaft,** „die sich dem Naturalismus entgegenstellt", weil „alle kulturellen Phänomene als historisch zu sehen, zu verstehen und zu erklären seien".

In dieser dreifachen Bedeutung bildet der Historismus einen immergrünen Zweig europäischer Geistesgeschichte, der sich bis in das frühe 18. Jahrhundert zurückverfolgen läßt (vgl. das **Schaubild,** das die hier wichtigsten Zusammenhänge schematisiert). Der neapolitanische Geschichtsphilosoph und Rechtsgelehrte *Giovanni Battista (Giambattista) Vico* (1668–1744) ist offenbar der erste, der den damals vorherrschenden cartesianischen Rationalismus als universales, an Mathematik und Physik orientiertes Wissenschaftsideal entschieden ablehnt und eine „Scienza Nuova" (1725) mit gänzlich anderen Fragestellungen und eigenständigen Methoden entwickelt. Diese **neue (Gesellschafts-)Wissenschaft** verfolgt das Ziel, rückblickend (historisch), komparativ und umfassend alle **Institutionen** in ihren Wechselwirkungen zu untersuchen, welche die Menschen im Laufe der Zeit hervorgebracht haben (Sprache, Dichtung, Mythen, Recht usw.). Das gesammelte Material soll schließlich dazu dienen, (historische) **Entwicklungsgesetze** abzuleiten. *Vico* kommt zu dem Schluß, daß es drei Epochen der Menschheitsgeschichte gebe, die

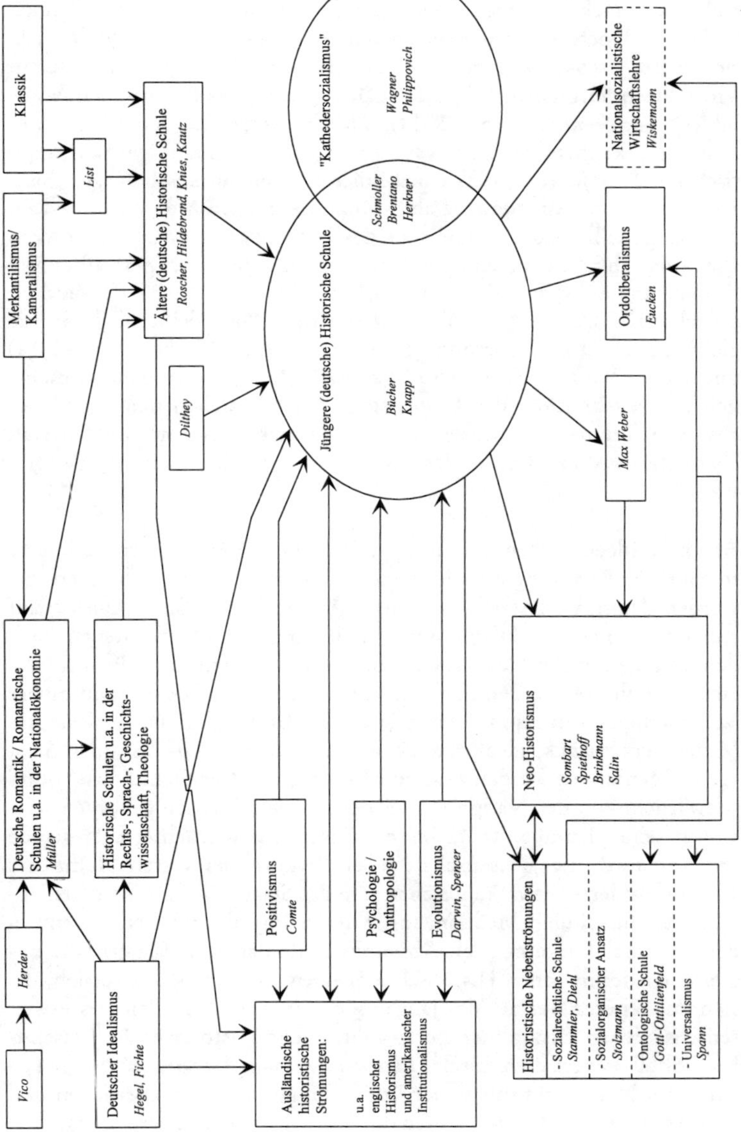

Historismus und Nationalökonomie

zyklisch wiederkehrten und deren **Fortschritt** sich in jeweils eigenen weltanschaulichen, sprachlichen, rechtlichen und ästhetischen Bahnen vollziehe. Doch erst mit dem sprach- und geschichtsphilosophischen Frühwerk *Johann Gottfried Herders* (1744–1803), der unter anderem *Vicos* Ideen aufgreift, gelingt der „Durchbruch des historischen Weltbildes" (*Eisermann,* 1956, S. 14). *Herder* versucht, den „Geist der Zeit" zu erkennen, der jede Nation und jede Epoche präge. Sein **empirischer Relativismus** ist stets **ganzheitlich** und **organismisch** ausgerichtet. So gilt ihm etwa die Sprache als Abbild des ganzen Menschen, und im Menschen selbst sieht er mehr als das Einzelwesen, denn „der Zweck aller menschlichen Vereinigung" sei es, die „gegenseitig wohltätigste Einwirkung auf den anderen jedem Individuum zu verschaffen und zu erleichtern". Die zeitgenössische **idealistische Philosophie** blickt in die gleiche Richtung. Insbesondere *Johann Gottlieb Fichte* (1762–1814) und *Georg Wilhelm Friedrich Hegel* (1770–1831) tragen damit wesentlich zur Ausbreitung des Historismus bei. Sie stellen den Staat über das Individuum und begreifen ihn in seiner je historischen Gestalt ebenfalls als Manifestation des („zur Vernunft gekommenen") Zeitgeistes.

All diese Ideen fließen ein in die relativ kurzlebige, aber einflußreiche **romantische Bewegung** um die Wende vom 18. zum 19. Jahrhundert. Sie werden dadurch verstärkt und zugleich verzerrt im Sinne eines strikt anti-mechanistischen Historismus, der im ‚organisch Gewordenen' nach den ‚letzten Dingen' des Lebens sucht und den Menschen für unausrechenbar hält. Sie werden überdies verdunkelt durch Mystik und innere Versenkung. Weltfremd sehnen sich die Romantiker in die Zeit des Mittelalters zurück, idealisieren – wie der Dichter *Novalis* – den Staat („Um Mensch zu werden und zu bleiben, bedarf er eines Staats") und schwärmen von der Nation, in der der einzelne Mensch geborgen sei – wie in seiner Familie. Trotz ihrer Träumereien befruchtet aber gerade die Romantik die Wissenschaft jener Zeit. In der ersten Hälfte des 19. Jahrhunderts entwickeln sich u. a. in der Staatslehre, Rechtsgeschichte, Sprachforschung, Medizin, sogar in der Physik und nicht zuletzt in der Nationalökonomie (vgl. Abschnitt 2) **Romantische Schulen,** die zugleich wiederum jenen **Historischen Schulen** als Nährboden dienen, die sich im weiteren Verlauf des Jahrhunderts in praktisch allen geisteswissenschaftlichen Disziplinen herausbilden. Die Historische Rechtsschule – vor allem vertreten durch *Friedrich Karl von Savigny* (1779–1861) – lehnt das Naturrecht mit seiner Vorstellung von unveräußerlichen und universell gültigen Grundrechten des Menschen ab und vertritt stattdessen die Ansicht, daß der „unteilbare Volksgeist", der sich in Sprache,

Sitte usw. artikuliert, das jeweilige Recht der Nationen setzt. Auch in der Geschichtswissenschaft formiert sich der Historismus als Schule (*Leopold von Ranke,* 1795–1886; *Johann Gustav Droysen,* 1808–1884). Mit dem Zerfall des Hegelianismus in einzelne Fraktionen nach *Hegels* Tod wird dessen Anspruch obsolet, ein philosophisches System aus einem Guß zu bieten, das ‚alles' zu erklären vermag. Die Geschichtswissenschaft bietet sich an, diese Rolle zu übernehmen. Dabei ist ihr Selbstverständnis insoweit bescheidener, als sie „bloß sagen (will), wie es eigentlich gewesen" ist *(Ranke),* ohne jedoch die Idee von der normativen Kraft der Geschichte aufzugeben. Erst viel später löst sich die empirische Geschichtsschreibung von dieser idealistischen Vorstellung. Dem gehen Ende des letzten Jahrhunderts scharfe Angriffe auf die Historischen Schulen der Jurisprudenz, der evangelischen Theologie und der Nationalökonomie (vgl. Abschnitt 4, Ziffer 9 a) voraus. Deren Kritiker tadeln vor allem das Dominanzgebaren und die „wertrelativierende und handlungshemmende Wirkung des Historismus" (*Wittkau,* S. 15 u. 2. Teil). Er sei „lebensfeindlich" oder sogar „lebensbedrohend", weil er „keinerlei Platz übrig hat für absolute, überall gleiche rationale Wahrheiten und Ideale", wie es bei *Troeltsch* heißt: Er „erdrückt den Menschen durch die Erinnerungen des tausendfach Gewesenen und nimmt ihm Mut und Kraft zu eigenen Hervorbringungen" (zit. nach *Wittkau,* S. 148 f.).

In Anbetracht dieser Vorwürfe mußte das konstruktive Ziel jener Debatten darin bestehen, den Historismus aus dem Dilemma des **Wertrelativismus,** so gut es geht, zu befreien (vgl. *Wittkau,* Kap. V u. VIII). Eine der wichtigsten Lösungen dazu stammt von dem Philosophen *Wilhelm Dilthey* (1831–1911). Er hält daran fest, daß wissenschaftliche Geschichtsschreibung nur empirisch betrieben werden kann. Dennoch unterscheide sich das Verfahren der Erkenntnisgewinnung in den **Kultur- und Geisteswissenschaften** grundsätzlich von dem der **Naturwissenschaften.** Während alle Naturerscheinungen kausalgesetzlich zu erklären sind, müßten „alle Phänomene der geistigen Welt" mit der Methode des „Verstehens" entschlüsselt werden. Dieses hermeneutische Erkenntnisverfahren helfe dem Menschen überdies, das Leben selbst zu verstehen. So gelinge es ihm, sich der unaufhebbaren, historisch bedingten Wandelbarkeit aller Werte doch noch zu entziehen, indem er ein für ihn verbindliches Wertesystem aufbaut, das ihn motiviert, praktisch zu handeln. Noch bedeutsamer als *Diltheys* lebensphilosophischer Ansatz zur Überwindung des Wertrelativismus ist der Ausweg, den der Soziologe und Ökonom *Max Weber* (1864–1920) Anfang des 20. Jahrhunderts weist. Er trennt scharf zwischen positiver (historischer) Tatsachenerkenntnis und normativer Werterkenntnis. Letztere sei im Unterschied zu ersterer niemals wissenschaftlich begründbar und könne damit auch nicht wissenschaftlich in Frage gestellt werden (vgl. auch Abschnitt 4, Ziffer 9b). Dennoch bedarf die menschliche Gesellschaft beider Erkenntnisbereiche, jeder für sich erfüllt eine wichtige Funktion – die Natur- und Kulturwissenschaften vermitteln uns, was war bzw. was ist; Werturteile sagen uns, was sein soll und wie wir zu handeln haben. *Webers* Methodologie ebnet gleichsam den Übergang „vom Historismus zur historischen Sozialwissenschaft" *(Rossi).*

Der Historismus hat ohne Zweifel seine größte Blüte in Deutschland erlebt. Ihn deshalb als eine der „deutschesten Leistungen des deutschen Geistes" zu apostrophieren *(Meinecke),* ist jedoch irreführend. Andere europäische Länder – insbesondere England – haben ähnliche historistische Traditionen (vgl. dazu u.a. *Faucci, Kadish, Koot),* und in den USA gab und gibt es vergleichbare Strömungen, u.a. den Institutionalismus (vgl. dazu z.B. *Dorfman, Gruchy, Stadler).* Beides kann in diesem Beitrag nicht näher erörtert werden. Die folgenden Abschnitte sind somit den deutschen Historischen (Haupt-)Schulen in der Volkswirtschaftslehre einschließlich einiger ihrer Vorläufer (**Abschnitt 2**) gewidmet. Im **Abschnitt 3** kommt die ältere, im **Abschnitt 4** die jüngere Historische Schule zur Sprache. Die **Abschnitte 5** und **6** gehen auf Ansätze ein, die in neuerer und neuester Zeit das historische Erbe angetreten haben und auf die eine oder andere Weise pflegen.

Der rote Faden, der – trotz mancher Bruchstellen im einzelnen – all diese historistischen Richtungen (vgl. die entsprechenden Kästchen in dem Schaubild) verbindet, läßt sich vielleicht an zwei Eckpfeilern festmachen:

(1) Die Richtungen gleichen sich im **Denkstil.** Sie bevorzugen ganz bestimmte Forschungsziele, Sichtweisen und Methoden und lehnen dementsprechend andere mehr oder weniger strikt ab. Ihr Denkstil ist mit folgenden Schlagworten zu umreißen: Er ist
   - **relativistisch,** weil die ökonomische Realität im raum-zeitlichen (geschichtlichen) Zusammenhang betrachtet wird;
   - **modellfeindlich,** weil weder mit der rationalistischen Kunstfigur des *homo oeconomicus* noch mit reduktionistischen *„strong cases"* im Stile *Ricardos* gearbeitet wird;
   - **holistisch,** weil sich das Erkenntnisinteresse auf Institutionen wie Gesellschaft, Gemeinschaft, Staat, Volk, Nation, Volkswirtschaft richtet, die nicht als bloße Summe ihrer Teile, sondern als selbständige und übergeordnete Ganzheiten empfunden werden;
   - überwiegend **organismisch** und damit **anti-mechanistisch,** weil öko-

nomische Erscheinungen eher in Analogie zu biologischen Lebensvorgängen gedeutet werden, so daß eine an den exakten Naturwissenschaften orientierte Kausalanalyse häufig von **teleologischen** Betrachtungen überlagert wird;

- **evolutorisch,** weil vorrangig die Entwicklung (Dynamik), speziell der Fortschritt, von Gesellschaft und Wirtschaft untersucht wird;
- **ethisch-normativ,** weil die gesellschaftlichen und wirtschaftlichen Entwicklungen nicht nur beschrieben, sondern auch bewertet werden, um wünschenswerte Wege aufweisen zu können;
- **empiristisch** geprägt, weil die induktive (wirtschaftshistorische, wirtschaftsstatistische) Forschung der deduktiven Theoriebildung vorausgehen soll;
- **sozial-/kultur-/geisteswissenschaftlich** ausgerichtet, weil zum einen die Wirtschaftswissenschaft diesem und nicht dem naturwissenschaftlich-technischen Fachbereich zugeordnet wird und zum anderen der Wissensschatz aller mit den Menschen und ihrem Zusammenleben befaßten Disziplinen in den ökonomischen Erkenntnisprozeß einbezogen werden darf.

(2) Die historistischen Gruppierungen bilden auch insoweit eine wissenschaftliche Gemeinschaft, als sie in **Opposition** zu anderen Gemeinschaften stehen, namentlich zu den (spät-)klassischen Schulen (vgl. den Beitrag von *Schefold* und *Carstensen* in diesem Band), zur Neoklassik einschließlich der Grenznutzenschulen (vgl. ebd. die Beiträge von *Neumann* und *Schumann*) sowie zu bestimmten (insbes. marxistisch orientierten) sozialistischen Schulen (vgl. ebd. *Dobias*). Solche Rivalität schließt freilich nicht aus, daß es – personell wie sachlich – stets Querverbindungen zwischen all diesen Lagern gegeben hat und geben wird.

2. Vorläufer

(a) Im weitesten Sinne gehören schon der **Merkantilismus** und seine deutsch-österreichische Spielart, der **Kameralismus** (vgl. den Beitrag von *Schmidt* in diesem Band), zu den Wegbereitern der historistischen Nationalökonomie. Beide sehen nämlich die Wohlfahrt der Gesellschaft dadurch am besten gesichert und befördert, daß der **Staat** reich an wirtschaftlichen Ressourcen sowie stark nach innen und außen ist.

(b) Zu den unmittelbaren Vorläufern müssen auch zwei Exponenten des deutschen **Idealismus** (vgl. Abschnitt 1) gezählt werden. So ist der Philosoph *Hegel* „als Ökonom" zu interpretieren (vgl. *Priddat*), der dem klassischen Harmoniedogma, wonach allein der Wettbewerb in einer Marktökonomie die gegensätzlichen Einzelinteressen zum Wohle aller versöhnt, mißtraut. Er denkt in diesem Punkt aristotelisch und kameralistisch zugleich – er ruft nach dem Staat, der für ausgleichende Gerechtigkeit zu sorgen habe: Dem „schlecht Unendlichen" der „Begierden" auf der Seite der Reichen stünden „auf der anderen Seite die Entbehrung und Not" als ein ebenso „Maßloses" gegenüber. Aus der „Verworrenheit dieses Zustandes zu einer Harmonie" zu finden, könne „nur durch den ihn gewältigenden Staat kommen" (zit. nach *Priddat*, S. 312).

Eine solch anti-individualistische Haltung findet sich bereits in der Philosophie *Fichtes*. Das Menschsein sei gebunden an die Volksgemeinschaft, der der einzelne angehört. In seiner Schrift „Der geschlossene Handelsstaat" (1800) überträgt *Fichte* diese Idee auf die Ökonomie. Wie der Untertitel besagt, geht es ihm dabei um die „Probe einer künftig zu liefernden Politik" in einem „Vernunftstaat". Dieser ist konzipiert als „ein selbständiges Ganzes", das ständisch aufgebaut, gemeinwirtschaftlich organisiert und autark gegenüber anderen Nationen sein soll. Der Staat muß dementsprechend mit vielen Rechten und Pflichten ausgestattet werden. So darf er Preise festsetzen und verfügt über das Monopol sowohl im Außenhandel als auch bei der Ausgabe von Zeichengeld, das an die Stelle des damals üblichen Edelmetallgeldes treten soll. Er ist verpflichtet, für eine gerechte Güterverteilung zu sorgen und nötigenfalls einen Einkommensausgleich zwischen den Staatsangehörigen herbeizuführen, damit keine Armut besteht. Dem „Recht (der Bürger) auf freie Thätigkeit" und dem daraus resultierenden Recht auf den Erwerb privaten Eigentums steht u.a. die Pflicht gegenüber, es rücksichtsvoll zu gebrauchen. Erst wenn es gelingt, die Wirtschaftsverfassung des „wirklichen Staates" der Utopie des „Vernunftstaates" anzunähern, ist nach *Fichte* „ein Wohlstand der Nation" und „nicht (nur der) einiger Individuen" erreichbar.

(c) Die **romantische Nationalökonomie** ist untrennbar mit dem Namen des konservativen Schriftstellers *Adam Heinrich Müller* (1779–1829) verbunden, einem gebürtigen Berliner, der in seiner zweiten Lebenshälfte im katholischen Österreich dem Kanzler *Metternich* als Diplomat und Hofbeamter dient. In seinen Vorlesungen über „Die Elemente der Staatskunst" (1809/10) trägt *Müller* eine Wirtschaftslehre vor, in der sich die dunklen wie die hellen Seiten der deutschen Romantik widerspiegeln. Wie Gesellschaft, Staat und Wirtschaft funktionieren, kann seines Erachtens gar „nicht erkannt, sondern nur erlebt werden"! Abstrakte

Formeln, starre Mechanismen und präzise Definitionen im Stile der physiokratischen oder klassischen Lehre taugen dann natürlich überhaupt nichts. Ebenso scharf verurteilt *Müller* das materialistische „Krämerdenken" der Klassiker, das die Wirtschaft auf eine „große Geldmaschine" reduziere und somit gerade jenen „höheren Teil des Menschen mit Füßen tritt", der die „organische Ganzheit" von Staat und Wirtschaft mit forme. Infolgedessen wendet er sich unter anderem gegen eine rein quantitative Messung der volkswirtschaftlichen Wohlfahrt und gegen jede Arbeitswertlehre, die nur körperliche Arbeit für produktiv hält und sich damit begnügt, mengenmäßige Tauschrelationen zu bestimmen. *Müller* vermißt in all dem das „Wesentliche", nämlich die **qualitative** Dimension des Ökonomischen. Gegenstand des Faches müsse das „Gesamtbedürfnis der menschlichen Natur" und die seiner Befriedigung dienenden „gesellschaftlichen Werte" sein, da der Mensch „nichts einzelnes tun kann, ohne zugleich das Ganze zu affizieren". Von dieser Vorstellung ist auch sein „Versuch einer neuen Theorie des Geldes" (1816) erfüllt, die – in merkantilistisch-kameralistischer Manier – Geld als „Blut des Wirtschaftsorganismus" deutet und – andererseits recht modern – das Edelmetallgeld durch ein staatlich reguliertes Papiergeld ersetzt sehen will.

Müller kleidet seine zentralen Gedanken in bunte Wortgewänder, doch am Ende bleibt wenig Greifbares. Von daher ist es verständlich, wenn seine holistische Wirtschaftslehre als „metaphysischer Irrationalismus" (*Winkel,* 1977, S. 51) abgetan wird. Gleichwohl wird sie immer wieder aufgetischt. Einzelne Historische Schulen haben bestimmte Elemente absorbiert; der Universalismus *Othmar Spanns* und seiner Jünger (vgl. Abschnitt 4) hat an ihr im ganzen in Treue festgehalten; und neuerdings erinnert man sich der romantischen Nationalökonomie primär unter ökologischem Vorzeichen (vgl. *Vandewalle).* Der Reiz besteht offenbar darin, sich ihrer kritischen oder polemischen Formulierungen zu versichern, die sich gegen eine kapitalistische bzw. industrielle Produktionsweise richten, welche heute Ressourcen vergeudet oder zerstört, die nachfolgenden Generationen morgen fehlen dürften. Derartige Berufungen bleiben jedoch mit dem Makel behaftet, daß *Müllers* Bild von der Wirtschaft ein fester Bestandteil seiner reaktionären Ideologie ist, den autoritär-klerikalen Ständestaat nach mittelalterlichem Vorbild für alle Zeit zu rechtfertigen und demokratischen Staatsformen vorzuziehen. So ist und bleibt er ein Gespenst von vorgestern.

(d) Keiner wirtschaftswissenschaftlichen Richtung in der ersten Hälfte des 19. Jahrhunderts direkt zurechenbar ist der Schwabe *Friedrich List* (1789–1846). Bei der Nennung seines Namens bekämen die Deutschen ein schlechtes Gewissen, bemerkt rückblickend *Theodor Heuss* und spielt damit auf den tragischen Lebensweg seines Landsmannes an, der schließlich mit dem Freitod endet. *List* wird wegen seiner liberal-demokratischen Ansichten verfolgt, inhaftiert und außer Landes getrieben. Viele Jahre muß er als Emigrant in den Vereinigten Staaten leben. Er wird verunglimpft, weil er leidenschaftlich für die politische und wirtschaftliche Einheit seines in viele Staaten zersplitterten Vaterlandes kämpft – und Entscheidendes bewirkt (vgl. u.a. *Besters; Eisermann,* 1990; *Häuser,* 1989). So treibt er den Eisenbahnbau voran und hat wesentlichen Anteil an der Schaffung des „Deutschen Zollvereins" (1834), durch den viele Handelsschranken innerhalb Deutschlands abgebaut werden.

Sein wissenschaftliches Hauptwerk, „Das nationale System der politischen Oekonomie" (1841), erscheint uns zwiespältig, weil es zugleich klassische und anti-klassische (namentlich romantische) Züge aufweist. *List* stellt die Gemeinschaft über das Individuum, aber letztlich nur insoweit, als sie das Glück des einzelnen befördert. Heftig attackiert er den „kosmopolitischen" Erklärungsanspruch der englischen Klassik sowie ihr verengtes Produktivitätskonzept. Es rücke die manuelle Arbeit zu sehr in den Vordergrund und beachte bloß die Effekte der Arbeitsteilung, nicht aber die mindestens ebenso wichtigen Wirkungen der Arbeitsvereinigung, z.B. der industriellen Verflechtungen. Des weiteren bestünde der wahre Reichtum der Nation nicht darin, einen möglichst großen Berg an Gütern anzuhäufen, denn: „Die produktive Kraft, Reichtümer zu schaffen, ist unendlich viel wertvoller als der Reichtum selbst." Deshalb stellt *List* eine umfassende **Theorie der „produktiven Kräfte"** (vgl. u.a. *Schmidt*) in den Mittelpunkt seines „organisch-nationalen Systems der politischen Ökonomie" (so der ursprünglich geplante Titel seines Buches). Zu diesem Produktionspotential zählt er neben der Arbeitskraft den menschlichen Geist, die gesellschaftliche Ordnung, alle Naturkräfte, Wissenschaft und Kunst, Moralität und Intelligenz des Menschen sowie den Grad der Freiheit in einem Land und anderes mehr. Es gelte, diese Produktivkräfte zu entwickeln. Anders jedoch als *Adam Müller* denkt „List als deutscher Industrialisierungsideologe" *(Hardach)* dabei an die „industrielle Erziehung der Nation", also an die staatliche Förderung des technischen Fortschrittes. Man kann seine Entwicklungslehre überdies als eine **allgemeine Allokationstheorie** verstehen, die der klassischen wie der späteren historischen Schulökonomie überlegen ist (so *Scherf*). Denn sie ist dynamisch, berücksichtigt nicht nur den quantitativen Faktoreinsatz, beachtet die Synergieeffekte der wirtschaftlichen Entwicklung und behandelt die Allokationsentscheidungen der Privaten und des Staates *uno actu.*

Andererseits legt *List* eine weitere Spur, die auf geradem Wege zur Historischen Schule führt: Er teilt den historischen Entwicklungsprozeß, den jede Volkswirtschaft durchlaufen kann, in fünf **Wirtschaftsstufen** ein. Nicht jedes Land steht auf der gleichen Entwicklungsstufe. Deshalb nütze eine „**Welt**ökonomie", wie sie die klassische Lehre anstrebe, gar nichts. Vielmehr brauche man eine **National**ökonomie, die beschreibt und erklärt, wie die betreffende Nation unter den (auch international) gegebenen Bedingungen wirtschaften muß. Als Kind seiner Zeit glaubt *List* an die Segnungen des (wirtschaftlichen) Fortschritts. Jede Nation muß daher alles daran setzen, die höchste Wirtschaftsstufe zu erklimmen. Solange sie noch auf einer niedrigeren Stufe steht, darf sie sich durch Zölle vor ausländischer Konkurrenz schützen, allerdings mit der Maßgabe, die damit gewonnene Verschnaufpause zur Verbesserung der eigenen Wettbewerbsfähigkeit zu nutzen (**Prinzip des Erziehungszolls**). Haben alle Nationen den gleichen (hohen) Entwicklungsstand erreicht, kann eine „Weltföderation der Staaten" gebildet werden, zwischen denen dann grundsätzlich Freihandel herrschen soll.

(e) Auch bei jenen deutschen Volkswirten, die sich nach dem Erscheinen von *Smith's* „Wealth of Nations" (1776) früher oder später für die neue wirtschaftsliberale Linie erwärmen, bleibt oft – wohl aufgrund ihrer kameralistischen Vorprägung – ein Rest etatistischen oder normativ-ethischen Denkens erhalten (vgl. *Winkel*, 1977, S. 7ff.), das sie in einem weiteren Sinne ebenfalls zu Vordenkern der deutschen Historischen Schule stempelt. Dies gilt beispielsweise für *Julius Graf von Soden* (1754–1831) oder *Heinrich von Storch* (1766–1835). So versucht *Storch* mit seiner „Konzeption der ‚geselligen Bildung' ... oder der ‚inneren Güter' (das sind Gesundheit, Geschicklichkeit, Schöngefühl, Sittlichkeit, Glaube, Sicherheit und Muße) ... die Überbetonung der materiellen Güterproduktion in der klassischen Lehre zu überwinden ..." (*Schumann*, S. 34f.; *Rentrup*). Und *von Soden* wie andere sogenannte **deutsche Klassiker** schelten die englischen Klassiker (später *Say* inbegriffen) dafür, daß sie leichtfertig ökonomische Lehrsätze verallgemeinern, Modelle bauen, die Politische Ökonomie ihrer moralischen Prinzipien berauben und Konkurrenz, Freihandel oder den Eigennutz überbewerten würden.

Im Vorfeld sind also – grob sortiert – sowohl **merkantilistisch-kameralistische** und **idealistisch-romantische** (vgl. auch *Harada*) als auch **kritisch-klassische Quellen** auszumachen, aus denen die eigentliche historistische Nationalökonomie in Deutschland einige ihrer Ideen bezogen hat. Hinsichtlich der Dosierung und Mischung dieser Einflüsse bestehen jedoch Unterschiede zwischen der **älteren** und der **jüngeren Historischen Schule.**

3. Ältere Historische Schule

Es ist üblich, als Repräsentanten dieser Gruppierung, die keine Schule im engeren Sinne darstellt, drei deutsche Universitätsgelehrte zu nennen, die hauptsächlich um die Mitte des 19. Jahrhunderts Einfluß haben: *Bruno Hildebrand* (1812–1878), *Wilhelm Roscher* (1817–1894) und *Karl Knies* (1821–1898). Ein weiterer Zeitgenosse ist hinzuzufügen: der österreichisch-ungarische Professor und spätere (National-)Bankgouverneur *Julius Kautz* (1829–1909). Alle vier sind zugleich Anhänger und Kritiker der klassischen Ökonomie. Sie wollen die neue (englische) Lehre mit der deutschen wirtschaftswissenschaftlichen Tradition mehr oder weniger verbinden. *Roscher,* die unangefochtene Leitfigur der Schule, findet dafür eine glatte Formel: „Jede National-Oekonomie hat zwei Hauptseiten, die harmonisch entwickelt werden müssen: eine ethisch-politische und eine materiell-oekonomische." Ob sich die diesbezüglichen Bemühungen darin erschöpft haben, „sozusagen eine historische Sauce über einem klassischen Gericht" (*Wilbrandt,* 1924, S. 97) auszugießen, ist zu bezweifeln. Ohne Frage hat die Schule insoweit „Ansichten der Volkswirthschaft aus dem **geschichtlichen Standpunkte**" (*Roscher,* 1861) verbreitet, als sie u. a. Vorbehalte gegenüber einem einseitig hedonistischen Menschenbild hegt, weniger – wenn überhaupt – nach allgemeinen Wirtschaftsgesetzen sucht, sich allemal mit „relativen Wahrheiten" begnügt, gern mit historischen Beispielen hantiert sowie die geschichtliche Stufenfolge der wirtschaftlichen Entwicklung aufdecken und bestimmte klassische Lehrsätze widerlegen will. Letzteres gilt – mit gewissen Abstrichen – namentlich gegenüber dem *Say*'schen Theorem und der objektivistischen Wertlehre (*Streissler,* 1990 und 1994): So vertreten *Roscher* und *Hildebrand* bereits teilweise die subjektivistische Wertlehre, sie nehmen insofern die (österreichische) Grenznutzentheorie in der Substanz vorweg.

Roschers „Grundriß zu Vorlesungen über die Staatswirthschaft, Nach geschichtlicher Methode" (1843) ist gewissermaßen die Programmschrift der älteren Historischen Schule. Auf dieser Grundlage errichtet *Roscher* dann im Laufe von Jahrzehnten sein fünfteiliges „System der Volkswirthschaft" (1854–94), das als „Ein Hand- und Lesebuch für Geschäftsmänner und Studierende" im deutschsprachigen Raum bis zur Jahrhundertwende maßgeblich bleibt. Sogar jenseits des Atlantiks schätzt man sein Werk. Es wird an einigen Hochschulen als Studienliteratur eingeführt und beeinflußt den Weg, den die damals noch junge amerikanische Wirtschaftswissenschaft zunächst einschlägt (vgl. *Groenewegen; Balabkins,* Chap. VI). *Roschers* Definition seiner Wissenschaft als „Lehre von den Entwicklungsgesetzen der Volkswirtschaft, des wirtschaftlichen Volkslebens" verweist auf die romantischen und evolutionistischen Grundzüge seines Denkens. Der Gesetzesbegriff, den *Roscher* hier bemüht, zielt nicht auf dauerhaft Gültiges, denn anders als in der unveränderlich erscheinenden Natur seien die (ökonomischen) Motive des Menschen in Raum und Zeit verschieden. Die Aufgabe müsse daher lauten, die **Stufen der wirtschaftlichen Entwicklung** freizulegen und ihre Abfolge historisch zu erklären. Diese Betrachtungsweise ist – dem Zuge der Zeit folgend – mit einer nationalistisch-imperialistischen Einstellung gepaart, die eine offensive Kolonialpolitik befürwortet, um der deutschen Volkswirtschaft einerseits Absatzmärkte und andererseits Rohstoffquellen zu erschließen und zu sichern.

Obwohl gerade *Roscher* zum einen sich sorgfältigster empirischer Detailforschung verschrieben hat und zum anderen der abstrakt-deduktiven Methodik *Ricardos* sowie *Thünen,* der „unter den deutschen Volkswirthen der exacten Richtung sicher der Erste" sei, wohlgesonnen ist, bleibt er dabei, daß wirtschaftliche „Entwicklungsgesetze" etwas mit dem Erreichen „höherer Kulturstufen" zu tun haben müssen. Insoweit weicht auch *Roscher* nicht vom Hauptziel der älteren Historischen Schule ab, nämlich – wie es bei *Kautz* heißt – „Die National-Oekonomik als Wissenschaft" (1858) „im Kreise der **moralisch-socialen Disciplinen**" ansiedeln zu wollen und dabei „das historische, das ethische und das politische Moment gleichmäßig" zu berücksichtigen.

Dieser Parole folgen im großen und ganzen ebenso *Hildebrand* wie *Knies.* Der gelernte Historiker *Hildebrand* ist kein Stubengelehrter wie *Roscher,* sondern sowohl vor als auch nach der bürgerlichen Revolution von 1848 zugleich Professor und Politiker. So versteht sich der auffällig ethische Unterton seiner historistischen Wirtschaftslehre fast von selbst. Die „Nationalökonomie der Gegenwart und Zukunft" (1848) dürfe nicht dem klassischen Vorbild nacheifern, „eine Art Welt- und Menschheitsökonomie zu schaffen". Sie habe hingegen „den speciellen Tatsachen einzelner Völker und Entwicklungsmomente" Rechnung zu tragen. Wiederum mündet dieser Ansatz in eine **Wirtschaftsstufenlehre** ein, die diesmal den Entwicklungsgang von der Naturaltausch- über die Geld- zur Kreditwirtschaft beschreibt. *Hildebrands* Analyse hat zudem eine anti-sozialistische Stoßrichtung. Sein Buch ist in wesentlichen Teilen ein Reflex auf die drei Jahre zuvor erschienene sozialkritische Studie von *Friedrich Engels* über „Die Lage der arbeitenden Klasse in England". *Hildebrand* akzeptiert natürlich nicht den klassenkämpferischen Schluß, den *Engels* aus seinem erschütternden Bericht zieht. Vielmehr seien der Staat und seine wohlhabenden Bürger aufgerufen, durch Sozialreformen bzw. „Gemeinsinn" die Armut der unteren Bevölkerungsschichten zu beheben.

Ferner ist bemerkenswert, wie sehr sich *Hildebrand* darum bemüht, die historische Forschungsmethode zu verbessern. Eines der wichtigsten Werkzeuge ist seiner Ansicht nach die **Statistik.** Und er verkündet dies nicht nur, sondern tut auch etwas dafür, indem er in der Schweiz und in Thüringen erste Institutionen für die Erhebung statistischer Daten ins Leben ruft. Sein Schüler und liberaldemokratischer Weggefährte *Knies* versucht sogar, „Die Statistik als selbständige Wissenschaft" (1850) zu begründen. Darüber hinaus faßt er „Die politische Oekonomie vom geschichtlichen Standpuncte" (1883) aus zusammen und erzeugt damit einen relativ geschlossenen Eindruck von der Lehrmeinung der älteren Historischen Schule.

Eine jedenfalls bleibende Leistung hat diese Schule dadurch erbracht, daß sie sich erstmals in Deutschland systematisch mit der Vergangenheit des eigenen Faches beschäftigt. So verdanken wir ihr zwei monumentale Werke zur **Dogmengeschichte,** die Maßstäbe gesetzt haben und unentbehrlich geworden sind: „Die geschichtliche Entwickelung der National-Oekonomik und ihrer Literatur" (1860) von *Julius Kautz* und die „Geschichte der National-Oekonomik in Deutschland" (1874) von *Wilhelm Roscher.* Auch *Hildebrands* „Nationalökonomie der Gegenwart und Zukunft" (1848), von der nur der erste Band erschienen ist, darf man hinzufügen, weil sie überwiegend eine dogmengeschichtliche Darstellung bietet.

4. Jüngere Historische Schule

Im Gegensatz zur älteren Generation historistischer Nationalökonomen bildet die jüngere durchaus eine **Schule.** Sie besitzt die nötigen Attribute: grundlegendes Lehrbuch, gemeinsames Arbeitsprogramm und organisierte Forschung, eigene Zeitschriften und Schriftenreihen, eine wissenschaftliche Vereinigung, viele Schüler, eine gezielte Förderung des wissenschaftlichen Nachwuchses aus den eigenen Reihen und nicht zuletzt einen Schulleiter, der die Zügel fest in der Hand hält und respektiert wird. Die Rede ist von *Gustav von Schmoller* (1838–1917), der in dieser Rolle nach 1870 zum führenden Volkswirt in Deutschland aufsteigt (vgl. zu Leben und Werk u.a. *Winkel,* 1989; *Kaufhold*). Ob mit seinem Tod auch das Ende der jüngeren Historischen Schule nahte, ist und bleibt umstritten (vgl. *Wilbrandt,* 1926; *Häuser,* 1994).

Schmoller, in Heilbronn geboren, studiert in Tübingen, wo er mit einer preisgekrönten Dissertation „Zur Geschichte der national-ökonomischen Ansichten in Deutschland während der Reformations-Periode" (1860) promoviert. Seine akademische Laufbahn führt ihn zunächst auf Lehrstühle in Halle und in Straßburg, wo eine lebenslange Freundschaft und wissenschaftliche Verbundenheit mit seinem Kollegen *Georg Friedrich Knapp* (1842–1926) beginnt, dessen „Staatliche Theorie des Geldes" (1905) die geldtheoretische Diskussion in Deutschland lange dominiert hat. 1882 folgt *Schmoller* dem Ruf auf einen Lehrstuhl an die hoch angesehene Universität Berlin, den er bis zu seiner Emeritierung 1912/13 innehat. Er vertritt die Universität zudem im preußischen Herrenhaus und wird Mitglied des Staatsrates. Doch er ist nicht nur ein bedeutender Lehrer und eine prominente Persönlichkeit des öffentlichen Lebens, sondern auch ein ungemein schaffensreicher Schriftsteller, dem seine Wissenschaft über alles geht. Neben dem zweibändigen, für damalige Verhältnisse in hohen Auflagen verbreiteten Standardwerk „Grundriß der Allgemeinen Volkswirtschaftslehre" (1900 und 1904) schreibt er etliche Monographien zu speziellen Themen sowie zahlreiche Aufsätze und Rezensionen, die gesammelt als „Kleine Schriften zur Wirtschaftsgeschichte, Wirtschaftstheorie und Wirtschaftspolitik" (1985/89) allein sechs Bände mit insgesamt über 5000 Druckseiten füllen. Sein **wissenschaftliches Programm** bildet zugleich das Fundament der jüngeren Historischen oder – treffender – **Historisch-ethischen Schule.** Es soll – insoweit exemplarisch – in neun Schritten skizziert werden:

(1) An allererster Stelle steht natürlich der von der älteren Historischen Schule überlieferte **historische Ansatz** (vgl. Abschnitt 3). Bereits in seiner Dissertation vermittelt *Schmoller* eine klare Vorstellung davon, wes Geistes Kind die Nationalökonomie zu sein hat: Sie gehöre zu den Wissenschaften, „welche sich von den Bedingungen des Raumes, der Zeit und der Nationalität nicht trennen lassen, deren Begründung wir nicht allein, aber vorzugsweise in der Geschichte suchen müssen". Die bisherigen ökonomischen Schulen hätten – wie er später immer wieder betont – diesen Zugang übersehen oder vernachlässigt. Sie hätten sich entweder – wie die Romantik – „bloßer Spekulation" hingegeben oder sich – wie Klassiker und Sozialisten – auf „schablonenhafte Abstraktionen" beschränkt. Die „wechselnden Theorien" dieser Schulen müßten, wie er in seiner Rede bei Übernahme des Rektorats der Berliner Universität im Jahre 1897 bewußt provozierend sagt, endgültig durch „feststehende Wahrheiten" überwunden werden. Es bestünde „Hunger nach Tatsachen, nach Wirklichkeit", der nur durch „empirische Beobachtung und Forschung" zu stillen sei. Im Unterschied zur älteren wolle die jüngere

Historische Schule jedoch „weniger rasch generalisieren", sie empfinde „ein viel stärkeres Bedürfnis, von der polyhistorischen Datensammlung zur Spezialuntersuchung der einzelnen Epochen, Völker und Wirtschaftszustände überzugehen". Damit war die Tagesarbeit der Schule bestimmt. Über die Jahrzehnte entstehen unzählige, meist deskriptive Detailstudien zur Wirtschafts-, Sozial- und Rechtsgeschichte. In Anbetracht dieser Faktenhuberei ist der *Schmoller*-Schule immer wieder vorgeworfen worden, sie habe darüber völlig vergessen, ihr eigenes Theorieversprechen einzulösen.

(2) Die Sammlung und Aufbereitung von Fakten soll nach *Schmollers* Willen nicht blind erfolgen. Sie dürfe keinesfalls Selbstzweck sein, denn das „letzte Ziel aller Erkenntniss ist eben ein practisches". Letztlich seien es „die großen Fragen, welche in der Gegenwart die öffentliche Meinung, die Parlamente und die Regierung Deutschlands beschäftigen", die, „soweit es möglich ist, wissenschaftlich ... zu behandeln" sind. Insofern hat *Schmoller* eine Art von **praxisorientierter Politischer Ökonomie** auf historischer Grundlage im Sinn.

(3) Im Mittelpunkt dieser Politischen Ökonomie steht für *Schmoller* die **Volkswirtschaft,** aber nicht verstanden als „eine Abkürzung für eine gewisse Summe von Einzelwirtschaften", sondern als „ein reales Ganzes, d.h. eine verbundene Gesamtheit, in welcher die Teile in lebendiger Wechselwirkung stehen, und in welcher das Ganze als solches nachweisbare Wirkungen hat". Alle ökonomischen Größen, handele es sich nun um Einkommen, Preise, Geld, Kredit oder Angebot und Nachfrage, könnten nur in diesem Kontext verstanden werden. So wie der menschliche Körper ein ganzheitliches System darstelle, in dem alle Organe zweckgerichtet zusammenwirken, sei „die Volkswirtschaft ... das ... von dem einheitlichen Volksgeist und von den einheitlich materiellen Ursachen beherrschte System der wirtschaftlich-gesellschaftlichen Vorgänge und Veranstaltungen des Volkes". Diese „Veranstaltungen" oder **„Institutionen"** seien gleichsam „das Knochengerüst des volkswirtschaftlichen Körpers", während der Staat „das Zentrum und die Herzkammer aller Institutionen darstelle". *Schmoller* betrachtet die Volkswirtschaft in ihrer Wechselbeziehung nicht nur mit Natur, Technik und Gesellschaft, sondern auch mit der Kultur, insbesondere mit Sitte und Recht, die sich in entsprechenden Institutionen verwirklichen. Am „Zentralorgan" **Staat** interessiert ihn ganz besonders dessen Verwaltung bzw. Bürokratie, weil sie direkt in die sozialen und ökonomischen Prozesse eingreift. So wird auch verständlich, warum sich *Schmoller* über zwei Jahrzehnte sehr engagiert an dem Projekt der Preußischen Akademie der Wissenschaften – der er selbst angehört – beteiligt, die Akten der Staats- und

Wirtschaftsverwaltung Brandenburg-Preußens seit dem Krönungsjahr 1701 aufzuarbeiten und schließlich in mehr als dreißig Bänden zu veröffentlichen („Acta Borussica, Denkmäler der preußischen Staatsverwaltung im 18. Jahrhundert", 1892–1913, danach fortgesetzt).

(4) *Schmollers* **Institutionenökonomik** ist darüber hinaus eine **Entwicklungslehre** insoweit, als sie dem Institutionenwandel nachspürt. Der Wandlungsprozeß scheint gerichtet im Sinne eines technischen, wirtschaftlichen und sittlichen **Fortschritts** zu höheren Formen der Kultur, wobei für ihn die **„sittlichen Kräfte"** das ausschlaggebende Moment sind. Der Fortschritt, der sich im übrigen unstet, mit Brüchen – Krankheiten vergleichbar – vollziehe, drücke sich in „besseren" Institutionen aus, die wiederum die Menschen „bessern" würden, so daß am Ende dieser wechselseitigen Beeinflussung menschlicher Eigenschaften und gesellschaftlicher Institutionen ein Idealzustand erreicht werden könne. Bezogen auf den ökonomischen Lebensbereich erwartet *Schmoller* etwa, daß sich der rücksichtslose, allein seinem Egoismus folgende Wirtschaftsmensch allmählich zu einem Kulturmenschen mit entsprechendem Sozialverhalten läutert. *Schmollers* Zuversicht entspricht dem Fortschritts- und Kulturoptimismus des 19. Jahrhunderts, der sich ihm vor allem durch die Geschichtstheorie *Auguste Comtes* (1789–1857) und die biologisch-gesellschaftliche Evolutionslehre *Herbert Spencers* (1820–1903) vermittelt hat. Kurzum: *Schmoller* formt aus der Nationalökonomie eine **Kulturwissenschaft** (vgl. Abschnitt 1), die von einer „ethisch-biologischen Fortschrittsidee" (*Eucken*, 1940) beseelt ist.

(5) Als Abbild einer derart fortschrittlichen Entwicklung präsentiert *Schmoller* – wie fast alle historistischen Ökonomen vor und nach ihm – die Idee der **Wirtschaftsstufen** (*Schefold*, 1989, S. 89ff.). Sie gilt auch ihm als Kopfstück der Ökonomik, denn: „Es handelt sich hier um die letzten und schwierigsten Fragen unserer Wissenschaft." *Schmoller* hat diese Erfahrung selbst machen müssen. Denn die Stufenfolge, die er für die abendländische Staatenwelt angibt – agrarische Eigenwirtschaft, Stadtwirtschaft, Korporationswirtschaft, Territorialwirtschaft, Volkswirtschaft – wird von ihm mehr beschrieben als erklärt. Er meint, beobachtet zu haben, daß die politische Organisation der Völker der ausschlaggebende Faktor ist, weil in „allen Phasen der volkswirtschaftlichen Entwicklung" unterschiedliche „politische Organe" (Geschlechtsverband, Stamm, Dorf, Mark, Landschaft, Staat, Staatenbund) „eine führende und beherrschende Rolle auf dem Wirtschaftsgebiete" spielten. Bleibendere Verdienste hat sich im Hinblick auf die Wirtschaftsstufen-Lehre ein anderer herausragender Vertreter der jüngeren Historischen Schule erworben – *Karl Bücher* (1847–1930), der ein Vierteljahrhundert an der

Universität Leipzig wirkte (*Schefold,* 1988). Er begreift „Die Entstehung der Volkswirtschaft" (1893) als einen gestuften Prozeß, der von der geschlossenen Hauswirtschaft (einer tauschfreien Wirtschaft mit Eigenproduktion und Hausgewerbe) über die Stadtwirtschaft (mit direktem Tausch, Kundenproduktion und Handwerk) zur Volkswirtschaft (mit Markttausch, Warenproduktion und Fabriksystem) führt. Die bewegende Kraft dieser Entwicklung sei das Ausmaß der **Arbeitsteilung** bzw. **Arbeitsvereinigung,** deren Formen *Bücher* erstmals begrifflich sauber scheidet und klassifiziert.

(6) Da eine Nationalökonomie, wie sie *Schmoller* vorschwebt, „höchsten sittlichen Idealen verpflichtet ist", meint sie beurteilen zu können, ob Entwicklungen fort- oder rückschrittlich sind. Oberstes Kriterium ist nach *Schmoller* „Die Gerechtigkeit in der Volkswirtschaft" (1881), genauer, die **Verteilungsgerechtigkeit.** Nötigenfalls sei der Staat verpflichtet, durch Eingriffe in die Einkommens- und Vermögensverteilung für einen gerechten Ausgleich zu sorgen. Und er allein sei dazu berufen, denn nur er stünde als neutrale Instanz über den Klassen und deren partikularen Interessen. Sein Ziel müsse es sein, das soziale Elend zu beseitigen und die Klassenunterschiede einzuebnen, damit der Kultivierungsprozeß der menschlichen Gesellschaft nicht gebremst wird bzw. vorangetrieben werden kann.

(7) Doch *Schmoller* fordert nicht nur ein „soziales Königtum", er will seine Wissenschaft in den Dienst der staatlichen **Sozialreform** stellen, um die sog. **„soziale Frage"** (vgl. *Lucie Schmoller, Tönnies*) lösen zu helfen. Das soll nicht heißen, daß die Wissenschaftler „selbst handeln, sondern getrennt von der Bühne der Handelnden deren Thun mit ihren Betrachtungen begleiten, es messen an dem Maßstab der höchsten Ideale der Zeit". Dieses **normative** und zugleich **aktivistische** Verständnis von wissenschaftlicher Arbeit ist typisch für ihn und seine Mitstreiter. So schließen sie sich mit Gleichgesinnten im 1872 gegründeten „Socialreform-Verein" zusammen, der sich im Jahr darauf in **„Verein für Socialpolitik"** umtauft; man veranstaltet Tagungen und Enqueten, erstattet Gutachten und meldet sich überhaupt lautstark zu Wort (vgl. *Boese*). Die Mitglieder des Vereins sind Wirtschaftspraktiker, Journalisten und zunehmend Professoren, von denen ein Teil der jüngeren Historischen Schule angehört, während die anderen außerhalb dieses Kreises stehen (siehe das Schaubild). Von ihren Gegnern werden sie bald als **„Kathedersozialisten"** verspottet. Führende Köpfe sind bis in das 20. Jahrhundert hinein neben *Schmoller,* der den Verein von 1890 bis zu seinem Tode 1917 führt, dessen Nachfolger auf dem Berliner Lehrstuhl sowie im Amt des Vereinsvorsitzenden *Heinrich Herkner* (1863–1932), der mit seinem viel

gelesenen Werk über „Die Arbeiterfrage“ (1894) für eine weite Verbreitung kathedersozialistischer Ansichten sorgt; ferner der zugleich dem Liberalismus zuneigende und somit mehr am Rande der Historischen Schule anzusiedelnde, zuletzt viele Jahre in München wirkende *Lujo von Brentano* (1844–1931), dessen Schriften zur Gewerkschaftsbewegung hier in erster Linie anzuführen sind; sowie der auch als Politiker hoch angesehene Berliner Finanzwissenschaftler *Adolph Wagner* (1835–1917), der mehr aus christlich-sozialer Verantwortung argumentiert („Die akademische Nationalökonomie und der Sozialismus“, 1895) und nach der theoretischen Seite hin in der Tradition der deutschen Klassik steht. Trotz unterschiedlicher Schulpositionen und vereinsinterner Kontroversen (vgl. *Lindenlaub)* gibt es ein einigendes Band: Die Kathedersozialisten der ersten Stunde sind staats- und kaisertreu, überzeugt von der Notwendigkeit wie von der Wirksamkeit sozialpolitischer Interventionen und sind sich einig in ihrer Abwehrhaltung gegenüber dem sozialrevolutionären **Marxismus** bzw. **Kommunismus** einerseits und dem (**Manchester-**)**Liberalismus** andererseits, der sich ab der Mitte des 19. Jahrhunderts in Deutschland als **Freihandelsschule** u. a. im „Congreß Deutscher Volkswirthe“ organisiert und dadurch ebenfalls propagandistisch äußerst wirkungsvoll auftritt (vgl. *Winkel*, 1977, S. 38ff.; *Hentschel*). Diesen Liberalen wird vorgehalten, daß ihre weitgehend den Marktkräften vertrauenden Rezepte völlig untauglich seien, die sozialen Krankheiten der Volkswirtschaft zu heilen. Von allen Seiten wird diese Debatte hart und polemisch geführt.

(8) Der sozialreformatorische Zug in *Schmollers* Wirtschaftslehre verbindet sich mit einer ausgeprägt **deutsch-nationalen Gesinnung,** die im übrigen auch den meisten anderen Kathedersozialisten eigen ist. *Hermann Schumacher* (1868–1952), der nach *Schmollers* Tod Herausgeber von „(Schmollers) Jahrbuch für Gesetzgebung, Verwaltung und Volkswirthschaft (im Deutschen Reiche)“ – dem wichtigsten wissenschaftlichen Organ der Schule – wird, schreibt „Zur Übernahme des Jahrbuchs“ (1918, S. 4 u. 6) über seinen Vorgänger: „Schmoller stand ganz auf dem Boden der nationalen Volkswirtschaft ... Aus der Heimaterde sog er seine Kraft ... Er wollte die Wirtschaftslehre auf der breiten Grundlage deutschen Erlebens in der Vergangenheit und Gegenwart neu und fest aufbauen ... Solche der neuen deutschen Volkswirtschaft würdige neue deutsche Volkswirtschaftslehre zu schaffen, betrachtete Schmoller ... als seine vornehmste Aufgabe.“ Für diesen Nationalismus gibt es mindestens zwei Gründe. Zum einen will *Schmoller* verhindern, daß die deutsche Volkswirtschaftslehre in den Sog ausländischer Theorieströmungen gerät, die er – seinem relativistischen Wissenschaftsverständnis entsprechend – für länderspezifisch und damit für nicht übertragbar auf deut-

sche Verhältnisse betrachtet. Zum anderen setzt sich *Schmoller* auch praktisch-politisch für die nationalen Belange Deutschlands ein, beispielsweise als Vorsitzender des „Kolonialpolitischen Aktionskomitees" und in der Frage des Aufbaues einer starken deutschen Kriegsflotte.

(9) Am schwierigsten ist der **methodologische Status** der Schule zu fixieren. Schon zu *Schmollers* Lebzeiten hat diese Frage zwei folgenschwere **Methodenstreite** in der deutschsprachigen Nationalökonomie entfacht.

(a) Der erste, sog. **ältere Methodenstreit** wird dadurch ausgelöst, daß der Begründer der österreichischen Grenznutzenschule *Carl Menger* (1840–1921) „Untersuchungen über die Methode der Socialwissenschaften und der politischen Oekonomie insbesondere" (1883) vorlegt, die von *Schmoller* noch im gleichen Jahr überaus gereizt und recht polemisch (re)zensiert werden. *Menger* reagiert darauf harsch mit einer kleinen Schrift in Briefform, die den provozierenden Titel trägt: „Die Irrthümer des Historismus in der deutschen Nationalökonomie" (1884). *Schmoller* ist beleidigt, schickt das Büchlein – angeblich ungelesen – an den Verfasser zurück und lenkt erst später in der Sache etwas ein („Die Schriften von K. Menger und W. Dilthey zur Methodologie der Staats- und Sozial-Wissenschaften", 1888). Der Streit ist damit aber nicht beigelegt. Er eskaliert zum Stellvertreterkrieg zwischen den jeweiligen Parteigängern. Er wird sogar zum Dauerthema und ist als solches der (deutschen) Volkswirtschaftslehre im Grunde bis heute erhalten geblieben. Nur vordergründig geht es dabei um erkenntnistechnische Fragen wie den prinzipiellen oder graduellen Gebrauch induktiver und deduktiver Forschungsverfahren in den Sozialwissenschaften. In Wirklichkeit wird um den Anspruch gestritten, die ‚richtige' Wirtschaftswissenschaft zu vertreten. *Schmoller* dekretiert, daß allein die historisch-ethische Volkswirtschaftslehre zu „festen Resultaten des Wissens (gelangt), über die kein Streit, keine verschiedene Auffassung mehr bestehen kann". Ansonsten gäbe es nur noch „absterbende, überlebte Richtungen und Methoden". Für *Mengers* Anhänger ist dieses Verdikt ein Signal, den „Kampf um die Befreiung von der Überwucherung des Historimus" zu beginnen, ein Kampf, der – wie sie meinen – „schließlich dazu führte, daß die Theorie der Wirtschaftswissenschaft gerettet wurde" (*Lifschitz*, S. 1; vgl. auch *Schüller*). Die Positionen sind verhärtet und polarisiert. Die Diskussion bewegt sich schematisch im Kreise methodologischer Alternativen: theoretische versus historische Methode, abstrakt-isolierende versus empirisch-realistische Betrachtung, exakte (reine, rationale) versus anschaulich-historische Theorie. Je nach Standpunkt drängt man das Fach in die eine oder andere Richtung. Dieses Bestreben wird von der zeitgenössischen Wissenschaftsphilosophie insoweit begünstigt, als sich unter dem Einfluß von *Wilhelm Dilthey*, aber auch der Neukantianer *Wilhelm Windelband* und *Heinrich Rickert* die Auffassung durchsetzt, daß der Prozeß der Erkenntnisgewinnung in den **Naturwissenschaften** ein anderer ist als in den **Geistes- und Kulturwissenschaften** (vgl. Abschnitt 1). Dies wirft natürlich die Frage auf, wohin die Wirtschaftswissenschaft gehört: Ist sie eine Natur- oder Geisteswissenschaft, steht sie dazwischen oder bildet sie u. a. mit Soziologie und Politologie eine dritte, sozialwissenschaftliche Gruppe? Die gesamte Debatte, die sich weit in das 20. Jahrhundert ausdehnt, vertieft gleichzeitig den Graben, der sich durch die deutsche Volkswirtschaftslehre zieht. Grob gesagt, sammeln sich diesseits der Grenzlinie – im Lager der Kultur- oder Geisteswissenschaften – die bunten Truppen der jüngeren Historischen Schule und ihrer Nebenströmungen, während jenseits des Grabens – mehr im Schutze der exakten Naturwissenschaften – die Fronde der klassisch-neoklassischen Wirtschaftstheoretiker steht. An allen Fronten beklagen einzelne Ökonomen diesen Zustand, weil er die wissenschaftliche Arbeit behindere und dem Ansehen der deutschen Wirtschaftswissenschaft schade (*Häuser*, 1994). Daher suchen sie nach Wegen, diese „große Antinomie" (*Walter Eucken*) zu überwinden (*Winkel*, 1977, S. 145 ff.). *Euckens* Ordoliberalismus selbst (vgl. den Beitrag von *Starbatty* in diesem Band) zielt darauf ab, einen solchen (dritten) Weg zu weisen (vgl. auch *Rieter/Schmolz*).

(b) Anfang des 20. Jahrhunderts kommt es zu einem weiteren, dem sog. **jüngeren Methodenstreit,** der in der Sache ein **Werturteilsstreit** ist. Er entzündet sich an einem Referat, das der Wiener Nationalökonom *Eugen von Philippovich* (1858–1917) – in seinen sozialethischen Anschauungen der Historischen Schule nahestehend – 1909 auf der Wiener Tagung des „Vereins für Socialpolitik" hält. Das Thema klingt harmlos: „Das Wesen der Produktivität und die Möglichkeit ihrer Messung". Gleichwohl wird es zum Stein des Anstoßes. Der Referent führt nämlich aus, daß das „Produktivitätsurteil" eine „Wertung wirtschaftlicher Erscheinungen" bedeute, denn unter „volkswirtschaftlicher Produktivität" dürfe man sich nicht einfach "eine Menge von Gütern" vorstellen, sondern es käme auf die „gesellschaftliche Bedürfnisbefriedigung" an, die um so „vollkommener" gelänge, je besser „die Lebensbedingungen der Arbeiter" sind. Gegen dieses qualitative und zugleich wertende Produktivitätskonzept erhebt sich Widerspruch vor allem in den Reihen der jüngeren Vereinsmitglieder. Dieses Aufbegehren ist besonders brisant, weil die Opponenten – *Werner Sombart* (1863–1941) und *Max Weber* (1864–1920) – aus der Historischen Schule hervorgegangen sind. *Sombart* bringt in seinem Diskussionsbeitrag die Sache sofort auf den „Punkt, auf dem die Entscheidungsschlacht ... geschlagen wird. Es handelt sich hier um die zwei großen Möglichkeiten, ob wir Nationalökonomen als einzige Aufgabe uns stellen, festzustellen, **daß etwas ist,** oder ob wir uns gleichzeitig zur Aufgabe stellen oder überhaupt nur als einzige Aufgabe ansehen, festzustellen das, **was sein soll** ... Mit anderen Worten: Es handelt sich darum, ob aus den nationalökonomischen Betrachtungen, soweit sie wissenschaftlicher Natur sind und sein wollen, das was wir **Werturteile** nennen, ausgeschlossen oder einbegriffen werden soll ...". In der weiteren Diskussion sekundiert *Max Weber* seinem „Freund Sombart" uneingeschränkt. Wie jener verurteilt er scharf „die Vermengung von Wissenschaft und Werturteil". Seit seiner wegweisenden Untersuchung über „Die ‚Objektivität' sozialwissenschaftlicher und sozialpolitischer Erkenntnis" (1904) vertritt *Weber* diese Ansicht: Normen könnten nicht aus Tatsachen hergeleitet werden; weder politische noch ethische Werturteile seien wissenschaftlich begründbar (**Postulat der Werturteilsfreiheit**). *Sombart* und *Weber* greifen damit die zentrale Position der jüngeren Historischen Schule an, daß die Nationalökonomie – wie *Schmoller* sagt – eine „große moralisch-politische Wissenschaft" ist, die durchaus im Namen der Wissenschaft sozial- und wirtschaftspolitische Normen setzen darf, weil „sich die guten, hochstehenden Menschen desselben Volkes, desselben Kulturzeitalters doch immer mehr ... über die wichtigsten praktischen Werturteile einigen" könnten. *Weber* lehnt sich vehement gegen eine derart elitäre Rechtfertigung von Werturteilen auf, weil er „es nicht ertragen kann, wenn Probleme von weltbewegender Bedeutung, von größter ideeller Tragweite, in gewissem Sinne höchste Probleme, die eine Menschenbrust bewegen können, ... zu einem Gegenstand der Diskussion einer *Fach*disziplin, wie es die Nationalökonomie ist, gemacht werden". Diese Worte illustrieren, daß der Werturteilsstreit – wie die *Schmoller/Menger*-Kontroverse zuvor – mehr ist als eine schlichte Methodendiskussion. Es geht nicht (bloß) um die erkenntnistheoretischen Grundlagen einer empirischen Sozial- und Wirtschaftsforschung, es geht um viel mehr, nämlich um das Selbstverständnis der Nationalökonomie sowie um die Stellung, letztlich die Macht des Wissenschaftlers in der Gesellschaft.

Beide Methodenstreite läuten gewissermaßen den Niedergang der jüngeren Historischen Schule ein. Er ist besiegelt, als das Kaiserreich zerbricht, denn der neue, republikanische Staat wehrt sich alsbald – unter liberal-ökonomischer Einwirkung – gegen das sozialpolitische Wunschbild vom ‚Vater Staat'. Ihr Einfluß schwindet weiterhin, weil sie versagt, ökonomische Erscheinungen wie die Hyperinflation nach dem Ersten Weltkrieg hinreichend zu erklären. Und spätestens mit der nationalsozialistischen Machtergreifung 1933 werden die Nachfahren der Historisch-ethischen Schule endgültig ins Abseits gestellt.

Während der Hoch- und Spätphase der jüngeren Historischen Schule sprudeln seitab einige – zum Teil von ihr gespeiste – Ideenquellen, die mittlerweile längst versiegt und fast vergessen sind. Der gemeinsame Quellgrund dieser **historistischen Nebenströmungen** (vgl. das Schaubild) ist ein ausgeprägter **Holismus,** der es verbietet, wirtschaftliche Phänomene gedanklich in einzelne Elemente zu zerlegen (Atomismus), da die Volkswirtschaft als ‚Gestalt' oder ‚ganzheitliches Gebilde' begriffen wird. Außerdem lassen es all diese Richtungen nicht zu, den Gegenstand der Wirtschaftswissenschaft auf das instrumentale Problem zu reduzieren, wie die (gegebenen) Bedürfnisse der Wirtschaftssubjekte angesichts knapper Mittel bestmöglich befriedigt werden können. Sie betreiben Ökonomik vielmehr bewußt als **Sozial- und Kulturwissenschaft.** Die wichtigsten Varianten sind

- die von dem Rechtswissenschaftler *Rudolf Stammler* (1856–1938) begründete und vor allem von dem Volkswirt *Karl Diehl* (1864–1943) fortgeführte **„sozialrechtliche Richtung** in der Nationalökonomie", die der (Wechsel-)Beziehung zwischen „Wirtschaftsgestaltung und Rechtsgestaltung" besondere Bedeutung beimißt;
- die von dem Verwaltungsjuristen *Rudolf Stolzmann* (1852–1930) vertretene Lehre, daß die Volkswirtschaft „als Ganzes in all ihren Teilen ein **sozialorganisch-ethisches Zweckgebilde"** darstellt, das den „Zielen des modernen Kulturstaates" unterworfen ist;
- die **ontologische Schule** des Nationalökonomen *Friedrich von Gottl-Ottlilienfeld* (1868–1958), welche die „Gestalt- oder Lebensrichtigkeit sozialer Gebilde" erfassen und deren Sinn mit der Methode des Verstehens entschlüsseln will;
- die **universalistische Wirtschafts- und Gesellschaftslehre** des Österreichers *Othmar Spann* (1878–1950) und seiner Schule, die reichlich verquaste Vorstellungen von einer „ganzheitlichen Wirtschaft und Gesellschaft" in einem klerikal-völkischen Ständestaat entwickeln.

Das Verhältnis, in dem die genannten Vertreter aller vier Stränge zur jüngeren Historischen Schule stehen, ist ambivalent. Obwohl sie wie diese u.a. die geschichtliche Bedingtheit und gesellschaftliche Einbindung wirtschaftlicher Prozesse grundsätzlich anerkennen, übernehmen sie nicht deren historisch-induktive Methodik. Ihre Wirtschaftstheorien entspringen nicht empirischer Detailforschung, sondern sind deduktiv gewonnen. Bei *Stammler* und *Stolzmann* kommt hinzu, daß sie einseitig die „Rechtsverhältnisse" zum Dreh- und Angelpunkt der Ökonomie machen. *Diehl* fühlt sich zudem als Ökonom mehr in der klassischen

Schule zu Hause. Und *Gottl* unterscheidet sich ausdrücklich in seiner erkenntnistheoretischen Position von den moralisch-politisch argumentierenden Historisten, während *Spann* dagegen vor allem durch sein extrem ganzheitlich-romantisches Empfinden Distanz zur Historischen Schule wahrt.

5. Neohistoristische Ansätze

In der ersten Dekade dieses Jahrhunderts nehmen die Angriffe auf die jüngere Historische Schule spürbar zu. Sie werden aus unterschiedlichen Positionen vorgetragen. Doch in der Sorge um die Zukunft des Faches sind sich alle Kritiker einig: Die deutsche Volkswirtschaftslehre erstarre zusehends in einem historischen Dogmatismus, verpasse durch ihre selbstzufriedene Abkapselung den Anschluß an die Forschung im Ausland und verliere wegen ihrer ethisch-weltanschaulichen Ausrichtung ständig an wissenschaftlicher Glaubwürdigkeit. Repräsentativ für diese Besorgnis sind drei Beiträge. In seiner Habilitationsschrift bestimmt der junge, in der österreichischen Grenznutzenschule aufgewachsene *Joseph Schumpeter* (1883–1950) „Wesen und Hauptinhalt der theoretischen Nationalökonomie" (1908) dahingehend, daß ihr keine „soziale", sondern allein eine „individuelle Betrachtungsweise" angemessen sei („methodologischer Individualismus"). Sie habe sich – nach dem Vorbild der walrasianischen Gleichgewichtstheorie – auf die Analyse funktionaler Beziehungen zwischen Gütermengen und deren Preisen zu konzentrieren. Mehr aus wirtschaftspolitischer Sicht ortet *Adolf Weber* (1876–1963) in seiner Kölner Antrittsvorlesung „Die Aufgaben der Volkswirtschaftslehre als Wissenschaft" (1909). Bei ihm stecken die klassischen bzw. neuklassischen Theorien das Terrain ab, auf dem weiterzuarbeiten sei. Der ohne eine Werttheorie auskommende preistheoretische Ansatz des Schweden *Gustav Cassel* (1866–1945) erscheint ihm besonders vielversprechend. Ähnlich denkt *Ludwig Pohle* (1869–1926), dessen Zustandsbeschreibung besonders drastisch ausfällt: „Die gegenwärtige Krisis in der deutschen Volkswirtschaftslehre" (1911 und 1921) sei einzig und allein die Folge der historistischen bzw. kathedersozialistischen „Herrschaft der politisierenden Methode in der Nationalökonomie", denn: „Für viele Hochschullehrer ... besteht heute das Hauptziel des nationalökonomischen Unterrichts nicht in der Verbreitung von Verständnis für die Zusammenhänge der Volkswirtschaft, sondern in der Weckung der Überzeugung von der Mangelhaftigkeit und Reformbedürftigkeit der gegenwärtigen volkswirtschaftlichen Organisation."

Aber nicht nur außerhalb, sondern auch innerhalb der Historischen Schule regt sich Widerspruch. In besonderem Maße trägt dazu der nach 1909 auch in den eigenen Reihen weiterschwelende Werturteilsstreit bei (vgl. Abschnitt 4, Ziffer 9b). *Schmoller* unternimmt daraufhin einen letzten, großen Anlauf, die Einheit der Schulmeinung wiederherzustellen. In der dritten Auflage des „Handwörterbuches der Staatswissenschaften" behandelt er in einem langen Artikel die zentralen Themen „Volkswirtschaft, Volkswirtschaftslehre und -methode" (1911) so, als ob es darüber nur eine richtige, nämlich seine Auffassung geben kann. Doch auch dieser neuerliche, fast beschwörende Kanonisierungsversuch vermag die revisionistischen Bestrebungen in der Historisch-ethischen Schule nicht mehr aufzuhalten. Nach *Schmollers* Tod im Jahre 1917 treten sie verständlicherweise noch offener zutage. In welche Richtungen diese **neohistoristischen Ansätze** im einzelnen gehen, läßt sich am Werk von drei prominenten *Schmoller*-Schülern exemplarisch zeigen – *Werner Sombart* (1863–1941), *Arthur Spiethoff* (1873–1957) und *Carl Brinkmann* (1885–1954). Das Bild ließe sich noch vervollständigen anhand des Werkes jener Gelehrten, die gleichfalls, aber außerhalb der *Schmoller*-Schule oder sogar in Gegnerschaft zu ihr stehend, wie vor allem *Edgar Salin* (1892–1974) mit seiner Konzeption einer „anschaulichen Theorie" (vgl. *Bürgin; Schefold*, 1992), zur Modernisierung des Historismus in der Nationalökonomie beigetragen haben. Die grobe Marschroute gibt in jedem Fall *Hermann Schumacher* (1918, S. 10) mit großem Pathos vor: „Die Zeit, für welche ein Hunger nach Tatsachen vor allem kennzeichnend war, ist vorüber, ein Hunger nach innerer Zusammenfassung durchzieht heute das deutsche Volk, vielleicht die ganze Menschheit." Kurz: Die „Theoretisierung des Tatsachenmaterials ... ist heute die Aufgabe".

Eine der farbigsten Gestalten der deutschen Nationalökonomie in diesem Jahrhundert ist ohne Frage *Werner Sombart.* In jungen Jahren von *Schmoller* promoviert und protegiert, fällt er später bei ihm in Ungnade wegen seiner ausgeprägt marxistischen Neigungen und seiner heterodoxen Haltung im Werturteilsstreit (vgl. Abschnitt 4, Ziffer 9b). Unter diesen Umständen gelangt er erst 1917 auf den lang erstrebten Lehrstuhl an der Berliner Universität. Der agile, auf öffentliche Wirkung bedachte Professor und brillante Autor zählt bald zur geistigen Prominenz der Weimarer Republik. Vermutlich ist er zu jener Zeit der meistgelesene deutschsprachige Nationalökonom. Ideologisch rückt er immer weiter nach rechts. Seine fast schwärmerische Sympathie für *Karl Marx* und dessen Lehre verkehrt sich ins Gegenteil, und schließlich ist es sogar ein chauvinistischer „Deutscher Sozialismus" (1934), dem er sich voll und ganz verschreibt. Die neuen, nationalsozialistischen Machthaber honorieren ihm diese Kehrtwendung jedoch nicht. Sie zeigen ihm die kalte Schulter. Am Ende seines Lebens ist *Sombart* eine tragische Figur. Sein wissenschaftlicher Ruhm verblaßt ebenso schnell wie sein öffentliches Ansehen. Nach seinem Tod ist dann jahrzehntelang kaum noch von ihm die Rede. Erst neuerdings beschäftigt man sich wieder mit seiner Person und seinem Werk (vgl. *Backhaus,* 1994; *Lenger,* 1994).

Sombarts gesamtes ökonomisches Denken wird von einer übergeordneten Idee geleitet. Er betrachtet alle modernen wirtschaftlichen Probleme unter dem Blickwinkel der beiden alternativen Gesellschaftssysteme des **Kapitalismus** und des **Sozialismus.** Diesen Ansatz wählt er erstmals in acht Vorträgen zum Thema „Sozialismus und soziale Bewegung im neunzehnten Jahrhundert" (1896). Sie erscheinen als Buch, das bis 1924 in ständig erweiterter Form oftmals aufgelegt und in 24 Sprachen übersetzt wird. In seinem Hauptwerk „Der moderne Kapitalismus" (zweibändig 1902, dreibändig 1916 und 1927) schürft *Sombart* noch tiefer: Er will – wie es im Untertitel heißt – eine „Historisch-systematische Darstellung des gesamteuropäischen Wirtschaftslebens von seinen Anfängen bis zur Gegenwart" bieten. Heute weiß man (vgl. *vom Brocke),* daß *Sombart* diese Mammutarbeit auch deshalb angepackt hat, weil ihn *Friedrich Engels* für befähigt hielt, „Karl Marx' ‚Kapital' fortzusetzen und zu vollenden". *Sombart* akzeptiert zwar die marxistische These von der sich in Klassenkämpfen vollziehenden Geschichte als „eine der größten Wahrheiten", will ihr jedoch die destruktive Schärfe nehmen. Gerade die durch *Marx'* Lehre vermittelte rationale Einsicht in die gesellschaftlichen Verhältnisse gestatte es, „den Gedanken der Revolution durch den der Evolution abzulösen". Der Übergang vom Kapitalismus zum Sozialismus müsse mit „anständigen Mitteln", die weder die nationale Kultur zerstören noch die „Heiligkeit der Rechtsidee" antasten, ‚erkämpft' werden. *Sombart* zufolge wird also der Lauf der Geschichte von ideellen und kulturellen Faktoren mitbestimmt. Aus orthodox-marxistischer Sicht ist ein solcher Revisionsversuch freilich indiskutabel, weil er einen „kastrierten und völlig ungefährlichen" Marxismus hinterlasse (so *Karl Kautsky,* zit. nach *vom Brocke,* S. 27).

Wie stets in der historistischen Nationalökonomie spielen die geistigen, kulturellen und sozialen Faktoren auch bei *Sombart* eine wichtige Rolle in jenen Lehren, die sich speziell mit der wirtschaftlichen Entwicklung beschäftigen. Er bricht jedoch insoweit mit der Tradition seiner Schule, als er sich nicht mit der historischen Analyse von **Wirtschaftsstufen** begnügt, sondern darüber hinaus das **Wirtschaftssystem** und den **Wirtschaftsstil,** die für jede Epoche typisch sind, herausfiltern und theoretisch fixieren möchte. Dazu bedarf es natürlich überzeitlich gültiger Kategorien, die gleichsam die „Grundidee“ der Wirtschaft ausmachen. Für *Sombart* sind es die folgenden (vgl. *Weippert*):

- **Geist** (Wirtschaftsgesinnung): Zweckeinstellung zum Wirtschaftsleben (Bedarfsdeckungs- oder Erwerbsprinzip), Verhalten der Wirtschaftssubjekte bei der Mittelwahl und zueinander.
- **Form** (Regelung und Organisation): u.a. Privat- oder Gemeinwirtschaft, Demokratie oder Aristokratie, Bedarfsdeckungs- oder Verkehrswirtschaft, Gestaltung der Betriebsorganisation.
- **Technik** (Verfahren): empirisch oder wissenschaftlich, stationär oder revolutionär, organisch oder nichtorganisch.

Das Wirtschaftssystem bzw. der Wirtschaftsstil wird danach durch bestimmte Verhaltensmuster, einen bestimmten Ordnungsrahmen sowie bestimmte technische Verfahren der Güterbeschaffung konstituiert. Auf diese Weise läßt sich nach *Sombart* beispielsweise der Wirtschaftsstil des Hoch-, Mittel- und Spätkapitalismus voneinander unterscheiden.

Von der Wirtschaftsstil-Lehre verspricht sich *Sombart* sehr viel. Sie soll das Scharnier sein, das die konkret-historische mit der abstrakt-theoretischen Betrachtung verbindet. Auf diese Weise könne die beklagte Antinomie der Methoden in der Nationalökonomie (vgl. Abschnitt 4, Ziffer 9a) überwunden werden. Der **Stilgedanke** erlaube es, zu gewissen allgemeingültigen Erkenntnissen über die Wirtschaft zu gelangen, obwohl alle sozialökonomischen Phänomene ‚geschichtlich‘ sind. Die dazu nötigen erkenntnistheoretischen Grundlagen versucht *Sombart* in seinem methodologischen Hauptwerk „Die drei Nationalökonomien“ (1930) zu entwickeln. Er unterscheidet darin zwischen „richtender Nationalökonomie“, die – wie beispielsweise die scholastische Wirtschaftslehre – ethischen Normen folgt; „ordnender Nationalökonomie“, die sich – wie z.B. die physiokratische oder klassische Theorie – an naturwissenschaftlichen Erkenntnismethoden orientiert; und der von ihm favorisierten **„verstehenden Nationalökonomie“**, die den Sinn wirtschaftlicher Erscheinungen im ganzen ergründen will. Und gerade dabei sei der Stilgedanke hilfreich, denn er stellt nach *Sombart* einen Zusammenhang her, „bei dem alle einzelnen Tatbestände ... sinnbezogen, die Handlungen also sinnorientiert sind, weil der ‚Sinn‘ des Ganzen den Sinn jeder Einzelerscheinung bestimmt. Wir haben uns hier eine überindividuelle geistige Realität vorzustellen, die aus Sinnbezügen besteht; einen Bereich des objektiven Geistes ... Das Muster eines solchen Stilzusammenhangs in unserem Kulturkreis ist nun das Wirtschaftssystem“. *Sombart* etabliert damit die Nationalökonomie als eine „Geistwissenschaft“, die sich der **verstehenden Methode** zu bedienen habe. Der letzte Zweck der Wirtschaftswissenschaft besteht für ihn jedoch nicht mehr – wie einst bei *Schmoller* – in ihrem praktischen Gebrauch etwa bei der Lösung sozialer Probleme, sondern bestenfalls in der „Schulung", „Weitung" oder „Befriedung" des Geistes!

Die Konzeption des Wirtschaftsstils wird von *Arthur Spiethoff*, der viele Jahre eng mit *Schmoller* zusammengearbeitet hat, aufgegriffen und weiterentwickelt. Er will damit „Die allgemeine Volkswirtschaftslehre als geschichtliche Theorie" (1932) begründen. Seine Ausgangspunkte bilden – wie es in einem späteren, diese Überlegungen repetierenden Aufsatz heißt – die „Anschauliche und reine volkswirtschaftliche Theorie und ihr Verhältnis zueinander" (1948). Während die **reine Theorie** die „Isolierung von willkürlich ausgewählten Einzelheiten" im Auge habe, widme sich die **anschauliche Theorie** der „Isolierung alles Wesentlichen aus den Regelmäßigkeiten der Wirklichkeit". Die von *Spiethoff* intendierte **geschichtliche Theorie** will anschauliche Erklärungen liefern und braucht dabei die reine Theorie als heuristisches Erkenntnismittel, z.B. dann, wenn modellmäßige Referenzvorstellungen hilfreich sind. Die Aufgabe der „allgemeinen Volkswirtschaftslehre als historischer Theorie" bestehe nun darin, die jeweils „arteigene Gestaltung des Wirtschaftslebens" als **„Wirtschaftsstil"** nach fünf Merkmalen zu erfassen:

(1) **Wirtschaftsgeist:** sittliche Zweckeinstellung, seelische Antriebe, geistige Einstellung;
(2) **natürliche und technische Grundlagen:** Bevölkerungsentwicklung, Grad der Arbeitsteilung, Art der Technik;
(3) **Gesellschaftsverfassung:** u.a. Größe, Zusammensetzung und Zusammenhang der Gesellschaft;
(4) **Wirtschaftsverfassung:** u.a. Eigentumsordnung, Plan- oder Marktwirtschaft, Arbeitsverfassung;
(5) **Wirtschaftslauf:** u.a. stagnierende oder fortschreitende Wirtschaft, konjunkturelle Schwankungen.

Spiethoff ist wie *Sombart* der Meinung, daß die Wirtschaftsstil-Lehre den Gegensatz von theoretischer und historischer Analyse zu überbrükken vermag: „Die allgemeine Volkswirtschaftslehre ist eine geschichtliche Wissenschaft, insofern ihre Gültigkeit abhängt von der Gültigkeit des ihr zugrunde gelegten Wirtschaftsstils. Für die Geltungszeit und den Geltungsbereich dieses Stils ist sie allgemein gültig, und insofern ist sie theoretische Wissenschaft. Wegen ihrer Eigenschaft als geschichtliche Wissenschaft stellt die allgemeine Volkswirtschaftslehre eine geschichtliche Theorie dar. Geschichtliche Theorie heißt Theorie von zeitlicher Bedingtheit und Gültigkeit. Geschichtliche Theorie ist zeiteigene, zeitgebundene Theorie." Daraus folgt für *Spiethoff* im Kehrschluß, daß die reine Theorie ungeeignet sei, die wirkliche Wirtschaft zu erklären, denn sie hebe auf ein „unwirkliches Gebilde", nämlich die „zeitlose Wirtschaft", ab.

Neohistoristisch ist *Spiethoffs* Ansatz nicht nur deshalb, weil er die reine (abstrakte) Wirtschaftstheorie einbezieht. Indem er den **„Wirtschaftslauf"** zum eigenständigen Stilmerkmal erhebt, öffnet er ein Einfallstor für die moderne makroökonomische Theorie. Er selbst macht die Probe aufs Exempel. Er deutet die „Krisen" (1925) bzw. „Die wirtschaftlichen Wechsellagen" (1955), also das Konjunkturphänomen, als ein typisches Merkmal des kapitalistischen Wirtschaftsstiles. Die Ursachen für den ständigen Wechsel von „Aufschwung, Krise und Stokkung" seien „inkräftig", d.h. sie ergeben sich aus der kapitalistischen Wirtschaft selbst. Nach *Spiethoff* sind diese endogenen Faktoren vorwiegend realwirtschaftlicher Natur und haben mit den Investitionsentscheidungen in einer Volkswirtschaft zu tun (**nicht-monetäre Überinvestitionstheorie**). Seine konjunkturtheoretischen Überlegungen haben der empirisch-statistischen Konjunkturforschung in Deutschland großen Auftrieb gegeben und sind auch im Ausland stark beachtet worden (vgl. *Clausing*).

Ähnlich wie *Spiethoff* bemüht sich der Nationalökonom und Soziologe *Carl Brinkmann* darum, die historistische Volkswirtschaftslehre aus ihrem selbstgewählten Ghetto herauszuführen. Auch er will Geschichte und Theorie (wieder) zusammenbringen. So fordert er die deutschen Volkswirte nachdrücklich auf, „endlich in neuer Entschiedenheit und Breite die Verbindung mit der internationalen Facharbeit namentlich des angelsächsischen und skandinavischen Auslandes aufzunehmen". Nichtsdestoweniger müsse es dabei bleiben, die „Nationalökonomie als **Sozialwissenschaft"** (1948) zu betreiben, denn sie habe einen „Ausschnitt aus der unendlichen Mannigfaltigkeit ‚äußerlich'-physischer und ‚innerlich'-geistiger Wirklichkeiten" zu bearbeiten. Dabei sei freilich die **„Wirtschaftstheorie"** (1948) unentbehrlich. Sie könne entscheidend helfen, den geeigneten „Ausschnitt" für die jeweilige Untersuchung zu finden, indem sie vorgibt, welche Einflußgrößen zu berücksichtigen und wie sie funktional miteinander zu verknüpfen sind. Partialanalyse und Ceteris-Paribus-Methode müßten jedoch kontrolliert gehandhabt werden. Sonst bestehe die Gefahr, daß wesentliche Variablen als exogene Faktoren im „Datenkranz" verschwinden und die Theorie zu bloßem Gedankenspiel entartet. Eine geeignete ‚Kontrollinstanz' erblickt *Brinkmann* in der **„Wirtschafts- und Sozialgeschichte"** (1927), die dem Theoretiker eine zuverlässigere Vorstellung von den relevanten sozialökonomischen Zusammenhängen vermitteln könne.

Besonders *Sombarts* Schriften haben die zum Teil heftige Debatte über den Kapitalismus in der zeitgenössischen Nationalökonomie belebt. *Brinkmann* bereichert diese Diskussion, indem er „Die moderne Staatsordnung des Kapitalismus" (1925) analysiert. Damit lenkt er den Blick auf die Rahmenbedingungen des Wirtschaftens und trägt auf diese Weise dazu bei, die mehr historisch-soziologische Kapitalismus-Debatte in eine **ordnungstheoretische** Richtung zu drängen, die dann von *Walter Eucken* (1891–1956) und seiner ordoliberalen Schule konsequent weiterverfolgt wird (vgl. *Rieter/Schmolz*).

All diese neohistoristischen Bestrebungen, die deutsche Volkswirtschaftslehre zu regenerieren, geraten ins Stocken bzw. stoßen ins Leere, als die Nationalsozialisten 1933 an die Macht gelangen. Dieser politische Umbruch bedeutet für die deutsche Ökonomik allein schon deshalb einen tiefen Einschnitt, weil fast die Hälfte aller Wirtschafts- und Sozialwissenschaftler, die an den Hochschulen und sonstigen Forschungseinrichtungen tätig sind, entlassen werden. Diejenigen, die jüdischer Abstammung sind und/oder sich durch ihre sozialistischen oder liberalen Ansichten vor 1933 besonders exponiert haben, müssen fast alle emigrieren. Demgegenüber können die Vertreter des (Neo-)Historismus und seiner verschiedenen Nebenströmungen überwiegend im Lande bleiben. Sie reagieren unterschiedlich auf die veränderten Verhältnisse. Manche sympathisieren erklärtermaßen mit den neuen Herren und dienen ihnen eigene nationalkonservative Vorstellungen an (*Gottl, Spann, Sombart*). Andere stehen dem nationalsozialistischen System mehr oder weniger reserviert gegenüber (*Spiethoff, Brinkmann*) oder lehnen es ab (*Diehl, Salin*).

Obwohl der Nationalsozialismus von gewissen historistischen und vor allem romantischen Lehren beeinflußt wird, sind ihm deren zeitgenössische Repräsentanten im Grunde allesamt suspekt, weil sie in einer Wissenschaftstradition aufgewachsen sind, die strikt abgelehnt wird und keinesfalls fortgesetzt werden soll. *Adolf Hitler* spricht schon in seiner Programmschrift „Mein Kampf" (1925/27) verächtlich von „verkalkten" und „abgekasteten Intelligenzkreisen", die er jüdisch-marxistischer „Infiltration" vornehmlich in den „soziologischen, politischen und wirtschaftlichen Wissensgebieten" verdächtigt sowie fehlender „Willens- und Entschlußkraft" bezichtigt. In diesem Sinne postulieren die NS-Ideologen den Primat des Willens und der Politik, dem sich auch die Wissenschaften in jeder Hinsicht unterzuordnen haben. Die Wirtschaftswissenschaft ist davon nicht ausgenommen, denn „die staatsbildenden und staatserhaltenden Eigenschaften" hätten – so *Hitler* – „wenig ... mit Wirtschaft" zu tun, der „politisch-weltanschauliche Kampf" gehe dem „Wirtschaftskampf" stets voraus. Andererseits verhalten sich die Nationalsozialisten gerade in der Wirtschaftspolitik sehr pragmatisch, sind sie doch auf den Rat zünftiger Fachleute angewiesen. Die Forderung nach einer **nationalsozialistischen Volkswirtschaftslehre** steht also in einem gewissen Widerspruch zu den ideologischen Äußerungen über den Status von Wissenschaften. Gleichwohl gibt es Vorarbeiten zu einer **völkischen Volkswirtschaftslehre**, die sich an nationalen „Willenszielen" ausrichten und unter anderem die nationalsozialistische Rassenlehre übernehmen sowie vage programmatische Äußerungen zur Wirtschaftspolitik, die aus Phrasen wie „Arbeit für alle", „Gemeinnutz geht vor Eigennutz" und „Brechung der Zinsknechtschaft" bestehen, zu systematisieren versuchen. Man ist zugleich bemüht, dem Fach eine wissenschaftliche Vorgeschichte zu geben, indem etwa die Ansichten *Fichtes* und *Adam Müllers* zur ständischen Gesellschaft und autarken Wirtschaft aufgegriffen oder *Lists* Entwicklungslehre rassistisch ausgedeutet und die Historische Schule mit der „Deutschen Bewegung" in Verbindung gebracht wird (vgl. *Wiskemann/Lütke).*

6. Ausblick

Indem sich die deutsche Wirtschaftswissenschaft nach dem Ende des nationalsozialistischen Regimes 1945 zügig in den internationalen *mainstream* neoklassisch-keynesianischen Denkens einfügt, werden die Nachkommen historistischer Haupt- und Nebenströmungen völlig in die Defensive gedrängt. Sie sind stigmatisiert, denn nach herrschender Meinung haben ihre Vorgänger „die deutsche Wirtschaftswissenschaft in verhängnisvoller Weise für mehr als drei Jahrzehnte aus dem überall in der Welt sich machtvoll entfaltenden Strom theoretischen Denkens herausgerissen" (*Schneider,* S. 295; s. auch *Eucken,* 1938), weil sie „vielerorts nicht mehr war als ein Gemisch von Empirie und Ethik und oft nicht mehr als ein Geschwätz ..." (*Preiser,* S. 215). Dieser Einschätzung des nationalökonomischen Historismus wird erst seit wenigen Jahren lebhafter widersprochen. Man hat inzwischen damit begonnen, das wissenschaftliche Programm der jüngeren Historischen Schule und ihrer neohistoristischen Abkömmlinge neu zu bewerten (vgl. u.a. *Balabkins,* 1988; *Betz* 1988; JITE, 1988; *Kaufhold,* 1988; *Bock* et al., 1989; *O'Brien,* 1989; *Recktenwald,* 1989; *Schiera/Tenbruck,* 1989; *Backhaus,* 1991 und 1993). Vor allem wird das (Zerr-)Bild vom naiven, d.h. „theorielosen" oder „theoriefeindlichen" Empirismus dieser Schule korrigiert: Sie habe weder voraussetzungslos gearbeitet noch generalisierende Schlußfolgerungen grundsätzlich abgelehnt. Den ‚krönenden' Deduktionen sollte lediglich eine gründliche induktive Erforschung der Tatsachen vorausgehen. Diese Vorgehensweise müsse im Licht des *Schmoller*schen Theorie-Konzeptes beurteilt werden. Seine **Wirtschaftstheorie** ist **historisch und anschaulich** (vgl. *Schefold,* 1989), d.h. sie meidet empirisch fragwürdige sowie isolierende Abstraktionen und strebt auf möglichst breiter Erfahrungsbasis nach Gesamt- und nicht nach Teilerkenntnis. Sie fügt die Forschungsergebnisse anderer Fächer in ihr Gedankengebäude ein, wobei sie jedoch einen „Mischmasch aller Sozialwissenschaften" (*Schmoller*) unbedingt vermeiden will. Vielmehr sollen voll entwickelte Einzeldisziplinen eine **inter-disziplinäre Forschung** ermöglichen.

Obwohl die Historischen Schulen ihr fernes Ziel, eine „allgemeine Erkenntnis der Gesetzmäßigkeiten des wirtschaftlichen Lebens" zu gewinnen (*Schmoller*), nicht erreichen konnten, haben sie auf dem ‚halben' Wege dorthin bemerkenswerte Leistungen vollbracht (*Backhaus,* 1993, S. 10f.): Sie haben dem Fach viele Forschungsfelder neu bzw. breit erschlossen, indem sie ihr Augenmerk besonders auf den Staatssektor (öffentliche Wirtschaft und Verwaltung), die politischen, gesellschaftlichen und wirtschaftlichen Institutionen, die Rechtsordnung, die technologischen Bedingungen des Wirtschaftens und die Unternehmensverfassung richteten. Dieser Ansatz hat zudem bestimmte realgeschichtliche Entwicklungen wie den kapitalistischen Wohlfahrtsstaat in seiner Sozialgesetzgebung und seinem Wirtschaftsrecht beeinflußt. Und er ist bis heute – wenigstens im Keim – dem deutschen wirtschaftswissenschaftlichen Denken erhalten geblieben. So plädiert beispielsweise die moderne Betriebswirtschaftslehre verschiedentlich für mehr „ganzheitliches Denken" im Management (vgl. *Ulrich/Probst*), und in der Volkswirtschaftslehre kommt der Wirtschaftsstilgedanke wieder zu Ehren (vgl. *Schefold/Peukert,* 1992; *Schefold,* 1994). Aber auch international wirken historistische Impulse nach. So ist das in der gegenwärtigen Finanzwissenschaft viel diskutierte Konzept der öffentlichen, insbesondere meritorischen Güter (*Richard Musgrave*) „ohne die Prägung durch die deutsche Diskussion der ‚Gemeinschaftsbedürfnisse' in den 20er Jahren ... kaum denkbar" (*Scheer*). Darüber hinaus absorbieren neue und neueste Forschungsrichtungen wie „Law and Economics", „Institutional Economics", „Evolutionary Economics", „Bioeconomics" oder „New Economic History" in unterschiedlichem Grade historistisches Gedankengut.

Literatur

Alle wichtigen **Originalquellen** sind mit ihrem jeweiligen Titel und Erscheinungsjahr fortlaufend im Text angegeben. Aus der nachfolgend aufgeführten **Sekundärliteratur** werden zur ergänzenden bzw. vertiefenden Lektüre primär empfohlen: *Eucken* (1940), *Weippert* (1953), *Eisermann* (1956), *Winkel* (1977), *Betz* (1988), *Häuser* (1994 a).

Backhaus, J. G., Das Althoff System: Eine ökonomische Strukturanalyse, in: *Brocke, B. v.* (Hrsg.), Wissenschaftsgeschichte und Wissenschaftspolitik im Industriezeitalter: Das System Althoff in historischer Perspektive, Hildesheim 1991, S. 455–484.

Backhaus, J. G. (Hrsg.), Gustav von Schmoller und die Probleme von heute, Berlin 1993.

Backhaus, J. G. (Hrsg.), Werner Sombart (1863–1941): Social Scientist, 3 Vols., Marburg 1994.

Balabkins, N. W., Not by Theory alone ..., The Economics of Gustav von Schmoller and Its Legacy to America, Berlin 1988.

Besters, H. (Hrsg.), Die Bedeutung Friedrich Lists in Vergangenheit und Gegenwart, Baden-Baden 1990.

Betz, H. K., How Does the German Historical School fit?, in: History of Political Economy, Vol. 20 (1988), S. 409–430.

Bock, M.; Homann, H.; Schiera, P. (Hrsg.), Gustav Schmoller heute: die Entwicklung der Sozialwissenschaften in Deutschland und Italien, Bologna und Berlin 1989.

Boese, F., Geschichte des Vereins für Socialpolitik, 1872–1932, Berlin 1939.

Brocke, B. v. (Hrsg.), Sombarts ‚Moderner Kapitalismus', Materialien zur Kritik und Rezeption, München 1987.

Bürgin, A., Edgar Salin und die Geschichte, Universität Basel, 1992.

Clausing, G. (Hrsg.), Der Stand und die nächste Zukunft der Konjunkturforschung, Festschrift für Arthur Spiethoff, München 1933.

Dorfman, J., The Role of the German Historical School in American Economic Thought, in: The American Economic Review, Papers and Proceedings, Vol. 45 (1955), S. 17–28.

Eisermann, G., Die Grundlagen des Historismus in der deutschen Nationalökonomie, Stuttgart 1956.

Eisermann, G., Friedrich Lists Lebenswerk, in: *Schefold, B.* (Hrsg.), Studien zur Entwicklung der ökonomischen Theorie X, Berlin 1990, S. 11–62.

Eucken, W., Die Überwindung des Historismus, in: Schmollers Jahrbuch, Jg. 62 (1938), S. 191–214.

Eucken, W., Wissenschaft im Stile Schmollers, in: Weltwirtschaftliches Archiv, Bd. 52 (1940), S. 468–506.

Faucci, R., Gibt es einen Fall Schmoller?, Zur Rezeption der Historischen Schule in Italien, in: *Backhaus, J. G.* (Hrsg.), Gustav Schmoller und die Probleme von heute, Berlin 1993, S. 81–96.

Groenewegen, P. D., Wilhelm Roschers „Geschichte der National-Oekonomik in Deutschland“, in: *Schefold, B.* (Hrsg.), Vademecum zu einem Klassiker der deutschen Dogmengeschichte, Düsseldorf 1992, S. 133–157.

Harada, T., Politische Ökonomie des Idealismus und der Romantik, Korporatismus von Fichte, Müller und Hegel, Berlin 1989.

Hardach, K., Friedrich List als deutscher Industrialisierungsideologe, Beitrag zu einer wirtschaftshistorischen Wirkungsanalyse, in: *Schefold, B.* (Hrsg.), Studien zur Entwicklung der ökonomischen Theorie X, Berlin 1990, S. 115–152.

Häuser, K., Friedrich List: Sein Leben und Wirken, in: *Recktenwald, H. C.* (Hrsg.), Friedrich List – eine moderne Würdigung, Düsseldorf 1989, S. 29–47.

Häuser, K., Das Ende der historischen Schule und die Ambiguität der deutschen Nationalökonomie in den zwanziger Jahren, in: *Nörr, K. W.; Schefold, B.; Tenbruck, F.* (Hrsg.), Geisteswissenschaften zwischen Kaiserreich und Republik, Stuttgart 1994(a), S. 47–74.

Häuser, K., Finanzwissenschaft der zwanziger Jahre und das Ende der historischen Schule, in: *Rieter, H.* (Hrsg.), Studien zur Entwicklung der ökonomischen Theorie XIII, Berlin 1994(b), S. 143–164.

Hentschel, V., Die deutschen Freihändler und der volkswirtschaftliche Kongreß, 1858–1885, Stuttgart 1975.

Journal of Institutional and Theoretical Economics (JITE), Bd. 144, Heft 3 (1988): Views and Comments on Gustav Schmoller and the Methodenstreit, S. 524–600.

Kadish, A., The Oxford Economists in the Late Nineteenth Century, Oxford 1982.

Kaufhold, K. H., Gustav von Schmoller (1838–1917) als Historiker, Wirtschafts- und Sozialpolitiker und Nationalökonom, in: Vierteljahresschrift für Sozial- und Wirtschaftsgeschichte, 75. Bd. (1988), S. 217–252.

Koot, G. M., English Historical Economics, 1870–1926: The Rise of Economic History and Neomercantilism, Cambridge 1987.

Lenger, F., Werner Sombart 1863–1941. Eine Biographie, München 1994.

Lifschitz, F., Die historische Schule der Wirtschaftswissenschaft, Bern 1914.

Lindenlaub, D., Richtungskämpfe im Verein für Socialpolitik, 2 Teile, Wiesbaden 1967.

O'Brien, J. C. (Ed.), Gustav von Schmoller: Social Economist, in: International Journal of Social Economics, Vol. 16 (1989), S. 1–131.

Preiser, E., Politische Ökonomie im 20. Jahrhundert, Probleme und Gestalten, München 1970.

Priddat, B. P., Hegel als Ökonom, Berlin 1990.

Recktenwald, H. C. (Hrsg.), Vademecum zu einem Klassiker der historischen Methode in der ökonomischen Wissenschaft, Kommentar zur Faksimile-Ausgabe von „Gustav von Schmoller, Grundriß der Allgemeinen Volkswirtschaftslehre“, Düsseldorf 1989.

Rentrup, K., Heinrich von Storch, „Handbuch der Nationalwirthschaftslehre“ und die Konzeption der „inneren Güter“, Heidelberg 1989.

Rieter, H., und *Schmolz, M.*, The Ideas of German Ordoliberalism 1938–1945: pointing the way to a new economic order, in: The European Journal of the History of Economic Thought, Vol. 1 (1993), S. 87–114.

Rossi, P., Vom Historismus zur historischen Sozialwissenschaft, Heidelberger Max Weber-Vorlesungen 1985, Frankfurt am Main 1987.

Rothacker, E., Das Wort „Historismus", in: Zeitschrift für deutsche Wortforschung, Bd. 16 (1960), S. 3–6.

Scheer, C., Die deutsche Finanzwissenschaft 1918–1933 – Ein Überblick, in: *Rieter, H.* (Hrsg.), Studien zur Entwicklung der ökonomischen Theorie XIII, Berlin 1994, S. 11–141.

Schefold, B., Karl Bücher und der Historismus in der Deutschen Nationalökonomie, in: *Hammerstein, N.* (Hrsg.), Deutsche Geschichtswissenschaft um 1900, Stuttgart 1988, S. 239–267.

Schefold, B., Schmoller als Theoretiker, in: *Recktenwald, H. C.* (Hrsg.), Vademecum zu einem Klassiker der historischen Methode in der ökonomischen Wissenschaft, Düsseldorf 1989, S. 77–103.

Schefold, B., Nationalökonomie als Geisteswissenschaft, Edgar Salins Konzept einer Anschaulichen Theorie, in: List Forum für Wirtschafts- und Finanzpolitik, Bd. 18 (1992), S. 303–324.

Schefold, B., und *Peukert, H.*, Wirtschaftssysteme im historischen Vergleich: ein Projekt, in: Jahrbuch für Wirtschaftsgeschichte, 1992/1, S. 243–254.

Schefold, B., Nationalökonomie und Kulturwissenschaften: Das Konzept des Wirtschaftsstils, in: *Nörr, K. W.; Schefold, B.; Tenbruck, F.* (Hrsg.), Geisteswissenschaften zwischen Kaiserreich und Republik, Stuttgart 1994, S. 215–242.

Scherf, H., Lists „Nationales System der politischen Oekonomie", in: *Recktenwald, H. C.* (Hrsg.), Friedrich List – eine moderne Würdigung, Düsseldorf 1989, S. 91–110.

Schiera, P., und *Tenbruck, F.* (Hrsg.), Gustav Schmoller in seiner Zeit: die Entstehung der Sozialwissenschaften in Deutschland und Italien, Bologna und Berlin 1989.

Schmidt, K.-H., Lists Theorie der produktiven Kräfte, in: *Schefold, B.* (Hrsg.), Studien zur Entwicklung der ökonomischen Theorie X, Berlin 1990, S. 79–102.

Schmoller, L. (Hrsg.), Gustav Schmoller, Die soziale Frage: Klassenbildung, Arbeiterfrage, Klassenkampf, München und Leipzig 1918.

Schnädelbach, H., Philosophie in Deutschland 1831–1933, Frankfurt am Main 1983.

Schneider, E., Einführung in die Wirtschaftstheorie, Ausgewählte Kapitel der Geschichte der Wirtschaftstheorie, IV. Teil, 1. Bd., Tübingen 1962.

Schüller, R., Die klassische Nationalökonomie und ihre Gegner, Zur Geschichte der Nationalökonomie und Socialpolitik seit A. Smith, Berlin 1895.

Schumacher, H., Zur Übernahme des Jahrbuchs, in: Schmollers Jahrbuch für Gesetzgebung, Verwaltung und Volkswirtschaft im Deutschen Reiche, 42. Jg. (1918), S. 1–10.

Schumann, J., Heinrich von Storch: Originäre nationalökonomische Beiträge eines russischen Klassikers deutscher Herkunft, in: *Rieter, H.* (Hrsg.), Studien zur Entwicklung der ökonomischen Theorie XII, Berlin 1992, S. 33–63.

Schumpeter, J., Gustav von Schmoller und die Probleme von heute, in: Schmollers Jahrbuch für Gesetzgebung, Verwaltung und Volkswirtschaft im Deutschen Reiche, 50. Jg. (1926), S. 337–388; wiederabgedruckt in: *Schumpeter,*

J. A., Dogmenhistorische und biographische Aufsätze, Tübingen 1954, S. 148–199.

Stadler, M., Institutionalismus heute: Kritische Auseinandersetzung mit einer unorthodoxen wirtschaftswissenschaftlichen Bewegung, Frankfurt am Main, New York 1983.

Streissler, E., Carl Menger, der deutsche Nationalökonom, in: *Schefold, B.* (Hrsg.), Studien zur Entwicklung der ökonomischen Theorie X, Berlin 1990, S. 153–195.

Streissler, E. W., Wilhelm Roscher als führender Wirtschaftstheoretiker, in: *Schefold, B.* (Hrsg.), Vademecum zu einem Klassiker der Historischen Schule, Düsseldorf 1994, S. 37–121.

Tönnies, F., Die Entwicklung der sozialen Frage bis zum Weltkriege, 4. Auflage, Berlin und Leipzig 1926.

Ulrich, H., und *Probst, G. J. B.*, Anleitung zum ganzheitlichen Denken und Handeln, Ein Brevier für Führungskräfte, Stuttgart/Bern 1988.

Vandewalle, G., Romanticism and neo-romanticism in political economy, in: History of Political Economy, Vol. 18 (1986), S. 33–48.

Weippert, G., Werner Sombarts Gestaltidee des Wirtschaftssystems, Göttingen 1953.

Wilbrandt, R., Einführung in die Volkswirtschaftslehre, Bd. I: Die Entwicklung der Volkswirtschaftslehre, Stuttgart 1924.

Wilbrandt, R., Das Ende der historisch-ethischen Schule, in: Weltwirtschaftliches Archiv, 24. Bd. (1926 II), S. 73–108 und 228–274.

Winkel, H., Die deutsche Nationalökonomie im 19. Jahrhundert, Darmstadt 1977.

Winkel, H., Gustav von Schmoller, in: *Starbatty, J.* (Hrsg.), Klassiker des ökonomischen Denkens, 2. Bd., München 1989, S. 97–118 und 332–333.

Wiskemann, E., und *Lütke, H.* (Hrsg.), Der Weg der deutschen Volkswirtschaftslehre, Ihre Schöpfer und Gestalter im 19. Jahrhundert, Berlin 1937.

Wittkau, A., Historismus, Zur Geschichte des Begriffs und des Problems, Göttingen 1992.

Die Wegbereiter der modernen Preis- und Kostentheorie

Jochen Schumann

1. Einführung

Die theoriengeschichtliche Herkunft der modernen Preis- und Kostentheorie darzustellen heißt, die Bestimmungsgründe für die Güter- und Faktorpreise in den Sichtweisen verschiedener einzelner oder zu Schulen zusammengefaßter Wirtschaftstheoretiker herauszuarbeiten und die Fortentwicklung des preis- und kostentheoretischen Denkens bis zum gegenwärtigen Stand erkennbar zu machen. Wir behandeln unter 2. objektivistische und subjektivistische Wert- und Preislehren, die sich nicht nur mit den in modernen Theorien dominierenden quantitativen Bestimmungsgründen für Güter- und Faktorpreise befassen, die vielmehr auch fragen, ob das, was Kosten und Preise erklärt, von personenbezogenen Wertungen unabhängig oder abhängig ist. Unter 3. erläutern wir die Entstehung von Theorien, die die Preisbildung in Abhängigkeit von den Marktformen der vollständigen Konkurrenz, des Monopols, der monopolistischen Konkurrenz und des Oligopols sehen. Unter 4. gehen wir auf Weiterentwicklungen der Faktorpreisbildungstheorien ein. Schließlich schildern wir unter 5. wichtige neuere Entwicklungen der Preis- und Kostentheorie.

2. Objektivistische und subjektivistische Wert- und Preislehren

2.1. Vorläufer

Schon *Aristoteles* (384–322 v. Chr.) unterschied den durch subjektive Bedürfnisse begründeten Wert eines Gutes gemäß dessen ihm eigentümlichen Gebrauch (**Gebrauchswert**) von dem objektiven Wert eines Gutes beim Tausch gegen die äquivalente Menge eines anderen Gutes oder gegen Geld (**Tauschwert**) (Politik I 9, 1257 a 5; Nikomachische Ethik V 8, 1122 a 19). Mittelalterliche Scholastiker vertieften diese Unterscheidung, indem sie den Gebrauchswert sinngemäß durch den **Nutzen** beschrieben, in welchem sie keine Eigenschaft des Gutes selbst sahen, sondern dessen von einer Person empfundene subjektive Bedeutung für die Bedürfnisbefriedigung; den Tauschwert brachten sie mit den Produktionskosten des Gutes, insbesondere mit Arbeitskosten, in Verbindung (*Schumpeter*, 1965, I, 144).

2.2. Objektivistische Wert- und Preistheorie

2.2.1. Preistheorie der klassischen Schule

Die englische klassische Schule, repräsentiert vor allem durch *Adam Smith* (1723–1790) und *David Ricardo* (1772–1823), sieht im Gebrauchswert eines Gutes, da er von verschiedenen Personen verschieden eingeschätzt wird, eine Voraussetzung, jedoch keinen Bestimmungsgrund des Tauschwertes und des Preises (z.B. *Ricardo* 420). Gemäß der klassischen **Wertantinomie** besteht häufig sogar eine offenkundige Diskrepanz zwischen dem Gebrauchs- und dem Tauschwert (*Smith* Buch 1, 27, *Ricardo* 35): Wasser hat einen hohen Gebrauchs-, aber geringen Tauschwert; bei Diamanten ist es umgekehrt. Für den Tauschwert kommen nach klassischer Auffassung nur objektive Bestimmungsgründe in Betracht. Der **relative Tauschwert** zweier Güter, d.h. ihr Austauschmengenverhältnis und damit dessen Kehrwert: ihr **Preisverhältnis,** wird bei *Smith* auf der untersten Stufe der Entwicklung, die der Bodenaneignung und der Kapitalakkumulation vorangeht, vom Verhältnis der zur Bereitstellung der Güter eingesetzten Arbeitsmengen bestimmt, z.B. vom Verhältnis der zum Jagen eines Bibers und eines Hirsches erforderlichen, in Stunden ausgedrückten Arbeitsmengen; die Arbeitskosten sind hier einziger Preisbestandteil (*Smith* Buch 1, 42f.). Auf höherer Entwicklungsstufe ist es das Verhältnis der jeweils aus Arbeitskosten, Bodenrente und Profit bestehenden Produktionskosten, das das Preisverhältnis zweier Güter bestimmt; der Preis hat dementsprechend drei Bestandteile (*Smith* Buch 1, 44f.). Nach *Ricardo* kann man bei der Bestimmung des relativen Tauschwertes zweier Güter von anderen Kosten als Arbeitskosten in erster Annäherung abstrahieren und das **Tausch- bzw. Preisverhältnis** durch die auf eine einheitliche Arbeitsqualität umgerechneten **Arbeitsmengen approximieren** (vgl. auch *Schumpeter* I, 1965, 724). Genau genommen wären zumindest zwei Bestimmungsgründe zu berücksichtigen, die das durch die relativen Arbeitsmengen angenäherte Preisverhältnis modifizieren (*Ricardo,* Kap. 1, Abschnitte 3 und 4): Erstens die im dauerhaften Sachkapital enthaltenen Arbeitsmengen; zweitens eine in der Produktion der Güter unterschiedlich lange Bindung von Geldkapital, welches pro Periode mit einer Profitrate zu verzinsen ist. Grundsätzlich sind es bei *Ricardo* Arbeitskosten und Profit auf dem schlechtesten zur Produktion eines Gutes herangezogenen Boden, die dessen in Geld ausgedrückten Preis bestimmen. Bodenrente entsteht nur als Differentialgewinn für bessere Böden; sie ist dementsprechend kein Bestimmungsgrund für den Preis, sondern Folge des einheitlichen Preises für alle Mengeneinheiten eines Gutes, das auf Böden verschiedener Qualität produziert wird (*Ricardo,* Kap. 2).

Der **Lohnsatz** für eine Arbeitsstunde ist nach klassischer Lehre tendenziell so hoch, daß ein Arbeiter von seinem Lohn „Lebensmittel, Bedarfsartikel und Annehmlichkeiten" (*Ricardo* 80; ähnlich *Smith* Buch 1, 67f.) kaufen kann, die ihn gewohnheitsmäßig, nach den herrschenden Ansprüchen an die Lebenshaltung, gerade in die Lage versetzen, die Arbeitsstunde zu reproduzieren. Dieser gewohnheitsmäßige Existenz- oder Reproduktionslohnsatz ist der **natürliche Lohnsatz** (*Ricardo* 81). Jeder höhere Marktlohnsatz würde dazu führen, daß auf Grund geringerer Kindersterblichkeit und größerer Geburtenhäufigkeit die Bevölkerung und das Arbeitsangebot zunehmen, mithin der Lohnsatz wieder sinkt; jeder niedrigere Lohnsatz würde analog eine Verminderung des Arbeitsangebotes und ein Steigen des Lohnsatzes einleiten. Der **Marktlohnsatz tendiert** auf Grund endogener Veränderungen des Arbeitsangebotes also stets **zum natürlichen Lohnsatz.**

Die klassische Profittheorie bezeichnet als **allgemeine** (oder: übliche, durchschnittliche, gewöhnliche, normale) **Profitrate** diejenige Geldkapitalverzinsung, die die Bereitschaft von Kapitalanlegern hervorruft, Konsumabstinenz und Verlustrisiko hinzunehmen und das zur Durchführung der Produktion erforderliche Geldkapital aufzubringen (*Smith,* Buch 1, Kap. 9; *Ricardo,* Kap. 4). Eine über die allgemeine Profitrate hinausgehende Verzinsung würde zusätzliches Geldkapital in die Produktion eines Gutes lenken, dessen Angebot erhöhen und die Profitrate senken; eine Verzinsung unterhalb der allgemeinen Profitrate würde das in der Produktion des Gutes angelegte Geldkapital vermindern, das Angebot des Gutes reduzieren und die Profitrate steigern. Die **Profitrate tendiert** daher auf Grund der Mobilität des Geldkapitals und der Veränderung des Güterangebotes stets **zur allgemeinen Profitrate.**

Die Entlohnung der Arbeit zum natürlichen Lohnsatz und die Verzinsung des Geldkapitals mit der allgemeinen Profitrate definieren bei gegebenem Stand der Technik, damit gegebenem Arbeits- und Geldkapitaleinsatz, den in Geld ausgedrückten **natürlichen Preis** eines Gutes (*Smith,* Buch 1, Kap. 7; *Ricardo,* Kap. 4). Auf Grund der beschriebenen Anpassungstendenz eines vom natürlichen Lohnsatz abweichenden Marktlohnsatzes und einer von der allgemeinen Profitrate abweichenden Profitrate hat ein vom natürlichen Preis abweichener Marktpreis eines Gutes die Tendenz, sich diesem anzupassen; der **natürliche Preis** eines Gutes ist das **Schwankungszentrum des Marktpreises.**

Insoweit das Verhältnis der Tauschwerte zweier Güter durch das Verhältnis der Arbeitsmengen ausgedrückt wird (bei *Smith* auf der untersten Entwicklungsstufe, bei *Ricardo* – jedoch nur approximativ – auch auf höheren Entwicklungsstufen), kann man sagen, daß die Klassiker in der **Arbeit** einen **objektiven Maßstab für den relativen Wert** und damit den **relativen Preis** eines Gutes sehen. Zwar wollte insbesondere *Ricardo* mehr, nämlich die Arbeit als unveränderlichen Maßstab für den absoluten Wert eines Gutes etablieren (Kap. 1, Abschnitt 7); er sah jedoch die unüberwindlichen Schwierigkeiten. Die klassische Wert- und Preislehre ist daher nur **in beschränktem Sinn eine Arbeitswertlehre.** Bezieht man die Theorie des natürlichen Lohnsatzes und die der allgemeinen Profitrate als Bestimmungsgründe des **natürlichen Preises** in eine Würdigung ein, so zeigen sich zudem überraschende **subjektivistische Elemente:** Der Reproduktionslohnsatz hängt entscheidend von den subjektiven Ansprüchen der Arbeiter an die Lebenshaltung ab, die allgemeine Profitrate wird entscheidend durch die subjektive Bereitschaft der Geldkapitalgeber zu Konsumabstinenz und Risikoübernahme geprägt. Die in der Geschichte der Wirtschaftstheorie stets als objektivistisch eingeordnete klassische Wert- und Preislehre erfüllt dieses Kriterium mithin nur unvollständig: Zwar ist das Verhältnis der Arbeitsmengen von personenbezogenen Wertungen unabhängig, daher objektivistisch; es erklärt die relativen Preise aber nur, wenn Arbeit, wie auf der untersten Entwicklungsstufe, einziger Preisbestandteil ist; auf höheren Entwicklungsstufen erklärt es die relativen Preise bestenfalls näherungsweise. Die aus Arbeitskosten und Profit bestehenden Produktionskosten bestimmen den natürlichen Preis eines Gutes nicht nur auf Grund von personenunabhängigen Sachverhalten, denn der natürliche Lohnsatz und die allgemeine Profitrate hängen auch von personenbezogenen Wertungen ab.

2.2.2. Marxistische Wert- und Preistheorie

Nach der Theorie von *Karl Marx* (1818–1883) erwirbt bei kapitalistischer Warenproduktion der Kapitalist mit Geld Produktionsmittel (darunter auch Vorleistungen und Rohstoffe) und Arbeitskraft; die damit produzierten Waren wandelt er durch Verkauf wieder in (mehr) Geld um. Wie in der klassischen Theorie ist der Gebrauchswert einer Ware Voraussetzung dafür, daß sie Tauschwert erlangen kann (I, 45). Der Tauschwert ist nur die äußere Erscheinungsform des Wertes, sein Wesen oder seine Substanz ist die menschliche Arbeit. Eine Ware ist **vergegen-**

ständlichte Arbeit. Maß der Arbeit und damit des Wertes ist die auf eine einheitliche Arbeitsqualität, „einfache Arbeit", umgerechnete Arbeitszeit. Nach dem **Wertgesetz** bemißt sich der Tauschwert einer Ware nach der zu ihrer Herstellung „gesellschaftlich notwendigen Arbeitszeit", womit die Durchschnittsbedingungen der Produktion dieser Ware gemeint sind (vgl. I, 43). Da auch die Arbeitskraft Warencharakter hat, ist der Tauschwert der Arbeitskraft gleich der zu ihrer Bereitstellung oder Reproduktion gesellschaftlich notwendigen Arbeitszeit, d.h. er wird bestimmt durch den Wert der Lebensmittel und sonstigen Bedarfsgegenstände, welche die Arbeitskraft gerade erneuern (I, 178ff.). Wenn beispielsweise mit 12 Stunden Arbeitskraft und einem Produktionsmittelverzehr (konstantem Kapital c) im Wert von 2 Arbeitsstunden eine Ware erzeugt wird, so ist deren Wert (w) gleich 14 Arbeitsstunden; die Arbeitskraft ist daran mit einem Wert von 12 beteiligt. Ihr eigener Wert (als variables Kapital v) und damit ihre Reproduktionsentlohnung ist jedoch geringer, z.B. 6 Stunden. Der Überschuß (w-c-v) ist der **Mehrwert** (m), der allein der Arbeitskraft zugerechnet wird; er beträgt hier 6 Stunden. Den Mehrwert eignet sich der Kapitalist an, er beutet damit die Arbeitskraft aus (I, 207ff.).

Marx entwickelt seine Wertlehre von vornherein als **reine Arbeitswertlehre:** Die für die Produktion einer Ware erforderliche **Arbeitszeit definiert den Wert** der Ware. Anders als bei den Klassikern sollen die in zwei Waren eingehenden Arbeitsmengen nicht nur ein (näherungsweises) Maß für deren Wertverhältnis sein; jede dieser Arbeitsmengen ist bei *Marx* vielmehr die geronnene Wertsubstanz, aus der die Ware besteht.

Eine wichtige Frage ist nun, ob *Marx* seine Theorie des Wertes auch als Theorie der Preise verstanden wissen will, ob also die als Wertsubstanz der Waren definierten Arbeitsmengen auch deren Preisrelationen erklären sollen. Träfe dies zu, dann hätte *Marx* das von *Ricardo* vergeblich verfolgte Ziel, die Arbeit als absoluten Wertmaßstab zur Erklärung von Preisen zu etablieren, erreicht. Es zeigt sich jedoch, daß die *Marxsche* Wertlehre **nur in einem Sonderfall zugleich eine Preistheorie** ist, nämlich bei einer in allen Warenproduktionen der Volkswirtschaft **gleichen organischen Zusammensetzung des Kapitals** (Verhältnis von konstantem Kapital c zur Summe aus variablem und konstantem Kapitel v + c, verwandt mit der Kapitalintensität); dies ist in den Bänden I und II unterstellt (vgl. zum Folgenden auch *Schumann* 1977). In diesem Fall ist in jeder Warenproduktion der (in Arbeitsstunden ausgedrückte) Mehrwert m gleich dem (in Arbeitsstunden ausgedrückten) Durchschnittsprofit p. Der Wert der Waren c + v + m ist dann gleich dem (ebenfalls in Arbeitsstunden ausgedrückten) *Marx*schen Produktionspreis c + v + p. Der

Durchschnittsprofit **entspricht** dem klassischen (sich aus der allgemeinen Profitrate ergebenden) **allgemeinen Profit,** der **Produktionspreis** dem klassischen **natürlichen Preis.** Da eine überall gleiche organische Zusammensetzung des Kapitals eine höchst unrealistische, durch keine ökonomische Anpassungstendenz gerechtfertigte Annahme ist, hebt *Marx* diese in Band III auf. Er muß damit aber hinnehmen, daß regelmäßig der Mehrwert m in einer Warenproduktion vom Durchschnittsprofit p abweicht, und zwar nach oben, wenn die organische Zusammensetzung des Kapitals in dieser Produktion unter dem volkswirtschaftlichen Durchschnitt liegt, und nach unten, wenn sie diesen Durchschnitt übersteigt (III, Kap. 9). Dann **divergieren** auch der **Wert und der Produktionspreis** der Ware.

Im Regelfall bietet also die *Marx*sche Wertlehre keine Preiserklärung; sie ist vielmehr als eine von der Preistheorie gesonderte Theorie aufzufassen und unterscheidet sich diesbezüglich von der klassischen wie auch von der im folgenden erläuterten subjektivistischen Wertlehre. Die *Marx*sche Wertlehre hat die Funktion, eine Ausbeutung der Arbeitskraft zu begründen, die jedoch ökonomisch nicht überzeugt; denn ohne die *Marx*sche Ausbeutung gäbe es keine anderen Einkommen als Arbeitseinkommen, auch keinen allgemeinen Profit als Verzinsung eingesetzten Geldkapitals, folglich keinen Anreiz zur Geldkapitalbildung durch Konsumabstinenz und zur Risikoübernahme, folglich auch keine Investitionen und kein Wachstum.

Die Preistheorie bei *Marx* geht grundsätzlich nicht über die klassische hinaus: Die Arbeitskraft wird tendenziell zu ihren Reproduktionskosten entlohnt, die Profitrate tendiert zur klassischen allgemeinen Profitrate, der Produktionspreis entspricht dem natürlichen Preis und ist das Schwankungszentrum des Marktpreises. Bezüglich des Anspruchs, eine objektivistische Erklärung von Preisen zu bieten, sind gegen sie die gleichen Einwände zu machen wie gegen die klassische Theorie.

2.3. Subjektivistische Wert- und Preistheorie

Der subjektivistischen Wertlehre, vertreten durch die **Grenznutzenschule,** gelingt, was die Klassiker nicht für möglich hielten, nämlich den relativen Tauschwert der Güter, d.h. ihr Austauschmengen- und damit ihr Preisverhältnis, aus den Gebrauchswerten, und zwar jeweils der letzten verbrauchten Gütereinheiten (aus den Grenznutzen), herzuleiten.

Wichtigster Vorläufer der Grenznutzenschule war der Deutsche *Hermann Heinrich Gossen* (1854). Mit der Aussage „Die Größe ein und desselben Genusses nimmt, wenn wir mit der Bereitung des Genusses ununterbrochen fortfahren, fortwährend ab, bis zuletzt Sättigung eintritt" (4f.) führt er die Annahme eines positiven, abnehmenden Grenznutzens ein. Mit der Aussage „Der Mensch erlangt ... ein Größtes von Lebensgenuß, wenn er sein ganzes erarbeitetes Geld ... der Art auf die verschiedenen Genüsse vertheilt, ... daß bei jedem einzelnen Genuß das letzte darauf verwendete Geldatom den gleich großen Genuß gewährt" (93f.) formuliert er die für das Nutzenmaximum eines Haushalts notwendige Bedingung eines Ausgleichs der Grenznutzen des Geldes. Die beiden Aussagen sind seit *Wieser* als **Erstes und Zweites Gossensches Gesetz** bekannt.

Der Durchbruch der Grenznutzenschule erfolgte um 1870 mit den voneinander unabhängig entstandenen Werken des Engländers *Stanley Jevons* (1835–1882), des Österreichers *Carl Menger* (1840–1921) und des in Lausanne/Schweiz lehrenden Franzosen *Léon Walras* (1834–1910). Die Autoren verwenden eine unterschiedliche Terminologie für Nutzen und Grenznutzen; alle sehen in den Nutzeneinschätzungen der Verbraucher Ursache und Bestimmungsgrund für den Wert und den Tauschwert eines Gutes. Der Nutzen der zuletzt verbrauchten Gütereinheit, d.h. der **Grenznutzen,** der mit zunehmender Verbrauchsmenge abnimmt (Erstes Gossensches Gesetz), ist **entscheidend auch für den Wert der übrigen verbrauchten Gütereinheiten.** Ein Nutzenmaximum wird erreicht, wenn alle Bedürfnisse so weit befriedigt werden, daß der durch den Güterpreis dividierte Grenznutzen eines jeden Gutes (der Grenznutzen des Geldes) gleich ist (Zweites Gossensches Gesetz). Auf diese Weise ließ sich die klassische Wertantinomie lösen: Ein Gut wie Wasser, das reichlich vorhanden ist, mag einen hohen Gesamtnutzen haben, doch ist der Nutzen der letzten Einheit klein, der Wert damit gering. Ein Gut wie Diamanten, das in nur kleiner Menge vorhanden und auch nicht vermehrbar ist, mag einen geringen Gesamtnutzen haben, doch ist der Nutzen der letzten Einheit, damit sein Wert hoch.

Während die Klassiker gesonderte Theorien für die einzelnen Bestandteile des Preises, insbesondere Lohn und Profit, entwickelten, hatte die Grenznutzenschule den Anspruch, die **Kostenbestandteile aus einem einheitlichen Prinzip,** dem Grenznutzenprinzip, abzuleiten; und dies nicht nur für Konsumgüter, sondern auch für Güter, die als Faktoren in der Produktion eingesetzt werden. *Jevons* sowie *Menger* und andere Autoren der Österreichischen Schule hatten allerdings Schwierigkeiten, diesem Anspruch gerecht zu werden. *Jevons* legt den Schwerpunkt seiner Untersuchung auf den Fall des isolierten Tausches gegebener Gütermengen zwischen zwei Haushalten. In der Aussage, daß jeder sein Nutzenmaximum erreicht, wenn das Verhältnis der Grenznutzen der beiden Güter für jeden gleich dem Verhältnis der Güterpreise ist (die dem Zweiten Gossenschen Gesetz entspricht), sieht *Jevons* den Kern der Tauschtheorie (91); sie reicht jedoch zur Bestimmung des Preisverhältnisses und der getauschten Mengen nicht aus, ist vielmehr für jeden Punkt auf einer Kontraktkurve (wie sie kurze Zeit später von *Edgeworth* (20ff.) entwickelt wurde) erfüllt. Auch *Jevons'* Übergang zum Fall beliebig vieler Tauschpartner ist unbefriedigend, weil er mit einem kollektiven Grenznutzen argumentiert, ohne das Problem der Aggregation von Grenznutzen zu erkennen. Andererseits bezieht *Jevons* (wie früher schon *Gossen*) das Arbeitsangebot eines Haushalts in die Nutzenüberlegungen ein; dieses wird so lange ausgedehnt, bis sich positiver Grenznutzen aus den mit dem Arbeitslohn gekauften Gütern und negativer Grenznutzen (**Arbeitsleid**) betragsmäßig angeglichen haben (164).

Menger (144) betont, der Wert von „Gütern höherer Ordnung" sei bedingt durch den Wert der „Güter niederer Ordnung"; d.h., Zwischenprodukte werden als unfertige, verschiedene Produktionsstufen durchlaufende Konsumgüter aufgefaßt, die ihren Tauschwert letztlich von den auf der Endstufe produzierten Konsumgütern, den „Gütern 1. Ordnung" herleiten. Die **Zurechnung des Wertes von Verbrauchsgütern zu Gütern der vorgelagerten Stufen** bereitet den Vertretern der Österreichischen Schule jedoch Schwierigkeiten. *Wieser* (3. Abschnitt) schlägt vor, den Grenzbeitrag eines Faktors an der Bedürfnisbefriedigung, die das Konsumgut leistet, durch den Nutzenverlust zu umschreiben, der durch Einschränkung des Faktoreinsatzes um eine Einheit bei konstantem Einsatz der anderen Faktoren entsteht. Nach diesem Verfahren bemessen sich Wert und Preis eines Faktors nach seiner Grenzproduktivität, multipliziert mit dem Grenznutzen des mit diesem Faktor produzierten Gutes. **Lohnsatz, Zinssatz** und **Rente** werden dann durch den **Grenznutzen der Produktion bestimmt, die unter den ungünstigsten Voraussetzungen noch zur Ausführung gelangt** (*Böhm-Bawerk* 203). Für eine Robinson-Crusoe-Wirtschaft mag dieses Verfahren akzeptabel sein; für eine arbeitsteilige Wirtschaft bleibt offen, ob Preismechanismus und Allokation so wirken, daß sich die Faktorpreise nach „Grenznutzen × Grenzproduktivität" richten. Die Vertreter der Österreichischen Schule machten große gedankliche Anstrengungen, das Zurechnungsproblem in diesem Sinne zu lösen; sie erkannten noch nicht, daß in einer mikroökonomischen Totalanalyse, in der sich die Haushalte nach dem Zweiten Gossenschen Gesetz verhalten, unter anderem auch die Faktorpreise determiniert sind.

Walras, dem berühmten Vertreter der Lausanner Schule, gelingt es, eine solche **Totalanalyse** durchzuführen und damit der **Theorie einer Konkurrenzwirtschaft** erstmals eine **formal-analytische Begründung** zu geben: Jeder einzelne Haushalt verfügt über gegebene Mengen (Erstausstattungen) an „produktive Dienste" genannten Faktorleistungen, d.h. an verschiedenen Varianten von Arbeitsmengen, Sachkapital- und Bodenleistungen. Bestimmungsgründe seines Nutzens gemäß einer (kardinalen) Nutzenfunktion sind außer den von den Unternehmungen zu erwerbenden Gütern auch die Eigenverbräuche an produktiven Diensten. Ein **Haushalt maximiert seine Nutzenfunktion als Mengenanpasser,** d.h. bei gegebenen Güter- und Faktorpreisen, unter der **Nebenbedingung,** daß seine aus dem Verkauf von produktiven Diensten resultierenden Einnahmen seine Güterausgaben decken. Daraus resultieren die **allgemeine Angebotsfunktion für jeden produktiven Dienst** und die **allgemeine Nachfragefunktion für jedes Gut;** für jeden Dienst bzw. jedes Gut wird über alle Haushalte aggregiert. Analog ergeben sich aus der **Maximierung der Gewinnfunktion bei Mengenanpassung** für jede **Unternehmung** unter der **Nebenbedingung** einer gegebenen (bei *Walras* zunächst als linear-limitational, später – in Lektion 36 – auch als substitutional unterstellten) Produktionsfunktion die **allgemeinen Nachfragefunktionen für die produktiven Dienste** und die **allgemeinen Angebotsfunktionen für die Güter,** die über alle Unternehmungen aggregiert werden. Einschließlich der **Marktgleichgewichtsbedingungen,** nach denen Markträumung eintritt, d.h. für jeden produktiven Dienst und jedes Gut die insgesamt angebotene gleich der insgesamt nachgefragten Menge sein muß, besteht das Modell aus einer Zahl von Unbekannten, die um eins höher ist als die Zahl der (voneinander unabhängigen) Gleichungen. Durch Normierung einer Unbekannten, und zwar des Preises eines beliebig gewählten „Zählgutes", auf eins vermindert sich die Zahl der Unbekannten auf die der Gleichungen. Wird Existenz einer Lösung unterstellt, dann beschreibt die Lösung die **Gleichgewichtswerte aller Preise** (bezogen auf den Preis eins des Zählgutes) **und aller Angebots- und Nachfragemengen** der einzelnen Haushalte und Unternehmungen. *Walras* gelingt es damit, das Grenznutzenprinzip in ein Modell der vollständigen Konkurrenz einzubauen, das simultan alle Preise und Mengen bestimmt; das Zweite Gossensche Gesetz ist im totalen mikroökonomischen Gleichgewicht für jeden Haushalt erfüllt. Die Gleichungen, die, aus der Nutzenmaximierung mit Nebenbedingung hergeleitet, den Ausgleich der Grenznutzen des Geldes zum Ausdruck bringen, sind nichts anderes als implizite Darstellungen der allgemeinen Güternachfrage- und Faktorangebotsfunktionen eines Haushalts. Die auf subjektiven Nutzeneinschätzungen beruhende Wert- und Preistheorie geht bei *Walras* in einer **Theorie des allgemeinen ökonomischen Gleichgewichts** auf.

Ebenso wie die objektivistische Wert- und Preistheorie subjektivistische Elemente enthält, kommen in der subjektivistischen Wert- und Preistheorie walrasianischer Prägung objektivistische Elemente zum Vorschein: Gleichgewichtspreise und -mengen werden nicht allein von den personenbezogene Wertungen ausdrückenden Nutzenfunktionen bestimmt, sondern auch von zwei personenunabhängigen Sachverhalten. Zum einen müssen die Erstausstattungen und ihre Verteilung auf die Haushalte, als Ausdruck der Eigentumsordnung, gegeben sein; zum anderen handeln die Unternehmungen bei gegebenen Produktionsfunktionen.

Die Begründer der subjektivistischen Theorie faßten **Nutzen und Grenznutzen** jeweils eines Gutes als subjektive, **kardinal meßbare Größen** auf, so daß für eine Person die Nutzen einer Mengenkombination verschiedener Güter zu einem Gesamtnutzen addierbar sind (**additiv-separable Nutzenfunktionen**). Nach *Francis Edgeworth* (1881) ist der Nutzen eine von einer Person einer Gütermengenkombination zugeordnete, kardinal meßbare Größe; der Grenznutzen eines Gutes hängt dann nicht nur von der Menge dieses Gutes, sondern in der Regel auch von den Mengen anderer Güter in der Kombination ab. Aus zwei Gütern bestehende Verbrauchsmengenkombinationen, die jeweils gleich großen Nutzen repräsentieren, lassen sich geometrisch als **Indifferenzkurve** darstellen, in deren Steigung das Verhältnis der Grenznutzen zum Ausdruck kommt. *Vilfredo Pareto* (1906), der von „ophélimité" statt von Nutzen spricht, zeigt schließlich, daß man für die subjektivistische Wert- und Preistheorie keine kardinale Nutzenmeßbarkeit unterstellen muß, daß es vielmehr ausreicht, für eine Person **ordinalen Nutzen,** d. h. Vergleichbarkeit zweier beliebiger Güterkombinationen nur im Sinne von „besser", „schlechter" oder „gleich gut", vorauszusetzen. In axiomatischen Ansätzen versuchte man später, die *Pareto*sche Konzeption zu einer **Theorie der individuellen Wahlakte** umzudeuten, um auch ohne den Begriff des ordinalen Nutzens auszukommen (*Allen, Hicks*). Durch die so angedeutete Fortentwicklung der Nutzentheorie wurden die Annahmen der mikroökonomischen Totalanalyse abgeschwächt; ihre Aussagen berührt das jedoch nicht.

2.4. Marshalls Versuch einer Versöhnung objektivistischer und subjektivistischer Lehren

Nach *Alfred Marshall* (1842–1924) bedarf die Auffassung der englischen Klassiker, daß der Preis eines Gutes mit den Bestandteilen seiner Produktionskosten, und damit von der Angebotsseite her, zu erklären sei, zwar einer korrigierenden Neuinterpretation; sie weise aber keine grundsätzlichen Mängel auf. Bei *Jevons* und „den Österreichern" sei auf Grund des Grenznutzenprinzips die Nachfrageseite mindestens so überbetont wie bei den Klassikern die Angebotsseite. *Marshall* bezeichnet das Produktionskostenprinzip und das Grenznutzenprinzip als die beiden Teile eines jede Preisbildung beherrschenden **Prinzips von Angebot und Nachfrage.** Jeder Teil kann mit einer der beiden Schneiden einer Schere verglichen werden. Hält man eine der Schneiden in Ruhestellung und schneidet durch die Bewegung der anderen, so kann man zwar sagen, daß das Schneiden mit der bewegten Schneide geschieht; letztlich vollbringen jedoch beide den Schnitt (Buch V, Kap. III, 290). *Marshall* übersieht hier, daß die Grenznutzenschule nicht nur die Nachfrage, sondern auch Faktorangebot und Kosten aus dem Grenznutzen erklären will. Nach *Schumpeter* (1965, II, 1123) enthalten beide Schneiden der *Marshall*schen Schere gleiches Material, nämlich subjektive Bewertungen.

Auch *Marshall* führt jedoch den objektivistisch erscheinenden klassischen Kostenbegriff auf subjektive Merkmale zurück. Nach seiner **Realkostentheorie** sind Kosten letztlich Arbeitsanstrengungen, die direkt oder indirekt für die Produktion eines Gutes erforderlich sind, sowie das Warten, das sich mit der Bereitstellung des Geldkapitals verbindet (Buch V, Kap. III, 282). Mit den „Anstrengungen" spricht *Marshall* die *Gossen-Jevons*-Theorie des Arbeitsleides an, die er der klassischen Theorie der Lohnkosten als Bestandteil des Preises sozusagen nachträglich unterschiebt. Die Arbeitsleid-Theorie ist jedoch von ganz anderer Art als die klassische Theorie des natürlichen oder Reproduktionslohnsatzes, die auf Bevölkerung und Arbeitsangebot als endogenen Variablen beruht, wenngleich auch diese Theorie, wie früher angedeutet, als subjektives Element die Ansprüche der Arbeiter an die Lebenshaltung enthält. Das zweite von *Marshall* genannte subjektive Kostenmerkmal, das „Warten", ist als Konsumabstinenz, wie früher gesagt, schon in der klassischen Theorie selbst enthalten, ebenso wie das von *Marshall* nicht explizit genannte subjektive Merkmal der Bereitschaft zur Risikoübernahme; beide sind durch den Kostenbestandteil des allgemeinen (bei *Marshall:* normalen) Profits im Preis eines Gutes beschrieben. Insgesamt bleibt zwischen klassischer und subjektivistischer Wertlehre eine **unüberbrückbare Divergenz hinsichtlich der Lohntheorie;** im übrigen sind die Unterschiede geringer als sie auf den ersten Blick erscheinen.

Marshall (Buch V, Kap. V) stellte sich auch die Aufgabe zu zeigen, daß sich „langfristig" auf einem Markt mit vollständiger Konkurrenz die klassische Produktionskostentheorie des Preises durchsetzt. Eine **kurze Periode** ist durch variable Angebotsmengen gemäß der kurzfristigen Angebotskurve, bei unveränderlichen Produktionskapazitäten der einzelnen Anbieter, definiert. Infolge des kurzfristig fehlenden Zustroms von Ressourcen zum Kapazitätsaufbau erzielen intramarginale Anbieter einen Profit über den allgemeinen (normalen) Profit hinaus, der in alternativen Verwendungen erzielbar wäre, der mithin als **Quasi-Rente** den Besitzern der bereits vorhandenen Kapazitäten zufließt. In einer **langen Periode** sind die Produktionskapazitäten variabel, vor allem durch Zustrom neuer Anbieter. Dies führt dazu, daß alle Anbieter in die Lage des Grenzanbieters kommen, alle Quasi-Renten verschwinden und der Profit auf den normalen fällt. Der **Preis sinkt** dabei so weit, daß er **nur noch die Produktionskosten** einschließlich normalem Profit **deckt** und mithin dem klassischen natürlichen Preis entspricht.

3. Zur Entstehung marktformenabhängiger Preistheorien

3.1. Preisbildung bei vollständiger Konkurrenz

Schon *Aristoteles* definierte ein Monopol (Politik I 11, 1259 a) und verurteilte den Monopolpreis als ungerecht, woraus *Schumpeter* (1965, I, 101 f.) folgert, daß für *Aristoteles* der gerechte Tauschwert (Nikomachische Ethik V 8, 1133 a) nur der vom einzelnen nicht beeinflußbare Konkurrenzpreis sein kann. Ähnlich lehnten mittelalterliche Autoren eine Preissetzung unter Ausnutzung besonderer Marktstellungen aus christlich-ethischen Gründen ab. Von den klassischen Autoren sieht z.B. *Adam Smith* die Gefahr des Entstehens von Monopolen (Buch 1, 54); nur eine Konkurrenzpreisbildung kann in einem auf dem Selbstinteresse der einzelnen beruhenden Wirtschaftssystem das Wirken der „unsichtbaren Hand" in wohlfahrtsfördernder Weise umsetzen. Die Preistheorie der klassischen Schule und ebenso die der Grenznutzenschule ist – abgesehen von der Behandlung von Sonderfällen – stets eine Theorie der Konkurrenzpreisbildung.

Die Theorie der Konkurrenzpreisbildung gewann freilich erst allmählich feste Umrisse und Präzision. In der klassischen Lehre werden einerseits die Tendenzen einer ständigen Anpassung der Marktpreise an die natürlichen Preise bewundernswert klar beschrieben, andererseits bleiben Sachverhalte wie die Zahl der Anbieter und Nachfrager und die Bestimmungsgründe der Nachfrage unklar. Es ist z.B. kontrovers, ob *Adam Smith* der durch eine fallende Nachfragekurve beschriebene Zusammenhang zwischen Preis und Nachfragemenge bewußt war; nach *Helmstädter* (93 ff.) ist dies zu bejahen, nach *Schefold* (71, 115) zu verneinen.

Zur Entwicklung der Theorie eines **partiellen Konkurrenzgleichgewichts auf dem Markt für ein Gut** trugen folgende Autoren bei (vgl. dazu auch *Schneider*, Kap. II, § 3): Der Deutsche *F. B. W. Hermann* beschrieb 1832 eingehend die Bestimmungsgründe von Angebot und Nachfrage; der Franzose *Augustin Cournot* formulierte 1838 das Konkurrenzmarktgleichgewicht als mathematische Verallgemeinerung der Monopol- und Dyopolpreisbildung und stellte es erstmals als Schnittpunkt einer steigenden Angebots- und einer fallenden Nachfragekurve geometrisch dar. Auch der Deutsche *Karl H. Rau* erläuterte 1841 die Preisbildung geometrisch mit einer Angebots- und einer Nachfragekurve, und der Deutsche *Hans von Mangoldt* begründete und diskutierte 1863 verschiedene Formen von Angebots- und Nachfragekurven, auch einen horizontalen und einen vertikalen Bereich der Angebotskurve. Mit *Alfred Marshall* erreichte die Partialanalyse, auch wegen der bereits erwähnten Unterscheidung von kurz- und langfristigem Konkurrenzgleichgewicht, ihren Höhepunkt. Kurzfristig, bei gegebenen Produktionskapazitäten und einer gegebenen Zahl von Anbietern eines Gutes, ist ein Profit über den normalen hinaus möglich. Wird der normale Profit, da er Verzinsung des eingesetzten Geldkapitals repräsentiert, in die Kosten eingerechnet und der darüber hinausgehende Profit als (residualer) Gewinn interpretiert, so läßt sich feststellen, daß kurzfristig in der Marktform der vollständigen Konkurrenz Gewinne anfallen können. Langfristig, bei variabler Produktionskapazität und einer zunehmenden Zahl von Anbietern, d.h. bei **offenem Markt,** besteht hingegen die **Tendenz zu Null-Gewinnen.**

Die Theorie des **totalen Konkurrenzgleichgewichts aller Märkte** ist bereits im Werk von *Walras* inhaltlich und formal sehr präzise entwickelt. In ihr kommt zum Ausdruck, daß man sich das Funktionieren der Konkurrenzmärkte wie jenes von Börsen vorzustellen hat, auf denen Börsenmakler (bei *Walras:* Auktionatoren) die Kaufwünsche der Nachfrager und Verkaufswünsche der Anbieter zu alternativen Preisen sammeln und die Gleichgewichtspreise finden, zu denen jeweils die insgesamt nachgefragten und angebotenen Mengen übereinstimmen, also Markträumung eintritt.

Die **Marktform der vollständigen Konkurrenz,** so kristallisierte sich allmählich heraus, impliziert eine in der Regel große Zahl von Anbietern und Nachfragern (**atomistische Angebots- und Nachfragestruktur**); sie unterstellt das Fehlen von Präferenzen seitens der Nachfrager und der Anbieter (**homogene** oder **vollkommene Konkurrenz**); sie gilt für Märkte, auf denen es nur einen für alle Transaktionen **einheitlichen Preis** geben kann, an den sich alle Marktteilnehmer mit ihren nutzen- bzw. gewinnmaximierenden Nachfrage- bzw. Angebotsmengen angepaßt haben (**Mengenanpasserverhalten**). Langfristig, bei offenen Märkten, besteht die Tendenz zu Null-Gewinnen.

Walras erkannte die Probleme der Existenz und der Eindeutigkeit einer Lösung des konkurrenzwirtschaftlichen Modells. Einen Beweis für die Existenz einer Lösung, also eines Systems von Gleichgewichtspreisen und Gleichgewichtsmengen, welche die nutzen- bzw. gewinnmaximierenden Wirtschaftspläne der jeweils großen Zahl von Haushalten und Unternehmungen koordinieren, erbrachte erst 1936 *Abraham Wald.* Die Theorie des totalen Konkurrenzgleichgewichts wurde bis in die Gegenwart hinein weiterentwickelt, vor allem durch Abschwächung der Annahmen über die Nutzen- und die Produktionsfunktionen sowie durch axiomatische Formulierung (vgl. z.B. *Arrow, Debreu*).

3.2. Preisbildung im Monopol

Adam Smith behauptet, wenn es nur einen Anbieter als Monopolisten gebe, sei der von diesem gesetzte Monopolpreis „der höchste, den man aus den Käufern herauspressen kann, oder mit dem sie vermutlich einverstanden sein werden“ (Buch 1, 54); diese Behauptung ist irreführend, denn gemäß einer fallenden Nachfragekurve wäre beim Höchstpreis die Nachfragemenge und damit der Erlös gleich null. Da explizite erst *Cournot* die Nachfrage nach einem Gut als Funktion seines Preises formulierte, war er es, der durch Multiplikation der Nachfrage mit dem Preis sinngemäß die Erlösfunktion und, unter Berücksichtigung der Kostenfunktion, die **Bedingungen für den gewinnmaximierenden Preis** beschrieb (vgl. Kap. IV „Vom Gesetz der Nachfrage“; Kap. V „Vom Monopol“). Die Formulierung „... der Produzent wird (mit der Preiserhöhung, d.V.) immer einhalten, wenn die Kostenzunahme die Zunahme des Ertrags übersteigt“ (50), drückt die heute gängige Formel „Grenzkosten = Grenzerlös“ aus. Er zieht fallende Grenzkosten (typisch für die industrielle Warenproduktion), steigende Grenzkosten (typisch für Landwirtschaft und Bergbau), ferner zunächst fallende, dann steigende Grenzkosten, schließlich auch Verschiebungen der Kostenkurven in ihrer Bedeutung für den Monopolpreis in Betracht.

3.3. Preisbildung bei monopolistischer Konkurrenz

Die vollständige Konkurrenz hatte sich mit ihrer allmählichen Präzisierung hinsichtlich der atomistischen Marktstruktur, der Homogenität des Marktes und des Mengenanpasserverhaltens aller Teilnehmer als eine Marktform herausgestellt, die in der Wirklichkeit nur im Extremfall vorkommt. Schon *Marshall* erkennt, daß ein Anbieter, auch wenn er einer unter vielen ist, regelmäßig einer speziellen Nachfragekurve für das von ihm angebotene Produkt gegenübersteht. Erst *Joan Robinson* und *Edward Chamberlin* interpretieren diesen Fall um 1930 als den eines Marktes mit **atomistischer Struktur,** auf dem die Nachfrager Präferenzen für die Produkte der einzelnen Anbieter haben, auf dem mithin Produktdifferenzierung, also **heterogene oder unvollkommene Konkurrenz** herrscht, so daß die Anbieter nicht zur Mengenanpassung gezwungen sind, sondern **wie Monopolisten** ihre (i. d. R. unterschiedlichen) Preise nach der „Grenzkosten = Grenzerlös"-Regel festsetzen können. *Chamberlin* spricht daher von „monopolistic competition". Während *Robinson* und *Chamberlin* für den einzelnen Anbieter jeweils eine im gesamten Bereich fallende Nachfragekurve unterstellen, verfeinert *Erich Gutenberg* (Kap. 6, III, B) die Theorie dadurch, daß er die Nachfragekurve bei einem **oberen und** einem **unteren Grenzpreis** (annähernd) horizontal ansetzt, weil bei Preiserhöhung über den oberen Grenzpreis hinaus alle Nachfrager ihre Präferenzbindungen überwinden und abwandern, bei Preissenkung unter den unteren Grenzpreis hingegen sehr viele Nachfrager zuwandern würden. Die Nachfragekurve hat demgemäß einen fallenden, monopolistischen Bereich nur zwischen den Grenzpreisen.

Auch in der Marktform der monopolistischen Konkurrenz kann sich **langfristig, bei offenen Märkten,** die klassische Konzeption durchsetzen, daß die Preise auf die Produktionskosten (einschließlich normalem Profit) fallen und eine **Tendenz zu Null-Gewinnen** besteht. *Chamberlin* (Kap. 5) weist dies unter der vereinfachenden Annahme nach, daß die Absatz- und die Kostensituation für alle Anbieter eines Marktes identisch ist (Symmetrieannahme) und deshalb alle den gleichen Preis setzen. Bei U-förmigen Durchschnitts- und Grenzkostenkurven sinkt in der **Marktform der vollständigen Konkurrenz** der für den einzelnen Anbieter ein Datum darstellende **Preis** tendenziell auf das **Minimum der Durchschnittskosten,** und die Anbieter produzieren ihre Absatzmengen mit diesen geringstmöglichen Durchschnittskosten (d.h. im **Betriebsoptimum**). Für die **Marktform der monopolistischen Angebotskonkurrenz** zeigt hingegen *Chamberlins* „Tangentenlösung" (Tangentialpunkt von fallender Nachfrage- und Durchschnittskostenkurve), daß der vom einzelnen Anbieter tendenziell in **Höhe der Durchschnittskosten gesetzte Preis** über deren Minimum liegt, die Absatzmengen mithin zu **höheren als den minimalen Durchschnittskosten produziert** werden. Im Vergleich zur vollständigen Konkurrenz wird bei monopolistischer Konkurrenz die Nachfrage also zu höheren Preisen in geringerem Umfang befriedigt; dies wird als Ausgleich für den Vorteil angesehen, daß der Markt den Nachfragern ein differenziertes Produkt anbietet.

3.4. Preisbildung im Oligopol

Cournot sah seine Überlegungen zur Monopolpreisbildung nur als ersten Schritt zur Erklärung der Konkurrenzpreisbildung; als zweiten Schritt entwickelt er als erster Autor das Modell eines Oligopols, und zwar das eines **Dyopols,** dessen beide Anbieter **keine Präferenzen** der Nachfrager genießen (Kap. VII). Wegen der Homogenitätsannahme muß auf einem solchen Markt ein einheitlicher Preis zustande kommen, den nicht der einzelne Anbieter setzen kann, der sich vielmehr aus der in die Nachfragefunktion eingesetzten Summe der beiden angebotenen Mengen ergibt. Jeder der Anbieter ermittelt bei alternativen, jeweils von ihm als gegeben betrachteten Angebotsmengen des Mitanbieters seine eigene gewinnmaximierende Menge, d.h. einen Zusammenhang, den man später als (Mengen-)**Reaktionskurve** bezeichnete. Der Schnittpunkt der beiden Reaktionskurven liefert die Lösung des *Cournot***schen Mengendyopols.**

Das erste Modell eines Dyopols für einen auf Grund räumlicher Verteilung der Nachfrage **heterogenen Markt** stammt von *Wilhelm Launhardt* (1885). Hier ist unterschiedliche Preissetzung der beiden Anbieter möglich. Jeder Anbieter ermittelt bei alternativen, jeweils von ihm als gegeben betrachteten Preissetzungen des Mitanbieters seinen eigenen gewinnmaximierenden Preis, d.h. seine (Preis-)**Reaktionskurve.** Der Schnittpunkt beider Reaktionskurven ergibt die Lösung des *Launhardt***schen Preisdyopols.**

Das methodische Vorgehen *Launhardts,* wonach jeder der Anbieter bei seiner **eigenen Preissetzung die des anderen als gegeben** betrachtet, entspricht dem Vorgehen *Cournots* in bezug auf die Festlegung der Angebotsmengen. Ein solches, den Oligopolisten unterstelltes **Verhalten** nennt man **autonom;** es vernachlässigt die **oligopolistische Interdependenz:** Im Dyopol hängt der Gewinn des einen auch vom Gewinn des anderen ab, so daß der eine Veranlassung haben sollte, erwartete Reaktionen des anderen bei der Festsetzung des eigenen Preises oder der eigenen Menge bereits zu berücksichtigen. Ein solches **heteronomes Verhalten** nimmt *von Stackelberg* (1934) für einen der beiden Dyopolisten an; er gelangt damit zu einer Lösung, die wegen des ungleichen Verhaltens der beiden Anbieter „Asymmetrie-Lösung" genannt wird. *Von Stackelberg* glaubt allerdings, daß sich beide Anbieter zu heteronomem Verhalten (in seiner Sprechweise: zum Einnehmen der Unabhängigkeitsposition) veranlaßt sehen; eine Lösung im Sinne eines Gleichgewichts existiert dann nicht. Zu einer ähnlichen Schlußfolgerung war bereits *Bowley* (1923) gelangt. Heteronomes Verhalten für alle Anbieter ist auch angenommen in der Konzeption der **geknickten Preis-Absatzkurve** nach *Hall* und *Hitch* sowie *Sweezy*. Es ist auch Bestandteil der Theorie von *Wilhelm Krelle* (Kap. 8 A). *Krelles* Theorie liefert nicht eine Lösung im Sinne eindeutig bestimmter, von den Oligopolisten gesetzter Gleichgewichtspreise; vielmehr gibt es ein ganzes **Gebiet möglicher Gleichgewichts-Preiskombinationen.** Ändern sich irgendwelche Daten und verschiebt sich damit das Gebiet der Preiskombinationen, liegt aber die bisherige Preiskombination auch in dem neuen Gebiet, so lohnt es sich für die Anbieter nicht, ihre Preissetzung zu ändern; die Oligopolpreise erweisen sich als starr.

Die Entwicklung der Oligopolpreistheorie läßt sich durch folgende Erkenntnisse resümieren: Erstens kann es unterschiedliche Preissetzung der Oligopolisten (wie in anderen Marktformen) nur bei Vorhandensein von Präferenzen, d.h. auf einem heterogenen, unvollkommenen Markt geben; zweitens hängen Gleichgewichtspreise nicht nur von der oligopolistischen Marktstruktur, sondern auch vom Verhalten der Oligopolisten ab; drittens gibt es nicht immer eine Lösung im Sinne eines Gleichgewichts; viertens kann statt einer eindeutigen Lösung ein Gebiet von Gleichgewichts-Preiskombinationen existieren, das Preisstarrheiten plausibel macht.

Das für ein Oligopol typische Hauptproblem der für den einzelnen spürbaren Interdependenz zwischen Anbietern wird seit *von Neumann* und *Morgenstern* (1944) auch mit Instrumenten der mathematischen **Theorie strategischer Spiele** behandelt (vgl. *Selten*).

3.5. Zeitliche Abfolge von Marktformen

Schon die Klassiker hatten die konkurrenzwirtschaftliche Preisbildung in ihren Entwicklungstheorien auch unter einem dynamischen Gesichtspunkt betrachtet (vgl. dazu den Beitrag „Wohlfahrtsökonomik" in diesem Band). Mit seiner „Theorie der wirtschaftlichen Entwicklung" (1912) gab *Schumpeter* den Anstoß, konkurrenzwirtschaftliche Vorgänge erneut unter zeitlichem Aspekt zu sehen: **Dynamische** (Pionier-)**Unternehmer** durchbrechen mit **Innovationen** (d.h. mit Erschließung eines neuen Marktes, einer neuen Rohstoffquelle, eines neuen Produktionsverfahrens, einer neuen Marktorganisation für ein bereits vorhandenes Gut oder mit der Einführung eines neuen Gutes) den Zustand eines Konkurrenzgleichgewichts. Gewinne, die ihnen zufließen, erweisen sich als zeitlich begrenzte **Vorsprungsgewinne,** da statische Unternehmer die dynamischen imitieren, so daß die Tendenz zu einem neuen Konkurrenzgleichgewicht auf höherer Entwicklungsstufe entsteht.

Der Fall der Einführung eines neuen Gutes wurde zu einer **Theorie der Marktphasen** (*Heuß* 1965) ausgebaut, denen sich bestimmte Markt- und damit Preisbildungsformen zuordnen lassen: In einer **Experimentierungsphase** ist ein Pionierunternehmer Monopolist, allerdings mit großer Unsicherheit hinsichtlich der Nachfrage. In einer **Expansionsphase** dringen spontan imitierende Unternehmer mit ähnlichen Produkten in den Markt ein und schaffen somit die Marktform des heterogenen Oligopols mit der Besonderheit großer Unsicherheit über die oligopolistische Interdependenz. In der **Ausreifungsphase** kommen auch zögernd reagierende Unternehmer an den Markt; es setzt sich entweder die Marktform der monopolistischen Konkurrenz durch oder es bleibt bei einem Oligopol, in dem die Kenntnis über die oligopolistische Interdependenz wächst. In der **Stagnations-** und **Rückbildungsphase** besteht die Tendenz zu Zusammenschlüssen und Kartellen, d.h. die Zahl der Anbieter nimmt ab und die oligopolistische Preisbildung herrscht vor.

Die Überlegungen *Schumpeters* zeigen, daß eine Preisbildung, die Pionierunternehmern Vorsprungsgewinne verschafft, unerläßlich für Entwicklung und Wachstum einer Volkswirtschaft ist. Die Theorie der Marktphasen macht noch einmal deutlich, daß vollständige Konkurrenz eine extreme Marktform ist, die in einer realistischen Theorie der Marktentwicklung keinen Platz findet (die als wohlfahrtstheoretisches Referenzmodell dennoch große Bedeutung hat). Monopolistische Konkurrenz kann für die Ausreifungsphase charakteristisch sein; eine Tendenz zu oligopolistischen Marktstrukturen ist stets virulent. Eine Preisbildung, die auf einem sich entwickelnden Markt Phasen monopolistischer Preissetzung durchläuft, kann für Innovationen, Wachstum und Wohlfahrt der Volkswirtschaft weitaus förderlicher sein als eine solche, die jener der vollständigen Konkurrenz nahekommt. Vor dem Hintergrund dynamischer Markt- und Wettbewerbstheorien entstand die Überzeugung, daß nicht allein die Preisbildung, und schon gar nicht die bei vollständiger Konkurrenz, ein Leitbild für wirtschaftspolitische Gestaltung sein kann.

3.6. Irrelevanz von Marktformen bei „angreifbaren Märkten"

In der von *Baumol*, *Panzar* und *Willig* (1982) vorgetragenen **Theorie der angreifbaren Märkte** (contestable markets) wird die Eigenschaft eines offenen Marktes mit vollständiger Konkurrenz, durch Zustrom neuer Anbieter den einheitlichen **Preis** auf das **Minimum der Durchschnittskosten** zu senken und damit tendenziell zu Null-Gewinnen zu führen, auf andere Marktformen mit homogener Konkurrenz übertragen: Gäbe es **keine Markteintrittshemmnisse**, so könnte auch im homogenen Oligopol und selbst im Monopol kein höherer Preis als der dem Durchschnittskostenminimum entsprechende gesetzt werden, denn jeder höhere Preis hätte den Zugang neuer Anbieter, eine Vergrößerung des Angebotes und damit Preissenkung zur Folge. Gäbe es auch **keine Marktaustrittshemmnisse** in der Form von „versunkenen Kosten" für Investitionen (also Kosten, die nicht durch alternative Verwendung der Investitionsobjekte wieder „hereinholbar" sind), so könnten potentielle Anbieter bei höherem Preis durch kurzfristiges, vorübergehendes Eindringen („hit and run") Gewinne mitnehmen. Die Autoren behaupten nicht das Fehlen von Markteintritts- und Marktaustrittshemmnissen für die Mehrzahl der Märkte; ihr Argument ist vielmehr, daß es bei der Preisbildung auf homogenen Märkten nicht auf eine mit der Zahl der Anbieter vorgegebene Marktform ankommt, daß sich die Zahl der Anbieter vielmehr endogen in Abhängigkeit vom Ausmaß der Angreifbarkeit bestimmen läßt.

4. Zur Entwicklung von Faktorpreistheorien

Als **Produktionsfaktoren** faßt man heute Güter und Leistungen auf, die von Unternehmungen als Inputs in der Produktion eingesetzt werden. Von anderen Unternehmungen bezogene Faktoren nennt man Vorleistungen, Zwischenprodukte oder laufende Inputs; daneben gibt es die von Faktorbeständen an Arbeit, Sachkapital und Boden abgegebenen Leistungen, die man auch primäre Inputs nennt. Faktorpreistheorie ist allgemeine **Güterpreistheorie,** soweit es sich **um laufende Inputs** handelt, und **Faktornutzungspreistheorie,** soweit es um die **primären Inputs** an Arbeits-, Sachkapital- und Bodenleistungen geht.

In der **klassischen Theorie** ist der Lohnsatz, bei **Smith** auch die Bodenrente, ein Faktornutzungspreis; entsprechend sind Löhne und Renten Kostenbestandteile. In bezug auf Produktionsanlagen wird in der klassischen Theorie zur Vereinfachung häufig eine Umschlagsdauer von einer Periode unterstellt, so daß diese in jeder Periode neu beschafft und daher zu den laufenden Inputs gerechnet werden müssen; das Problem der Leistungsabgabe von Sachkapital und eines entsprechenden Faktornutzungspreises tritt dann nicht auf. Nicht selten wird in den älteren Lehren auch unter Vernachlässigung laufender Inputs argumentiert. Das für alle Faktoren ausgegebene (vorgeschossene) Geldkapital ist für die Dauer seiner Bindung im Produktionsprozeß mit der Profitrate zu verzinsen; der Profit stellt einen weiteren Kostenbestandteil dar. Die Faktorpreise tendieren zu ihren natürlichen Werten, d.h. die der Vorleistungen zu den natürlichen Güterpreisen, die der Arbeitsleistungen zum natürlichen Lohnsatz, die der Bodenleistungen zu einem entsprechenden Rentensatz; die Profitrate tendiert zur allgemeinen Profitrate.

In der **Grenznutzenschule** wird von „den Österreichern" die Faktorpreisbildung im Rahmen des Zurechnungsproblems gesehen. Die Preise der von der jeweils vorgelagerten Stufe bezogenen Zwischenprodukte und der dort eingesetzten primären Inputs leiten sich aus dem Grenznutzen der Produkte der Endstufe her; sie sollen durch „Grenznutzen × Grenzproduktivität" beschrieben sein. Im walrasianischen Modell ist bei substitutionaler Produktionsfunktion, wie die Bedingungen für gewinnmaximierenden Faktoreinsatz aussagen, der Wert des Grenzprodukts („Produktpreis × Grenzproduktivität") eines beliebigen Faktors gleich dem Faktorpreis. Das Verhältnis von Faktorpreis zu Produktpreis, die reale Entlohnung, ist also gleich der Grenzproduktivität. Produkt- und Faktorpreise werden dabei auf Märkten mit vollständiger Konkurrenz bestimmt; sie sind für die einzelne Unternehmung Daten, an die sie sich mit ihren Produktions- bzw. Absatzmengen und ihren Faktoreinsatz- bzw. Beschaffungsmengen anpaßt. Das Modell des totalen mikroökonomischen Konkurrenzgleichgewichts enthält mithin eine **Grenzproduktivitätstheorie der realen Faktorpreise,** die als repräsentativ für die gesamte Grenznutzenschule angesehen werden kann.

Mit dem Entstehen marktformenabhängiger Preistheorien mußte auch die Grenzproduktivitätstheorie der realen Faktorpreise revidiert werden: Nur bei vollständiger Konkurrenz auf ihrem Absatzmarkt und ihren Beschaffungsmärkten paßt die Unternehmung die Menge eines Faktors so an, daß dessen Grenzproduktivität mit dem Verhältnis von Faktorpreis zu Produktpreis übereinstimmt. Insbesondere *Joan Robinson* befaßte sich mit der faktorpreistheoretischen Bedeutung von monopolistischen Preissetzungsmöglichkeiten der Unternehmung auf der Absatz- oder/und der Beschaffungsseite (Book VIII). Steht die Unternehmung auf ihrem **Absatzmarkt** gemäß irgendeiner der unter 3.2 bis 3.4 besprochenen Marktformen einer **fallenden Nachfragekurve** gegenüber, so ist in der Regel der Produktpreis, möglicherweise auch die Grenzproduktivität eines Faktors im Gewinnmaximum höher als bei vollständiger Konkurrenz; mithin werden die **Faktoren zu geringeren realen Preisen als zu ihren Grenzproduktivitäten** entlohnt. Gilt für die Unternehmung auf ihrem **Beschaffungsmarkt** eine **steigende Angebotskurve,** so ist möglicherweise der nominale Faktorpreis niedriger und die Grenzproduktivität höher als bei vollständiger Konkurrenz; mithin ist der **reale Faktorpreis auch hier geringer als die Grenzproduktivität.** Die Differenz zwischen realem Faktorpreis und der Grenzproduktivität steigt mit dem *Lerner*schen Monopolgrad auf dem Absatz- bzw. dem Beschaffungsmarkt. *Robinson* spricht von angebots- bzw. nachfragemonopolistischer (monopsonistischer) Ausbeutung.

Mit dem Monopolgrad werden **Machtkomponenten** bei der Faktorpreisbildung angesprochen. Es lag nahe, zur Diskussion der Faktorpreisbildung für Arbeitsmärkte nicht nur Marktmacht auf seiten der Unternehmungen, sondern auch auf seiten des Arbeitsangebots zu unterstellen und die **Theorie des bilateralen Monopols** heranzuziehen. Diese, erstmals von *Edgeworth* (1881) für den Fall des „reinen Tausches" zwischen zwei Haushalten konzipierte Theorie liefert keine bereits durch die spezielle Marktform determinierte Lösung, sondern einen **Bereich möglicher Verhandlungsgleichgewichte,** in dem nur bei Unterstelllung bestimmter Verhaltensweisen (z. B. beiderseitiger Mengenanpassung) eine eindeutige Lösung zustande kommt, im allgemeinen aber die „relative Machtposition" der Partner die Verhandlungslösung bestimmt. Auf den Arbeitsmarkt übertragen bedeutet das bilaterale Monopol eine Verhandlungssituation zwischen den Vertretern der Arbeitgeber und denen der Arbeitnehmer. Die bekannteste Lohntheorie des „bargaining" stammt von *Hicks* (1932), in der die Folgen eines Streiks für die Arbeitgeber durch Fixkostenanfall, Verlust von Absatzmöglichkeiten, Verzicht auf Kostenüberwälzungsmöglichkeiten, für die Arbeitnehmer durch Nutzenüberlegungen berücksichtigt werden. Dementsprechend gibt es für die Arbeitgeber eine Konzessionskurve, nach der mit zunehmender Länge eines angedrohten Steiks die Höhe des bewilligten Lohnsatzes steigt, jedoch mit abnehmender, schließlich auf null fallender Rate. Für die Arbeitnehmer gibt es eine Widerstandskurve: Von einer Lohnsatzhöhe, bei der auf Streik verzichtet wird, hat sie mit zunehmender Streiklänge einen zunächst stark, dann schwächer fallenden Verlauf. Der Schnittpunkt beider Kurven beschreibt einen Einigungs-Lohnsatz, dem von beiden Partnern die gleiche erwartete Streiklänge zugeordnet ist; der Streik kommt aber nur zur Ausführung, wenn eine Seite die andere falsch einschätzt. Der Verhandlungsansatz der Lohntheorie wurde vielfach weiterentwickelt, so z. B. im Rahmen der Theorie strategischer Spiele, auch durch Berücksichtigung von Eigeninteressen der Verhandlungsvertreter. Die Tariflohnsatztheorie wurde ergänzt durch Überlegungen zur „wage gap" und zur „wage drift", die die Spanne zwischen Tarif- und Effektivlohnsatz sowie deren Veränderungen erklären sollen (vgl. *Külp* 97f.).

5. Neuere preis- und kostentheoretische Entwicklungen

5.1. Dualität von Mengen und Preisen in Theorien des allgemeinen wirtschaftlichen Gleichgewichts

Die formalisierte Theorie des totalen Konkurrenzgleichgewichts (oder, wie man heute sagt: **Theorie des allgemeinen wirtschaftlichen Gleichgewichts**) offenbarte, daß **Gleichgewichtspreise** und **-mengen** in einem **dualen Verhältnis** zueinander stehen: Die markträumenden Gleichgewichtspreise sind jene, welche die knappen Mengen in die nutzen- bzw. gewinnmaximierenden Verwendungen lenken; die an den Märkten umgesetzten Mengen sind jene, welche die Preise (bei offenen Märkten) so bestimmen, daß die Erlöse gleich den Kosten, die Gewinne mithin gleich null sind. Diese Dualitätseigenschaften von Gleichgewichtspreisen und -mengen spielen in folgenden vereinfachenden Varianten der Theorie des allgemeinen wirtschaftlichen Gleichgewichts eine Rolle:

In der **Input-Output-Analyse** (vgl. *Leontief*, 1951) gibt es keine Nutzen- bzw. Gewinnmaximierung. Im **Mengenmodell** wird für jedes Gut (bzw. für die Produktmischung eines Sektors) eine linear-limitationale Produktionsfunktion unterstellt, und es werden die Produktionsmengen gesucht, die gerade ausreichen, den Vorleistungsbedarf in der Produktion sowie eine vorgegebene Konsum-, Investitions-, Staats- und Export-Endnachfrage zu befriedigen. Im **Preismodell** werden die Preise so bestimmt, daß in jeder Produktion die mit den Preisen bewerteten Erlöse und Kosten gleich sind, so daß die Preise als Konkurrenzpreise bei Null-Gewinnen gedeutet werden können.

Die **Aktivitätsanalyse** (vgl. den Sammelband *Koopmans,* 1951) ist insofern eine Verallgemeinerung der Input-Output-Analyse, als statt einer einzigen linear-limitationalen Produktionsfunktion verschiedene solcher Funktionen (d.h. verschiedene Produktionsprozesse) für die Produktion jedes Gutes zugelassen werden. Mittels einer gesamtwirtschaftlichen Zielfunktion (z.B. Gewinnmaximierung oder Kostenminimierung) sind dann, unter Beachtung gegebener Ressourcenvorräte, die günstigsten Produktionsprozesse auszuwählen, und es ist das unter der Zielsetzung optimale System von Produktionsmengen zu bestimmen. Es geht hier um ein **Programmierungsproblem,** d.h. um die **Extremierung einer Zielfunktion unter Nebenbedingungen.** Zu diesem Programmierungsproblem gibt es ein **duales Problem,** oder anders ausgedrückt: Dem Mengenmodell ist ein Preismodell zugeordnet, welches die den Gleichgewichtsmengen entsprechenden Konkurrenzpreise liefert.

Die **Theorie des Angewandten Allgemeinen Gleichgewichts** („Applied" oder „Computable General Equilibrium"; vgl. *Shoven/Whalley,* 1984) läßt statt linear-limitationaler auch substitutionale Produktionsfunktionen zu; mit ihr soll die walrasianische allgemeine Gleichgewichtstheorie **empirisch implementierbar** und **wirtschaftspolitisch anwendbar** gemacht werden. Bei der empirischen Implementation werden die Mengen und Preise eines „Gleichgewichtsjahres" als „benchmark equilibrium data set" interpretiert und daraus die Parameter des Modells so bestimmt („kalibriert"), daß das Modell als Gleichgewichtspreise und -mengen genau das „benchmark equilibrium data set" liefert. Diese Preise und Mengen stehen wieder in konkurrenzwirtschaftlicher Dualität zueinander.

Auch die als Neuinterpretation der keynesschen makroökonomischen Theorie konzipierte **Ungleichgewichtstheorie** (vgl. *Clower,* 1963; *Leijonhufvud,* 1968) läßt sich unter die Theorien allgemeinen Gleichgewichts einordnen. Ihr Gegenstand sind zwar Ungleichgewichtszustände im Sinne einer Divergenz von Angebots- und Nachfragemengen an den Märkten, die nicht durch Konkurrenzpreisanpassungen beseitigt werden, die jedoch **temporäre Gleichgewiche bei Fixpreisen** mit einer **Rationierung entweder der Angebots- oder der Nachfrageseite** darstellen. Es handelt sich also nicht um eine Theorie zur Bestimmung markträumender Konkurrenzpreise; ihre preistheoretische Bedeutung besteht in dem Nachweis der Folgewirkungen temporär starrer Preise in einem Geflecht interdependenter Märkte. Der Nichtausgleich von Angebot und Nachfrage auf einem Markt hat Übergreifwirkungen (Spill over-Effekte) auf andere Märkte und damit schwerwiegende Konsequenzen für die gesamte marktwirtschaftliche Koordination und die Beschäftigung der Produktionsfaktoren; temporäres Gleichgewicht bei Unterbeschäftigung ist möglich. In dieser Theorie fehlt es an der konkurrenzwirtschaftlichen Dualität von Preisen und Mengen.

5.2 Unvollständige Information und Transaktionskosten in neueren Ansätzen der Preis- und Kostentheorie

In den marktformenabhängigen Preistheorien und in der Theorie der angreifbaren Märkte wird stets ein **kostenfreier, hoher Informationsstand** der Marktteilnehmer unterstellt (vgl. dazu und zu den i.f. behandelten Ansätzen *Schumann,* 1992, Kap. VI). Die Nachfrager kennen bei homogener Konkurrenz das in ihrem Urteil identische Angebot der Anbieter; bei heterogener Konkurrenz sind sie über die unterschiedlichen Angebote informiert und haben dementsprechend ihre Präferenzen für einzelne Anbieter gebildet. Die Anbieter kennen bei homogener Konkurrenz den einheitlichen Gleichgewichtspreis, an den sie sich mit der Menge anpassen. Im Monopol, bei monopolistischer Konkurrenz und im heterogenen Oligopol ist einem Anbieter die Nachfrage- bzw. die Preis-Absatz-Funktion bekannt, der er gegenüber steht. Im Oligopol kennt ein Anbieter auch die Reaktion von Mitanbietern auf die eigene Mengen- oder Preissetzung, die er bei autonomem Verhalten nicht, wohl aber bei heteronomem Verhalten berücksichtigt. In allen Marktformen spielen sich die Preise so ein bzw. werden so gesetzt, daß das Angebot gleich der Nachfrage ist und der Markt geräumt wird.

Gewinnmaximierende Preissetzung nach der „Grenzkosten = Grenzerlös"-Regel setzt voraus, daß jede Änderung der Preis-Absatz- oder der Grenzkostenkurve einem Anbieter bekannt ist und zu einer Preisanpassung führt. Weil ein solcher Informationsstand unrealistisch ist, entstand die **Konzeption der administrierten Preise** (vgl. *Means,* 1935), nach der unabhängig von solchen Änderungen die Preise eine gewisse Zeit konstant gehalten und in der Regel aufgrund von **Kostenzuschlägen** kalkuliert werden. Beim „mark up pricing" wird der Zuschlag auf die variablen Durchschnittskosten bezogen; beim „full cost pricing" wird der Versuch gemacht, den Zuschlag auf der Basis aller (auch der Gemein-)Kosten festzulegen.

Auch in der **Neuen Mikroökonomik** (vgl. als Vorläufer *Stigler* 1961, als Sammelband *Phelps,* 1970) wird **unvollständige Information** unterstellt, jedoch können die Marktteilnehmer durch Aufwenden von **Informationskosten** ihren Informationsstand verbessern. Dies lohnt sich jedoch nur, so lange der Grenzerlös aus zusätzlicher Information deren Grenzkosten übersteigt. Mit diesem Ansatz läßt sich erklären, warum es bei zufälligen Nachfrage- oder Angebotsschwankungen nicht stets zu markträumenden Preisanpassungen kommt, warum vielmehr die **Preise inflexibel** sind und sich Nachfrageüberschüsse (**Warteschlangen**) oder Angebotsüberschüsse (**Lager**) bilden: Es lohnt sich nicht, die mit Preisanpassungen verbundenen Informationskosten aufzuwenden; unveränderte Preise ersparen z.B. den Nachfragern Suchkosten, den Anbietern Preisauszeichnungskosten.

Die Grundideen der Neuen Mikroökonomik werden auch auf die Faktorpreisbildung angewendet. Nach der **Suchtheorie der Arbeitslosigkeit** (vgl. *Mortenson,* 1970) müssen Arbeitsanbieter Zeit zum Aufsuchen der einzelnen Nachfrager aufwenden; nach der **Kontrakttheorie des Arbeitsmarktes** (vgl. *Azariadis,* 1975, als Monographie *Diekmann,* 1982) sind Beschäftigungsverhältnisse auf Dauer angelegt, ist der Lohnsatz von der Grenzproduktivität losgelöst und ist auch Arbeitsplatzsicherheit als Entlohnungselement anzusehen.

In der **Theorie asymmetrischer Informationsverteilung** geht es um ungleichen Informationsstand von Anbietern und Nachfragern. So könnten die Anbieter jeweils über die von ihnen angebotene Güterqualität Bescheid wissen, während die Nachfrager unterschiedliche Qualitäten nur vermuten, aber im Einzelfall nicht erkennen können (die Kosten einer Verbesserung ihres Informationsstandes sind prohibitiv hoch). Im Beispiel des **Gebrauchtwagenmarktes** (vgl. *Akerlof,* 1970) wissen die Nachfrager, daß unter den angebotenen Fahrzeugen auch „Zitronen“ sind, wodurch sich ihre Zahlungsbereitschaft mindert. Ein geringer Preis veranlaßt die Anbieter guter Gebrauchtwagen, auf den Verkauf zu verzichten. Die umgesetzten Fahrzeuge sind mithin eine **Negativauslese der schlechten Qualitäten.** Im Beispiel von **Versicherungsmärkten** ist ein Nachfrager von Versicherungsleistungen regelmäßig besser über das für ihn geltende Eintrittsrisiko eines Schadensfalles informiert als die Anbieter; letztere können unterschiedliche Schadensrisiken der Nachfrager zwar vermuten, aber im Einzelfall nicht erkennen. Eine relativ hohe Versicherungsprämie hält (bei freiwilligen Versicherungen) Nachfrager mit geringem Schadensrisiko davon ab, sich zu versichern, so daß eine **Negativauslese der schlechten Risiken** stattfindet. Ähnlich wie schlechte Schadensrisiken wirkt „moral hazard“, d.h. die Verhaltensweise von Versicherten, den Schadensfall vorsätzlich herbeizuführen oder nicht zu vermeiden.

Asymmetrische Informationsverteilung liegt auch in der **Agency-Theorie** zwischen Prinzipal und Agent vor (vgl. *Arrow,* 1985). Dabei geht es um die Ausgestaltung eines Vertrages, gemäß dem der Agent Handlungen auszuwählen und auszuführen hat, deren Auswirkungen beide betreffen: Der Prinzipal erhält den durch die Handlung des Agenten entstehenden Ertrag; dem Agenten steht eine im vorhinein vertraglich festgelegte Entlohnung (Preis) für seine Handlung zu, die sich an dem vom Prinzipal beobachteten Ertrag orientiert. Die Informationsasymmetrie besteht entweder darin, daß der Prinzipal die Handlung des Agenten nicht direkt beobachten kann (hidden action), oder darin, daß der Agent handlungsrelevante Sachverhalte kennt, die der Prinzipal nicht wahrnehmen kann (hidden information).

Die Kosten- und die Preistheorie erlangen einen neuen Stellenwert innerhalb des von *Coase* (1937) und von *Williamson* (1985) begründeten Zweiges der **Neuen Institutionenökonomik:** der **Transaktionskostentheorie.** Neben den Produktionskosten, die in den herkömmlichen Kosten- und Preistheorien fast ausschließlich eine Rolle spielten, werden nun auch Transaktionskosten berücksichtigt. Sowohl die Koordination von Transaktionen zwischen Unternehmungen (also Markttransaktionen oder Kooperationstransaktionen zwischen Unternehmungen) als auch die unternehmensintern zu koordinierenden Transaktionen verursachen **Transaktionskosten,** und zwar für das **Aushandeln** und den **Abschluß** sowie für die **Ausführung** und die **Kontrolle** von **Verträgen** zwischen den Beteiligten. Von der vergleichsweisen Höhe dieser Kosten hängt die produktions- plus transaktionskostenminimierende **institutionelle Koordinationsstruktur** einer Volkswirtschaft, bestehend aus Märkten, Kooperationen und Unternehmungen, ab. Die Tansaktionskostenökonomik lenkt damit den Blick auf eine drastisch erweiterte Konzeption der Kosten, und sie sieht die Preisbildung für Güter und Produktionsfaktoren als nur einen Bestandteil von (ausdrücklich abgeschlossenen oder stillschweigend eingegangenen) Verträgen, welche oftmals nicht auf eine einmalige Markttransaktion, sondern auf dauerhafte Zusammenarbeit in Kooperationen oder in einer Unternehmung zugeschnitten sind. Dauerhafte Vertragsbeziehungen ergeben sich insbesondere aus Investitionen in **transaktionsspezifische Aktiva,** das sind solche, die in alternativen Verwendungen ertragsschwach wären, die mithin dem Investor eine Quasi-Rente erwirtschaften. Da die Kosten einer solchen Investition „versinken", bei vorzeitiger Lösung des Vertragsverhältnisses in anderen Verwendungen nicht „hereingeholt" werden könnten, ist die Quasi-Rente (und damit die Entlohnung/der Preis für die Leistung des Inverstors) einer „Beraubung" (holdup) durch Vertragspartner ausgesetzt. Der Investor wird daher schon bei Vertragsabschluß auf glaubhaften **Absicherungen** (hostages) bestehen, die ein Vertragspartner auch aus Gründen des Aufbaus von **Reputation** zu leisten bereit sein könnte.

Die Transaktionskostenökonomik, die die Probleme der unvollständigen Information, der Informationsasymmetrien, der Ausgestaltung dauerhafter Vertragsbeziehungen in Kooperationen und innerhalb von Unternehmungen mit erfaßt und in diesem erweiterten Rahmen auch die Bestimmungsgründe von Kosten und Preisen für Güter und Faktoren behandelt, ist als die aussichtsreichste Entwicklungsrichtung anzusehen, welche die allgemeine Gleichgewichtstheorie und die Marktformenlehre ergänzt bzw. revidiert.

Literatur

Eine römische Ziffer im Text bezeichnet den Band, eine arabische die Seitenzahl, bei Übersetzungen die der deutschen Ausgabe.

Akerlof, G., The market for „lemons“: Qualitative uncertainty and the market mechanism, in: Quarterly Journal of Economics, 84 (1970), S. 488–500.

Allen, R. G. D., Hicks, J. R., A reconsideration of the theory of value, parts I and II, in: Economica (1934), S. 72–76, S. 196–219; deutsch: Eine erneute Betrachtung der Werttheorie, Erster Teil. Eine mathematische Betrachtung der individuellen Nachfragefunktionen, Zweiter Teil, in: *Ott, A. E.* (Hrsg.), Preistheorie, Köln, Berlin 1965, S. 117–137, S. 137–161.

Aristoteles, Nikomachische Ethik. Deutsche Ausgabe, Zürich 1951.

Aristoteles, Politik. Deutsche Ausgabe, Zürich, Stuttgart 1955.

Arrow, K. J., The economics of agency, in: *Pratt, J. W., Zeckhauser, R. J.* (eds.), Principals and agents. The structure of business, Bosten/Mass. 1985.

Arrow, K. J., Debreu, G., Existence of an equilibrium for a competitive economy, in: Econometrica, 22 (1954), S. 265–290.

Azariadis, C., Implicit contracts and underemployment equilibria, in: Journal of Political Economy, 83 (1975) S. 1183–1202.

Baumol, W. J., Panzar, J., Willig, R., Contestable markets and the theory of industry structure, New York 1982, rev. ed. San Diego 1988.

Blaug, M., Economic theory in retrospect, 3. Auflage, Homewood/, Ill 1978; deutsch: Systematische Theoriegeschichte der Ökonomie. Bände 1, 2, 3, München 1971, 1972, 1975.

Böhm-Bawerk, E. von, Kapital und Kapitalzins. Zweite Abteilung: Positive Theorie des Kapitals, Buch III, 1. Auflage 1888, 4. Auflage, Jena 1921.

Bowley, L., Mathematical groundwork of economics, London 1923.

Chamberlin, E. H., The theory of monopolistic competition, 1. Auflage 1933, 8. Auflage, Cambridge, Mass. 1965.

Clower, W. R., The Keynesian counter-revolution: a theoretical appraisal, in: *Hahn, F. H., Brechling, F. D. R.* (Hrsg.), The theory of interest rates, London

1965; deutsch: Die keynesianische Gegenrevolution: eine theoretische Kritik, in: Schweizerische Zeitschrift für Volkswirtschaft und Statistik, 99 (1963), S. 8–31.

Coase, R.H., The nature of the firm, in: Economica 16 (1937), S. 386–405; wieder abgedruckt in: *Stigler, G.J.*, *Boulding, K.J.* (Hrsg.), Readings in price theory, London 1953, S. 331–351.

Cournot, A., Recherches sur les principes mathématiques de la théorie des richesses, Paris 1838; deutsch: Untersuchungen über die mathematischen Grundlagen der Theorie des Reichtums, Jena 1924.

Diekmann, J., Kontrakttheoretische Arbeitsmarktmodelle, Göttingen 1982.

Edgeworth, F.Y., Mathematical psychics. An essay on the application of mathematics to the moral sciences. London 1881.

Gossen, H.H., Entwicklung der Gesetze des menschlichen Verkehrs und der daraus fließenden Regeln für menschliches Handeln, 1. Auflage 1854, 3. Auflage, Berlin 1927.

Gutenberg, E., Grundlagen der Betriebswirtschaftslehre, Band II: Der Absatz, 1. Auflage 1954, 15. Auflage Berlin, Heidelberg, New York 1976.

Hall, R.L., *Hitch, C.J.*, Price theory and business behavior, in: Oxford Economic Papers 2 (1939), S. 12–15; wieder abgedruckt in: *Wilson, T.*, *Andrews, P.W.S.* (Hrsg.), Oxford studies in the price mechanism, Oxford 1951, S. 107–138.

Helmstädter, E., Wie bilden sich die Marktpreise nach Adam Smith? Bemerkungen zu dem vorstehenden Referat von Bertram Schefold, in: *Neumark, F.* (Hrsg.), Studien zur Entwicklung der ökonomischen Theorie I, Schriften des Vereins für Socialpolitik, N.F. 115/1, Berlin 1981, S. 93–109.

Hermann, F.B.W., Staatswirthschaftliche Untersuchungen über Vermögen, Wirtschaft, Productivität der Arbeiten, Kapital, Preis, Gewinn, Einkommen und Verbrauch, 1. Auflage 1870, 3. Auflage, Leipzig 1924.

Heuß, E., Allgemeine Markttheorie, Tübingen, Zürich 1965.

Hicks, J.R., The theory of wages, 1. Auflage 1932, 2. Auflage, London 1963.

Jevons, W.St., The theory of political economy, London 1871; deutsch: Die Theorie der politischen Ökonomie, Übersetzung nach der 4. engl. Auflage, Jena 1924.

Koopmans, T.C. (ed.), Activity analysis of production and allocation. Proceedings of a conference. New York/London 1951.

Krelle, W., Preistheorie, Tübingen 1961.

Külp, B., Artikel „Lohntheorie“ in: Handwörterbuch der Wirtschaftswissenschaft (HdWW), Band 5, S. 73–99.

Launhardt, W., Mathematische Begründung der Volkswirtschaftslehre, Leipzig 1885.

Leijonhufvud, A., On Keynesian economics and the economics of Keynes, New York, London, Toronto 1968.

Leontief, W., The structure of American economy, 1919–1939, 2. Aufl. 1951.

von Mangoldt, H.K.E., Grundriß der Volkswirthschaftslehre, Stuttgart 1863.

Marshall, A., Principles of economics, 1. Auflage 1890, 8. Auflage, London 1920.

Marx, K., Das Kapital, Bände I bis III (1867, 1885, 1894), Ausgabe des Marx-Engels-Lenin-Instituts Moskau 1932, Berlin 1955–56.

Means, G. C., Industrial prices and their relative inflexibility, US-Senate, Document B, 74th Congress, 1st Session, Washington 1935.

Menger, C., Grundsätze der Volkswirtschaftslehre, 1. Auflage 1871, in: Gesammelte Werke, Band 1, Tübingen 1968.

Meyer, U., Neue Makroökonomik. Ungleichgewichtsanalyse mit Hilfe der Methode des temporären Gleichgewichts, Berlin, Heidelberg, New York 1983.

Mortensen, D. T., Job search, the duration of unemployment and the Phillips curve, in: American Economic Review, 60 (1970), S. 847–862.

von Neumann, J. Morgenstern, O., Theory of games and economic behavior. Princeton 1944; deutsch: Spieltheorie und wirtschaftliches Verhalten, 3. Auflage, Würzburg 1973.

Pareto, V., Manuel d'économie politique, 1. Auflage 1906, 2. Auflage, Paris 1927.

Phelps, E. S. et al., Microeconomic foundations of employment and inflation theory, New York 1970.

Ricardo, D., Principles of political economy and taxation, 1. Auflage 1817, 3. Auflage, London, New York 1821; deutsche Ausgabe: Grundsätze der politischen Ökonomie und Besteuerung, hrsg. von *Neumark, F.*, Frankfurt/M. 1972.

Robinson, J., The economics of imperfect competition, London 1933.

Schefold, B., Nachfrage und Zufuhr in der klassischen Ökonomie, S. 53–92. Die Marktpreise bei Smith – eine Erwiderung, S. 111–116, in: *Neumark, F.* (Hrsg.), Studien zur Entwicklung der ökonomischen Theorie I, Schriften des Vereins für Socialpolitik, N. F. 115/1, Berlin 1981.

Schneider, E., Einführung in die Wirtschaftstheorie, IV, 1. Band, 2. Auflage, Tübingen 1965.

Schumann, J., Die marxistische Wert- und Preislehre, in: Das Wirtschaftsstudium (wisu), Teile I und II, Hefte 6 und 7 (1977), S. 61–64, S. 73–76.

Schumann, J., Grundzüge der mikroökonomischen Theorie, 6. überarb. u. erw. Auflage, Berlin, Heidelberg, New York 1992.

Schumpeter, J. A., Theorie der wirtschaftlichen Entwicklung, 1. Auflage 1912, 6. Auflage, Berlin 1964.

Schumpeter, J. A., History of economic analysis. Edited from manuscript by *Elizabeth Boody Schumpeter*, 2nd printing 1955; deutsch: Geschichte der ökonomischen Analyse, Bände I und II, Göttingen 1965.

Selten, R., Artikel „Oligopoltheorie“ in: Handwörterbuch der Wirtschaftswissenschaft (HdWW), Band 5, S. 667–678.

Shoven, J. B./Whalley, J., Applied general-equilibrium models of taxation and international trade, in: Journal of Economic Literature, 22 (1984), S. 1007–1051.

Smith, A., An inquiry into the nature and causes of the wealth of nations, 1. Auflage, London 1776; deutsche Übersetzung von *H. C. Recktenwald:* Der Wohlstand der Nationen, Bücher 1 bis 5, 4 Bde., München 1974.

von Stackelberg, H., Marktform und Gleichgewicht, Wien, Berlin 1934.

Sweezy, P. M., Demand under conditions of oligopoly, in: Journal of Political economy, 47 (1939), S. 568–573; wieder abgedruckt in: *Boulding, K. E.*, *Stigler, G. J.* (Hrsg.), Readings in price theory, London 1953; deutsch: Die Nachfrage beim Oligopol, in: *Ott, E. A.* (Hrsg.), Preistheorie, Köln, Berlin 1965, S. 320–325.

Wald, A.: Über einige Gleichungssysteme der mathematischen Ökonomie, in: Zeitschrift für Nationalökonomie, 7 (1936), S. 637–670.

Walras, L., Eléments d'économie politique pure ou théorie de la richesse social, 1. Auflage 1874, édition definitive Paris 1926; englisch: Elements of pure economics or the theory of social wealth, London 1954.

von Wieser, F., Der natürliche Werth, Wien 1889.

Williamson, O., The economic institutions of capitalism. Firms, markets, relational contracting, New York, London 1985.

Der Keynesianismus[1]

Hans-Joachim Jarchow

1. Die Keynesianische Revolution

Die Vorstellung von einem ökonomischen System, das sich selbst reguliert und dadurch Gleichgewicht auf den Märkten, insbesondere Vollbeschäftigung auf dem Arbeitsmarkt, sichert, ist ein Wesenszug der **klassischen Theorie.** Dieses ökonomische Weltbild läßt sich bis auf *Adam Smith* und seine „Inquiry into the Nature and Causes of the Wealth of Nations" zurückverfolgen und war in der Nationalökonomie mehr als 150 Jahre dominierend bis hin zu *A. C. Pigou.* Die Weltwirtschaftskrise Anfang der dreißiger Jahre und das Erscheinen der „General Theory of Employment, Interest, and Money" von *John Maynard Keynes* im Jahre 1936 führte dann – so *Leijonhufvud* – zu einer „Massenkonversion der Ökonomen" zu einem anderen Weltbild (*Hagemann* u. a., S. 268). Nach diesem **Keynesianischen Weltbild** besteht Anlaß, den Selbstregulierungsfähigkeiten des ökonomischen Systems, also auch dem Vollbeschäftigungsautomatismus, zu mißtrauen und im Falle von Störungen stabilisierungspolitische, vor allem fiskalpolitische Maßnahmen zu ergreifen.

Daß die *Keyne*sianische Revolution innerhalb so kurzer Zeit erfolgreich war, hat verschiedene Gründe (vgl. *Johnson*): Im wesentlichen dürfte ihr rascher Erfolg darauf beruhen, daß die Erfahrung anhaltender Arbeitslosigkeit mit der etablierten (klassischen) Doktrin nicht vereinbar war, sie also widerlegte, und daß mit der neuen Lehre von *Keynes* eine Theorie entstand, die generell Unterbeschäftigung erklären konnte und dazu noch eine plausibel erscheinende Therapie für dieses gravierende soziale Problem enthielt. Daneben bot die „General Theory" mit dem Entwurf eines makroökonomischen Totalmodells auch eine neue, empirisch gehaltvolle Methode, die sich zudem als ein attraktiver Mittelweg empfahl zwischen der *Marshall*schen Partialanalyse, in der ökonomische Interdependenzen vernachlässigt werden, und dem *Walras*ianischen Modell eines generellen ökonomischen Gleichgewichts, das diesen Mangel zwar

---

[1] Für die kritische Durchsicht des Manuskripts danke ich Herrn Professor Dr. G. Engel.

nicht aufweist, aber den Nachteil hat, nicht unmittelbar auf konkrete, praktische Probleme anwendbar zu sein.

2. Das Keynesianische Modell

2.1. Die Bausteine des Modells

Die Bausteine des Modells werden so zusammengetragen und geordnet, daß sich damit der **Gütermarkt,** der **Geldmarkt,** der Zusammenhang zwischen realem Sozialprodukt und Beschäftigung, also die **gesamtwirtschaftliche Produktionsfunktion,** sowie der **Arbeitsmarkt** beschreiben lassen.

2.1.1. Gütermarkt

Wie bei den Klassikern verändern sich die realen **Investitionen** (I^r) invers mit dem Zinssatz (i). Während dieser Zusammenhang in der (negativen) Neigung der Investitionsfunktion zum Ausdruck kommt, wird ihre Lage durch die Erwartungen – nach *Keynes* zentraler Einflußfaktor der Investitionstätigkeit (S. 315) – festgelegt. Anders als bei den Klassikern hängt die reale **Ersparnis** (S^r) nicht in erster Linie vom Zinssatz, sondern vom realen Volkseinkommen (Y^r) ab. Dieser Zusammenhang wird in der „General Theory“ nicht näher mikroökonomisch begründet; er ergibt sich nach *Keynes* aus einem „fundamentalen psychologischen Gesetz“ (S. 96), wonach der Konsum mit dem Einkommen steigt (und zwar mit einer marginalen Konsumquote (c) von kleiner Eins).

2.1.2. Geldmarkt

Dem exogen fixierten (nominalen) Geldangebot ($M^a = M$) steht die (nominale) Geldnachfrage in Form der *Keynes*schen **Liquiditätspräferenz** (L) gegenüber. Diese berücksichtigt zum einen das Transaktionsmotiv und begründet damit – wie schon in der traditionellen Kassenhaltungstheorie – eine Einkommensabhängigkeit der Geldnachfrage. Zum anderen führt *Keynes* mit dem **Spekulationsmotiv** ein neues Element ein und gelangt so – anders als die Klassiker – auch zu einer Zinsabhängigkeit der Kassenhaltung. Für die Erklärung des entsprechenden (negativen) Zusammenhangs ist die Hypothese wichtig, daß von Wirtschaftsubjekt zu Wirtschaftssubjekt unterschiedliche Vorstellungen über ein „ziemlich sicheres Niveau“ des zukünftigen Zinssatzes existieren (*Keynes,* S. 201 f.). Werden die individuellen Erwartungen als gegeben betrachtet, dann bewirken ein sinkender Zinssatz und damit ein steigendes Kursniveau, daß immer mehr Wirtschaftssubjekte mit einer Umkehr der Entwicklung rechnen. Demzufolge befürchten immer mehr Wirtschaftssubjekte, daß Kursverluste entstehen, wobei die Aussichten, diese durch Zinserträge aufzufangen, wegen des sinkenden Zinssatzes immer ungünstiger werden. Die Präferenz für Kasse wird demzufolge bei sinkendem Zinssatz allgemein zunehmen. Wird schließlich ein so niedriger Zinssatz erreicht, daß alle Wirtschaftssubjekte mit Verlusten aus einer Wertpapieranlage rechnen, dann wird nur noch Kasse gewünscht und die sog. **Liquiditätsfalle** (liquidity trap) wirksam, d.h. jeder Zufluß an Geld versickert in der Spekulationskasse, ohne daß dazu eine weitere Zinssenkung erforderlich wird.

2.1.3. Gesamtwirtschaftliche Produktionsfunktion und Arbeitsmarkt

Die **gesamtwirtschaftliche Produktionsfunktion** beschreibt einen positiven Zusammenhang zwischen realem Sozialprodukt und Beschäftigung (N) unter der Annahme eines gegebenen Sachkapitalbestandes. Dabei wird unterstellt, daß die Grenzproduktivität der Arbeit mit zunehmender Beschäftigung abnimmt.

Hinsichtlich der **Arbeitsnachfrage** übernimmt *Keynes* die Vorstellung der Klassiker, wonach der Einsatz von Arbeit so lange ausgedehnt wird, bis die Grenzproduktivität der Arbeit gleich dem Reallohnsatz (w/p) ist (*Keynes*, S. 5 und 17). Da die Grenzproduktivität annahmegemäß mit steigender Beschäftigung abnimmt, folgt, daß die Nachfrage nach Arbeit nur steigen kann, wenn der Reallohnsatz sinkt.

Hinsichtlich des **Arbeitsangebots** weicht *Keynes* von der klassischen Hypothese ab, indem er annimmt, daß sich die Arbeitnehmer einer Senkung des Geldlohnsatzes widersetzen werden, ihr Angebot (im Unterbeschäftigungsbereich) aber nicht zurückziehen, wenn der Reallohnsatz nur auf Grund eines Preisanstiegs abnimmt (*Keynes*, S. 9, 15, 303). Zum genauen Verlauf der Arbeitsangebotskurve enthält die „General Theory" zwar eine Reihe von Hinweisen; doch letztlich bleibt dem Leser hier ein gewisser Interpretationsspielraum. Es kann deshalb auch nicht überraschen, daß sich in der Keynesianischen Literatur voneinander abweichende Hypothesen zum Arbeitsangebotsverhalten finden, z.B. ein bei gegebenem Geldlohnsatz vollkommen elastisches Arbeitsangebot (konstanter Geldlohnsatz), ein zunächst vollkommen elastisches und danach nur bei steigendem Geldlohnsatz weiter zunehmendes Arbeitsangebot oder ein positiv vom Geldlohnsatz bzw. Reallohnsatz abhängiges Arbeitsangebot bei nach unten unbeweglichem Geldlohnsatz. In diesem

Beitrag erfolgt die verbal gehaltene Analyse zunächst unter der Annahme, daß das Arbeitsangebot bei **gegebenem Geldlohnsatz** bis zur Vollbeschäftigungsgrenze vollkommen elastisch ist und von da an vollkommen unelastisch wird (so auch *Rothschild* 1979, S. 176).

2.2. Das Modell im Gesamtzusammenhang

2.2.1. Partialbetrachtungen

2.2.1.1. Auf einer elementaren Stufe begegnet man Keynesianischen Modellzusammenhängen, wenn man sowohl vom Geldmarkt als auch vom Arbeitsmarkt abstrahiert und nur den **Gütermarkt** unter der Annahme konstanter Preise betrachtet. In einem derartig vereinfachten Modell treten die für die Keynesianische Analyse charakteristischen **Multiplikatoreffekte** besonders deutlich hervor. Sie entstehen dadurch, daß die durch eine Änderung autonomer Komponenten der gesamtwirtschaftlichen Nachfrage ausgelöste primäre Änderung des realen Sozialprodukts wegen der Einkommensabhängigkeit des privaten Konsums eine Verstärkung entsprechend dem Multiplikator $\frac{1}{1-c}$ erfährt.

2.2.1.2. Ein erweitertes, aber noch nicht vollständiges Keynesianisches Modell ergibt sich, wenn neben dem **Gütermarkt** der **Geldmarkt** Berücksichtigung findet, die Annahme konstanter Preise aber beibehalten wird. Die entsprechenden Zusammenhänge werden in dem bekannten auf *Hicks* (1937) zurückgehenden **IS/LM-Modell** durch eine Gleichgewichtskurve für den Gütermarkt mit einer (i.d.R.) negativen Steigung (IS-Kurve) und einer Gleichgewichtskurve für den Geldmarkt mit einer (i.d.R.) positiven Steigung (LM-Kurve) in einem i/Y-Diagramm dargestellt. Aus dem *Hicks*schen Diagramm geht hervor, daß eine Erhöhung der Geldmenge einen Anstieg des Volkseinkommens bewirkt – es sei denn, die Liquiditätsfalle ist wirksam (d.h. die LM-Kurve verläuft horizontal) oder die Investitionen sind vollkommen zinsunelastisch (d.h. die IS-Kurve verläuft vertikal). Ferner zeigt sich, daß eine Zunahme autonomer Komponenten der gesamtwirtschaftlichen Nachfrage (z.B. der Staatsausgaben) einen Anstieg des Volkseinkommens bewirkt – es sei denn, die Geldnachfrage ist wie bei den Klassikern vollkommen zinsunelastisch (d.h. die LM-Kurve verläuft vertikal) oder die Investitionen sind vollkommen zinselastisch (d.h. die IS-Kurve verläuft horizontal). In diesen beiden Spezialfällen würde eine Staatsausgabenerhöhung nur zur Folge haben, daß private Investitionen im Umfang der Staatsausgabenerhöhung verdrängt werden (vollständiger **„crowding out-Effekt"**). Schließlich macht das *Hicks*sche Diagramm noch deutlich, weshalb die

Anpassungsvorgänge auf dem Geldmarkt wie ein **„eingebauter Stabilisator"** wirken. Sie dämpfen die Multiplikatoreffekte, weil jede Einkommenserhöhung über eine steigende Geldnachfrage einen Zinsanstieg auslöst, der die zinsabhängigen Investitionen verringert und dadurch den Einkommensanstieg abschwächt.

2.2.2. *Das Totalmodell: Variante I*

Im Totalmodell werden alle Märkte und die gesamtwirtschaftliche Produktionsfunktion in die Betrachtungen einbezogen; dabei wird – wie im Kapitel 21 der „General Theory" – auch die Möglichkeit eines variablen Preisniveaus berücksichtigt. Mit der Variante I wird unterstellt, daß der Geldlohnsatz für den Unterbeschäftigungsbereich **konstant** ist.

Für die Bestimmung des **Preisniveaus** ist der schon bei der Ableitung der Arbeisnachfrage herangezogene Zusammenhang wesentlich, daß die Grenzproduktivität der Arbeit dem Reallohnsatz (w/p) entsprechen muß. Da mit steigender Produktion bzw. Beschäftigung die Grenzproduktivität abnimmt, folgt aus dieser Bedingung zunächst einmal, daß eine höhere Produktion bzw. Beschäftigung im Gleichgewicht mit einem niedrigeren Reallohnsatz einhergehen muß (*Keynes*, S. 17). Für das hier besonders interessierende **Preisniveau** ergibt sich aus dem Zusammenhang

$$\text{Geldlohnsatz (w)} = \text{Grenzproduktivität} \left(\frac{\partial Y^r}{\partial N}\right) \cdot \text{Preis (p)}$$

unmittelbar als Bestimmungsgleichung:

$$\text{Preisniveau (p)} = \text{Geldlohnsatz (w)} : \text{Grenzproduktivität} \left(\frac{\partial Y^r}{\partial N}\right).$$

Entsprechend dieser Beziehung hängt das Preisniveau von der Höhe des Geldlohnsatzes und dem Niveau der die Grenzproduktivität bestimmenden Produktion bzw. Beschäftigung ab (*Keynes*, S. 295). Genauer zeigt sich, daß eine Senkung der Produktion wegen der damit verbundenen Zunahme der Grenzproduktivität bei konstantem Geldlohnsatz zu einem Rückgang des Preisniveaus führen muß; umgekehrt muß eine Erhöhung der Produktion mit einem Preisanstieg einhergehen (*Keynes*, S. 300).

2.2.2.1. Bei der Beschreibung der **Anpassungsvorgänge** im Zeitablauf wird von der Vorstellung ausgegangen, daß das Preisniveau den Mengenreaktionen, d.h. der Änderung von Produktion und Beschäftigung, mit einer Verzögerung folgt. Ausgangspunkt der Betrachtungen ist ein gesamtwirtschaftliches Gleichgewicht mit Vollbeschäftigung, das durch eine **Abnahme** der privaten Investitionen (z. B. auf Grund einer ungünstigeren Einschätzung der Ertragsaussichten) gestört wird. Der Nachfragerückgang führt zu Produktionseinschränkungen und einer geringeren Beschäftigung zunächst in der Investitionsgüterindustrie und dann wegen der Multiplikatoreffekte auch in der Konsumgüterindustrie. Die hiermit verbundene Senkung der Realeinkommen hat (wie schon angedeutet) zur Folge, daß auf dem Geldmarkt ein dämpfender „feed-back-Effekt" ausgelöst wird: Die Geldnachfrage (für Transaktionszwecke) nimmt ab, und die dadurch induzierte Zinssenkung wirkt auf den Gütermarkt zurück, indem sie zu Investitionen anregt und so den Kontraktionsprozeß abschwächt.

Ein weiterer der Kontraktion entgegenwirkender Effekt stellt sich ein, sobald die Unternehmer die Preise herabsetzen. Hierzu besteht insofern Anlaß, als mit der Einschränkung der Produktion die Grenzproduktivität steigt. Aus der Preissenkung resultiert der sog. *Keynes*-**Effekt**: Die reale Geldmenge (M/p) steigt, dadurch wird auf das Zinsniveau ein zusätzlicher Druck ausgeübt, und die Investitionen werden so noch einmal stimuliert (vgl. *Keynes,* S. 263, *Leijonhufvud,* S. 243 f.). Die hiermit verbundene Expansion der Produktion führt jedoch nicht wieder zum ursprünglichen Vollbeschäftigungseinkommen zurück; denn zu dem letztlich niedrigeren Preisniveau gehört nach der Preisbestimmungsgleichung bei konstantem Geldlohnsatz ein geringeres Produktionsniveau oder anders ausgedrückt: Dem niedrigeren Preisniveau entspricht wegen des konstanten Geldlohnsatzes ein höherer Reallohnsatz, der eine geringere Produktion und Beschäftigung bewirkt. Somit verbleibt als Folge des Nachfragerückgangs im Endergebnis Arbeitslosigkeit.

2.2.2.2. Besteht – umgekehrt als in dem zuvor beschriebenen Fall – in der Ausgangslage Unterbeschäftigung und erfolgt eine **Expansion** der gesamtwirtschaftlichen Nachfrage, z. B. auf Grund einer Erhöhung ihrer autonomen Komponenten oder durch einen Anstieg zinsabhängiger Investitionen als Folge einer Geldmengenerhöhung, dann ergibt sich eine Zunahme der Produktion und Beschäftigung sowie mit der Zeit ein Anstieg der Preise (wegen der abnehmenden Grenzproduktivität). Wird im Zuge der Expansion die Vollbeschäftigungsgrenze erreicht, dann erschöpft sich jede weitere Ausdehnung der gesamtwirtschaftlichen Nachfrage ausschließlich in einem Preisanstieg im Ausmaß der dann einsetzenden Lohnsatzerhöhungen.

2.2.3. Das Totalmodell: Variante II

Nicht zuletzt um deutlich zu machen, daß die Erklärung für Arbeitslosigkeit aus der Sicht der *Keynes*schen Theorie nicht allein auf speziellen Annahmen bezüglich des Arbeitsangebots beruht, wird mit der Variante II ein mit dem **Reallohnsatz** steigendes Arbeitsangebot bei vollkommener Flexibilität von Geldlohnsätzen und Preisen unterstellt. Man gelangt auf diese Weise zu einer **neoklassischen Synthese;** denn der Arbeitsmarkt entspricht nun klassisch-neoklassischen Vorstellungen. Deshalb liegt die Vermutung nahe, daß der Anpassungsprozeß bei dieser Variante stets für Vollbeschäftigung sorgt. Zu bedenken ist hierbei jedoch, daß das der Vollbeschäftigung entsprechende Produktionsniveau dauerhaft von den Unternehmern nur realisiert wird, wenn das aus der Produktion resultierende Güterangebot stets auf eine gleich große Güternachfrage trifft. Diese Bedingung wird aus der Sicht der klassischen Theorie entsprechend dem **Sayschen Gesetz** (wonach sich jedes Angebot seine eigene Nachfrage schafft) erfüllt; die Keynesianische Theorie macht demgegenüber deutlich, daß die marktwirtschaftlichen Anpassungsvorgänge unter Umständen versagen, um Nachfragelücken überhaupt oder schnell genug zum Verschwinden zu bringen.

2.2.3.1. Zur Veranschaulichung der *Keynes*schen Argumentation sei wieder davon ausgegangen, daß eine Vollbeschäftigungssituation durch eine autonome Abschwächung der Investitionstätigkeit gestört wird. Die Abschwächung der Investitionstätigkeit führt wie bei der Variante I zu einem Rückgang von Produktion und Beschäftigung, der durch die bereits erwähnten zinsinduzierten Anpassungsvorgänge gedämpft wird. **Zusätzlich** zu diesen feedback-Effekten stellt sich ein weiterer expansiver Effekt ein, der bei der Variante I annahmegemäß ausgeschlossen ist: Die existierende Arbeitslosigkeit bewirkt einen Druck auf den Geldlohnsatz. Dieses ist ein weiterer Grund für eine Preissenkung, wodurch Anpassungsvorgänge entsprechend dem bereits geschilderten *Keynes*-**Effekt** ausgelöst werden. Genauer ausgeführt, wird im Zuge entstehender Arbeitslosigkeit (U) bei völlig flexiblem Geldlohnsatz folgende Wirkungskette zusätzlich relevant:

$$U\uparrow \underset{[1]}{\dashrightarrow} w\downarrow \rightarrow p\downarrow \rightarrow \frac{M}{p}\uparrow \underset{[2]}{\dashrightarrow} i\downarrow \underset{[3]}{\dashrightarrow} I^r\uparrow \rightarrow Y^r\uparrow \rightarrow U\downarrow.$$

Können die skizzierten Anpassungsvorgänge störungsfrei ablaufen, dann bleibt der expansive *Keynes*-Effekt so lange wirksam, wie noch Arbeitslosigkeit besteht und dadurch der Geldlohnsatz vermindert wird. Arbeitslosigkeit muß in diesem Fall durch einen **deflatorischen Prozeß** mit der Zeit zum Verschwinden gebracht werden. Die Frage ist jedoch, ob der geschilderte Vollbeschäftigungsmechanismus tatsächlich in jedem Fall reibungslos funktioniert. Abgesehen davon, daß der Anpassungsprozeß auch bei reallohnabhängigem Arbeitsangebot offensichtlich dann nicht ausgelöst wird, wenn der Geldlohnsatz nach unten unbeweglich ist (Fall 1), sind es aus der Sicht der Keynesianischen Theorie insbesondere zwei Möglichkeiten, die den geschilderten Vollbeschäftigungsmechanismus ins Stocken bringen können: Zum einen kann die **Liquiditätsfalle** wirksam werden und die erforderliche Zinssenkung verhindern (Fall 2), zum anderen können sich die **Investitionen** als **vollkommen zinsunelastisch** erweisen (Fall 3). Die zuletzt genannte Hypothese fand insbesondere Verbreitung durch die in den „Oxford Surveys" (*Leijonhufvud,* S. 131) veröffentlichten (später kritisierten) Unternehmerbefragungen, wonach Änderungen der Kreditkosten die Investitionsplanung nur wenig beeinflußten. Der auf die Liquiditätspräferenzfunktion abstellende zweite Fall liegt demgegenüber mehr in Richtung der *Keynes*schen Argumentation. Er läßt sich im *Hicks*schen Diagramm wie folgt veranschaulichen:

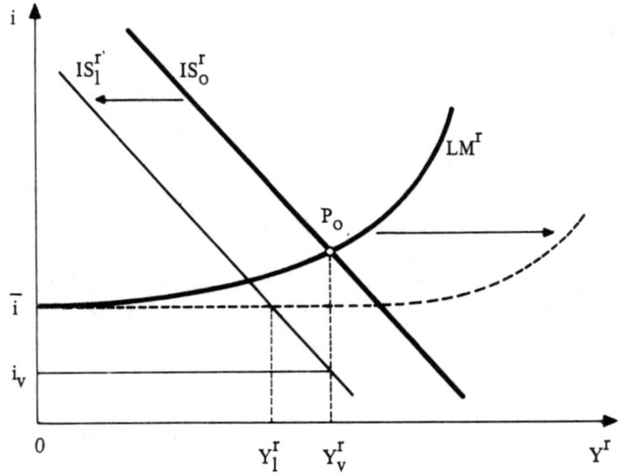

Abb. 1: Hicksches Diagramm

Wird das durch den Punkt P_o bestimmte Gleichgewicht mit dem Vollbeschäftigungseinkommen Y_v^r durch einen autonomen Rückgang der Investitionen gestört, dann kommt der Anpassungsprozeß in der Graphik darin zum Ausdruck, daß sich die IS^r-Kurve nach links und die LM^r-Kurve wegen der endogenen Preissenkung nach rechts verschieben. In der dargestellten Situation handelt es sich offenbar um einen Fall, bei dem der über eine Erhöhung der realen Geldmenge wirkende *Keynes*-Effekt die für Vollbeschäftigung erforderliche Zinssenkung auf das Niveau i_v nicht herbeizuführen vermag. Wie weit sich auch die LM^r-Kurve infolge der Preissenkungen nach rechts verschiebt, der Zinssatz kann nur bis auf das Niveau $\bar{i}$ fallen. Bei diesem Zinssatz reicht die dazugehörige Investitionsgüternachfrage offenbar nicht aus, um zum Vollbeschäftigungseinkommen zurückzukehren (Y_1^r ist kleiner als Y_v^r). Ein zu **hoher Zinssatz** mit einer **unzureichenden Güternachfrage** – diese Möglichkeit begründet im wesentlichen die Befürchtungen von *Keynes,* daß selbst bei völlig beweglichem Geldlohnsatz die Selbstregulierungsfähigkeiten des ökonomischen Systems nicht genügen, um Vollbeschäftigung zu sichern (*Keynes,* S. 267).

Daß der Marktzinssatz trotz Erhöhung der realen Geldmenge u.U. nicht auf das für Vollbeschäftigung erforderliche Niveau fällt, läßt sich formal mit dem Hinweis auf die Liquiditätsfalle begründen; materiell ist die Erklärung darin zu suchen, daß die **Kurs- bzw. Zinserwartungen unelastisch** sind und dementsprechend nur teilweise oder gar nicht der tatsächlichen Entwicklung folgen. Im Zuge einer Zinssenkung bzw. Kurserhöhung verbreitet sich deshalb die Befürchtung, daß später Kursverluste entstehen, die durch die Nominalverzinsung nicht aufgewogen werden. Bei einem bestimmten niedrigen Zinssatz werden schließlich alle Wirtschaftssubjekte zu Baissespekulanten, die gegenüber einer Wertpapieranlage eine abwartende Haltung einnehmen und nur noch Kasse halten wollen. Dieser Zustand der Liquiditätspräferenz impliziert, daß die Vermögensbesitzer durch den Anstieg der realen Geldmenge nicht veranlaßt werden, mehr Wertpapiere gegen Hergabe von Geld nachzufragen. Eine Kurserhöhung bleibt deshalb aus und damit auch eine weitere Senkung des Zinsniveaus. Zusammenfassend lassen sich die geschilderten Zusammenhänge in dynamischer Betrachtungsweise so deuten, daß in einer Depression die aus Investitionen erwartete Ertragsrate und damit der für Vollbeschäftigung **erforderliche** Zinssatz schneller sinkt als die Zinserwartungen und damit der **realisierbare** Zinssatz (vgl. *Keynes,* S. 219, 228).

Die wegen eines zu hohen Zinssatzes unzureichende Nachfrage wirkt sich so aus, daß das tatsächliche Realeinkommen (Y_1^r) kleiner ausfällt als das Vollbeschäftigungseinkommen (Y_v^r) und deshalb **Arbeitslosigkeit** fortbesteht. Letztlich ergibt sich ein durch Lohnsatz- und Preissenkungen gekennzeichneter **deflatorischer** Prozeß, der Vollbeschäftigung nicht herbeiführen kann, aber die wirtschaftliche Funktionsfähigkeit des Systems gefährdet (*Jarchow*, S. 231). So ist zu bedenken, daß Unternehmungen, die nominal fixierte Verbindlichkeiten zu tilgen haben, bei einem Preisverfall Gefahr laufen, die Rückzahlungen (einschließlich der Zinsen) nicht mehr aus den laufenden Erlösen aufbringen zu können, und insolvent werden. Hieraus resultiert ein ungünstiger Einfluß auf die Investitionen (*Keynes*, S. 264). Ferner muß damit gerechnet werden, daß Lohnsatz- und Preissenkungen die Erwartung weiterer Lohnsatz- und Preissenkungen auslösen und demzufolge Anschaffungen von Investitions- und Konsumgütern zurückgestellt werden (*Keynes*, S. 263). Vor dem Hintergrund solcher Erwägungen erscheint es verständlich, daß ein (nach unten) stabiles Geldlohnsatzniveau bei *Keynes* mehr darstellt als eine empirisch begründete Annahme; es ist zugleich eine wirtschaftspolitische Empfehlung (*Keynes*, S. 270).

2.2.3.2. Gegen die Begründung eines deflatorischen Prozesses mit anhaltender Arbeitslosigkeit wurde eingewendet, daß in der „General Theory“ ein Vorgang unberücksichtigt geblieben ist, der (wie der *Keynes*-Effekt) durch Preissenkungen ausgelöst wird und expansiv auf die gesamtwirtschaftliche Nachfrage einwirkt, der sog. **Pigou-** oder **Realkassen-Effekt.** Der *Pigou*-Effekt geht davon aus, daß eine Zunahme der realen Geldmenge einen Vermögenszuwachs für den privaten Sektor darstellt, deshalb zu einer Abnahme der Spartätigkeit führt und so eine Erhöhung des Konsums bei gegebenem Realeinkommen zur Folge hat. Da dieser Effekt so lange wirksam ist, wie noch Preissenkungen erfolgen, wird mit der Zeit wieder Vollbeschäftigung erreicht. Die Anpassung würde in der Graphik darin zum Ausdruck kommen, daß sich die IS^r-Kurve so weit nach rechts verschiebt, bis sie die verschobene LM^r-Kurve beim Vollbeschäftigungseinkommen schneidet.

Abgesehen davon, daß eine Erhöhung der realen Geldmenge nur insoweit einen Zuwachs an privatem Nettovermögen bedeutet, als sie aus dem sog. (z.B. auf einer Staatsverschuldung basierenden) Außengeld (outside money) besteht, sprechen weitere (und wichtigere) Gründe dagegen, sich in Hinblick auf die Wiederherstellung der Vollbeschäftigung auf den *Pigou*-Effekt zu verlassen. So wird vermutet, daß der *Pigou*-Effekt recht schwach ist und die Preissenkung deshalb sehr stark ausfallen muß, um auf diesem Wege Vollbeschäftigung zu erreichen (*Blaug*, S. 679f.). Hinzu kommt, daß im Zuge eines deflatorischen Prozesses u.U. dadurch eine Schrumpfung der Nachfrage erfolgt, daß (wie erwähnt) Insolvenzen auftreten und weitere Preissenkungen erwartet werden. Diese Vorgänge wirken dem expansiven *Pigou*-Effekt entgegen. In Anbetracht solcher Erwägungen sind selbst diejenigen, die den *Pigou*-

Effekt als theoretische Möglichkeit zur Wiederherstellung der Vollbeschäftigung betonen, nicht der Ansicht, daß die Wirtschaftspolitik einen deflatorischen Prozeß mit Arbeitslosigkeit über längere Zeit hinnehmen sollte, weil die Erwartung besteht, daß letztendlich der *Pigou*-Effekt zur Wirkung gelangt (*Blaug*, S. 679f., *Leijonhufvud*, S. 240).

3. Folgerungen aus der Keynesianischen Theorie und ihre Wirkung

3.1. Wirtschaftstheoretische Implikationen und der Einfluß auf die Wirtschaftstheorie

3.1.1. Implikationen

Bei der Auswertung der Keynesianischen Theorie erscheint es sinnvoll, sich an der durch die beiden Varianten des Modells vorgegebenen Gliederung zu orientieren. Erfolgt – ausgehend vom Vollbeschäftigungsgleichgewicht – ein Rückgang autonomer Nachfragekomponenten oder der (nominalen) Geldmenge, dann ergibt sich bei **konstantem** Geldlohnsatz eine Senkung des realen Sozialprodukts, der Beschäftigung und des Preisniveaus bei gleichzeitiger Erhöhung des Reallohnsatzes. **Anders** als bei den **Klassikern** ist die Geldmenge also **nicht neutral** in bezug auf Beschäftigung und Produktion, und eine Änderung autonomer Nachfragekomponenten beeinflußt nicht nur die Struktur, sondern auch das Niveau des realen Sozialprodukts. Damit besteht auch **nicht** mehr die vom klassischen Modell her bekannte **Dichotomie** (Zweiteilung), wonach der Arbeitsmarkt in Verbindung mit den Produktionsbedingungen die Beschäftigung und das reale Sozialprodukt sowie den Reallohnsatz festlegt und die (nominale) Geldmenge entsprechend der Quantitäts- bzw. Kassenhaltungstheorie dann das Preisniveau bestimmt. Vielmehr werden bei *Keynes* die **gesamtwirtschaftliche Nachfrage** und damit auch die sie beeinflussende Geldmenge zu zentralen Einflußgrößen sowohl für das reale Sozialprodukt und die Beschäftigung als auch für das Preisniveau. Insbesondere haben kontraktive Impulse auf die gesamtwirtschaftliche Nachfrage im Falle eines konstanten Geldlohnsatzes zur Folge, daß **Arbeitslosigkeit** entsteht.

Eine weitere, besonders wichtige Schlußfolgerung aus der Keynesianischen Theorie besteht darin, daß selbst dann, wenn auf dem Arbeitsmarkt die **klassischen** Annahmen erfüllt sind, eine Abnahme der gesamtwirtschaftlichen Nachfrage zu einem andauernden Rückgang von Produktion und Beschäftigung sowie zu Arbeitslosigkeit führen kann. In diesem Fall versagen offenbar die auf einem sinkenden Geldlohnsatz basierenden Selbstregulierungsfähigkeiten des ökonomischen Systems. Die Begründung für diese Möglichkeit ist (wie ausgeführt) darin zu sehen, daß die Investitionsnachfrage nicht auf Zinssenkungen reagiert oder der Zinssatz nicht stark genug fällt, um das für Vollbeschäftigung erforderliche Investitionsniveau sicherzustellen. Die **gesamtwirtschaftliche Nachfrage** limitiert dementsprechend die Produktion, und zwar unterhalb des Vollbeschäftigungsniveaus.

Zusammenfassend kann man den wesentlichen Beitrag der *Keynes*schen Theorie darin sehen, die Möglichkeit anhaltender Unterbeschäftigung aufgezeigt und die Rolle der gesamtwirtschaftlichen Nachfrage hierbei verdeutlicht zu haben. Das insbesondere bei Überschreiten der Vollbeschäftigungsgrenze relevant werdende Problem nachfrageinduzierter Preissteigerungen rückt demgegenüber in den Hintergrund, wird in der „General Theory" aber auch nicht vernachlässigt.

3.1.2. Der Einfluß auf die Wirtschaftstheorie

Die „General Theory" hat die **Makroökonomik** der Nachkriegszeit – sowohl die ex post-Analyse in Form der Volkswirtschaftlichen Gesamtrechnung als auch die ex ante-Analyse von Volkseinkommen, Beschäftigung und Preisniveau – entscheidend geprägt. Sie hat ihren Einfluß bis heute nicht verloren, wenn auch die neuere Makroökonomik insbesondere durch Berücksichtigung von Inflation und Inflationserwartungen wichtige Erweiterungen und Modifikationen erfahren hat. Die „General Theory" hat darüber hinaus zu wichtigen Weiterentwicklungen in **speziellen Bereichen** der Wirtschaftstheorie angeregt. So hat die Verbindung von Multiplikator und Akzelerationsprinzip neue Entwicklungen in der Wachstumstheorie (*Harrod* 1939) und der Konjunkturtheorie (*Samuelson* 1939 und *Hicks* 1950) eingeleitet. Die Disaggregation der *Keynes*schen Sparfunktion mit unterschiedlichen Sparquoten für Gewinn- und Lohnbezieher ist wesentlicher Bestandteil von Verteilungstheorien, die auf Kreislaufzusammenhängen basieren (wie die von *Kaldor* 1955/56). Die Einbeziehung des Außenbeitrags in die Multiplikatoranalyse eröffnete der monetären Außenwirtschaftstheorie neue Einsichten (z.B. *Metzler* 1942, *Machlup* 1943, *Lange* 1943), und die Erweiterung der *Hicks*schen IS-LM-Darstellung auf eine offene Volkswirtschaft (*Mundell* 1961, *Fleming* 1962) verschaffte ihr eine makroökonomische Grundlage und damit auch eine Basis für die Analyse stabilisierungspolitischer Maßnahmen.

3.2. Wirtschaftspolitische Implikationen und der Einfluß auf die Wirtschaftspolitik

3.2.1. Implikationen

Aus der Sicht der „General Theory" liegt die Begründung für einen wirtschaftpolitischen Handlungsbedarf insbesondere darin, daß die marktwirtschaftlichen Anpassungskräfte unter Umständen nicht ausreichen, um Vollbeschäftigung zu sichern, oder der Anpassungszeitraum bis zur automatischen Wiederherstellung der Vollbeschäftigung in Anbetracht von Arbeitslosigkeit und Konkursen als zu lang angesehen wird (*Patinkin,* S. 339). Solange dabei der für Vollbeschäftigung erforderliche Zinssatz durch eine Erhöhung der realen Geldmenge erreichbar ist, kommen als Therapie sowohl **expansive** Maßnahmen der Fiskal- als auch der Geldpolitik in Frage. Die **Geldpolitik** wirkt dabei ähnlich wie der auf Lohnsatz- und Preissenkungen beruhende *Keynes*-Effekt; anders als dieser Mechanismus erspart sie jedoch der Volkwirtschaft die mit einem deflatorischen Prozeß verbundenen Nachteile. Kann dagegen der Zinssatz nicht genügend gesenkt werden, bleibt als Heilmittel nur die **Fiskalpolitik.** Da *Keynes* diesen Fall als relevant ansieht, betont er die Notwendigkeit einer staatlichen Einflußnahme auf den Konsum, z.B. durch Steuersenkungen, und auf die Investitionen, z.B. durch Vornahme öffentlicher Investitionen (S. 164, 378). Wenn er dabei „a somewhat comprehensive socialisation of investment" (S. 378) als Mittel der Beschäftigungspolitik hervorhebt, plädiert er damit nicht für eine Überführung von Privateigentum in Gemeineigentum; es geht ihm vielmehr darum, das marktwirtschaftliche System durch eine stärkere konjunkturpolitische Verantwortlichkeit des Staates vor Krisen zu bewahren und damit zu erhalten.

Anders als bei expansiven Maßnahmen liegen bei kontraktiver (z.B. auf Preisstabilisierung abzielender) Konjunkturpolitik keine besonderen Umstände vor, die für eine Überlegenheit der Fiskalpolitik gegenüber der Geldpolitik sprechen. Der Grund für diese Asymmetrie in der Wirkungsweise einer expansiven und kontraktiven Geldpolitik ist darin zu sehen, daß Zinsänderungen nach unten limitiert sind, nicht aber nach oben. **Zusammenfassend** kann man feststellen, daß sich die Geldpolitik aus der Sicht der Keynesianischen Theorie keineswegs generell als ineffizient erweist; sie versagt aber in bestimmten Situationen der Unterbeschäftigung, die dann den Einsatz fiskalpolitischer Maßnahmen erfordern.

3.2.2. Der Einfluß auf die Wirtschaftspolitik

Mit der „General Theory“ wurden die Grundlagen für eine diskretionäre Stabilisierungspolitik geschaffen und zu Weiterentwicklungen in diesem Bereich angeregt. Im Vordergrund der Diskussion standen dabei Maßnahmen zur Sicherung der Vollbeschäftigung, wobei das Interesse vornehmlich **fiskalpolitischen** und weniger geldpolitischen Maßnahmen galt. Der Grund hierfür lag in einer pessimistischen Einschätzung der Effizienz geldpolitischer Maßnahmen, wie sie insbesondere für die Keynesianische Tradition in den USA charakteristisch war. In extremer Form fand diese Einschätzung ihren Ausdruck in der „money does not matter“-These; sie mit der *Keynes*schen Lehre zu assoziieren, erscheint jedoch überpointiert und in dieser Allgemeinheit auch nicht gerechtfertigt.

Abgesehen davon, daß sich der Keynesianische Einfluß in offiziellen Dokumenten niederschlug (z.B. in dem britischen „White Paper on Employment Policy“ aus dem Jahre 1944 und dem amerikanischen „Employment Act“ aus dem Jahre 1946), prägte er auch konkretes wirtschaftspolitisches Handeln. Ein bekanntes Beispiel hierfür sind die sog. **„New Economics“**, die in den **USA** unter dem Einfluß von *W. Heller, J. Tobin, G. Ackley* u.a. während der *Kennedy/Johnson*-Regierung in den sechziger Jahren zur Anwendung gelangten. Die Wiederherstellung der Vollbeschäftigung war das vordringliche Ziel; expansive fiskalpolitische Maßnahmen (wie eine Reihe von Ausgabenerhöhungen sowie die kräftige Steuersenkung von 1964) dienten als wirtschaftspolitische Mittel. Die Politik erwies sich in Hinblick auf das Beschäftigungsziel als erfolgreich – allerdings nur um den Preis stark steigender Inflationsraten. In der **Bundesrepublik** bildete die Bekämpfung der Rezession 1966/67 einen bekannten Anwendungsfall expansiver antizyklischer Fiskalpolitik, die dann auch in dem im Juni 1967 erlassenen sog. **„Stabilitätsgesetz“** eine detaillierte institutionelle Basis fand. Während Keynesianisch orientierte Politik bei der Überwindung des damaligen starken Konjunktureinbruchs noch als erfolgreich angesehen wurde, zeichnete sich im Laufe der siebziger Jahre eine gewisse **Umorientierung** in der Wirtschaftspolitik ab: Die „monetaristische Gegenrevolution“ (*Johnson*) führte zu einer stärkeren Betonung der „Verstetigung“ des konjunkturpolitischen Mitteleinsatzes, und unter dem Einfluß von Störungen auf der Angebotsseite gewann das sog. „Supply Management“ gegenüber dem (Keynesianischen) „Demand Management“ an Bedeutung.

4. Die Keynesianische Theorie in neuerer Sicht

4.1. Postkeynesianismus

Anders als die Anhänger der neoklassischen Synthese (u.a. *Patinkin, Samuelson, Modigliani* und *Tobin*) stehen die sog. Postkeynesianer in strenger Opposition zur neoklassischen Theorie und ihren Vorstellungen von einem allgemeinen Gleichgewicht. Einig in dieser Haltung werden von den Vertretern des **Postkeynesianismus** in der Argumentation unterschiedliche Akzente gesetzt. Insbesondere lassen sich zwei Richtungen unterscheiden. Die eine (siehe z.B. *Eichner* und *Kregel* 1975, *Eichner* (Hrsg.)) verbindet die Theorie von *Keynes* und *Kalecki* mit der ricardianischen Klassik (*Schmid,* S. 151) und betont – unter Einbeziehung von Kreislaufvorstellungen und beeinflußt durch Arbeiten von *R. Harrod, J. Robinson* und *N. Kaldor* – Wachstums- und Konjunktur- sowie Verteilungsaspekte. Die **Investitionstätigkeit** wird dabei als Schlüsselgröße herausgestellt. Wegen der Bedeutung der Selbstfinanzierung stehen die Investitionen in einem engen Zusammenhang mit der Preisbildung, für die bei industriellen Gütern – abweichend vom Grenzkosten-Prinzip der Neoklassiker – nicht Mengenanpasserverhalten, sondern Preisfixiererverhalten in Form einer Zuschlagskalkulation als typisch angesehen wird. Der Zuschlagssatz wird dabei unter Berücksichtigung der angestrebten Selbstfinanzierung festgelegt; die Basis bilden die bei langfristiger Normalauslastung erwarteten variablen Normalkosten/Stück. Letzteres impliziert, daß zeitweilige Nachfrageveränderungen keine nennenswerten Preisreaktionen auslösen, sondern durch Produktions- und Beschäftigungsanpassungen aufgefangen werden (*Eichner* (Hrsg.), S. 40f. *Schmid,* S. 157f.). In Hinblick auf den Arbeitsmarkt wird angenommen, daß der Geldlohnsatz im Rahmen von Verhandlungen zwischen Arbeitgebern und Arbeitnehmern für eine gewisse Zeit festgelegt wird und damit eine exogen fixierte Variable darstellt.

Bei der anderen postkeynesianischen Richtung (u.a. *Shackle, Minsky, Davidson)* rückt das Element der **Unsicherheit** bezüglich zukünftiger Entwicklungen in den Mittelpunkt der Betrachtungen, womit insbesondere an Kapitel 12 der „General Theory" und an den Aufsatz „The General Theory of Employment" von *Keynes* aus dem Jahre 1937 angeknüpft wird. Mit Unsicherheit ist dabei nicht das wahrscheinlichkeitstheoretisch kalkulierbare Risiko, sondern Ungewißheit auf Grund von Nichtwissen gemeint. Eine *Keynes*-Interpretation ohne diese Unsicherheit wäre – so *Minsky* (S. 57) – „something like *Hamlet* without the Prince".

Bei Ungewißheit haben Erwartungen keine feste Stütze; sie werden deshalb häufig revidiert und mit ihnen die durch sie bestimmten Entscheidungen. Diese betreffen vor allem die für die Keynesianische Ökonomik zentrale Investitionsgüternachfrage. So verändern unsichere und deshalb schwankende Ertragserwartungen die „marginal efficiency of capital" *(Keynes,* S. 135ff.) bzw. den internen Zinsfuß und damit die Vorteilhaftigkeit von Investitionen. Dazu kommen unsichere und deshalb schwankende Zukunftseinschätzungen im finanziellen Bereich. Ändern sich z.B. die Aktienkurse, dann schwankt das Verhältnis der Preise für vorhandenes und neuproduziertes Sachkapital (also das *Tobin*sche q) und damit auch die Investitionsbereitschaft. Die „inhärente Instabilität jeder ökonomischen Investitionsfunktion" (*Rothschild,* 1979, S. 195) ist der wichtigste Grund für ständige Störungen des gesamtwirtschaftlichen Gleichgewichts. Erfolgen exogen bedingte Störungen schneller als sich die zum Gleichgewicht hinführenden, endogenen Variablen (wie Preise und Geldlohnsätze) anpassen, dann verliert die Modellierung von Gleichgewichtszuständen (wie sie für die neoklassische Theorie charakteristisch ist) ihre Relevanz. Keynesianische Ökonomik ist deshalb in der Sicht des Postkeynesianismus **„die Ökonomie permanenten Ungleichgewichts"** *(Minsky,* S. 68, siehe auch *Rothschild,* 1981, S. 122ff.). Sie ist durch ausgeprägte Schwankungen der wirtschaftlichen Aktivität, verbunden mit Phasen länger anhaltender Arbeitslosigkeit, gekennzeichnet und erfordert – nach Ansicht der Postkeynesianer ganz im Sinne von *Keynes* – wirtschaftspolitisches Handeln. Dazu gehört zum einen der Einbau von Stabilisierungselementen in marktwirtschaftliche Systeme zur Verstetigung der Investitionen (z.B. über öffentliche Investitionen) oder des Konsums (durch eine Einkommensumverteilung zugunsten von Beziehern niedrigerer Einkommen mit stabilerer Konsumquote) *(Rothschild,* 1981, S. 129). Zum anderen wird für stabilitätspolitische Maßnahmen der Geld-, Fiskal- und Einkommenspolitik plädiert (*Eichner* (Hrsg.), S. 32). Hierbei ist allerdings zu bedenken, daß die von den Postkeynesianern herausgestellte Unsicherheit (im Sinne von Ungewißheit) nicht nur den Wirtschaftsablauf störanfällig macht, sondern auch die Vorhersehbarkeit der Wirkungen diskretionärer Wirtschaftspolitik erschwert (vgl. *Coddington,* S. 1265).

4.2. Neue Keynesianische Makroökonomik

Die Vorstellungen der Postkeynesianer sind nicht als geschlossenes, kohärentes Modell formuliert worden. Das mag dazu beigetragen haben, daß ihre Theorie weniger Beachtung fand als andere, insbesondere in den siebziger Jahren diskutierte makroökonomische Konzeptionen wie der Monetarismus und die Neue Klassische Makroökonomik einerseits und die Neue Keynesianische Makroökonomik andererseits. Während die beiden ersten ständige Markträumung unterstellen, setzt letztere Preisinflexibilitäten voraus. Das **monetaristische Modell** basiert auf extrapolativen bzw. adaptiven Inflationserwartungen (Monetarismus erster Art) und impliziert deshalb bei Nachfragestörungen Mengeneffekte auf Produktion und Beschäftigung, wie sie für die Keynesianische Theorie charakteristisch sind – allerdings nur vorübergehend. Die **Neue Klassische Makroökonomik** geht demgegenüber von der rationalen Erwartungshypothese aus (Monetarismus zweiter Art); Maßnahmen des Demand Management lösen demzufolge selbst auf kurze Sicht keine Mengeneffekte aus. Es gilt die Politikineffektivitätshypothese, es sei denn die Störungen werden nicht antizipiert, wie z. B. bei einer unerwarteten Geldmengenänderung mit der Folge einer Überraschungsinflation.

Anders als nach der Theorie der Neuen Klassischen Makroökonomik stehen in der **Neuen Keynesianischen Makroökonomik** Mengenänderungen im Vordergrund des Anpassungsprozesses, da Preise und Lohnsätze annahmegemäß träge sind und erst nach der Mengenanpassung reagieren. Die bekanntesten Beiträge zu dieser Theorie lieferten *Barro* und *Grossman* (1971, 1976) sowie *Malinvaud* (1977). Wichtige Vorarbeiten leisteten *Patinkin* (1956) und *Clower* (1965) mit ihrer Analyse von **„spill over"-Effekten** von einem Markt auf einen anderen: Bei *Patinkin* führt ein Absatzrückgang auf dem Gütermarkt bei den Unternehmungen über eine Produktionseinschränkung zu einem Rückgang der Nachfrage auf dem Arbeitsmarkt, so daß dort das Angebot eine Rationierung erfährt. Bei *Clower* bilden nicht die Unternehmungen, sondern die Haushalte den Ausgangspunkt der Analyse. Diese werden im Zuge eines Beschäftigungsrückgangs bezüglich ihrer angebotenen Arbeitsmenge gegenüber dem gewünschten Umfang beschränkt mit der Konsequenz, daß das niedrigere Realeinkommen ihre Konsumgüternachfrage auf einem reduzierten Niveau limitiert. Dieser von *Clower* mikroökonomisch begründete Zusammenhang bietet auch eine entscheidungslogisch fundierte Erklärung für die Berücksichtigung des Volkseinkommens in der *Keynes*schen Konsumfunktion.

In der Neuen Keynesianischen Makroökonomik werden die von *Patinkin* und *Clower* partiell untersuchten „spill-over"-Effekte miteinander verknüpft, so daß sie sich – wie in einem *Keynes*ianischen Multiplikatorprozeß – gegenseitig verstärken können *(Barro, Grossman,* S. 88ff.). Die für die Interdependenzen der Märkte maßgeblichen makroökonomischen Beziehungen werden entscheidungslogisch fundiert, wobei die **neoklassische** Mikroökonomik mit zu maximierenden Nutzen- und Gewinnfunktionen unter Nebenbedingungen (Budgetbeschränkungen und Produktionsfunktionen) die einzelwirtschaftliche Grundlage bildet, erweitert durch Restriktionen auf Grund rationierter Mengen. Wie bereits angedeutet, erfolgt die Abstimmung zwischen Angebots- und Nachfragedispositionen nicht über die Preise (wie im Walrasianischen Gleichgewicht), sondern über eine sofortige Mengenanpassung, d.h. es werden Markttransaktionen zu „falschen" (d.h. nicht markträumenden) Preisen durchgeführt. Dabei bestimmt die „kurze" Seite des Marktes die getauschte Menge, und die „lange" Seite wird rationiert (*Rothschild,* S. 73f.). Auf diese Weise wird Konsistenz von Kauf- und Verkaufsplänen auf sämtlichen Märkten bei zunächst unveränderten Preisen hergestellt. Als Ergebnis einer solchen **Theorie des temporären Gleichgewichts mit Mengenrationierung** lassen sich die Gleichgewichtslösungen nach unterschiedlichen Rationierungskonstellationen in einem Lohnsatz/Preis-Diagramm klassifizieren, wobei drei Gebiete (Regimes) eine Rolle spielen: (1) **Klassische Arbeitslosigkeit** mit einem Überschußangebot auf dem Arbeitsmarkt und einer Überschußnachfrage auf dem Gütermarkt, (2) **Keynesianische Arbeitslosigkeit** mit einem Überschußangebot auf dem Arbeits- und Gütermarkt und (3) **„Zurückgestaute" Inflation** mit einer Überschußnachfrage auf dem Güter- und Arbeitsmarkt (*Malinvaud,* S. 85f.). Als wirtschaftspolitische Therapie empfiehlt sich für den ersten Fall eine Senkung des Reallohnsatzes, für den zweiten Fall eine Nachfragestimulierung (durch eine expansive Fiskalpolitik oder über eine Erhöhung der realen Geldmenge) und für den dritten Fall eine Nachfragedämpfung.

4.3. Lohnsatz- und Preisrigiditäten

In den achtziger Jahren ging das Interesse an den Rationierungsansätzen zurück, und für die neuere Keynesianische Ökonomik rückte die offen gebliebene, wichtige Frage in den Vordergrund, wie sich **Lohnsatz- und Preisinflexibilitäten** begründen lassen. Vorausgegangen waren in der zweiten Hälfte der siebziger Jahre Untersuchungen von *Fischer* und *Taylor,* die sich (sozusagen in *Keynes*scher Tradition) mit Rigiditäten auf dem Arbeitsmarkt befaßten. Ihre Argumentationsbasis sind **Lohnkontrakte,** die zu verschiedenen Zeitpunkten für mehrere Perioden abgeschlossen werden. Wegen der sich überlappenden Laufzeiten wird es in solchen Fällen in jeder Periode Geldlohnsätze geben, die auf Grund noch laufender Verträge unverändert bleiben, auch wenn Änderungen der Geldmenge und des Preisniveaus für diese Periode korrekt vorausgesehen werden. Trotz rationaler Erwartungen kann die Geldpolitik deshalb in Hinblick auf Produktion und Beschäftigung wirksam sein und stabilisierungspolitische Aufgaben übernehmen.

Längerfristig wirksame Vereinbarungen gibt es nicht nur bei Geldlohnsätzen, sondern auch bei Preisen, z.B. zwischen Unternehmungen und ihren Zulieferern. Durch derartige Kontrakte wird auf beiden Seiten Unsicherheit reduziert (*Gordon,* S. 227). Preisinflexibilitäten bei Nachfrageänderungen lassen sich mit Transaktionskosten von Preisänderungen, den sog. **„menu costs"**, begründen. Sie umfassen nicht nur die direkten Kosten für neue Preisauszeichnungen, Preislisten und Kataloge, sondern auch den Zeitaufwand für die Festlegung neuer Preise, Verhandlungen mit Kunden und mögliche Nachteile durch Störungen von Kundenbeziehungen. Schließlich sind auch Absatzrisiken zu bedenken, weil nicht sicher ist, wie sich die Konkurrenz bei Nachfrageänderungen verhält. Ob sich die Transaktionskosten letztlich als Barriere für Preisanpassungen erweisen, hängt davon ab, ob sie größer sind als die Gewinneinbußen, die mit einem Verzicht auf Preisanpassungen verbunden sind (vgl. *Gordon,* S. 215ff.).

Wie schon angeführt, kann Arbeitslosigkeit auch auf einen über dem Gleichgewichtsniveau verharrenden Reallohnsatz, also auf reale Rigiditäten, zurückgeführt werden. Erklärungen hierfür bieten die Theorie vom Gewerkschaftslohn bzw. **Insider-Outsider-Theorie** und die **Effizienzlohntheorie** (siehe zu beiden *Franz,* S. 292ff., 300ff.). Die erste Theorie geht davon aus, daß die Gewerkschaften im Interesse der Beschäftigten („insider") hohe Lohnsätze trotz Arbeitslosigkeit durchsetzen können, weil Transaktionskosten anfallen, wenn Unternehmungen „insider" durch billigere „outsider", d.h. bisher Beschäftigungslose, ersetzen. Diese Kosten entstehen durch die Einstellung, Einarbeitung und Entlassung oder resultieren aus mangelnder Kooperationsbereitschaft der weiterhin Beschäftigten mit den Neuangestellten. Die zweite Theorie besagt, daß Unternehmungen bei einem Absatzrückgang nicht den Lohnsatz auf das markträumende (reale) Niveau senken, sondern nur mit einem Abbau der Beschäftigung reagieren. Die Lohnsenkung unterbleibt, weil hiermit Produktivitätsverluste verbunden wären. Der in der Effizienzlohntheorie unterstellte positive Zusammenhang zwischen

Lohnhöhe und Arbeitsproduktivität kann darauf zurückgeführt werden, daß durch hohe Löhne besonders qualifizierte Mitarbeiter gewonnen werden können, die Fluktuation der Beschäftigten zurückgeht (sich also eine Ersparnis an Einstellungs- und Einarbeitungskosten ergibt) und die Leistungsbereitschaft der Arbeitnehmer erhöht wird, weil die Opportunitätskosten einer Entlassung zunehmen.

Genauere Untersuchungen von Lohnsatz- und Preisinflexibilitäten sind für die Keynesianische Ökonomik wesentlich; ihre zukünftige Rolle wird deshalb – auch im Vergleich zur Neuen Klassischen Makroökonomik – davon abhängen, wie die bisherigen Ergebnisse und die weiteren Arbeiten in diesem jüngeren Forschungsbereich eingeschätzt werden.

Literatur

Barro, R.J., Grossman, H.I., A General Disequilibrium Model of Income and Employment, in: The American Economic Review, Vol. 61 (1971), S. 82ff.

Blaug, M., Ecomomic Theory in Retrospect, 3rd. ed., Cambridge 1978.

Bombach, G., u.a. (Hrsg.), Keynesianismus I, II, III, IV, V, Berlin 1976 (Bd. I, II), 1981 (Bd. III), 1983 (Bd. IV), 1984 (Bd. V).

Coddington, A., Keynesian Economics: The Search for First Principles, in: The Journal of Economic Literature, Vol. 14 (1976), S. 1258ff.

Eichner, A.S., (Hrsg.), A Guide to Post-Keynesian Economics, London and Basingstoke 1979.

Eichner, A.S., Kregel, J.A., An Essay on Post-Keynesian Theory: A New Paradigm in Economics, in: The Journal of Economic Literature, Vol. 13 (1975), S. 1293ff.

Felderer, B., Homburg, St., Makroökonomik und neue Makroökonomik, 5. verb. Aufl., Berlin 1991.

Franz, W., Arbeitsmarktökonomik, Berlin 1991.

Gordon, R.J., Macroeconomics, 5th ed. 1990.

Hagemann, H., Kurz, H.D., Schäfer, W. (Hrsg.), Die Neue Makroökonomik. Marktungleichgewicht, Rationierung und Beschäftigung, Frankfurt, New York 1981.

Hicks, J.R., Mr. Keynes and the „Classics"; A Suggested Interpretation, in: Econometrica, Vol. 5 (1935), S. 147ff.

Jarchow, H.-J., Theorie und Politik des Geldes. I. Geldtheorie, 9. überarb. u. erg. Aufl., Göttingen 1993.

Johnson, H.G., The Keynesian Revolution and the Monetarist Counter-Revolution, in: The American Economic Review, Papers and Proceedings, Vol. 61 (1971), S. 1ff.

Keynes, J.M., The General Theory of Employment, Interest and Money, London 1936.

Keynes, J. M., The General Theory of Employment, in: The Quarterly Journal of Economics, Vol. 51 (1937), S. 209ff.

Leijonhufvud, A., Über Keynes und den Keynesianismus. Eine Studie zur monetären Theorie, hrsg. und mit einem Vorwort v. *G. Gäfgen*, Köln 1973.

Malinvaud, E., The Theory of Unemployment Reconsidered, Oxford 1977.

Minsky, H. P., John Maynard Keynes, New York 1975.

Patinkin, D., Money, Interest, and Prices. An Integration of Monetary and Value Theory, 2nd ed., New York 1965.

Rothschild, K. W., Keynesianische und Postkeynesianische Beschäftigungstheorie, in: *Bombach, G., Gahlen, B., Ott, A. E.* (Hrsg.), Neuere Entwicklungen in der Beschäftigungstheorie und -politik, Tübingen 1979.

Rothschild, K. W., Einführung in die Ungleichgewichtstheorie, Berlin, Heidelberg, New York 1981.

Schmid, A., Postkeynesianische Ökonomie, in: Kredit und Kapital, Jg. 13 (1980), S. 149ff.

Wohlfahrtsökonomik

Jochen Schumann

In diesem Beitrag wird nur die Geschichte von Grundideen der Wohlfahrtsökonomik, nicht die ihrer Anwendungen auf bestimmte Bereiche wie Außenhandel oder Staatstätigkeit angesprochen. Wir verzichten auf den Versuch einer allgemeinen Definition von „Wohlfahrtsökonomik“ und gehen in den einzelnen Abschnitten auf den Inhalt des jeweiligen Wohlfahrtsbegriffes ein.

1. Vorläufer der Wohlfahrtsökonomik

Im Denken des **Altertums** und des **Mittelalters** ist das Wohlbefinden der Menschen weniger ökonomisch-materiell, als vielmehr durch ethische, auch religiöse Normen bestimmt; daher gibt es keine Wohlfahrtsökonomik. Im **Merkantilismus,** der sich mit der Maxime „Förderung der nationalen Wirtschafts- und Handelskraft durch staatliche Wirtschaftspolitik“ umschreiben läßt, steht das Wohlbefinden des Nationalstaates insgesamt im Vordergrund; in der deutschen Variante, dem **Kameralismus,** wird der Staat durch das Herrscherhaus repräsentiert, so daß man auch von „Fürstenwohlstandslehre“ spricht. Da es der merkantilistischen Wirtschaftspolitik an theoretischer Begründung mangelt, kann man sie kaum als Wohlfahrtsökonomik bezeichnen.

Angeregt durch die Fortschritte der Naturwissenschaften und durch die Naturrechtsphilosophie, entsteht im 18. Jahrhundert die Vorstellung einer **natürlichen Ordnung** der Gesellschaft und der Wirtschaft, in der es Kräfte gibt, die wie Naturgesetze wirken. Für Physiokraten und Klassiker ist wichtigstes Merkmal der natürlichen Ordnung, daß der einzelne sein Selbstinteresse verfolgt. Das Streben nach individuellem Wohlbefinden fördere, eingeordnet in den Wettbewerb mit anderen, auch die Wohlfahrt der Volkswirtschaft. Nach **physiokratischer Lehre** sind es die Naturkräfte des Bodens, die einen Überschuß („produit net“) der produzierten landwirtschaftlichen Güter über die eingesetzten Faktoren hervorbringen, der von der Klasse der Bauern und Pächter an die Klasse der Bodeneigentümer übertragen wird. Es wäre falsch, allein diesen Begriff eines landwirtschaftlichen Überschusses mit dem heutigen Begriff des Sozialproduktes gleichzusetzen und in diesem Überschuß einen Indikator für die Wohlfahrt zu sehen; das Sozialprodukt des stationären physiokratischen Kreislaufs umfaßt vielmehr auch den Konsum der Bauern und Pächter und den Konsum der Handwerker und Kaufleute (vgl. *Schumann,* 1981, S. 341 ff.).

2. Klassische Wohlfahrtsökonomik

Mit der klassischen Lehre rückt die Bedeutung des Faktors Arbeit und der Arbeitsteilung für den „Wohlstand der Nationen" (vgl. *Adam Smith,* 1776, Buch 1, Kap. 1) in den Mittelpunkt. Es empfiehlt sich, das Wohlfahrtsproblem in der klassischen Theorie unter zwei Aspekten zu betrachten (vgl. dazu *Myint,* Kap. I): erstens unter dem statischen Aspekt der Allokation vorhandener Ressourcen und ihrer Entlohnung bei gegebenem Stand der Arbeitsteilung zur Erzeugung des dann möglichen Sozialproduktes; zweitens unter dem dynamischen Aspekt zunehmender Ressourcen, zunehmender Arbeitsteilung und wachsenden Sozialproduktes.

(1) Der statische Aspekt der Allokation betrifft die klassische Markttheorie. Nach *Smith* (Buch 1, Kap. 7) und *Ricardo* (1817, Kap. IV) verteilen sich im Zuge des konkurrenzwirtschaftlichen Allokationsprozesses die Ressourcen Geldkapital und Arbeit so auf die Produktion der verschiedenen Güter, daß die Profitrate zur allgemeinen (üblichen o. ä.) Profitrate und der Marktlohnsatz zum natürlichen Existenz- oder Reproduktionslohnsatz tendieren. Die allgemeine Profitrate und der natürliche Lohnsatz gewährleisten gerade die Wiederbereitstellung des Geldkapitals und die Regeneration der Arbeitskraft, mithin die **Reproduktion der Ressourcen.** Jede höhere Profitrate als die allgemeine und jeder höhere Lohnsatz als der natürliche würde das Geldkapitalangebot bzw. das Arbeitsangebot (durch Bevölkerungsvermehrung) steigern, so daß sich tendenziell wieder die allgemeine Profitrate und der natürliche Lohnsatz herausbilden. Die Verzinsung des Geldkapitals mit der allgemeinen Profitrate und die Entlohnung der Arbeit mit dem natürlichen Lohnsatz bestimmen bei gegebenem Stand der Arbeitsteilung, damit gegebenem Geld- und Arbeitseinsatz in der Produktion der einzelnen Güter, die natürlichen Preise der Güter, die deren Reproduktionskosten entsprechen. Die Marktpreise der Güter passen sich im konkurrenzwirtschaftlichen Prozeß tendenziell den natürlichen Preisen an. Die Klassiker sind zwar noch weit davon entfernt, ein gesamtwirtschaftliches mikroökono-

misches konkurrenzwirtschaftliches Gleichgewichtsmodell explizite zu formulieren; dennoch kann man sich allgemeine Profitrate, natürlichen Lohnsatz und natürliche Güterpreise in heutiger Terminologie als ein simultan determiniertes System von Gleichgewichtspreisen bei Mobilität der Ressourcen und freiem Marktzugang vorstellen. Die allgemeine Profitrate bestimmt das Gleichgewichtseinkommen der (in der Regel mit den Unternehmern identischen) Geldkapitalgeber; der natürliche Lohnsatz bestimmt das Gleichgewichtseinkommen der Arbeiter. Zwar handeln Geldkapitalgeber und Arbeiter in der klassischen Theorie nach ihrem Selbstinteresse; der Allokations- und Preisbildungsprozeß bewirkt jedoch tendenziell eine Einkommensverteilung, die gerade eine Reproduktion der Ressourcen sichert. Es gibt also keine Maximierung individuellen Wohlbefindens; Ressourcenentlohnung und Verteilung werden vielmehr dominiert von dem, was von den Ressourceneigentümern zur Reproduktion für erforderlich gehalten wird. Unter dem statischen Gesichtspunkt der Allokation hat die klassische Theorie nur insoweit einen wohlfahrtstheoretischen Aspekt, als beispielsweise *Ricardo* (Kap. V, S. 84) darauf hinweist, daß die Arbeiter mit einer Erhöhung des gewohnheitsmäßigen Existenzminimums, d. h. mit steigenden Ansprüchen an die Lebenshaltung, den natürlichen Lohnsatz heraufsetzen können. Eine damit bewirkte Umverteilung zugunsten der Arbeiter wäre jedoch unter dem dynamischen Gesichtspunkt eines wachsenden Sozialproduktes eher als negativ für die Wohlfahrt zu bewerten, weil ein Mehrkonsum der Arbeiter zu Lasten der Akkumulation ginge.

(2) Der dynamische Gesichtspunkt betrifft die **klassische Entwicklungstheorie,** in der sich eine optimistische und eine pessimistische Variante unterscheiden läßt. Nach der von *Smith* vertretenen **optimistischen Variante** ermöglicht ein geringer (Luxusgüter-) Konsum von häuslichen, in „unproduktiver Arbeit“ erstellten Dienstleistungen es den Geldkapitalgebern, in Bereichen der materiellen Güterproduktion zu investieren, in denen die Arbeit „produktiv“ ist (Buch 2, Kap. 3). Solche Akkumulation führt zu zusätzlicher Arbeitsteilung, welche die Produktivität der Arbeit steigert. Die Summe aller produzierten Güter läßt sich als „national dividend“ durch einen in Arbeitsmengeneinheiten ausgedrückten Index (durch „labour commanded“, vgl. Buch 1, Kap. 5) messen. Dieser Index wird als Indikator für die volkswirtschaftliche Wohlfahrt gesehen; er bezieht sich nicht auf das Wohlbefinden einzelner Mitglieder der Volkswirtschaft. Allerdings modifiziert in der Theorie von *Smith* die Dynamik des Entwicklungsprozesses die aus der statischen Allokation tendenziell resultierende, der allgemeinen Profitrate bzw. dem natürlichen Lohnsatz entsprechende Einkommensentstehung, und dies hat

Konsequenzen für die Teilnahme der Mitgliedergruppen einer Volkswirtschaft an der Wohlfahrtssteigerung: Bereitschaft besteht insbesondere für solche Investitionen, für die die Profitrate über der allgemeinen liegt. Die Akkumulation steigert die Nachfrage nach Arbeit, so daß der Marktlohnsatz über den natürlichen Lohnsatz steigt, wodurch Bevölkerung und Arbeitsangebot zunehmen. Der fortdauernde Anreiz, über weitere Akkumulation die Früchte zusätzlicher Arbeitsteilung einzuheimsen, verhindert, daß die Profitrate und der Marktlohnsatz auf ihr Reproduktionsniveau sinken. Neben den Geldkapitalgebern haben damit auch die Arbeiter Anteil an der steigenden Wohlfahrt; ihr reales Einkommen wächst schneller als die Bevölkerung, allerdings nur so lange als das Wachstum anhält. Es ist „... nicht die absolute Höhe des nationalen Wohlstands, sondern seine kontinuierliche Zunahme, von welcher ein Anstieg der Arbeitslöhne abhängt" (Buch 1, Kap. 8 S. 61). Im Wachstumsprozeß gibt es keinen Mangel an Güternachfrage. Allerdings könnten irgendwann Grenzen der Marktexpansion auftreten, die sich in einem Sinken der allgemeinen Profitrate äußern (Buch 1, Kap. 9; Buch 2, Kap. 4). In einem damit angedeuteten stationären Zustand wäre keine weitere Wohlfahrtssteigerung möglich, das wachstumsabhängige Steigen der Ressourcenentlohnung über das Reproduktionsniveau hinaus wäre verschwunden; es gäbe keine weitere Kapitalakkumulation und kein Bevölkerungswachstum.

Die von *Ricardo* vertretene **pessimistische Variante** der klassischen Entwicklungstheorie unterscheidet sich von der optimistischen dadurch, daß statt der möglicherweise steigenden Ertragszuwächse aus zusätzlicher Arbeitsteilung die abnehmenden Ertragszuwächse auf den der Volkswirtschaft zur Verfügung stehenden Böden betont werden (vgl. auch *Blaug*, Bd. 1, S. 158ff., 177ff.). Auch nach *Ricardo* steigert die Akkumulation die Nachfrage nach Arbeit, so daß der Marktlohnsatz zunimmt, allerdings jeweils nur kurzfristig; denn über Bevölkerungsvermehrung steigt dann das Arbeitsangebot, so daß der Marktlohnsatz auf den natürlichen Reproduktionslohnsatz zurückfällt. Während bei *Smith* der Anreiz fortbesteht, durch weitere Arbeitsteilung und Akkumulation die Nachfrage nach Arbeit zu steigern, was den Marktlohnsatz über dem natürlichen Lohnsatz hält, mindern nach *Ricardo* abnehmende Ertragszuwächse diesen Anreiz. Im längerfristigen Trend steigt der (reale) natürliche Lohnsatz nicht nachhaltig, so daß die für Entlohnung der Arbeit aufzuwendende Produktionsmenge (gemessen in dem Standardgut „Weizen") proportional zur Bevölkerung zunimmt. Wegen abnehmender Ertragszuwächse steigt die gesamte Produktion jedoch unterproportional; der davon auf die Arbeit entfallende Anteil nimmt mithin zu. Die Differenz zwischen gesamter Produktionsmenge und der für Arbeit aufzuwendenden Produktionsmenge ist für *Ricardo* der „net revenue of society“, der für eine Verteilung auf Bodeneigentümer und Geldkapitalgeber (Unternehmer) zur Verfügung steht und als Wohlstandsindikator gedeutet wird (vgl. Kap. XX). Auch der „net revenue“ wächst unterproportional zur Bevölkerung. Da immer ungünstigere Böden in Anbau genommen werden müssen, nimmt die als Rente auf die Bodeneigentümer zu übertragende Produktionsmenge zu, die als Profit auf die Geldkapitalgeber entfallende Produktionsmenge hingegen ab. Der letztere Sachverhalt impliziert eine fallende Profitrate. Spätestens bei einer Profitrate von null kommt die Akkumulation zum Stillstand und tritt der stationäre Zustand ein (vgl. Kap. VI). Einem tendenziell unveränderten natürlichen Reproduktionslohnsatz stehen im Verlauf der Entwicklung mithin ein reales Ansteigen der Bodenrenten und ein reales Abnehmen der Profite gegenüber. Eine Wohlstandssteigerung erfahren also nur die Bodeneigentümer. Die abnehmenden Ertragszuwächse lassen bei *Ricardo* das Ausmaß und die Dauer des Entwicklungsprozesses bis zum stationären Zustand viel begrenzter als bei *Smith* erscheinen.

Zusammenfassend läßt sich feststellen, daß die klassischen Autoren Akkumulation, Wachstum und dadurch definierte Wohlfahrtssteigerungen in den Vordergrund stellen. Die Verteilung der in Arbeitsmengeneinheiten bzw. in Weizen gemessenen Wohlfahrt auf die Bereitsteller der Produktionsfaktoren Arbeit, Kapital und Boden ist allokationstheoretisch vorgezeichnet. Der Gedanke, daß allein durch die Umverteilung eines gegebenen Sozialproduktes die Wohlfahrt gesteigert werden könnte, ist der klassischen Vorstellung von der natürlichen Ordnung der Gesellschaft und der Wirtschaft fremd.

3. Neoklassische „Old Welfare Economics“

Nach der sozialphilosophischen Schule des **Utilitarismus**, vertreten durch *Jeremy Bentham* (1789), sind für den einzelnen Leid- und Lustempfindungen („pain and pleasure“) meßbare negative bzw. positive Größen, deren Summe sein Glück („happiness“) oder seinen Nutzen („utility“) ergibt. Die individuellen Nutzengrößen sollen interpersonell vergleichbar und addierbar sein, so daß das „Prinzip des größten Glücks für die größte Zahl“ zur Norm für die Wohlfahrt einer Gesellschaft erhoben werden kann. Der Utilitarismus ging weder in die klassische Schule der Nationalökonomie ein, noch war er Ausgangspunkt der

Grenznutzenschule. *Gossen* als Vorläufer sowie *Jevons, Menger* und *Walras* als Begründer der Grenznutzenschule unterstellen zwar für den einzelnen kardinale Meß- und Addierbarkeit von Nutzen aus dem Verbrauch verschiedener Güter; interpersonelle Nutzenvergleiche und Zusammenfassungen von individuellen Nutzen sind zur Begründung der grenznutzentheoretischen, subjektivistischen Wertlehre nicht erforderlich und werden von ihren Vertretern nur gelegentlich vorgenommen (vgl. *Schumann,* 1984). Nichtsdestoweniger basieren die von *Alfred Marshall* und *A. C. Pigou* geprägten „Old Welfare Economics" auf solchen **interpersonellen Vergleichen** und der **Aggregation von Nutzengrößen,** weshalb man den von diesen Autoren unterstellten Wohlfahrtsbegriff auch als „utilitaristisch-subjektivistisch" bezeichnet. Nach diesem Begriff muß es grundsätzlich darum gehen, die gesamtwirtschaftliche Produktion und deren Verteilung so zu gestalten, daß der gemäß dem utilitaristischen Vorbild über alle Individuen aggregierte Nutzen möglichst groß ist.

Marshall (1890, S. 389ff. und 700) formuliert einen gesamtwirtschaftlichen utilitaristischen Nutzenüberschuß-Ansatz, beschränkt sich dann jedoch aus praktischen Gründen auf die Analyse von Nutzenüberschüssen auf einzelnen Märkten in Form der Konsumenten- und Produzentenrente. Solche Partialanalysen befassen sich nicht mit der Höhe der gesamtwirtschaftlichen Wohlfahrt selbst, sondern mit ihren Änderungen infolge von Datenänderungen auf einem Markt unter der ceteris paribus-Voraussetzung, daß sich dadurch auf den übrigen Märkten nichts ändert. **Konsumentenrenten** entstehen dadurch, daß Nachfrager gemäß einer fallenden Nachfragekurve für geringere als die tatsächlich gekauften Mengen einen höheren Preis als den Marktpreis zu zahlen bereit wären. Die Rente für einen einzelnen Nachfrager ermittelt *Marshall* (Buch III, Kap. VI) unter der Annahme, daß der Grenznutzen des Geldes eine konstante Größe ist (was nur bei unbedeutendem Anteil der Konsumausgaben für dieses Gut an der Konsumsumme zutrifft). Aus der Bedingung für ein individuelles Nutzenmaximum, daß der Grenznutzen gleich dem Preis mal dem konstanten Grenznutzen des Geldes ist, läßt sich die Konsumentenrente eines Nachfragers bei gegebenem Preis als **in Geld gemessener Nutzenüberschuß** (geometrisch als das durch die Preishorizontale abgetrennte Dreieck unter einer fallenden linearen Nachfragekurve) bestimmen. Wenn für alle Nachfrager des Marktes gleicher Grenznutzen des Geldes gilt, können alle an einem Markt entstehenden Konsumentenrenten addiert werden. Die Annahme gleichen Grenznutzens des Geldes bedeutet die Unterstellung interpersoneller Nutzenvergleichbarkeit. *Marshall* begründet sie für einen Markt damit, daß die Käufer dort oftmals der gleichen Einkommensklasse angehören; bei Aggregation der Konsumentenrenten verschiedener Märkte läßt sie sich noch weniger plausibel begründen, es sei denn mit der Annahme einer Gleichverteilung von Einkommen. Von den **Produzentenrenten** interessieren für Wohlfahrtsüberlegungen die von *Marshall* nur kurz erwähnten Überschüsse, die Anbietern von Arbeit und Geldkapital (Ersparnissen) dadurch entstehen, daß sie gemäß einer steigenden Angebotskurve für geringere als die tatsächlich verkauften Mengen einen niedrigeren Preis als den Marktpreis zu akzeptieren bereit wären, weil bei geringerer Menge der negative Grenznutzen der Arbeit bzw. des Bereitstellens von Geldkapital höher wäre (S. 116ff., Fußnote S. 117). Auf der Grundlage seiner Theorie der Konsumentenrente zeigt *Marshall* die Möglichkeit auf, durch staatliche Aktivität die aus vollständiger Konkurrenz resultierende Zusammensetzung des Sozialproduktes im Interesse einer Wohlfahrtssteigerung zu verändern: Indem man eine Industrie mit steigender Angebotskurve besteuert und eine Erhöhung des Preises ihres Produktes hinnimmt, mit den Steuereinnahmen eine Industrie mit fallender Angebotskurve subventioniert und den Preis ihres Produktes senkt, kann es gelingen, die Summe der Konsumentenrenten zu erhöhen (S. 387ff.). *Marshalls* Konzeption der Konsumentenrente wurde von *Hicks* (1941) neu diskutiert und rehabilitiert.

In *Pigous* „Economics of Welfare" (1920) tritt an die Stelle der *Marshall*schen Partialanalyse der Versuch einer Totalanalyse, wobei auch hier Wohlfahrt als in Geld meßbar aufgefaßt wird. *Pigou* wendet zwei Kriterien für Wohlfahrtssteigerungen an (vgl. auch *Mishan,* S. 19): erstens Zunahme des Nettosozialproduktes ohne Zunahme des Faktoreinsatzes, zweitens Einkommensumverteilungen von den Reichen auf die Armen. Beim ersten Kriterium geht es darum, das Nettosozialprodukt zu maximieren, und zwar durch eine Faktorallokation, bei der ein wertmäßiger Ausgleich nicht der privaten, sondern der sozialen Nettogrenzprodukte erreicht ist (*Pigou,* Part II, Chapter III). Der Wert des **privaten Nettogrenzproduktes** einer Faktoreinheit ist gleich dem einem privaten Produzenten zufallenden, mit dem Marktpreis multiplizierten Grenzprodukt. Der Wert des **sozialen Nettogrenzproduktes** einer Faktoreinheit ist gleich der Summe der in Preisen bewerteten zusätzlichen Güter und Dienste – ganz gleich, ob diese beim Produzenten oder, via **externe Effekte,** bei einem anderen anfallen. Übersteigt das soziale das private Nettogrenzprodukt, ist der betreffende Faktoreinsatz mittels Subventionierung auszudehnen, im umgekehrten Fall mittels Besteuerung einzuschränken. Es ist das Hauptverdienst *Pigous,* aufgezeigt zu haben, daß durch Berücksichtigung externer Effekte eine Wohlfahrtssteigerung über das hinaus möglich ist, was eine am privaten Nettogrenzprodukt orientierte konkurrenzwirtschaftliche Ressourcenallokation zuläßt. Beim zweiten Kriterium ist sich *Pigou* bewußt, eine Forderung nach gleichmäßigerer Einkommensverteilung aufzustellen und damit interpersonelle Nutzenvergleichbarkeit und – bei völliger Gleichverteilung – identische Nutzenfunktionen zu postulieren; er möchte denjenigen, die diese Forderung ablehnen, den Beweis des Gegenteils auferlegen (S. 20). Letztlich geht es hier wieder um die Zulässigkeit des utilitaristischen Prinzips, bei interpersonell vergleich- und addierbaren Nutzen die Nutzensumme über alle Individuen zu maximieren. Bei identischen (streng konkaven) Nutzenfunktionen würde das Maximum durch Gleichverteilung erreicht.

4. „New Welfare Economics"

4.1. Pareto-Optimalität

Gossen, Jevons, Menger und *Walras* hatten unterstellt, daß der Verbrauch verschiedener Güter dem einzelnen kardinal meß- und addierbare Nutzen stiftet; *Edgeworth* ordnete jeder Verbrauchsmengenkombination des einzelnen einen kardinalen Nutzen zu und stellte die Gesamtheit der Verbrauchsmengenkombinationen aus zwei Gütern mit gleich großem Nutzen als individuelle Indifferenzkurve dar. Nach *Vilfredo Pareto* (1906), der Nutzen „ophélimité" nennt, reicht es für die auf der Grenznutzenschule basierende konkurrenzwirtschaftliche Theorie aus, statt eines kardinalen einen **ordinalen Nutzenbegriff,** d.h. individuelle Vergleichbarkeit zweier beliebiger Güterkombinationen nur im Sinne von „besser", „schlechter" oder „gleich gut", vorauszusetzen.

Das Modell eines statischen totalen **mikroökonomischen Konkurrenzgleichgewichts** (vgl. dazu z.B. *Schumann,* 1992, Kap. III B) besteht dann erstens aus Haushalten, von denen jeder über eine Erstausstattung an Faktoren und Gütern verfügt, über die er in einer seine individuelle ordinale Nutzenfunktion maximierenden Weise disponiert. Dabei tritt er als Anbieter bzw. Nachfrager von Ressourcen und Gütern gemäß einer Angebots- bzw. Nachfragefunktion als Mengenanpasser an den Faktor- bzw. Gütermärkten auf. Zweitens gibt es gewinnmaximierende, gemäß einer Produktionsfunktion Güter produzierende Unternehmungen, die als Mengenanpasser an den Märkten Faktoren nachfragen bzw. Güter anbieten. Aus den Angebots- und Nachfragefunktionen resultiert unter bestimmten Annahmen über die Nutzen- und die Produktionsfunktionen (u.a. bei Fehlen von externen Effekten) ein – hier als existent und eindeutig unterstelltes – System von Güter- und Faktorpreisen sowie von nutzen- bzw. gewinnmaximierenden, von den einzelnen Haushalten abgegebenen oder verbrauchten bzw. von den einzelnen Unternehmungen eingesetzten oder produzierten Mengen.

Ein solches Konkurrenzgleichgewicht hat die Eigenschaft der **Pareto-Optimalität** (*Pareto,* 1897, S. 90ff.) oder einer effizienten Allokation der Ressourcen; dies ist der **Erste Hauptsatz der Wohlfahrtstheorie.** Pareto-Optimalität bedeutet zum einen, daß die Produktion eines Gutes nicht erhöht werden kann, ohne daß die mindestens eines anderen eingeschränkt wird, zum anderen, daß der Nutzen eines Haushalts nicht erhöht werden kann, ohne daß der mindestens eines anderen reduziert wird. Ein *Pareto*-Optimum läßt sich durch folgende **Marginalbedingungen** charakterisieren:

(a) **Güterverbrauch:** Die Grenzrate der Substitution und damit das Verhältnis der Grenznutzen zweier Güter ist für alle Haushalte, die diese Güter verbrauchen, gleich.
(b) **Faktoreinsatz:** Die Grenzrate der Substitution und damit das Verhältnis der Grenzproduktivitäten zweier Faktoren ist für alle Unternehmungen, die diese Faktoren einsetzen, gleich.
(c) **Gütertransformation:** Die Grenzrate der Transformation zweier Güter in der Produktion (d.h. ihr Austauschmengen- oder reziprokes Preisverhältnis) ist gleich der Grenzrate der Substitution dieser Güter im Verbrauch.

Ein *Pareto*-optimales Konkurrenzgleichgewicht läßt sich von jeder beliebigen Konstellation der Erstausstattungen der Haushalte aus ableiten. Es gibt, unter Berücksichtigung aller denkbaren Verteilungskonstellationen der Erstausstattungen oder unter Einbeziehung aller denkbaren Umverteilungen einer bestimmten Ausgangskonstellation, beliebig viele *Pareto*-optimale Konkurrenzgleichgewichte. Man kann beweisen, daß jedes denkbare Konkurrenzgleichgewicht *Pareto*-optimal ist und umgekehrt jedes denkbare *Pareto*-Optimum als Konkurrenzgleichgewicht gedeutet werden kann, welches durch geeignete Umverteilung der Erstausstattungen erreichbar ist. Dies ist der **Zweite Hauptsatz der Wohlfahrtstheorie.** Daraus wird erkennbar, daß *Pareto*-Optimalität nichts mit einem Wohlfahrtsbegriff zu tun hat, der eine irgendwie gerechte Einkommens- und Vermögensverteilung einschließt.

Die *Pareto*-Optimalität basiert auf einem Wohlfahrtsbegriff, der durch das individuelle Wohlbefinden der einzelnen Haushalte gekennzeichnet ist und keine interpersonelle Vergleich- und Addierbarkeit von Nutzen, ja nicht einmal kardinalen, sondern nur ordinalen Nutzen voraussetzt.

Es wäre allerdings falsch, das *Pareto*-Kriterium als gleichsam objektive, werturteilsfreie Norm aufzufassen, mit der ein konkurrenzwirtschaftliches Gleichgewicht als bestmöglicher wirtschaftlicher Zustand beurteilt werden könnte. Dagegen sprechen vor allem folgende Gründe:

(1) Nach den unterstellten Produktions- und Nutzenfunktionen ist die Produktion einer Unternehmung nur von den von ihr eingesetzten Faktormengen und der Nutzen eines Haushalts nur von den von ihm verbrauchten Gütermengen, nicht von den Mengen anderer Unternehmungen bzw. Haushalte bestimmt. Direkte Abhängigkeiten zwischen der Produktion verschiedener Unternehmungen sowie interpersonelle Nutzenabhängigkeit wie Neid oder Wohlwollen, allgemeiner: externe Effekte in der Produktion oder im Konsum, sind damit ausgeschlossen.

(2) Bei Einbeziehung der Zeit gibt es von einer bestimmten Konstellation der Erstausstattungen aus in der Regel beliebig viele Entwicklungspfade, auf denen in jeder Periode ein *Pareto*-optimales Konkurrenzgleichgewicht realisiert wird. Das *Pareto*-Kriterium hilft also nicht, z. B. zwischen zwei Pfaden zu wählen, von denen der eine mehr Gegenwarts- zu Lasten von Zukunftskonsum, der zweite mehr Zukunfts- zu Lasten von Gegenwartskonsum impliziert. Je nach Länge des Zeithorizontes ist auch ein- oder mehrperiodig effizientes Wachstum, damit auch ein- oder mehrperiodige *Pareto*-Optimalität, zu unterscheiden (vgl. *Schumann,* 1975, S. 194ff.).

(3) Das *Pareto*-Kriterium ist in dem Sinne ein „Alles oder Nichts"-Kriterium, daß bei Verletzung einer einzigen der Marginalbedingungen, etwa aufgrund einer Steuer oder monopolistischer Preissetzung, in der Regel die Erfüllung aller übrigen Marginalbedingungen nicht mehr *Pareto*-optimal ist. Die ausdrückliche Berücksichtigung der Verletzung als Restriktion eines ansonsten konkurrenzwirtschaftlichen Modells ist Gegenstand der von *Lipsey* und *Lancaster* initiierten **Wohlfahrtsökonomik des Zweitbesten** (vgl. *Sohmen,* Kap. 12, *Schlieper).*

4.2. Kompensationskriterien

Parallel zur angedeuteten kritischen Diskussion des *Pareto*-Kriteriums entwickelte sich seit Ende der dreißiger Jahre eine Kontroverse über die Frage, ob zwei beliebige Situationen einer Volkswirtschaft dadurch in eine **Wohlfahrts-Rangordnung** gebracht werden können, daß man fragt, ob die durch einen Übergang von der einen zur anderen Situation geschädigten von den gewinnenden Wirtschaftseinheiten kompensiert werden könnten (vgl. zum Folgenden *Mishan,* S. 38ff.). *Harrod* hatte behauptet, um den Widerruf der englischen Zollschutzgesetze für Getreide 1846 mit dem Hinweis zu rechtfertigen, der Wohlfahrtsverlust der Grundbesitzer sei geringer als der Wohlfahrtsgewinn der Gesamtwirtschaft, bedürfe es eines interpersonellen Nutzenvergleichs und der Annahme ähnlicher Nutzenempfindungen von Verlierern und Gewinnern. *Kaldor* akzepierte *Robbins* Kritik an interpersonellen Nutzenvergleichen, wies jedoch darauf hin, daß ein interpersoneller Vergleich nicht notwendig, entscheidend vielmehr sei, ob die Regierung die Verlierer so entschädigen könne, daß alle einen Vorteil aus der wirtschaftspolitischen Maßnahme hätten. Die Idee der **Kompensation** wurde von *Hicks* (1939) aufgegriffen. Sie setzt, ebenso wie das *Pareto*-Kriterium, lediglich ordinalen Nutzen voraus. Nach dem *Kaldor-Hicks*-Kompensationskriterium repräsentiert von zwei ökonomischen Situationen A und B, die jeweils einen bestimmten ordinalen Nutzen jedes einzelnen Haushalts implizieren, B eine höhere Wohlfahrt als A, wenn bei einem Übergang von A nach B die an Nutzen verlierenden Haushalte von den an Nutzen gewinnenden Haushalten durch Güterumverteilung so entschädigt werden könnten, daß der Nutzenverlust der Verlierer gerade (oder mehr als) ausgeglichen wird und der Nutzengewinn der Gewinner noch positiv bleibt. Schon die Möglichkeit einer Kompensation, nicht tatsächliche Entschädigung, wird als ausreichend für Wohlfahrtsaussagen angesehen. Das *Kaldor-Hicks*-Kriterium läßt sich selbstverständlich auch auf aus alternativen Erstausstattungen abgeleitete, jeweils *Pareto*-optimale Konkurrenzgleichgewichte anwenden.

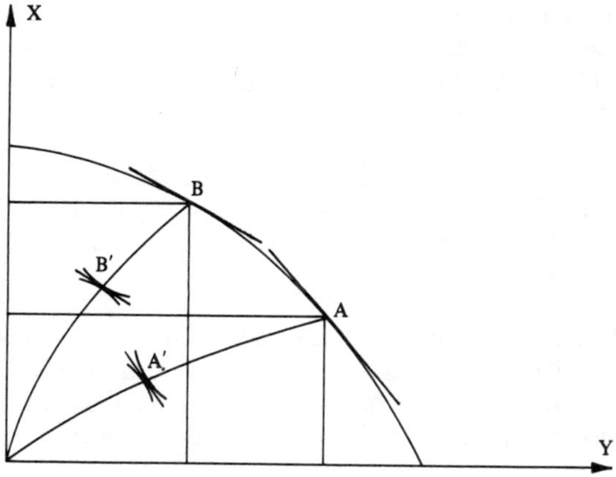

Abb. 1

Der Fortschritt, den das *Kaldor-Hicks*-Kriterium zu bedeuten schien, wurde relativiert durch *Scitovsky*, der nachweisen konnte, daß es Situationen A und B gibt, in denen das *Kaldor-Hicks*-Kriterium einen Übergang von A nach B, von dort aus jedoch ein Zurückwechseln nach A empfiehlt. Nach *Scitovsky* ist die Wohlfahrtsaussage, B sei besser als A, nur nach Anwendung des Doppeltests „Übergang von A nach B lohnt sich; Übergang von B nach A lohnt sich nicht" möglich.

Die Aussagen der Kompensationskriterien lassen sich mit dem Instrumentarium der **Produktionsmöglichkeitenkurve, des** *Edgeworth*schen **Schachteldiagramms** und der *Samuelson*schen **Nutzenmöglichkeitenkurven** für die Mengen X und Y zweier Güter und für ordinale Nutzen, U_1, U_2 zweier Haushalte 1 und 2 verdeutlichen. Auf der Produktionsmöglichkeitenkurve in *Abb. 1,* die Erfüllung der Marginalbedingung für den Faktoreinsatz impliziert, sollen die Kombinationen A und B der Produktionsmengen X und Y verglichen werden, wenn die Verteilung dieser Mengen auf die beiden Haushalte gemäß der Marginalbedingung für den Verbrauch durch einen Punkt auf der jeweiligen **Kontraktkurve** (der Verbindungslinie von Tangentialpunkten jeweils zweier Indifferenzkurven) dargestellt wird, und zwar gemäß der Marginalbedingung für die Gütertransformation durch jenen Punkt A′ bzw. B′, in dem die Grenzrate der Substitution (absolute Steigung der Indifferenzkurven im Tangentialpunkt) gleich der Grenzrate der Transformation (absolute Steigung der Produktionsmöglichkeitenkurve) ist. A und A′ bzw. B und B′ beschreiben also *Pareto*-optimale, die Marginalbedingungen erfüllende Situationen. Je nach den für die beiden Haushalte geltenden Nutzenfunktionen kann nun die Lage der Indifferenzkurven und der Kontraktkurven so sein, daß sich bei Übertragung der ordinalen Nutzenindices der beiden Haushalte, die diese den Kontraktkurven-Mengenkombinationen zuordnen, drei denkbare Konstellationen von Nutzenmöglichkeitenkurven aa und bb ergeben, die in den *Abb. 2a, 2b* und *2c* dargestellt sind. A″ und B″ sollen die den Punkten A′ und B′ in *Abb. 1* entsprechenden Nutzenkombinationen sein, wobei in *Abb. 2b* wieder drei denkbare Konstellationen, (A''_a, B″), (A''_b, B″) und (A''_c, B″) unterschieden werden.

Abb. 2a läßt eine Wohlfahrtsaussage ohne Kompensationskriterium, nur nach dem *Pareto*-Kriterium, zu: B mit B′ und B″ impliziert höhere Wohlfahrt als A mit A′ und A″, weil B″ rechts oberhalb von A″ liegt, mithin für jeden der Haushalte höheren Nutzen bedeutet.

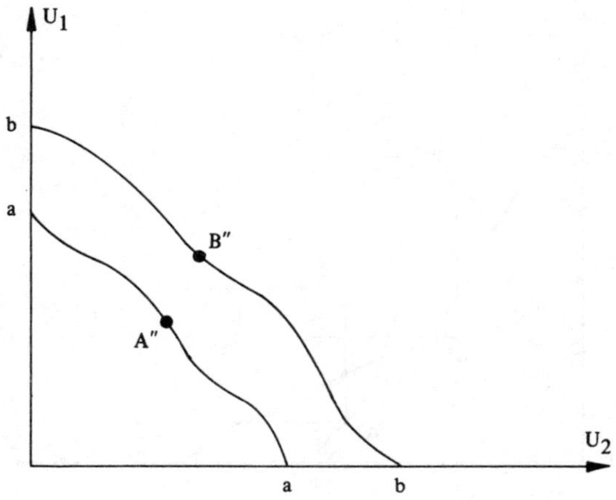

Abb. 2a

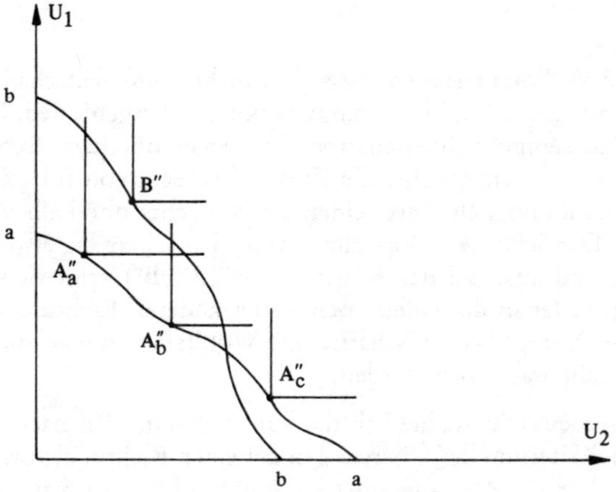

Abb. 2b

Dasselbe gilt in *Abb. 2b* für die Konstellation (A''_a, B″). Bei der Konstellation (A''_b, B″) hat beim Übergang von A mit A′ und A''_b nach B mit B′ und B″ Haushalt 1 einen Nutzengewinn, Haushalt 2 einen Nutzenverlust; es ist jedoch möglich, durch Umverteilung der Kombination B″ den

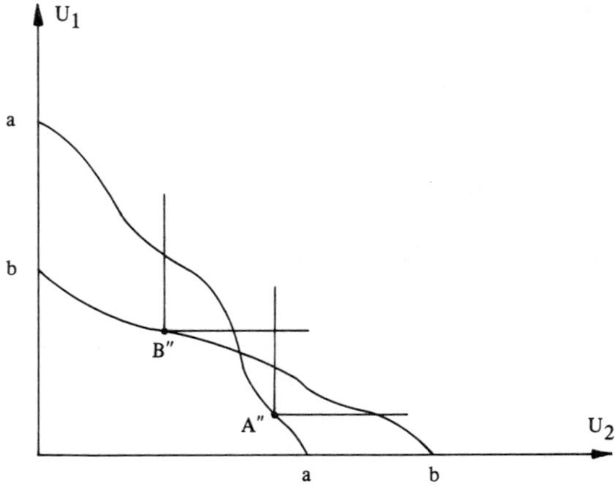

Abb. 2c

Haushalt 2 zu kompensieren (bzw. ihn mehr als zu entschädigen), indem man auf einen Punkt der Kontraktkurve übergeht, dem ein Punkt auf der Nutzenmöglichkeitenkurve bb genau oberhalb (bzw. rechts oberhalb) von A''_b entspricht. Ein Zurückwechseln von B nach A lohnt nicht, da es unmöglich wäre, einen Punkt rechts oberhalb von B″ zu erreichen. Der *Scitovsky*-Doppeltest weist den Übergang also als wohlfahrtssteigernd aus. Bei der Konstellation (A''_c, B″) zeigt sich, daß ein Übergang weder in der einen noch in der anderen Richtung die Möglichkeit der Kompensation schafft; eine Wohlfahrts-Rangordnung kann hier also nicht angegeben werden.

Abb. 2c verdeutlicht schließlich die Konstellation, daß nach dem *Kaldor-Hicks*-Kriterium der Übergang in der einen Richtung, von dort aber auch zurück in die Ausgangssituation lohnt, mithin der *Scitovsky*-Doppeltest die Festlegung einer Wohlfahrts-Rangfolge nicht erlaubt.

Abgesehen davon, daß *Little* die Kompensationskriterien kritisierte, da sie Wohlfahrtssteigerungen auch dann konstatieren, wenn die Armen noch ärmer werden und nur die Möglichkeit der Kompensation besteht, tragen die bisher behandelten Kriterien also keineswegs in allen Fällen zur Festlegung von Wohlfahrts-Rangordnungen bei.

4.3. Wohlstandsgrenze, gesellschaftliche Wohlfahrtsfunktion und Indifferenzkurven

Samuelson (1950) schlug vor, die Gesamtheit der Punkte auf der Produktionsmöglichkeitenkurve, damit die Gesamtheit aller Schachteldiagramme unter dieser Kurve und die zu diesen gehörenden Kontraktkurven, schließlich die Gesamtheit aller Nutzenmöglichkeitenkurven zu den Kontraktkurven zu berücksichtigen. Als Umhüllende zu den Nutzenmöglichkeitenkurven läßt sich dann eine **Wohlstandsgrenze** WG konstruieren. Diese hat Tangentialpunkte mit einzelnen Nutzenmöglichkeitenkurven wie A″ und B″ in *Abb. 3,* denen Punkte A und A′ bzw. B und B′ in *Abb. 1* zugeordnet sind. Jeder Punkt auf der Wohlstandsgrenze kennzeichnet mithin ein *Pareto*-Optimum und impliziert die Erfüllung der Marginalbedingungen.

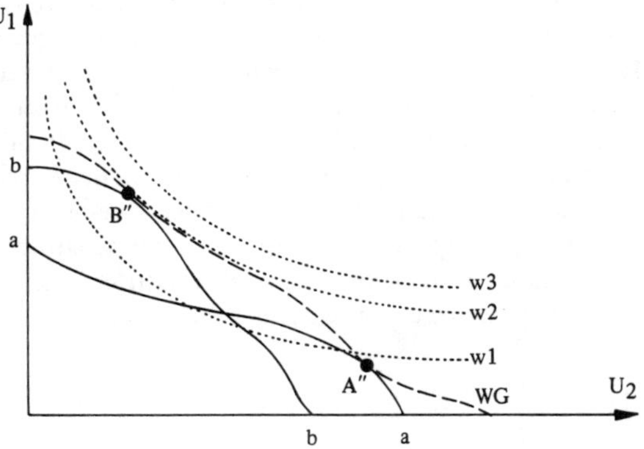

Abb. 3

Bergson (1938) hatte dafür plädiert, die Probleme der Wohlfahrtsökonomik mit einer gesellschaftlichen Wohlfahrtsfunktion zu diskutieren, die die für die Wohlfahrt der einzelnen Haushalte relevanten Variablen wie Güterverbrauch und Arbeitsleistung als Bestimmungsgründe für die Wohlfahrt der Volkswirtschaft enthält. Setzt man an die Stelle dieser Variablen die als kardinal meßbar angenommenen Nutzen der einzelnen Haushalte, so läßt sich bei Beschränkung auf zwei Haushalte unter den für Nutzenfunktionen in der Haushaltstheorie üblichen Annahmen eine ordinale gesellschaftliche Nutzenfunktion in der Form eines **Indifferenzkurvensystems in das Nutzendiagramm** der *Abb. 3* einzeichnen. Die maximale Wohlfahrt ist durch den Tangentialpunkt B″ von Wohlstandsgrenze und Indifferenzkurve bestimmt; sie beträgt w2 und wird mit der Produktion B und der Verteilung B′ in *Abb. 1* erreicht.

Indifferenzkurvensysteme eines Landes **im Gütermengendiagramm** waren von *Leontief* (1932/33) und *Lerner* (1934) bereits früher in der Außenwirtschaftstheorie ohne einzelwirtschaftliche Begründung zur Beschreibung der Wohlfahrt eines Landes benutzt worden. *Scitovsky* (1941/42) konstruierte Indifferenzkurven, für die jeweils die Nutzen der einzelnen Haushalte entlang einer Indifferenzkurve konstant sind und die Grenzraten der Substitution der einzelnen Haushalte an jeder Stelle einer Indifferenzkurve übereinstimmen (damit ist die Marginalbedingung für den Verbrauch erfüllt und jeweils *Pareto*-optimale Verteilung impliziert). Durch jeden Punkt des Gütermengendiagramms gehen i. d. R. unendlich viele solcher Indifferenzkurven, so daß ein entsprechendes, für die Wohlfahrtsökonomik geeignetes Indifferenzkurvensystem nicht existiert. Jedoch lassen sich mit Hilfe der *Bergsonschen* Indifferenzkurven des Nutzendiagramms auch Indifferenzkurven im Gütermengendiagramm konstruieren: Man sucht in *Abb. 4a* die Nutzenmöglichkeitenkurven, die die Indifferenzkurve w2 tangieren, z. B. in B″, C″, D″. Die entsprechenden Gütermengenkombinationen B, C, D in *Abb. 4b*, aufgeteilt auf die beiden Haushalte gemäß der jeweiligen Kontraktkurve in der durch B′, C′, D′ angedeuteten Weise, bedeuten dann eine mit der jeweiligen Kombination erreichbare höchstmögliche, konstante volkswirtschaftliche Wohlfahrt w2; sie liegen also auf einer entsprechenden Indifferenzkurve. Diese *Bergson*sche Indifferenzkurve unterscheidet sich von einer *Scitovsky*-

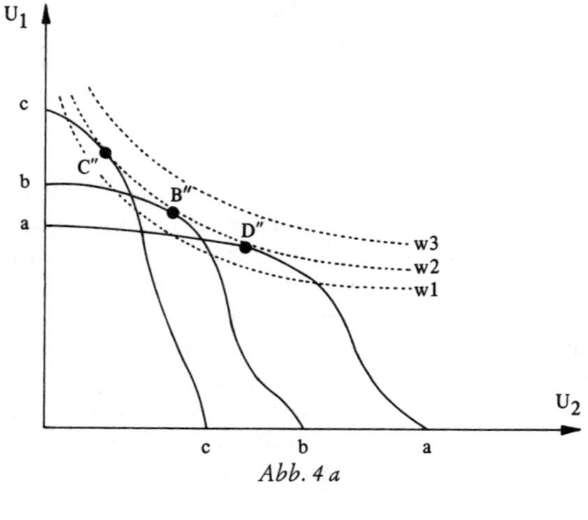

Abb. 4 a

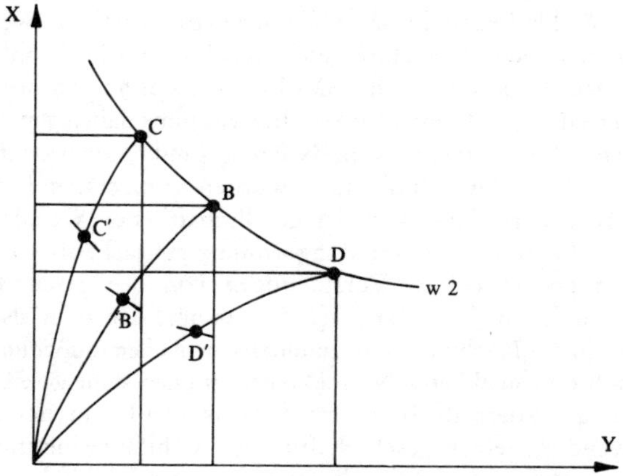

Abb. 4b

schen dadurch, daß nicht für jeden Haushalt konstanter Nutzen, sondern jeweils eine variable Nutzen- und Güteraufteilung auf die Haushalte mit der konstanten Wohlfahrt w 2 vorausgesetzt wird. Analog erhält man ein ganzes System *Bergson*scher Indifferenzkurven, die sich nicht schneiden und negative Steigung haben, die allerdings nur unter bestimmten Voraussetzungen konvex zum Ursprung verlaufen (*Samuelson*, 1956).
Die in *Abb. 3* erläuterte Maximierung einer *Bergson*schen Wohlfahrtsfunktion unter der Nebenbedingung der *Samuelsonschen* Wohlfahrtsgrenze ist gleichbedeutend mit der Maximierung der durch *Bergson*sche Indifferenzkurven im Gütermengendiagramm beschriebenen Wohlfahrt unter der Nebenbedingung der Produktionsmöglichkeitenkurve. Mit der *Bergson*schen Konzeption ist es also möglich, aus der unter 4.1. (2) erläuterten Menge aller *Pareto*-optimalen Konkurrenzgleichgewichte das beste, das **soziale Wohlfahrtsmaximum** oder Optimum-Optimorum, herauszusuchen und damit auch (allerdings nicht eindeutige) Aussagen über Umverteilungen (z. B. historisch überkommener) Erstaustattungen zur Erreichung dieses Maximums und der ihm zugeordneten Güter- und Nutzenverteilung zu machen. Für das Maximum gelten außer den Marginalbedingungen auch sogenannte Totalbedingungen.

Wollte man die Wohlfahrtsfunktion als gleichsam objektive Norm für die Gesellschaft auffassen und die Wohlfahrtsfunktion außerdem noch als Summe der einzelnen Nutzen spezifizieren, so wäre man zum utilitaristischen Ansatz zurückgekehrt. Die neue Wohlfahrtsökonomik unterstellt indessen, daß **jedes einzelne Individuum seine eigenen,** auch interpersonelle Nutzenvergleiche einbeziehenden **Vorstellungen** über die gesellschaftliche Wohlfahrtsfunktion hat, in denen es realistischerweise seinen eigenen Nutzen besonders stark gewichtet. Ein soziales Wohlfahrtsmaximum dürfte also aus der Sicht jedes Individuums anders aussehen und eine Umverteilung zu Gunsten dieses Individuums nahelegen. Gegebene verschiedene Verteilungen von Nutzen (und zugeordneten Erstausstattungen) auf zwei Individuen würden vom ersten Individuum, gemäß dessen Vorstellung von der gesellschaftlichen Wohlfahrtsfunktion, regelmäßig in eine andere Rangordnung gebracht als vom zweiten Individuum gemäß dessen Vorstellungen von der gesellschaftlichen Wohlfahrtsfunktion. Von *Arrow* (1951) stammt der auch als **„Paradoxon"** bezeichnete Nachweis, daß **zu unterschiedlichen individuellen Rangordnungen für die denkbaren Nutzenkonstellationen keine gesellschaftliche Rangordnung** existiert, die bestimmten, plausiblen Bedingungen genügt. Die Verwendung einer gesellschaftlichen Wohlfahrtsfunktion würde voraussetzen, daß diese der Gesellschaft als „Über-Wohlfahrtsfunktion" (*Sohmen,* S. 344) , etwa von einem Diktator, vorgegeben ist.

Das *Arrow*-Paradoxon wurde in der Literatur eingehend diskutiert (vgl. z.B. *Sohmen,* S. 343ff., *Frey*), und zwar zum einen wegen seiner ethisch-grundsätzlichen Bedeutung für die Möglichkeit, gesellschaftlich-wirtschaftliche Zustände auf der Grundlage individueller Präferenzen, aber doch überindividuell, zu bewerten und in eine Rangordnung zu bringen, zum anderen wegen seiner praktischen Bedeutung für politische Gremien, die Entscheidungen fällen müssen, welche für die einen Nutzenzuwächse, für andere Nutzeneinbußen zur Folge haben. Zur Grundsatzdiskussion ist z.B. auf die von *Black* vorgeschlagene Konzeption der **„eingipfeligen Präferenzen"** hinzuweisen, gemäß der jedes Individuum die Gesamtheit der denkbaren gesamtwirtschaftlichen Konstellationen nach einem eindimensionalen Kriterium ordnen kann und der Median der individuellen Präferenzgipfel als Mehrheitsergebnis von Abstimmungen herleitbar ist. Zur Diskussion politischer Entscheidungen ist beispielsweise der Stimmentausch (**„Logrolling"**) zu nennen, durch den die unterschiedliche Intensität der Präferenzen von Gremienmitgliedern und der von ihnen vertretenen Gruppen für einzelne Konstellationen der relevanten Variablen berücksichtigt wird (vgl. z.B. *Buchanan/Tullock,* bes. S. 134ff.).

5. Gesellschaftsvertrag und Wohlfahrtsökonomik

Das *Arrow*-Paradoxon drückt die Unmöglichkeit aus, eigennutzorientierte individuelle Bewertungen gesellschaftlicher Konstellationen zu einer gemeinsamen Rangordnung zusammenzufassen (zu aggregieren);

damit entfallen auch Aussagen über eine sinnvolle oder eine bestmögliche (Gleich- oder Ungleich-)Verteilung von Erstausstattungen und Nutzen. Im Anschluß an die „New Welfare Economics" stellt sich damit erneut die alte Frage, ob auf der Grundlage freiwilliger Vereinbarung aller Mitglieder ein Gesellschaftsvertrag vorstellbar ist, der eine funktionsfähige Gesellschaftsordnung, einschließlich einer bestimmten Verteilung, zum Inhalt hat. Die Theorie des freiwilligen Gesellschaftsvertrages geht zurück auf *Thomas Hobbes, John Locke, Jean Jaques Rousseau* und *Immanuel Kant;* in neuerer Zeit entwarfen *Buchanan/Tullock* (1962), Buchanan (1975), *Harsanyi* (1955) und *Rawls* (1971) Kontrakttheorien der Gesellschaft.

Nach *Buchanan/Tullock* kommt es in einem vorkonstitutionellen Urzustand einer Gesellschaft zu einem Vertrag über eine Verfassung, welcher die Regeln für das zulässige Handeln der Gesellschaftsmitglieder festlegt.

Nach *Harsanyi* und *Rawls* ist der Urzustand als eine hypothetische Situation oder ein Gedankenexperiment zu sehen. Beim Aushandeln des Gesellschaftsvertrages wird eine **Entpersönlichung individueller Bewertungen gesellschaftlicher Konstellationen** in der Weise unterstellt, daß der einzelne noch nichts über sich und seine Stellung in der Gesellschaft und damit über seine Fähigkeiten und Neigungen sowie über seine Erstausstattung und seinen Nutzen weiß; er entscheidet unter dem „Schleier des Nichtwissens" (veil of ignorance) aus einer „original position" *(Rawls).* Die Individuen werden hier per Annahme von ihren Eigenschaften und Präferenzen so weit entpersönlicht, daß es keine unterschiedliche Beurteilung gesellschaftlicher Konstellationen geben kann und eine einstimmige Verabschiedung des Gesellschaftsvertrages gesichert erscheint.

Der Gesellschaftsvertrag enthält auch eine Hierarchie der von den einzelnen Individuen einzunehmenden Positionen mit den diesen zugeordneten Erstausstattungen und Nutzen. Nach *John Harsanyi* gibt es vor Abschluß des Vertrages für ein entpersönlichtes Individuum keinen Grund, unterschiedliche Wahrscheinlichkeiten für das Einnehmen einer mehr oder weniger günstigen Position zu unterstellen; vielmehr wird das Einnehmen jeder Position für gleich wahrscheinlich gehalten. Bei kardinalem und interpersonell vergleich- und addierbarem Nutzen läßt sich dann die dem Gesellschaftsvertrag zugeordnete, maximal erreichbare Wohlfahrt als Summe der in den einzelnen Positionen von den Individuen erwarteten Nutzen identifizieren. *Harsanyi*s Ansatz führt damit auf das Bayesianische Wohlfahrtskriterium der **Maximierung des Erwartungsnutzens aus allen von der Gesellschaft zu vergebenden Positionen;** er entspricht dem utilitaristischen „Prinzip des größten Glücks für die größte Zahl".

John Rawls nimmt demgegenüber an, jedes der entpersönlichten Individuen rechne pessimistisch damit, daß seine Feinde ihm die ungünstigste Position in der Gesellschaft zuweisen. Der einstimmig geschlossene Gesellschaftsvertrag würde dann erstens eine Gleichheit von Grundrechten und -pflichten aller Gesellschaftsmitglieder zum Inhalt haben und zweitens soziale und wirtschaftliche Unterschiede zwischen Gesellschaftsmitgliedern nur so weit erlauben, als sie die Situation der weniger Begünstigten verbessern (**Differenzprinzip**). *Rawls* spricht diesem Gesellschaftsvertrag ein **Maximinprinzip der Gerechtigkeit** zu, denn der Vertrag sichert auch dem sich in der schlechtesten Position wiederfindenden Individuum einen höchstmöglichen Nutzen.

Die theoretischen Entwürfe zum Gesellschaftsvertrag sind vielfach kritisiert und auch verfeinert worden (vgl. z.B. *Ribhegge*, 1991; *Sen*, 1970). Während die New Welfare Economics die logische Struktur einer abstrakten Marktwirtschaft beschreiben und das Verteilungsproblem offen lassen müssen, stellen die abstrakten Vertragstheorien nicht mehr und nicht weniger als die logische Struktur von Entscheidungsmechanismen dar, die das Verteilungsproblem (je nach der Variante von *Harsanyi* oder der von *Rawls*) lösen würden.

Eine wichtige Entwicklungstendenz geht dahin, **Gesellschaftsverträge** nicht ergebnisorientiert, also etwa mit Festlegung einer bestimmten Erstausstattungs- und Nutzenverteilung, sondern als regelorientiert, also als **Festlegung der Regeln, innerhalb derer die Individuen handeln dürfen,** zu konzipieren. Unter diesem Aspekt verlagert sich die wohlfahrtstheoretische Fragestellung hin zum (nicht notwendigerweise einstimmigen) Auffinden von Regeln für wirtschaftliches Handeln, in denen auch moralisch-ethische Grundsätze (wie z.B. die eines umweltschonenden Handelns) verankert sein können (vgl. *Buchanan*, 1975 und *Homann*, 1988). Ein vorerst offenes Problem besteht darin, wie einzelne Gesellschaftsmitglieder daran gehindert werden können, zum eigenen Vorteil sanktionsfrei gegen die Regeln zu verstoßen, denen sie im Gesellschaftsvertrag zugestimmt haben (vgl. *Aufderheide*, 1994).

Literatur

Bei Werken, die in deutscher Übersetzung vorliegen, beziehen sich Kapitel- und Seitenangaben im Text auf die Übesetzung.

Arrow, K. J., Social choice and individual values, 1. Auflage 1951, 2. Auflage, New York, London, Sidney 1963.

Aufderheide, D., Unternehmen, Ethos und Ökonomik. Moral und unternehmerischer Gewinn aus der Sicht der Neuen Institutionenökonomik. Dissertation Münster 1993 (erscheint 1995).

Bentham, J., An introduction to the principles of morals and legislation, 1. Auflage, London 1789 (Repr. 1970).

Bergson, A., A reformulation of certain aspects of welfare economics, in: Quarterly Journal of Economics, Vol. 52 (1938), S. 310–334.

Black, D., The theory of committees and elections, Cambridge 1958.

Blaug, M., Economic theory in retrospect, 3. Auflage, Homewood/Ill. 1978; deutsche Übersetzung: Systematische Theoriegeschichte der Ökonomie, Bände 1, 2, 3, München 1971, 1972, 1975.

Buchanan, J. M., The limits of liberty. Between anarchy and Leviathan. Chicago-London 1975.

Buchanan, J. M., Tullock, G., The calculus of consent. Logical foundations of constitutional democracy, Ann Arbor 1962.

Frey, B. S., Artikel „Wohlfahrtsökonomik III: Wahlverfahren", in: Handwörterbuch der Wirtschaftswissenschaft (HdWW), Bd. 9, S. 494–502.

Harsanyi, J., Cardinal welfare, individualistic ethics, and interpersonal comparisons of utility, in: Journal of Political Economy, Vol. 64 (1955), S. 309–321.

Hicks, J. R., Foundations of welfare economics, in: Economic Journal, Vol. 49 (1949), S. 696–712.

Hicks, J. R., The rehabilitation of consumer's surplus, in: Review of Economic Studies, Vol. 8 (1941), S. 108–116.

Homann, K., Rationalität und Demokratie, Tübingen 1988.

Kaldor, N., Welfare propositions in economics, in; Economic Journal, Vol. 49 (1939), S. 549–552.

Kahn, R. F., Some notes on ideal output, in; Economic Journal, Vol. 45 (1935), S. 1–35.

Külp, B., Artikel „Wohlfahrtsökonomik I: Grundlagen", in: Handwörterbuch der Wirtschaftswissenschaft (HdWW), Bd. 9, S. 469–486.

Lange, O., Taylor, F., On the economic theory of socialism, Minneapolis 1938.

Leontief, W. W., The use of indifference curves in the analysis of foreign trade; in: Quarterly Journal of Economics, Vol. 47 (1932/33), S. 493–503; deutsche Übersetzung: Die Anwendung von Indifferenzkurven bei der Analyse des internationalen Handels, in: *Rose, K.* (Hrsg), Theorie der internationalen Wirtschaftsbeziehungen, Köln, Berlin 1954, S. 135–142.

Lerner, A. P., The diagrammatical representation of demand conditions in international trade, in: Economica, 12 (1934), S. 346–356; wieder abgedruckt in: *Lerner, A. P.*, Essays in economic analysis, London 1953, S. 85–100.

Lipsey, R. G., Lancaster, K., The general theory of second best, in Review of Economic Studies, Vol. 24 (1956/57), S. 11–32.

Little, I. M. D., A critique of welfare economics, 1. Auflage 1950, 2. Auflage, Oxford 1957.

Marshall, A., Principles of economics, 1. Auflage, London 1890, 8. Auflage, 1920, Repr. 1979.

Mishan, E. J., Survey of welfare economics 1939–1959; in: Economic Journal, Vol. 70 (1960), S. 197–256; wieder abgedruckt in: *Mishan, E. J.*, Welfare economics, 2. Auflage, London 1969, S. 11–86.

Myint, H., Theories of welfare economics, London 1948.

Olson Jr., M., The logic of collective action. Public goods and the theory of groups, Harvard Economic Studies, Vol. 124, Cambridge/Mass., 1965.

Pareto, V., Cours d'économie politique, Lausanne 1897.

Pareto, V., Manuel d'économie politique, 1. Auflage 1906, 2. Auflage Paris 1927.

Pigou, A. C., The economics of welfare, 1. Auflage 1920, 4. Auflage, London 1932, Repr. 1952.

Rawls, J., A theory of justice, Cambridge/Mass. 1971.

Ribhegge, H., Zur Relevanz der Rawlsschen Gerechtigkeitstheorie für die Wirtschaftspolitik, Zeitschrift für Wirtschaftspolitik, Jg. 40, (1991), S. 239–260.

Ricardo, D., Principles of political economy and taxation, 1. Auflage 1817, 3. Auflage, London, New York 1821, deutsche Ausgabe: Grundsätze der politischen Ökonomie und Besteuerung, hrsg. von *Neumark, F.*, Frankfurt/Main 1972.

Robbins, L., Interpersonal comparison of utility. A comment, in: Economic Journal, Vol. 48 (1948), S. 635–641.

Samuelson, P. A., Evaluation of real national income, in: Oxford Economic Papers N. S., 2 (1950), S. 1–29.

Samuelson, P. A., Social indifference curves, in: Quarterly Journal of Economics, 70 (1956), S. 1–22; wieder abgedruckt in: *Stiglitz, J.* (Hrsg), The collected scientific papers of P. A. Samuelson, Cambridge/Mass., London 1966, Vol. II, S. 1073–1094.

Samuelson, P. A., The gains from international trade once again, in: Economic Journal, Vol. 72 (1962), S. 820–829; wieder abgedruckt in: *Stiglitz, J.*, (Hrsg.), The collected scientific papers of P. A. Samuelson, Cambridge/Mass., London 1966, Vol. II, S. 792–801.

Schlieper, U., Artikel „Wohlfahrtsökonomik II: Theorie des Zweitbesten" in: Handwörterbuch der Wirtschaftswissenschaft (HdWW), Band 9, S. 486–493.

Schumann, J., Das Modell effizienten Wachstums: Verallgemeinerung und wohlfahrtstheoretische Interpretation, in: *Becker, O., Richter, R.* (Hrsg.), Dynamische Wirtschaftsanalyse, Heinz Sauermann zum 70. Geburtstag, Tübingen 1975, S. 191–201.

Schumann, J., Das Volkseinkommen als volkswirtschaftlicher Überschuß. Grundsätze seiner Entstehung und Verteilung in physiokratischer, klassischer und marxistischer Interpretation, in: Das Wirtschaftsstudium (wisu), Teile I und II, Hefte 7 und 8 (1981), S. 339–343 und S. 389-394.

Schumann, J., Artikel „Nutzen, Grenznutzen", in: Historisches Wörterbuch der Philosophie (HWP), Bd. 6, 1984.

Schumann, J., Grundzüge der mikroökonomischen Theorie, 6. überarb. und erw. Auflage, Berlin, Heidelberg, New York 1992.

Scitovsky, T., A note on welfare propositions in economics, in: Review of Economic Studies, Vol. 9 (1941), S. 77–88; wieder abgedruckt in: *Scitovsky, T.*, Papers on welfare and growth, London 1964, S. 123–138.

Scitovsky, T., A reconsideration of the theory of tariffs, in: Review of Economic Studies, Vol. 9 (1941/42), S. 89–110; wieder abgedruckt in: *Ellis, H. S.*, *Metzler, L. S.* (Hrsg.), Readings in the theory of international trade, London 1950, S. 358–389.

Sen., A. K., Collective choice and social welfare, San Francisco 1970.

Smith, A., An inquiry into the nature and causes of the wealth of nations, 1. Auflage, London 1776; deutsche Übersetzung von *H. C. Recktenwald:* Der Wohlstand der Nationen, Bücher 1 bis 5, 4 Bde. München 1974.

Sohmen, E., Allokationstheorie und Wirtschaftspolitik, Tübingen 1976.

Ordoliberalismus

Joachim Starbatty

1. Der Neoliberalismus ist keine feststehende Doktrin

Der Neoliberalismus ist eine weltumspannende geistige Bewegung. Zu ihr zählen wir alle Wirtschafts- und Sozialwissenschaftler, die öffentlich für eine freiheitliche, auf der Grundlage der Marktwirtschaft fußende Gesellschaftsordnung eintreten. Ihr organisatorischer Ausdruck ist die *Mont Pèlerin-Gesellschaft.* Sie wurde auf Anregung *F. A. v. Hayeks* nach dem Zweiten Weltkrieg gegründet. Sie sollte die Tradition freiheitlichen europäischen Denkens fortführen, zugleich deutsche Wissenschaftler aus der geistigen und persönlichen Isolierung herausführen – eine mutige und weitblickende Initiative. Weil sich die Gründungsmitglieder damals (1947) nicht auf einen Namenspatron einigen konnten, nannte man die Gesellschaft der Einfachheit halber nach dem Versammlungsort: *Mont Pèlerin-Gesellschaft.*

Neoliberale fühlen sich dem Stammvater der Wirtschaftswissenschaft, *Adam Smith,* verbunden – viele tragen deshalb auf den Treffen der *Mont Pèlerin-Gesellschaft* die *Adam Smith*-Krawatte –, doch gibt es – bei allem Konsens im Grundsätzlichen – keine gewissermaßen kanonisierte neoliberale Doktrin. Als auf einer großen Tagung der *Mont Pèlerin-Gesellschaft* (Anfang September 1982 in Berlin) ein deutscher Wirtschaftswissenschaftler die verschiedenen Formen staatlicher Umverteilung auf ihre Verträglichkeit mit der marktwirtschaftlichen Ordnung überprüfte, galt er vielen als ein verkappter Sozialist. Und *F. A. v. Hayek* sieht das Beiwort „sozial" im Begriff der „Sozialen Marktwirtschaft" als Einfallstor für antimarktwirtschaftliche Tendenzen (1957).

Der **Neoliberalismus** ist eine facettenreiche freiheitlich-marktwirtschaftlich orientierte Strömung (Haltung, Denkrichtung) mit teilweise kontroversen Auffassungen zu wichtigen Punkten. Wir konzentrieren uns im folgenden auf die deutsche Spielart des Neoliberalismus, die wir mit einem der Stammväter, *Walter Eucken,* „Ordoliberalismus" nennen.

2. Ordoliberalismus und klassischer Liberalismus

2.1. Stammväter des ordoliberalen Gedankens

Der Kern der ordoliberalen Bewegung bildete sich um *Walter Eucken* in Freiburg im Breisgau heraus, um den sich eine Gruppe jüngerer Wissenschaftler scharte. Bundesgenossen aus anderen Disziplinen, wie der Kartellrechtler *Franz Böhm,* schlossen sich an. Diese Gruppe hatte auch Kontakte zum deutschen Widerstand und stellte Überlegungen zum Wiederaufbau und zur Regeneration des deutschen Wirtschaftslebens nach dem Ende nationalsozialistischer Herrschaft an. Die Ordoliberalen suchten nach den Erfahrungen mit verschiedenen Wirtschaftssystemen wie dem Laissez-faire-Kapitalismus, den Experimenten des wirtschaftspolitischen Interventionismus und des Kollektivismus nach einer Ordnungsform, die den einzelnen Menschen sowohl vor privater wie staatlicher Willkür schützen sollte.

Unabhängig vom Freiburger Kreis wirkten Männer wie *Wilhelm Röpke, Alexander Rüstow, Ludwig Erhard* und *Alfred Müller-Armack,* die – teilweise von einer anderen Basis startend – zu ähnlichen ordnungspolitischen Schlußfolgerungen gelangten, teilweise aber darüber hinausgingen, und die sich dem Freiburger Kreis menschlich und wissenschaftlich verbunden fühlten. Man sollte nicht verschweigen, daß sich die genannten Wissenschaftler als bewußte Christen empfanden und aus ihrem Christsein Kraft, aber auch Anregung für die Gestaltung des wirtschaftlichen Ordo empfingen. *E. Tuchfeldt* (1980) hat an folgende Worte *Wilhelm Röpkes* erinnert. „Das Maß der Wirtschaft ist der Mensch. Das Maß des Menschen ist sein Verhältnis zu Gott".

2.2 Die zentrale ordoliberale Idee: Positive Ordnungspolitik

Für die Ordoliberalen sind Kapitalismus und Sozialismus überlebte und überdies irreführende Metaphern. Es wäre verhängnisvoll für das Los des Menschen, wenn Denker wie Politiker ideologischen Denkmustern verhaftet blieben, weil dann bloße Mittel, wie die Vergesellschaftung der Produktionsmittel oder die gesamtgesellschaftliche Planung, zu gesellschaftsverändernden Dogmen erhoben würden, an die sich die Politik ohne Rücksicht auf individuelles Leid zugunsten vermuteter Besserstellung zukünftiger Generationen zu halten hatte. Stattdessen komme es darauf an, vorurteilsfrei die möglichen Ordnungen menschlichen Zusammenlebens auf die unterschiedlichen gesellschaftlichen Auswirkungen hin zu analysieren: „Die unbefangene, mit theoretischer Radikalität gestellte Frage nach den möglichen Verfassungen einer arbeitsteiligen Gesellschafts- und Wirtschaftsordnung fördert nämlich die Einsicht zutage, daß die beiden Grundsysteme, die uns heute zur Verfügung stehen, die Wettbewerbsordnung und die Zentralverwaltungswirtschaft samt ihren etwa möglichen und vertretbaren Mischformen, in bezug auf die Eignung, die soziale Frage zu lösen, d.h. ein Optimum an Wohlstand und gleichzeitig ein Optimum an sozialer Gerechtigkeit zu leisten, zunächst einmal völlig indifferent sind". (*Franz Böhm,* 1950)

In diesem Satz sind gleichsam wie in einem Brennglas die Aussagen zum Ordoliberalismus gebündelt: Wettbewerbsordnung und Zentralverwaltungswirtschaft bilden die beiden Pole des ökonomischen Kosmos; das Denken klärt sich, wenn wir uns auf diese beiden reinen Ausprägungen gesellschaftlichen Miteinanders konzentrieren und ihre Funktionsweise gedanklich zu durchdringen versuchen; dies hilft uns, die gesellschaftliche Wirklichkeit zu verstehen, die aus einer Fülle von Mischformen zwischen diesen beiden Polen bestehen kann. Das Denken in „Ordnungen" legt weiter die Interdependenz innerhalb des ökonomischen und gesellschaftlichen Kosmos offen: Wer für zentrale Planung ist, weil sich nur so Arbeitslosigkeit beseitigen lasse, kann nicht zugleich an der Tarifautonomie festhalten wollen, weil er sich die Entscheidung über Gegenwarts- und Zukunftskonsum, worum es in Tarifverhandlungen vornehmlich geht, nicht aus der Hand nehmen lassen darf. Zugleich gibt das Denken in Ordnungen politisch Verantwortlichen die Möglichkeit, den ökonomischen und gesellschaftlichen Kosmos zu gestalten: Die Ordnung des Kosmos als politische Aufgabe.

Dies ist die wertfreie, gewissermaßen **instrumentelle** Seite des Ordoliberalismus. Er birgt jedoch auch eine starke normative Komponente. *Edith Eucken-Erdsiek* schreibt im Vorwort zu *Walter Euckens* „Grundsätzen der Wirtschaftspolitik" (1952): „Hinter diesem Buch steht ein starkes Wollen". *Walter Eucken* wollte eine Ordnung schaffen, die dem Individuum über freie Verträge Entfaltungsmöglichkeiten einräumt, ohne daß das Recht auf Vertragsfreiheit der Willkür von Individuen oder Gruppen die Möglichkeit gibt, die Freiheit anderer einzuschränken, wie dies bei monopolistischer Preis- und Mengenstrategie der Fall wäre. Daher lief für *Eucken* die Lösung des ordnungspolitischen Problems auf die Schaffung einer Wettbewerbsordnung hinaus, in der die Macht von Individuen oder Gruppen möglichst gering gehalten werden sollte.

2.3. Klärung des ordoliberalen Selbstverständnisses durch Abgrenzung zum klassischen Liberalismus

2.3.1. Blind gegenüber der sozialen Frage?

Einige Ordoliberale – unter ihnen besonders prononciert *Alexander Rüstow* (1961) – haben die ordoliberale Konzeption sowohl vom Laissez-faire-Kapitalismus als auch vom Sozialismus abzugrenzen versucht. Dies kommt auch in der häufig gebrauchten Formel vom „dritten Weg" als Charakterisierung der ordoliberalen Konzeption zum Ausdruck. Die Vertreter der englischen Klassik wurden zwecks Abgrenzung als **„Paläoliberale"** charakterisiert. Man machte ihnen – in Nachfolge der Reserve der historischen Schule gegenüber der englischen Klassik – den Vorwurf, daß sie kein Auge für Lösungsmöglichkeiten der **sozialen Frage** im Frühkapitalismus gehabt hätten und daß sie ein geradezu mechanistisches Verständnis von der Harmonie des gesellschaftlichen Miteinander bei Wirkung des Marktmechanismus an den Tag gelegt hätten.

Die neuere intensive Beschäftigung mit den englischen Klassikern hat manches Urteil geradegerückt – so den Vorwurf, daß die englischen Klassiker gegenüber sozialem Elend blind gewesen seien. Niemand unter den englischen Klassikern hat angenommen, daß man sich nicht um die Ärmsten zu kümmern brauche, weil der Marktmechanismus es schon richten werde. Ihre Sorge war: Wenn die natürlichen Ressourcen insgesamt weniger hergeben, als die Menschen zur Sicherung ihrer physischen Existenz verlangen, dann ändert hieran auch die Umverteilung nichts. *Ricardo* befürchtete nicht ohne Grund, daß steuerliche Maßnahmen zur Umverteilung die Kapitalbildung, also den Zukunftskonsum, schmälerten und damit zugleich die Versorgungs- und Beschäftigungsmöglichkeiten für die absehbare Zukunft minderten.

2.3.2. Mechanistisches Welt- und Menschenbild?

Liegt der Unterschied zwischen „Ordoliberalismus" und „Paläoliberalismus" im gewissermaßen **mechanistischen Welt- und Menschenbild** der englischen Klassiker? Es stimmt, daß diese glaubten, die jeweiligen Preise kreisten um den natürlichen Preis – ganz wie die Planeten um die Sonne entsprechend dem *Newton*schen Gravitationsgesetz. In diese Sicht ist viel hineingedeutet worden. Was die Klassiker damit sagen wollten, ist folgendes: Bei freien Märkten – jederzeitige Zu- und Abwanderung – besteht eine immanente Tendenz zur Einebnung unterschiedlicher Profitraten. Sie bauten also auf einem Axiom auf, das man Arbitragephänomen nennen könnte. Die Klassiker haben daraus aber nicht gefolgert, wie verschiedentlich angenommen wird, daß menschliches Handeln allein durch Profitdifferentiale gesteuert werde oder bloß am Eigeninteresse interessiert sei. Das Menschenbild ist im Gegenteil äußerst vielschichtig (*H. C. Recktenwald*, 1983). Für den Moralphilosophen *Adam Smith* ist selbstverständlich, daß der natürliche Trieb des Menschen, bestmöglich für sich und die eigene Familie zu sorgen, durch das Gefühl der Sympathie für andere, durch Sitten und Gebräuche und schließlich durch kodifizierte Gesetze diszipliniert werde und diszipliniert werden müsse. Daß *Ricardo* die Menschen in seinem Modell so behandelte, als ob sie sämtlich City-Menschen wären, war eine bewußte Reduktion von Komplexität. Eine Gesellschaft, die ihr Denken und Fühlen auf eine platte „Beefsteakphilosophie" (*Joseph A. Schumpeter*, 1953) reduziert hätte, wäre nicht nach dem Geschmack der englischen Klassiker gewesen. *Kurt Singer* (1954) hat ihre Einstellung wie folgt beschrieben: „Es war die Stärke und die Schranke des englischen Geistes in der liberalen Ära, daß spätchristliche Gesinnungen, humanitäre Traditionen und undoktrinärer Weltverstand noch stark genug waren, dem Leben Halt und Richtung zu geben".

Man kann die Lehre der englischen Klassiker nicht für das verantwortlich machen, was Politiker, Populisatoren daraus gemacht haben, genauso wie manche Fehlentwicklung in der Nachkriegszeit nicht dem Ordoliberalismus oder dem Konzept der Sozialen Marktwirtschaft angelastet werden kann. Insofern handelt es sich beim Ordoliberalismus auch nicht um irgendeine Spielart eines „dritten Weges", sondern die prinzipielle Zuordnung zur Lehre der englischen Klassiker kann ohne jedes Wenn und Aber erfolgen.

2.3.3. Die andere ordnungspolitische Sicht

Wenn also Ordoliberalismus und klassischer Liberalismus sich – um es militärisch auszudrücken – in einer Frontlinie befinden, worin haben wir dann das spezifische Ordoliberale zu sehen? Man unterscheidet üblicherweise in der ordnungspolitischen Diskussion im Anschluß an *Aristoteles* zwischen einer Ordnung, die durch **staatliche Entscheidung** entstanden ist, und einer solchen, die **naturrechtlichen Normen** entspricht. Die Physiokratie baute auf dieser Dichotomie auf und folgerte, daß die staatlich gesetzte Ordnung – „ordre positif" – dem „ordre naturel" nachempfunden sein sollte. Der absolutistische Herrscher sollte diese Ordnung etablieren, um sich danach auf die Überprüfung der Einhaltung der Spielregeln zu beschränken, weil dann aus den Interaktionen freier Individuen eine natürliche Harmonie erwachse. Auch *Adam Smith* war im Anschluß an die schottische Moralphilosophie der Auffassung, daß menschliches Handeln im Sinne des Gesamtwohls kanalisiert werden könne, doch seien die Institutionen und Regeln, die solches bewirkten, nicht das Resultat gesetzlicher Klugheit oder Ausdruck des Naturrechts, sondern das Produkt eines kulturellen Entwicklungsprozeses, in dessen Verlauf von den verschiedenen Versuchen und Aktionen jene ausgesondert würden, die sich als Fehlschläge erwiesen hätten und jene beibehalten würden, die sich für das Zusammenleben von Individuen als zweckmäßig erwiesen hätten: das Prinzip von „trial and error" als drittes ordnungspolitisches Prinzip. Die große Entdeckung der englischen Klassiker besteht also darin, daß sich im gesellschaftlichen Miteinander Regeln und Institutionen herauskristallisiert hätten, die es im Interesse eines jeden Menschen erscheinen ließen, mit seinen Nachbarn in Frieden zu leben; es bedürfe also nicht des staatlichen *„Leviathan"*, damit die Menschen nicht übereinander herfielen (*Ch. Watrin,* 1980) und auch nicht eines klugen Gesetzgebers, der solche Regeln für die Menschen erfände oder der Natur ablausche. In dieser Auffassung kommt ein relativer Gruppenoptimismus (*Erich Streissler,* 1973) zum Ausdruck: Wenn der einzelne Mensch aus individuellen Motiven heraus handle, so erwüchsen doch aus den Interaktionen auch eigennützig handelnder Menschen eine für die Gesellschaft als solche akzeptable Ordnung. Wenn die Ergebnisse eines sich selbst überlassenen Entwicklungsprozesses als vernünftig betrachtet werden können, dann bleibt für die ordnende Hand des Staates nicht viel zu tun. Dies ist der entscheidende Unterschied zum Ordoliberalismus.

Die Ordoliberalen teilten nicht den Optimismus, daß sich aus der Entwicklung menschlichen Mit- und Gegeneinanders gewissermaßen selbsttätig die bestmögliche aller real möglichen Welten herauskristallisieren werde: „Es erwies sich, daß die Gewährung von Freiheit eine Gefahr für die Freiheit werden kann, wenn sie die Bildung privater Macht ermöglicht, daß zwar außerordentliche Energien durch sie geweckt würden, aber daß diese Energien auch freiheitszerstörend wirken können". (*Walter Eucken,* 1952) Insbesondere würden die wirtschaftlich Handelnden danach trachten, lästigen Wettbewerb auszuschalten. Daß ein solches Streben Kaufleuten nicht fremd ist, war *Smith* nicht unbekannt geblieben, doch glaubte er, daß wettbewerbsausschließende Praktiken unterblieben, wenn dem staatlicherseits kein Vorschub geleistet werde und wenn die Märkte offen seien. Demgegenüber sind die Ordoliberalen der Auffassung, daß der Staat die Voraussetzungen für Wettbewerb schaffen und mittels eines Monopolamtes erhalten müßte: „Wettbewerb als staatliche Veranstaltung" (*L. Miksch,* 1957).

3. Ausformung des ordoliberalen Konzepts

3.1. Ein starker Staat als Garant der Wettbewerbsordnung

Mikschs Feststellung wäre niemals aus dem Munde eines englischen Klassikers gekommen. Wenn diese nicht ausschlossen, daß die Menschen bisweilen recht skrupellos auf den eigenen Vorteil bedacht sein könnten, dann würde sich das auch nicht ändern, wenn sie politische Verantwortung übernähmen. Womöglich war ihre Sicht durch eigene Erfahrungen mit ihren parlamentarischen Adelscliquen, den *Whigs* und den *Tories*, geprägt, die mitunter recht ungeniert für das eigene Wohl tätig waren. Demgegenüber weist das ordoliberale Konzept dem Staat die Aufgabe zu, die wirtschaftliche Ordnung positiv zu gestalten. Dies setzt einen **starken Staat** voraus, da anzunehmen ist, daß eine Ordnung, die auf Beseitigung von Privilegien, Beschneidung privater Macht, Eindämmung des Verbandseinflusses aus ist, mit gehörigem Widerstand zu tun hat. Auch wird staatliche Aktivität, die gesamtwirtschaftliche Konsequenzen einzelwirtschaftlicher Entscheidungen korrigieren will – z.B. über Einkommensumverteilung –, keineswegs abgelehnt, ja sogar gefordert, solange sie das grundlegende Ordnungsprinzip, einen sich frei einpendelnden Preisbildungsprozeß, nicht außer Kraft setzt.

Die ordoliberale Aufgabe sieht *Eucken* in der Festlegung und Sicherung wettbewerblicher Spielregeln, innerhalb derer sich die Akteure bewegen sollen; zugleich sollen ihre wirtschaftlichen Planungen gegenüber staatlicher oder wirtschaftlicher Willkür geschützt sein. Wesentliches Ziel für *Eucken* ist damit auch die Stabilisierung der Erwartungen. Zu diesem Zweck hat *Eucken* (1952) Prinzipien zusammengetragen und entworfen, die eine Wettbewerbsordnung konstituieren (**konstituierende Prinzipien:** funktionsfähiges Preissystem vollständiger Konkurrenz, währungspolitischer Stabilisator, offene Märkte, Privateigentum, Vertragsfreiheit, Haftung, Konstanz der Wirtschaftspolitik) und funktionsfähig erhalten sollen (**regulierende Prinzipien:** Monopolaufsicht, Umverteilung, Korrektur der Wirtschaftsrechnung, Auffangen anomaler Angebotsreaktionen z.B. auf dem Arbeitsmarkt). Gewicht und Auswirkungen dieser Prinzipien sind unterschiedlich. Einerseits sind sie erforderlich, um eine Wettbewerbsordnung zu konstituieren wie Vertragsfreiheit und Privateigentum, andererseits kommt ihnen normierende Kraft zu, so in den Forderungen nach einer Marktform der vollständigen Konkurrenz und in der Forderung nach Konstanz der Wirtschaftspolitik. Die beiden zentralen ordnungspolitischen Aufgaben für den Staat sind die Schaffung eines funktionsfähigen Preissystems vollständiger Konkurrenz und eines monetären Stabilisators. Aus umweltorientierter Sicht ist bedeutsam, daß *Eucken* an einen Korrekturmechanismus dachte, um die negativen externen Effekte (Umweltschäden) einzelwirtschaftlich orientierter Entscheidungen zu verhindern bzw. aufzufangen.

Eucken erwartet also nicht wenig vom Staat und traut ihm einiges zu. Nach *Knut Borchardts* Urteil (1981) scheint daher dem ordoliberalen Modell der auch von der älteren Wohlfahrtstheorie implizit geforderte „wohlwollende Diktator" zugrunde zu liegen. *Erich Streissler* sprach früher (1973) gar von einem „Hungern nach einem starken Staat". *Eukken* dachte wohl eher an einen **starken Gastgeber,** der unbeschadet der Einreden mächtiger Verbände und Gruppen die Grundlagen der Wettbewerbsordnung setzt und sichert und sich danach **punktueller** Eingriffe in den wirtschaftlichen Kosmos enthält. Hier schlägt womöglich das kontinentale Erbgut der Physiokratie durch, die nach einem starken Herrscher verlangte, damit er die Welt nach einem der Natur nachempfundenen Bauplan gestalte und sie danach sich selbst überlasse bzw. – die ordoliberale Variante – nur in marktkonformer Weise eingreife.

Ist eine solche Sicht des Staates realistisch? Übertragen wir das ökonomische Paradigma, daß die Wirtschaftssubjekte keine Mühen scheuen, Individualgüter zu erwerben, sich aber in der Kollektivgüterproduktion auf den Fleiß der anderen zu verlassen suchen, auf die Ebene **politischen Handelns,** wie kann man dann annehmen, daß Politiker Arbeit und Mühen aufbringen, um eine Ordnung, die allen Nutzen bringt – also ein Kollektivgut –, zu entwerfen und politisch durchzusetzen? Es gibt Gründe, weswegen man die Hoffnung nicht aufzugeben braucht. Sogar die Denkschule der Neuen Politischen Ökonomie kennt als Antriebskraft politischen Handelns die „Werkfreude"; aus dieser Sicht ist nicht ausgeschlossen, daß Politiker Arbeiten übernehmen, die ihnen politischen Verdruß einbringen, ja sogar die Wiederwahl kosten, wenn sie der Überzeugung sind, daß diese Arbeiten aus Gründen des Gemeinwohls getan werden müssen. Freilich können wir nicht annehmen, daß sich solche Kraftakte beliebig wiederholen ließen. Auch der *Adam Smith* der „Theorie der ethischen Gefühle" dachte ähnlich: Unterwerfe sich der Politiker in der Regel auch den Parteiforderungen („man of the system"), so könne er doch von Zeit zu Zeit sich bei entscheidenden Weichenstellungen zum Statsmann („man of the state") aufschwingen, der unter Hintanstellung parteilicher und persönlicher Interessen Reformwerke beginne und vollende und damit für sein Land weitaus mehr leiste, als Heerführer oder Diplomaten je zu tun vermöchten.

3.2. Von der statischen zur evolutorischen Sicht des Wettbewerbs

Wenn Konstituierung des Wettbewerbsrahmens Realisierung der Marktform der vollständigen Konkurrenz heißt, dann muß der Staat auch auf der mikroökonomischen Ebene tätig werden. Zwar versteht *Eucken* diese Marktform nicht im marktmorphologischen Sinne – also nicht als atomistische Konkurrenz –, sondern als eine Situation, in der auf Anbieter- wie auf Nachfragerseite Wettbewerb herrscht; doch ist *Euckens* Auffassung vom Wettbewerb ziemlich rigide: Ein Anbieter beispielsweise befindet sich in einer Wettbewerbssituation, wenn er den jeweiligen Marktpreis als Datum akzeptiert. Sollte das nicht der Fall sein, so soll ein unabhängiges Monopolamt ziemlich scharfes Geschütz auffahren, damit sich oligopolistische Unternehmen so verhalten, als ob sie sich in vollständiger Konkurrenz befänden. Hier steht *Eucken* noch unter dem Einfluß der damals herrschenden statischen Wettbewerbstheorie. *Euckens* Wollen war wohl auch durch die Machtexzesse von Verbänden, Kartellen, großen Unternehmen nach der Reichsgerichtsentscheidung von 1897 geprägt, die Kartellen eine gesamtwirtschaftliche Funktion zusprach und damit den Wettbewerb unter Kuratel stellte. *Euckens* Vorschlag hätte den Staat nicht bloß zum Schiedsrichter gemacht, sondern ihm darüber hinaus die Rolle eines Preiskommissars aufgedrängt.

Euckens Sicht ist nicht allgemein geteilt worden. *Müller-Armack* beispielsweise hat nicht auf eine optimale Wettbewerbsform abstellen wollen, sondern das Informationssystem „Markt" in den Vordergrund gestellt, das in seinem variablen Preis- und Wertsystem über einen Signalapparat verfüge (1946). Wir schätzen heute – durch *v. Hayeks* Arbeiten stark geprägt – den Markt als **„Entdeckungsverfahren"** (1968), der durch die vielfältigen Interaktionsprozesse die Wirtschaftssubjekte dazu zwingt und darauf trainiert, Neuerungen zu entdecken und wirtschaftlich zu nutzen. Inzwischen werden gerade in Freiburg durch *Erich Hoppmann* (1966) *v. Hayeks* Ideen für die Erarbeitung einer evolutorischen Wettbewerbskonzeption herangezogen. *Euckens* grundlegendes konstituierendes Prinzip – Herstellung eines funktionsfähigen Preissystems vollständiger Konkurrenz – läßt sich ohne Schwierigkeiten durch das Prinzip der **„Wettbewerbsfreiheit"** ersetzen. Freilich ist damit auch die Differenz zum klassischen Liberalismus geringer geworden.

3.3. Ein monetärer Stabilitätsrahmen zur Verstetigung der Erwartungen

Soweit zur mikroökonomischen Steuerung. Qualität und Dimension der makroökonomischen Steuerung hängen von der Einschätzung der **Stabilität des privaten Sektors** ab. Aus ordoliberaler Sicht tragen alle konkreten Depressionen einen individuellen Charakter, daher kann es auch kein durchgängiges Gegenmittel geben. Gleichwohl ist ein bestimmtes Muster auszumachen: Nachlassen der Investitionstätigkeit und Disproportionalitäten im Produktionsaufbau sind allen Depressionen gemeinsam. Konjunkturschwankungen sind jedoch nicht das Resultat systembedingter Defizite, sondern auf eine unstetige Wirtschaftspolitik, auf fehlende Anpassungsflexibilität auf Produkt- und Faktormärkten wegen unzureichender Wettbewerbsordnungen und auf mangelhafte Konstruktion der bestehenden Währungsverfassungen zurückzuführen. Damit vertritt die ordoliberale Schule – anderer Auffassung ist hier *Müller-Armack*, der für eine maßvolle staatliche Konjunkturpolitik plädiert – die These von der prinzipiellen Stabilität des privaten Sektors. Die Ausschaltung störender Konjunkturschwankungen ist daher vornehmlich eine ordnungspolitische Aufgabe. Im Zentrum dieser ordnungspolitischen Aufgabe steht die Schaffung eines auf Preisstabilität ausgerichteten **monetären Rahmens.** Für die ordoliberale Schule war selbstverständlich, daß die Produktion des Geldes nicht privaten Wirtschaftssubjekten – wegen der dann vermuteten immanenten Inflationstendenz – überlassen bleiben durfte; die Geldproduktion war eine hoheitliche Aufgabe. Andererseits wußte man nur zu gut, welchen Versuchungen Politiker ausgesetzt wären, wenn sie Zugang zur Notenpresse gehabt hätten. Daher war eine unabhängige Notenbank vorgesehen, doch sollte die Notenbankleitung überdies auf eine möglichst automatisch funktionierende Regelbindung verpflichtet werden. Die Begründung, die *Eucken* (1952) dafür gibt, paßt auch auf als honorig angesehene Institute: „Die Erfahrung zeigt, daß eine Währungsverfassung, die den Leitern der Geldpolitik freie Hand läßt, diesen mehr zutraut, als ihnen im allgemeinen zugetraut werden kann. Unkenntnis, Schwäche gegenüber Interessentengruppen und der öffentlichen Meinung, falsche Theorien, alles das beeinflußt diese Leiter sehr zum Schaden der ihnen anvertrauten Aufgabe.“

Es ist nebensächlich, daß die von *Eucken* präferierte Regel – die Warenreservewährung, die im Prinzip als ein Versuch angesehen werden kann, über Offen-Markt-Geschäfte mit Rohstoffen die Geldmenge stabilitätsorientiert (gemessen am Preisindex der Referenzgüter) zu steuern – theoretischen Einwänden nicht standhält. Es entspricht jedenfalls guter liberaler Tradition, mehr auf Regeln als auf die Einsichtsfähigkeit handelnder Personen zu setzen.

Mit seiner Betonung der **Konstanz der Wirtschaftspolitik** zwecks Stabilisierung unternehmerischer Erwartungen und zwecks Kräftigung der Investitionstätigkeit nimmt *Eucken* eine zentrale Forderung vorweg, die heute nach verschiedenen Vollbeschäftigungsexperimenten und nach theoretischen Überlegungen des monetaristischen Lagers nahezu allgemein akzeptiert wird. Wichtig ist für *Eucken* zur Realisierung des Zieles Vollbeschäftigung – auch für die Ordoliberalen unverzichtbar in den modernen Demokratien –, daß die Wirtschaftspolitik für die unternehmerischen Kalkulationen einen verläßlichen Datenrahmen schafft und betriebliche Rentabilitätsrechnungen nicht mit aus störenden inflationären Preisbewegungen resultierenden zusätzlichen Risikofaktoren belastet werden. Arbeitslosigkeit ist also kein exogenes Phänomen wie bei *Keynes* – auf den sinkenden Grenzhang zum Konsum bei steigendem Einkommen und auf die säkular abgesunkene Grenzleistungsfähigkeit des Kapitals zurückzuführen –, sondern Konsequenz einer Politik, die Unternehmer wegen unvorhergesehener wirtschaftspolitischer Schwenks besonders von Investitionen abhält, die wegen der langen Ausreifezeit oder wegen ihres innovativen Charakters stark risikobehaftet sind, für die Sicherung von Vollbeschäftigung aber unabdingbar sind: „Die nervöse Unrast der Wirtschaftspolitik, die oft heute verwirft, was gestern galt, schafft ein großes Maß von Unsicherheit und vermindert – zusammen mit den verzerrten Preisrelationen – viele Investitionen. Es fehlt die Atmosphäre des Vertrauens“ (*Eucken*, 1952). Es ist sicherlich mehr als eine dogmenhistorische Pointe, daß der in einem anderen Lager stehende *Schumpeter* (1950) sich in seiner letzten Veröffentlichung ganz ähnlich äußerte: „Die Stagnationstheoretiker liegen falsch mit ihrer Diagnose der Gründe, warum der kapitalistische Prozeß stagnieren würde; sie mögen jedoch Recht behalten mit ihrer Prognose, daß er stagnieren werde – mit ausreichender Hilfe durch den öffentlichen Sektor“.

3.4. Das Kriterium „Marktkonformität“ zur Beurteilung staatlicher Maßnahmen

Das Prinzip „Konstanz der Wirtschaftspolitik„ verlangt nicht, daß der Staat auf jegliche Eingriffe in den ökonomischen Kosmos verzichtet, solange die Erwartungsbildung der Wirtschaftssubjekte nicht verunsichert und solange das wesentliche Kennzeichen einer marktwirtschaftlichen Ordnung, die freie Preisbildung, nicht beeinträchtigt werden. Für solche Interventionen hat *Rüstow* (1932) den Begriff „liberale Interventionen" geprägt. *Röpke* (1942) führte für die Beurteilung, ob Interventionen als „liberal" oder als „dirigistisch" zu klassifizieren sind, den Begriff **„Marktkonformität"** ein: „Konform sind solche Interventionen, die die Preismechanik und die dadurch bewirkte Selbststeuerung des Marktes nicht aufheben, sondern sich ihr als neue ‚Daten' einordnen und von ihr assimiliert werden. ..."

Nach der Ära der wirtschaftspolitischen Experimente hatte man die Erfahrung gewonnen, daß staatliche Interventionen, die politisch nicht akzeptable Marktergebnisse punktuell korrigieren sollten – z.B. die Verhinderung von sozial nicht zumutbaren Mietzinssteigerungen –, unweigerlich weitere absichernde staatliche Maßnahmen nach sich zogen. *L. v. Mises* (1926) sprach von „Interventionsspiralen".

Staatliche Maßnahmen sollen daher einem Doppeltest unterworfen werden: Sie müssen im Hinblick auf das erwünschte Ziel erfolgversprechend sein (**Zielkonformität**) und zugleich die marktwirtschaftliche Ordnung intakt lassen (**Marktkonformität**). Natürlich lassen sich manche Maßnahmen nicht eindeutig klassifizieren, z.B. Zölle oder Subventionen. *Müller-Armack* (1950) sprach daher von einer Zwischenschicht noch mit der Marktwirtschaft verträglicher Maßnahmen, die weder eindeutig marktkonform noch antimarktwirtschaftlich seien, aber doch bewußt zu einer sozial gelenkten Marktwirtschaft ausgestaltet werden könnten. *Thalheim* (1955) hat daraufhin eine weitergehende Differenzierung vorgenommen, die von **systemstabilisierenden** (Maßnahmen zur Konstituierung einer marktwirtschaftlichen Ordnung: unabhängiges Kartellamt) über **systemneutrale** (Ausbau der Infrastruktur) bis hin zu **systemzerstörenden Maßnahmen** (Lohn- und Preisstopp) reichen können. *Willgerodt* (1966) hat das Element der Dynamik mit in die Betrachtung einbezogen: Eine marktwirtschaftliche Ordnung könne durch ein Netz in sich abgestimmter Anreizmittel ausgehöhlt werden, die für sich genommen dem Kriterium „Marktkonformität" durchaus entsprächen, in ihrer kombinatorischen Wirkung jedoch die Wirtschaftssubjekte veranlaßten, sich immer stärker an staatlichen Zielsetzungen zu orientieren; die Marktsignale wären also systematisch verzerrt: Wirtschaftslenkung nicht mit der Peitsche (obligatorische Produktionskennziffern), sondern mit Zuckerbrot (Subventionen, Mitsprache, Arbeitsessen, Ehrungen).

Der ordoliberalen Schule ist der Vorwurf gemacht worden, die ganze Konzeption mitsamt dem Marktkonformitätskriterium sei **ahistorisch** und **unpolitisch** (*Hajo Riese*, 1972). Dieser Vorwurf verblüfft zunächst, da *Eucken* sein Konzept als Versöhnung der historischen wie theoretischen Schicht des wirtschaftlichen Geschehens betrachtet und vor dem Hintergrund konkreter wirtschaftspolitischer Erfahrungen entwickelt hat. *Riese* meint mit seinem Vorwurf, die Annahme, aus diesen Erfahrungen ein Kriterium zur Politikbeurteilung herausdestillieren zu können und es als Verpflichtung für politisches Handeln zu betrachten, bedeute, daß man von den jeweiligen Politikumständen abstrahiere (ahistorische Komponente) und den Politikern Handlungsalternativen verwehrt, die im Hinblick auf die spezifische Problemsituation adäquat wären (unpolitische Komponente).

Natürlich sondert das Kriterium „Marktkonformität" bestimmte Alternativen von vornherein aus. Daraus kann man aber nicht folgern, daß deswegen der politische Handlungsspielraum tatsächlich enger werde. Ein Staat, der alles tun darf, wird leicht zum Büttel von Interessengruppen, die allzuoft und allzugern ihrer spezifischen Argumente – Geld und Wählerstimmen – in die Waagschale werfen und oft auch überlegenen Sachverstand einbringen können. Politiker werden dann zu Gefangenen ihres eigenen Freiheitsspielraums.

In der Politik können ferner, wenn schnell gehandelt werden muß, nicht alle Konsequenzen überdacht werden; lästige Nebenwirkungen werden dann vernachlässigt oder einfach weggedrückt, wobei sich Politiker des Spottspruchs von *John Maynard Keynes:* „In the long run we are all dead" bedienen können. Inzwischen wissen wir, daß die bitteren Konsequenzen politischen Handelns nach dem Motto – „Nach uns die Sintflut" – rascher als sogar von den Pessimisten erwartet auf die Bürger zukommen. Da wohlgemeinte Rezepte von Schreibtischdenkern in der Dynamik der politischen Praxis übel verzerrt werden können, kommt es nicht unwesentlich darauf an, Politiker vor den ungewollten Folgen ihres eigenen Tuns zu bewahren. Das Kriterium „Marktkonformität" erfüllt als Versuch der „Eingrenzung politischer Unvernunft" eine wichtige Filterfunktion.

4. Ordoliberalismus und Soziale Marktwirtschaft

Die Ordoliberalen in der Bundesrepublik Deutschland bekennen sich in der Regel zur **Sozialen Marktwirtschaft,** doch können wir nicht sagen, daß alle hierunter dasselbe verstehen. Der Ordoliberalismus hat ein bestimmtes Leitbild – aus Erfahrungen und theoretischen Einsichten gewonnen – entwickelt, auf dessen Realisierung Politiker verpflichtet sind. Dagegen hat *Alfred Müller-Armack* die Konzeption der „Sozialen Marktwirtschaft" nicht als eine in sich geschlossene Konzeption verstanden sondern als „ein der Ausgestaltung harrender, progressiver Stilgedanke" (1965). Damit ist der Gestaltungsauftrag an den Politiker umfassender und elastischer. Stand nach dem Ende des Zweiten Weltkriegs der Aufbau des Produktionsapparates und die Fürsorge für besonders von Krieg und den Kriegsfolgen Betroffene im Vordergrund, so traten für *Müller-Armack* Ende der 50er Jahre, nachdem die Aufbauleistung getan war, die gesellschaftspolitischen Aufgaben – vornehmlich die Zuordnung von Mensch und Umwelt – in den Mittelpunkt seines Denkens: „Nicht die materielle Güterversorgung als vielmehr die sinnvolle und lebensgemäße Gestaltung der gesellschaftlichen und natürlichen Umwelt, die noch nicht ihren neuen Stil erhalten hat, dürfte dabei im Vordergrund stehen" (1959).

Müller-Armack hat die Soziale Marktwirtschaft gern als „irenische Formel" (1950) bezeichnet; er sah die Konzeption der Sozialen Marktwirtschaft als gesellschaftliche Versöhnungsidee, die unterschiedliche Weltanschauungen, soweit sie auf konkrete Weltgestaltung gerichtet sind, in ein Konzept zusammenbinden will. *Müller-Armacks* Versöhnungsidee, trifft sich mit dem ordoliberalen Konzept in der Wahl des grundlegenden Ordnungsprinzips „Marktwirtschaft", weil einerseits eine marktwirtschaftliche Ordnung dem Individuum in einem größeren Sozialverband Freiheit gewähre und andererseits die sozialistische Theorie zur Organisation von Wirtschaft und Gesellschaft der ökonomischen Analyse nicht standhalte. Auch gehe die praktische Weltgestaltung des Sozialismus andere Wege, als sich die Verfechter dieser Ordnung vorgestellt hätten.

Der Denkfehler der Sozialisten liegt darin, daß sie alle gegenwärtig existierenden Übel der marktwirtschaftlichen Ordnung anlasten. Fixiert auf den schillernden Begriff des Mehrwerts und die für sie daraus resultierende Ausbeutung waren und sind sie blind für die eigentlichen Leistungen des Marktes: Koordinations-, Informations- und Allokationsfunktion. Darauf hat schon *John Stuart Mill,* der letzte der englischen Klassiker, die Sozialisten hingewiesen.

Literatur

Besters, H., Neoliberalismus, in: *Vaubel, R.* und *Barbier, H. D.* (Hrsg.), Handbuch Marktwirtschaft, Pfullingen 1986, S. 107–122.

Borchardt, K., Die Konzeption der Sozialen Marktwirtschaft in heutiger Sicht, in: *Issing, O.* (Hrsg.), Zukunftsprobleme der Sozialen Marktwirtschaft, Schriften des Vereins für Socialpolitik, N.F. Bd. 116, Berlin 1981, S. 33–53.

Böhm, F., Die Idee des ORDO im Denken Walter Euckens in: ORDO, Jahrbuch für die Ordnung von Wirtschaft und Gesellschaft, Bd. 3 (1950), Prolog, S. XV–LXIV.

Dürr, E. W., Wesen und Ziele des Ordoliberalismus, Winterthur 1954.

Eucken, W., Grundsätze der Wirtschaftspolitik, Tübingen, Zürich 1952.
Hayek, F.A.v., „Was ist und was heißt ‚sozial'?", in: *Hunold, A.* (Hrsg)., Masse und Demokratie, Zürich 1957, S. 71–85.
Hayek, F.A.v., Der Wettbewerb als Entdeckungsverfahren, abgedruckt in: *Ders.*, Freiburger Studien, Gesammelte Aufsätze, Walter Eucken Institut, Wirtschaftswissenschaftliche und wirtschaftsrechtliche Untersuchungen 5, Tübingen 1969, S. 249–265.
Holzwarth, F., Die Ordnung der Wirtschaft durch Wettbewerb. Entwicklung der Ideen der Freiburger Schule, Freiburg/Br. 1985.
Hoppmann, E., Das Konzept der optimalen Wettbewerbsintensität. Rivalität oder Freiheit des Wettbewerbs: Zum Problem eines wettbewerbspolitisch adäquaten Ansatzes der Wettbewerbstheorie, in: Jahrbücher für Nationalökonomie und Statistik, Bd. 179 (1966), S. 286–323.
Miksch, L., Wettbewerb als Aufgabe, 2. Aufl., Godesberg 1947.
Mises, L. v., Kritik des Interventionismus, abgedruckt in: *Stützel, W.* u.a. (Hrsg.), Grundtexte zur Sozialen Marktwirtschaft, Suttgart, New York 1981, S. 213–220.
Müller-Armack, A., Wirtschaftslenkung und Marktwirtschaft, abgedruckt in: *Ders.*, Wirtschaftsordnung und Wirtschaftspolitik. Studien und Konzepte zur Sozialen Marktwirtschaft und zur Europäischen Integration, 2. Aufl., Bern, Stuttgart 1976, S.19–170.
Müller-Armack, A., Deutung unserer gesellschaftlichen Lage. Zu Wilhelm Röpkes Trilogie: Gesellschaftskrisis der Gegenwart, Civitas humana, Internationale Ordnung, in: ORDO, Jahrbuch für die Ordnung von Wirtschaft und Gesellschaft, Bd. 3 (1950), S. 253–267.
Müller-Armack, A., Soziale Irenik, abgedruckt in: *Ders.*, Religion und Wirtschaft. Geistesgeschichtliche Hintergründe unserer europäischen Lebensform, 3. Aufl., Bern, Stuttgart 1981, S. 559–579.
Pszcz, T., Zur Aktualität des Ordoliberalismus: Ein Beitrag aus osteuropäischer Sicht, in: ORDO, Jahrbuch für die Ordnung von Wirtschaft und Gesellschaft, Bd. 41 (1990), S. 61–73.
Recktenwald, H. C., Die Klassik der ökonomischen Wissenschaft, in: WiSt, Wirtschaftswissenschaftliches Studium, 12. Jg. (1983), S. 195–203.
Riese, H., Ordnungsidee und Ordnungspolitik – Kritik einer wirtschaftspolitischen Konzeption, in: Kyklos, Bd. 25 (1972), S. 24–48.
Rieter H. und *Schmolz M.*, The Ideas of German Ordoliberalism 1938–45: pointing the way to a new economic order, in: The European Journal of the History of Economic Thought, Vol. 1 (1993), S. 87–114.
Röpke, W., Die Gesellschaftskrisis der Gegenwart, Erlenbach-Zürich, Stuttgart 1942.
Rüstow, A., Liberale Interventionen, abgedruckt in: *Stützel, W.* u.a. (Hrsg.), Grundtexte zur Sozialen Marktwirtschaft, Stuttgart, New York 1981, S. 221–225.
Rüstow, A., Paläoliberalismus, Kommunismus und Neoliberalismus, in: *Greiß, F.*, *Meyer, F.W.* (Hrsg.), Wirtschaft, Gesellschaft und Kultur, Festgabe für Alfred Müller-Armack, Berlin 1961, S. 61–71.

Singer, K., Zur Wirtschaftspolitik und Theorie der englischen Klassiker, in: Kyklos, Bd. 7 (1954), S. 21-38.

Schumpeter, J.A., Geschichte der ökonomischen Analyse, Bd. I und II, Göttingen 1965.

Schumpeter, J. A., The March into Socialism, in: The American Economic Review, Bd. 40 (1950), Papers and Proceedings, S. 446–456.

Streissler, E., Macht und Freiheit in der Sicht des Liberalismus, in: *Schneider, H. K., Watrin, Ch.* (Hrsg.), Macht und ökonomisches Gesetz, Schriften des Vereins für Socialpolitik, N. F. Bd. 74/2, 2. Halbband, Berlin 1973, S. 1391–1426.

Streit, M. E., Interdependenz der Ordnungen – Eine Botschaft und ihre aktuelle Bedeutung, in: *Walter Eucken Institut* (Hrsg.), Ordnung in Freiheit, Tübingen 1992, S. 5–29.

Stützel, W. u. a. (Hrsg.), Grundtexte zur Sozialen Marktwirtschaft, Zeugnisse aus zweihundert Jahren ordnungspolitischer Diskussion, Stuttgart, New York 1981.

Thalheim, K. C., Zum Problem der Einheitlichkeit der Wirtschaftspolitik, abgedruckt in: *Ders.*, Beiträge zur Wirtschaftspolitik und Wirtschaftsordnung. Gesammelte Aufsätze und Vorträge, Berlin 1965, S. 23–32.

Tuchtfeldt, E., Jenseits von Angebot und Nachfrage, in: *Ludwig-Erhard-Stiftung* (Hrsg.), Symposion IV: Wilhelm Röpke. Beiträge zu seinem Leben und Werk, Stuttgart, New York 1980, S. 23–37.

Watrin, Ch., Zur sozialen Dimension marktwirtschaftlicher Ordnung, in: *Streißler, E., Watrin, Ch.* (Hrsg.), Zur Theorie marktwirtschaftlicher Ordnungen, Tübingen 1980, S. 476–501.

Willgerodt, H., Warum Staatsplanung in der Marktwirtschaft?, in: ORDO, Jahrbuch für die Ordnung von Wirtschaft und Gesellschaft, Bd. 17 (1966), S. 153-228.

Wulff, M., Die geistigen Grundlagen und Quellen des Ordoliberalismus in den 30er und 40er Jahren, in: Soziales Denken in Deutschland zwischen Tradition und Innovation, Bonn 1990, S. 156–170.

Neoklassik

Manfred Neumann

1. Einführung

Die Neoklassik ist hervorgegangen aus der „marginalistischen Revolution", die durch die Grenznutzenschule eingeleitet wurde. Eingemündet ist die Neoklassik in die moderne ökonomische Theorie, so daß heute vielfach Neoklassik und moderne Wirtschaftstheorie als Synonyma verwendet werden. Eine Darstellung der Geschichte der Neoklassik läuft deshalb darauf hinaus, die Entstehungsgeschichte der modernen Wirtschaftstheorie nachzuzeichnen. Im Rahmen dieses kurzen Aufsatzes kann das jedoch nur in den Grundzügen geschehen.

Mit der Klassik, insbesondere *Adam Smith,* verbindet die Neoklassik die grundlegende Annahme, daß Individuen in ihrem Verhalten vor allem vom Selbstinteresse geleitet werden und daß alles ökonomische Geschehen letztlich auf das Verhalten von Individuen zurückgeführt werden muß. Dieser Ansatz, der in der Neoklassik zum **methodologischen Individualismus** ausgeformt wurde, war in der Klassik verknüpft mit einer Analyse von Institutionen. Dieser Aspekt wurde von der Neoklassik zunächst vernachlässigt. Im Vordergrund der neoklassischen Analyse stand das Entscheidungsproblem der zweckmäßigen Verwendung knapper Ressourcen. Besonders prägnant wurde diese Auffassung von *Robbins* (1932) zum Ausdruck gebracht. Er definierte die Wirtschaftstheorie als „the science which studies human behaviour as a relationship between ends and means which have alternative uses." Ausgeblendet blieben darüber hinaus die Probleme der Wirtschaftsentwicklung und des wirtschaftlichen Wachstums, die zentrale Gegenstände der Klassik gewesen waren. Ausgeblendet blieb auch die Analyse des institutionellen Rahmens der Wirtschaft. Als typisch kann die Darstellung bei *Eucken* (1947) gelten. Er ging von einem als exogen gedachten „Datenkranz" aus, der nicht als Gegenstand ökonomischer Theorie angesehen wurde. Zum Datenkranz wurde auch die Institution „Staat" gezählt. Ökonomische Theorie der Neoklassik war also zunächst gleichbedeutend mit einer ökonomischen Theorie des Marktes. Daraus erwuchs unter anderem die Vorstellung, der Staat könne – gewissermaßen wie ein deus ex machina – in den Wirtschaftsprozeß eingreifen und ihn beeinflussen.

Erst in jüngerer Zeit wurde diese Auffassung in Frage gestellt. Im Rahmen des Paradigmas der Neoklassik ging man daran, den Staat selbst (Neue Politische Ökonomie) und auch andere Institutionen (Theorie der Eigentums- und Verfügungsrechte und neue institutionelle Ökonomik) zu analysieren.

Das Paradigma der Neoklassik kann durch zwei zentrale Ideen charakterisiert werden, den methodologischen Individualismus und die **Gleichgewichtsidee.** Methodologischer Individualismus und das Gleichgewichtskonzept dienen dazu, empirisch gehaltvolle Hypothesen abzuleiten, die prinzipiell falsifizierbar sind und sich im empirischen Test bewähren müssen. Insoweit stellt die Neoklassik eine positive Wissenschaft dar. Ein anderer Zweig der Neoklassik, die Wohlfahrtsökonomie, versucht, auf der Grundlage der Theorie normative Aussagen aufzustellen und zu begründen (vgl. dazu: *Schumann*, Wohlfahrtsökonomik, abgedruckt in diesem Band).

2. Methodologischer Individualismus der Neoklassik

2.1 Neoklassisches Modell des wirtschaftlichen Verhaltens

2.1.1. Maximierung unter Nebenbedingungen

Grundlage des Paradigmas des methodologischen Individualismus der Neoklassik ist die Vorstellung, daß ein Individuum in seinen Handlungsmöglichkeiten beschränkt ist und aus der beschränkten Menge der Möglichkeiten diejenige Alternative auswählt, die seinen – von ihm selbst definierten – Interessen am besten entspricht. Angenommen wird dabei, daß ein Individuum in der Lage ist, eine logisch konsistente Präferenzordnung aller denkbaren Alternativen aufzustellen. Eine solche Präferenzordnung kann im allgemeinen durch eine Nutzenfunktion dargestellt werden. Die Wahl der jeweils bestmöglichen Alternative läuft also darauf hinaus, eine **Nutzenfunktion** unter gegebenen **Nebenbedingungen** zu **maximieren.** Damit erhält das Problem eine mathematische Formulierung und wird einer rigorosen Analyse zugänglich.

Zur Illustration seien zwei Beispiele angeführt: Ein **Haushalt** verfügt über ein begrenztes Einkommen und sieht sich Güterpreisen gegenüber, die der Haushalt selbst nicht beeinflussen kann. Damit ist der Möglichkeitsbereich der konsumierbaren Güterbündel festgelegt. Der Haushalt wählt nach der Hypothese der Neoklassik dann dasjenige Güterbündel, das seinen Nutzen maximiert. In diesem Modell werden die Handlungsmöglichkeiten nur durch das Einkommen und die Preise beschränkt. Denkbar sind jedoch zahlreiche weitergehende Beschränkungen. So kann es z.B. verboten sein, Schußwaffen oder Drogen zu kaufen. Es bereitet formal keine Schwierigkeiten, derartige Beschränkungen zusätzlich in den Kalkül einzubauen. Ein zweites Beispiel stellt ein **Unternehmen** dar, das den Gewinn zu maximieren sucht und dabei durch eine gegebene (und dem Unternehmen bekannte) Produktionstechnik sowie durch Preise der verkauften und eingekauften Güter und Faktoren beschränkt wird. Daneben können weitere Beschränkungen des Handlungsspielraums bestehen. Es ist z.B. denkbar, daß die Produktion bestimmter Güter verboten ist oder daß nicht alle Produktionsfaktoren in beliebiger Weise eingesetzt werden können.

Um die innere Logik des Entscheidungsprozesses aufzudecken, erwies es sich als zweckmäßig, zunächst verhältnismäßig einfache Modelle zu konstruieren. Dabei konzentrierte sich die Neoklassik zunächst auf Marktbeziehungen und berücksichtigte als Handlungsbeschränkungen nur die durch Preise und Einkommen sowie die durch eine gegebene Produktionstechnik gezogenen Grenzen. Ein erster Höhepunkt der Analyse wurde durch die Arbeiten von *Allen* und *Hicks* (1934) in den dreißiger Jahren erreicht. Leitend war dabei die Idee, mit einem Minimum von Annahmen auszukommen. Aus diesem Grunde wurde z.B. die Annahme einer kardinalen Nutzenfunktion zugunsten der Annahme einer ordinalen Nutzenfunktion aufgegeben. Eingeleitet durch die Theorie der bekundeten Präferenz (revealed preference) von *Samuelson* (1947) wurde die Axiomatisierung der Nutzentheorie, die durch die Arbeit von *Debreu* (1959) mit dem Beweis einer Äquivalenz zwischen Präferenzordnung und Nutzenfunktion einen ersten Abschluß fand.

2.1.2. Das Modell des lernfähigen, abwägenden, maximierenden Menschen (LAMM)

Die Rolle und die Bedeutung des Modells eines nutzenmaximierenden Individuums ist häufig mißverstanden worden. Nicht selten wurde dieses Modell als „homo oeconomicus" apostrophiert und als ein Zerrbild der Wirklichkeit abgelehnt. Übersehen wurde dabei, daß die Neoklassik nicht den Anspruch erhob, das Verhalten einzelner Individuen zutreffend zu beschreiben, sondern darauf aus war, durchschnittlich, d.h. als statistisches Massenphänomen, zu beobachtende Zusammenhänge zwischen ökonomischen Variablen, wie z.B. Preisen und Mengen einer Ware, Einkommen und Nachfrage, Zins und Investitionen usw. zutreffend vorauszusagen. Das Modell des nutzenmaximierenden Individuums dient dabei als eine **heuristische Fiktion.** Die Leistungsfähigkeit dieses Modells entscheidet sich nicht an der Realitätsnähe der Annahmen, sondern vor allem daran, ob zutreffende Voraussagen möglich sind.

Unbestritten ist jedoch, daß die zunächst verwendeten Modelle eine Übervereinfachung darstellten. Dabei lag die Übervereinfachung vor allem darin, daß für die Individuen vollkommene Information über die realisierbaren Handlungsmöglichkeiten postuliert wurde. Diese Annahme wurde in der jüngeren Entwicklung der Neoklassik jedoch aufgelokkert. Es entstand das Modell des **„resourceful, evaluating, maximizing man“** (kurz REMM, *Meckling* 1976, oder deutsch: Modell des lernfähigen, abwägenden, maximierenden Menschen, LAMM). In diesem Modell wird das Individuum als lernfähig (resourceful) angesehen. Dahinter steht die, von *Stigler* und *Becker* (1977) ausgesprochene Annahme, daß die individuellen Präferenzen als verhältnismäßig stabil zu gelten haben, daß Individuen aber Informationen sammeln und aus Erfahrung lernen. Verhaltensänderungen, die im Rahmen des alten Modells auf Änderungen der Präferenzen zurückgeführt werden mußten und deshalb eigentlich nicht erklärbar waren, können im Rahmen des neuen Modells als Ergebnis von Lernprozessen gedeutet werden. Aufgegeben wurde ferner die im elementaren Modell enthaltene Annahme, daß der Bereich der Handlungsmöglichkeiten bekannt ist. Ersetzt wurde diese Annahme durch die alternative Annahme, daß der Bereich der Handlungsmöglichkeiten Risiken unterliegt. Dementsprechend wurde die Hypothese der Nutzenmaximierung durch die der Maximierung des (subjektiven) Erwartungswertes des Nutzens ersetzt, für die durch *von Neumann* und *Morgenstern* 1944 die erste Axiomatik geliefert worden war.

Die wissenschaftliche Fruchtbarkeit des neoklassischen Modells zeigt sich auch daran, daß es auf andere, nichtkonventionelle Gebiete angewandt worden ist, z. B. zur Erklärung des Verhaltens von Wählern und Politikern (*Downs* 1957; *Buchanan* und *Tullock* 1962) und Bürokraten (*Niskanen* 1971), zur Erklärung des generativen Verhaltens (*Schultz* 1973 u. a.) und zur Analyse der Kriminalität (*Becker* 1968).

2.2. Das Verhältnis von Produktions- und Nutzentheorie

2.2.1. *Strukturelle Analogie*

Etwa zur gleichen Zeit wurde von *Hicks* (1939), von *Samuelson* (1947) und *von Stackelberg* (1948) systematisch die strukturelle Ähnlichkeit zwischen **Produktions-** und **Nutzentheorie** herausgearbeitet: Dem Konzept des Grenznutzens entspricht in der Produktionstheorie das des Grenzproduktes eines Produktionsfaktors. Der Annahme des Gesetzes vom fallenden Grenznutzen entspricht die Annahme eines sinkenden Grenzproduktes. Der Grenzrate der Substitution zwischen Konsumgütern entspricht die Grenzrate der Substitution zwischen Faktoren.

Vom Konsumenten wird angenommen, daß er eine Nutzenfunktion $u(\mathbf{q})$ unter der Nebenbedingung einer Budgetbeschränkung $\mathbf{pq} \leqslant y$ (wobei $\mathbf{q}$ der Vektor der gekauften Güterquanten und $\mathbf{p}$ der Vektor der Preise und y das Einkommen ist) durch die Wahl eines Güterbündels $\mathbf{q}^*$ maximiert. Vom Produzenten wird angenommen, daß er den Gewinn $pq - \mathbf{wx}$ (wobei p der Preis und q die Menge des erzeugten Produktes, $\mathbf{w}$ der Vektor der Faktorpreise und $\mathbf{x}$ der Vektor der Faktorquanten ist) unter der Annahme einer gegebenen Produktionsfunktion $q = F(\mathbf{x})$ durch die Wahl der Produktionsmenge und der Faktorquanten maximiert. Das impliziert, daß auch die Kosten $C = \mathbf{wx}$ unter der Nebenbedingung der Produktionsfunktion minimiert werden.

2.2.2. *Dualitätsbeziehungen in der Nutzen- und Produktionstheorie*

Eine sehr interessante Entdeckung wurde von *Shephard* (1953, 1970) gemacht. Er wies als erster auf eine **Dualitätsbeziehung** zwischen Produktions- und Kostenfunktion hin. Zur Kostenminimierung dual ist die Maximierung der Produktion $F(\mathbf{x})$ unter der Nebenbedingung gegebener Kosten $C_0 = \mathbf{wx}$. Zur Produktionsfunktion korrespondiert deshalb eine Kostenfunktion, nach der die Kosten vom Produktionsniveau und von den Faktorpreisen abhängig sind. Das eröffnet den Weg, produktionstheoretische Zusammenhänge alternativ und äquivalent entweder mit Hilfe einer Produktionsfunktion oder einer Kostenfunktion zu beschreiben.

Eine analoge Dualität besteht zwischen der Maximierung des Nutzens bei gegebener Budgetgleichung einerseits und der Minimierung der Ausgaben $y = \mathbf{pq}$ bei einem gegebenen Nutzenniveau $u = u(\mathbf{q})$ andererseits. Auf Grund dieser Dualitätsbeziehungen wurde es möglich, die Struktur der Nachfrage nach Gütern besser zu durchschauen.

Im Gegensatz zur Nutzenfunktion hat die Interpretation der **Produktionsfunktion** stets gewisse Schwierigkeiten bereitet. Die Nutzenfunktion konnte nach der Axiomatisierung der Entscheidungstheorie als Darstellung einer logisch konsistenten Präferenzordnung gedeutet werden. Bei der Produktionsfunktion war eine analoge Interpretation nicht möglich. Andererseits entsprach das Konzept der Produktionsfunktion auch nicht der Darstellung produktionstechnischer Zusammenhänge, wie sie von einem Techniker gegeben würde. Vielmehr ist die Produktionsfunktion eine ökonomische Konzeption sui generis, die von *Wicksteed* (1894) und *J. B. Clark* (1899) in Analogie zur Nutzenfunktion konstruiert wurde. Eine Deutung der Produktionsfunktion wurde nun auf der Grundlage der Dualität zwischen Produktionsfunktion und Kostenfunktion möglich. Zur Kostenfunktion korrespondiert eine Produktionsfunktion und aus einer Kostenfunktion läßt sich deshalb eine Produktionsfunktion herleiten.

Dabei ist die sog. neoklassische Produktionsfunktion, in der stetige Substitutionsbeziehungen zwischen den Produktionsfaktoren unterstellt werden, nur ein Spezialfall einer vom Standpunkt der ökonomischen Theorie zweckmäßigen Formulierung produktionstheoretischer Zusammenhänge. Ein alternativer Ansatz, der dem Denken der Techniker nähersteht, wurde durch die **Aktivitätsanalyse** (*Koopmans* 1951) in einer Verallgemeinerung des Konzepts der **Linearen Programmierung** (*Dantzig* 1951) geschaffen. Ein genereller Ansatz, der beide Fälle einschließt, wurde von *Debreu* (1959) eingeführt.

3. Gleichgewicht

3.1. Individuelles Gleichgewicht und Marktgleichgewicht

Die Konzeption des Gleichgewichtes wird in doppeltem Sinne verwendet. Man spricht von einem **individuellen Gleichgewicht,** wenn man das jeweilige Nutzenmaximum bzw. Gewinnmaximum meint. Von diesem individuellen Gleichgewicht zu unterscheiden ist das **Marktgleichgewicht.** Dabei ist wieder ein **partielles** Gleichgewicht – auf einem bestimmten Markte – vom **allgemeinen** Gleichgewicht aller Märkte zu unterscheiden.

Schon *Walras* hatte als notwendige Bedingung für ein **allgemeines Gleichgewicht** die Bedingung aufgestellt, daß die Zahl der Gleichgewichtsbedingungen, d. h. Gleichungen, mit der Zahl der Preise, die zu bestimmen sind, übereinstimmen muß. Dabei hatte *Walras* als Ausgangspunkt nutzenmaximierendes Verhalten vorausgesetzt. *Cassel* (1927) hatte darauf verzichtet und war unmittelbar von Angebots- und Nachfragefunktionen für einzelne Güter ausgegangen. Auch er hatte dann als notwendige Bedingung für die Existenz eines Gleichgewichtes die Übereinstimmung zwischen der Zahl der Gleichungen und der Zahl der Preise herausgestellt. Eine solche Bedingung ist jedoch für die Existenz eines Gleichgewichtes nicht hinreichend. Der erste Existenzbeweis wurde unter vereinfachenden Annahmen von *Wald* (1934) geliefert, ein vollständiger und allgemeiner Existenzbeweis von *Arrow* und *Debreu* (1954). Damit war ein entscheidender Schritt getan. Zum ersten Mal war bewiesen worden, daß das Problem der Allokation knapper Ressourcen durch den Marktmechanismus lösbar ist. Die Allokation dem Markt anzuvertrauen heißt also nicht, sie dem Chaos zu überlassen, wie bis in die Gegenwart hinein vielfach behauptet worden ist.

Darüber hinaus wurde gezeigt, daß ein bei Wettbewerb existierendes Gleichgewicht aller Märkte noch eine andere wichtige Eigenschaft besitzt: Es stellt ein **Pareto-Optimum** dar. Ist eine Wettbewerbslösung erreicht, so ist es nicht mehr möglich, irgendein Individuum besser zu stellen, ohne daß sich dadurch die Lage wenigstens eines anderen Individuums verschlechtert. Umgekehrt kann jedes *Pareto*-Optimum als Wettbewerbsgleichgewicht zustande kommen (*Arrow* 1951 b). Durch diese Entdeckung wurde die Vermutung *Adam Smiths*, daß die Verfolgung des Selbstinteresses unter Wettbewerbsbedingungen – wie von einer unsichtbaren Hand geleitet – dem Allgemeinwohl dient, auf eine feste Grundlage gestellt.

3.2. Nicht-kooperative vs. kooperative Lösungen

Die zuerst gefundenen Existenzbeweise bezogen sich auf sog. nichtkooperative Lösungen. Von Anbietern und Nachfragern wurde dabei angenommen, daß jeder ein individuelles Gleichgewicht sucht und dabei das Verhalten anderer Individuen als gegeben betrachtet. Jedes Individuum handelt also auf eigene Faust und rechnet nicht damit, daß das eigene Handeln das Verhalten anderer Personen beeinflußt. Zwischen den Individuen gibt es also keine Kooperation, sondern Wettbewerb.

Diese Art der Betrachtung wurde bald als zu eng empfunden; denn natürlich ist es möglich, daß sich Einzelne zu Gruppen zusammenschließen, weil sie hoffen, durch **Kooperation** ein besseres Ergebnis erreichen zu können. Auf diese Möglichkeit hatte bereits *Edgeworth* (1881) hingewiesen. Unabhängig von den frühen Versuchen *Edgeworths* freilich wurde das Problem der Kooperation in jüngerer Zeit auf der Grundlage der mathematischen Spieltheorie (*von Neumann* und *Morgenstern* 1944) in Angriff genommen. Es zeigte sich dabei folgendes: Wenn völlige Freiheit besteht, beliebige Koalitionen zu bilden, so können nicht alle Koalitionen auf die Dauer Bestand haben. Die Menge der jeweils überlebensfähigen Koalitionen wird als „Kern" (englisch „core") bezeichnet. Je größer nun die Zahl der Individuen ist, aus denen sich eine Wirtschaft zusammensetzt, um so weniger Lösungen enthält der Kern. Er wird mit zunehmender Zahl von Individuen immer kleiner und schrumpft schließlich auf die Wettbewerbslösung(en) zusammen. Die Wettbewerbslösung erweist sich damit als außerordentlich robust. Ist sie einmal erreicht, so kann sie bei Freiheit der Koalitionsbildung durch keine noch so ausgeklügelte Methode der Koalitionsbildung aus den Angeln gehoben werden.

3.3. Stabilität des Gleichgewichtes

Nicht befriedigend gelöst ist bisher das Problem, wie ein allgemeines Gleichgewicht erreicht werden kann, und zu erklären, wie es tatsächlich erreicht wird, wenn anfangs ein Ungleichgewicht besteht. *Hicks* (1939) hatte versucht, Stabilität des allgemeinen Gleichgewichtes aus bestimmten Bedingungen der Nachfrage- und Angebotsfunktionen abzuleiten. Eine mathematisch elegantere Methode hatte *Samuelson* (1947) eingeführt, indem er Gleichgewichte als stationäre Lösungen von Systemen von Differentialgleichungen beschrieb. Auf diese Weise war es möglich, die mathematische Theorie der Stabilität von Differentialgleichungssystemen in die ökonomische Theorie einzuführen. Obgleich auf diese Weise Stabilitätsbedingungen mathematisch beschrieben werden konnten, war es nicht möglich, die mathematischen Bedingungen auch in allen Fällen ökonomisch zu interpretieren (vgl. dazu ausführlich *Quirk* und *Saposnick* 1968).

Problematisch ist ferner, welches institutionelle Arrangement durch ein Differentialgleichungssystem beschrieben werden soll. Am nächsten kommt der mathematischen Theorie das von *Walras* vorgeschlagene Modell des **Tâtonnements** durch einen Auktionator oder Makler. In diesem Modell schlägt der **Auktionator** einen Preisvektor vor und fordert Anbieter und Nachfrager auf, Offerten vorzulegen. Für diejenigen Güter, bei denen eine Überschußnachfrage entsteht, wird der Preis in der nächsten Runde des Suchprozesses erhöht, für diejenigen Güter, bei denen ein Überschußangebot entsteht, wird er gesenkt, und bei denjenigen Gütern schließlich, bei denen Angebot und Nachfrage übereinstimmen, wird der Preis nicht geändert. Wenn ein Gleichgewicht existiert und wenn Stabilität vorliegt, kommt am Ende des Suchprozesses ein Preisvektor zustande, der Gleichgewicht aller Märkte sichert. Erst nachdem dieser Preisvektor gefunden worden ist, finden die tatsächlichen Käufe und Verkäufe statt.

Dieses Modell weist fundamentale Schwächen auf. Erstens finden in der Wirklichkeit regelmäßig Abschlüsse auch zu Nicht-Gleichgewichtspreisen statt. Das hängt damit zusammen, daß – zweitens – in der Wirklichkeit der Prozeß der Informationsgewinnung, anders als im Modell des Tâtonnements, dezentralisiert ist und Kosten verursacht. Daraus folgt, daß man in der Realität regelmäßig eine Preisdispersion beobachtet. Es gibt also für ein bestimmtes Produkt nicht nur einen einzigen Preis, sondern zahlreiche Preise, die um einen Mittelwert streuen.

3.4. Außenhandelstheorie

Ein wichtiger Anwendungsfall der Theorie des allgemeinen Gleichgewichtes stellt die moderne Außenhandelstheorie dar. Anknüpfungspunkt war *Ricardos* **Theorie der komparativen Kosten** und *J. St. Mills* Theorie der Bildung der **Terms of Trade** im Freihandelsgleichgewicht. In der Neoklassik wurde nach den Ursachen für das Auftreten absoluter und komparativer Kostenvorteile gefragt und zunächst durch das **Heckscher-Ohlin-Theorem** der Handelsströme (*Heckscher* 1919; *Ohlin* 1931) beantwortet. Danach spezialisiert sich ein Land (wenn auch im allgemeinen nicht vollständig) auf die Produktion solcher Güter, bei denen derjenige Produktionsfaktor besonders intensiv genutzt wird, der in dem betreffenden Land verhältnismäßig reichlich vorhanden ist. Eine Implikation dieses Theorems ist, daß durch den internationalen Handel eine Tendenz zum internationalen **Ausgleich der Faktorpreise** ausgelöst wird (*Ohlin* 1931; *Samuelson* 1948). In jüngerer Zeit wurde diese Antwort auf die Frage nach den Gründen für die Entstehung des internationalen Handels zunehmend als unvollständig empfunden, weil der intraindustrielle Handel vor allem zwischen den Industrieländern nicht mit Hilfe des *Heckscher-Ohlin*-Theorems erklärt werden kann. Ergänzend wurden deshalb Produktdifferenzierung, Skalenerträge und technischer Fortschritt zur Erklärung der Handelsströme herangezogen.

4. Neoklassische Verteilungs- und Wachstumstheorie

4.1. Ist die Verteilung produktionstheoretisch zu begründen?

Während in der Klassik die Verteilung des Volkseinkommens auf die verschiedenen Produktionsfaktoren und – wegen der gesellschaftlichen Struktur der damaligen Zeit – cum grano salis auch auf die gesellschaftlichen Klassen der Bodeneigentümer, Kapitalbesitzer und Arbeiter ad hoc erklärt werden mußte, wird in der Neoklassik die Verteilung aus einem einheitlichen Prinzip heraus erklärt. Die Verteilung ist das Ergebnis des Preisbildungsprozesses, und die Preise der Produktionsfaktoren sind Indikatoren der relativen Knappheit der einzelnen Faktoren.

Grundlegend war die sog. **Grenzproduktivitätstheorie der Verteilung,** die von *Wicksteed* (1894) und *J. B. Clark* (1899) eingeführt wurde. Nach dieser Auffassung ergab sich die Verteilung aus den Gesetzen der Produktion. Allein produktionstheoretisch kann man die Verteilung freilich nur in gewissen Spezialfällen erklären. Wenn in einer Volkswirtschaft die Gesetzmäßigkeiten der Produktion durch eine makroökonomische Produktionsfunktion vom *Cobb-Douglas*-Typ (*Cobb* und *Douglas* 1928) $Y = aK^{\alpha}L^{1-\alpha}$ beschrieben werden können, so erhält man bei vollständiger Konkurrenz auf allen Märkten als Einkommensanteile des Kapitals und der Arbeit die Quoten α und $1-\alpha$. Dieser Fall ist aber sehr unrealistisch, denn er setzt voraus, daß alle Produktionsrichtungen die gleiche Kapitalintensität aufweisen oder daß sich Struktur- und Substitutionseffekte gerade so ergänzen, daß eine Aggregation zu einer makroökonomischen Produktionsfunktion möglich wird. Selbst wenn das der Fall wäre, brauchten doch die partiellen Produktionselastizitäten und damit die Einkommensquoten nicht konstant zu sein. Bei variablen Produktionselastizitäten jedoch hängen die Einkommensquoten von der realisierten Kapitalintensität der Volkswirtschaft ab. Letztlich wird also bei neoklassischen Produktionsfunktionen in den einzelnen Produktionsrichtungen die Verteilung bestimmt von der Zusammensetzung der Produktion und von der des Faktorangebotes.

Die Grenzproduktivitätstheorie ist in Wirklichkeit keine Verteilungstheorie, sondern Bestandteil der Preistheorie. Güterpreise und Faktorpreise ergeben sich aus dem allgemeinen Gleichgewicht der Wirtschaft, das seinerseits durch die anfangs vorhandenen Güter- und Faktorbestände, durch die gegebenen Präferenzen der Individuen und durch die Produktionstechnik bestimmt wird.

4.2. Das Problem der neoklassischen Produktionsfunktion

Die neoklassische Produktionsfunktion ist auch deswegen kritisiert worden, weil Kapital als ein Produktionsfaktor betrachtet worden ist (*J. Robinson* 1953). Es wurde eingewandt, daß der Wert des Kapitalstocks sich durch Diskontierung zukünftiger Erträge ergibt. Der Zins, für dessen Erklärung die Grenzproduktivitätstheorie herangezogen wird, muß danach also bereits bei der Definition des Kapitalstocks verwendet werden. Daraus wird der Vorwurf abgeleitet, die neoklassische Produktionstheorie beinhalte einen Zirkelschluß.

Demgegenüber ist zu sagen, daß die neoklassische Produktionsfunktion $q = F(x_1, x_2, \ldots, x_m)$ als Argumente Quanten von Faktoreinsätzen enthält, also z. B. Arbeitsstunden, Maschinenstunden usw. Mit der Konzeption der neoklassischen Produktionsfunktion ist nicht notwendig verbunden, daß einer der Produktionsfaktoren das „Kapital" ist. In einem gesamtwirtschaftlichen Gleichgewicht allerdings, in dem die Preise aller Güter und Faktoren und damit auch der Zins determiniert sind, läßt sich das Gleichgewicht auch mit Hilfe einer Produktionsfunktion beschreiben, in der als eines der Argumente „Kapital" enthalten ist. Beschränkt man sich auf die Beschreibung eines Gleichgewichtes und den Vergleich unterschiedlicher Gleichgewichte, so ist eine Produktionsfunktion mit „Kapital" als einem ihrer Argumente legitim. Ein solcher Ansatz ist natürlich für die Analyse von Ungleichgewichtszuständen nicht verwendbar.

4.3. Macht und Verteilung

Das Gleichgewicht, durch das die Preise und damit auch die am Markt resultierende Verteilung bestimmt werden, hängt ab von der Ausgangsverteilung der **Rechte** und **Ansprüche.** Diese wieder wird durch die **Rechtsordnung** determiniert. Welche Möglichkeiten der Einzelne besitzt, seine Interessen im Austauschprozeß auf den Märkten zu verfolgen, hängt z.B. von der Eigentumsordnung ab sowie von der Möglichkeit, monopolistische Marktmacht zu erwerben und auszunutzen. Auf diese Zusammenhänge hat wohl als erster *Böhm-Bawerk* (1914) hingewiesen, indem er feststellte, daß in einer Marktwirtschaft Macht auf dem Wege über den Markt zur Geltung kommt. In der neoklassischen Preistheorie (vgl. dazu: *Schumann,* Die Wegbereiter der modernen Preis- und Kostentheorie, abgedruckt in diesem Band) ist im einzelnen analysiert worden, wie sich unterschiedliche Marktformen auf die Preisbildung auf Güter- und Faktormärkten auswirken.

4.4. Neoklassische Wachstumstheorie

Die Produktionsfunktion wurde zum Kernstück der neoklassischen Wachstumstheorie (*Solow* 1956). Ein zentrales Ergebnis der neoklassischen Wachstumstheorie besteht darin, daß bei einer gegebenen volkswirtschaftlichen Sparquote und bei Übereinstimmung von Sparen und Investieren die langfristige Wachstumsrate einer Wirtschaft allein durch die Rate des Bevölkerungswachstums und die Zuwachsrate der durchschnittlichen Arbeitsproduktivität determiniert wird. Durch die Sparquote wird jedoch das Niveau des Wachstumspfades festgelegt. Daraus ergab sich die Frage nach der optimalen Sparquote, die zunächst durch die sog. **„Goldene Regel“** der Kapitalakkumulation (*Phelps* 1961; *von Weizsäcker* 1962) beantworten wurde. Sie besagt, daß ein maximaler Konsum pro Kopf dann realisiert wird, wenn die Wachstumsrate des Sozialproduktes gleich dem Realzins ist (oder, was auf dasselbe hinausläuft, wenn die Sparquote gleich der Profitquote ist). Eine generelle Antwort, die die „Goldene Regel“ als Spezialfall enthält, wurde durch die Theorie des **optimalen Wachstums** gegeben. Ausgangspunkt ist hier eine intertemporale Nutzenfunktion (*Ramsey* 1928; *Uzawa* 1964). Erklärt wird auf diese Weise der Zins, der im Rahmen dieser Theorie simultan von der Produktionsseite und von der Nachfrageseite her bestimmt wird. Damit wird klar, daß die neoklassische Theorie des optimalen Wachstums einen Spezialfall der Theorie des allgemeinen Gleichgewichtes einer Wirtschaft darstellt.

5. Neoklassische Theorie der Institutionen

5.1. Öffentliche Güter

Die Neoklassik war ursprünglich eine Theorie der Marktwirtschaft. Erst relativ spät wurde die Analyse des öffentlichen Sektors der Wirtschaft in Angriff genommen. Der erste Meilenstein auf diesem Wege war die **Theorie der öffentlichen Güter.** Öffentliche Güter sind dadurch gekennzeichnet, daß im Gegensatz zu privaten Gütern das Ausschlußprinzip nicht angewandt wird. *Samuelson* (1954) leitete als erster die Bedingungen für eine *Pareto*-optimale Versorgung einer Wirtschaft mit öffentlichen Gütern ab. Danach muß die für alle Individuen gebildete Summe der Grenzraten der Substitution zwischen einem öffentlichen Gut und einem privaten Gut übereinstimmen mit der Grenzrate der Transformation (Grenzkostenverhältnis) zwischen dem öffentlichen und dem privaten Gut. Unerklärt bleibt dabei, ob und auf welche Weise ein solches *Pareto*-Optimum erreicht werden kann. Diesem Problem stellte sich die Neue Politische Ökonomie. Sie ist neben der ökonomischen Analyse der Eigentums- und Verfügungsrechte ein Zweig der Neoklassik, der sich mit der Analyse von Institutionen befaßt.

5.2. Neue Politische Ökonomie

Der Grundgedanke der Neuen Politischen Ökonomie besteht darin, daß der **Staat** ein **integraler Bestandteil** von Gesellschaft und Wirtschaft ist und daß **Politiker** ebenso wie andere Individuen vom **Selbstinteresse** geleitet werden. Politische Parteien in den modernen Demokratien (ebenso wie Fürstenhäuser in der europäischen Geschichte) werden in Analogie zu Unternehmen gesehen, die ihre eigenen Interessen verfolgen. Ebenso wie im Marktprozeß die Verfolgung individueller Interessen sich unter Wettbewerbsbedingungen zur Förderung des Allgemeinwohls auswirkt, so könnte auch die Verfolgung privater Interessen durch die Politiker unter bestimmten Bedingungen dem Allgemeinwohl dienen (*Downs* 1957). Auf diese Weise wird das Paradigma der neoklassischen Theorie zur Entwicklung einer ökonomischen Theorie der Politik verwandt. Einen breiten Raum in der Diskussion um die Entscheidungen im staatlichen Sektor nimmt die Frage ein, ob und unter welchen Bedingungen konsistente Entscheidungen möglich sind, die aus den individuellen Präferenzen der Bürger abgeleitet sind (z. B. *Arrow* 1951 a).

5.3. Ökonomische Theorie der Eigentums- und Verfügungsrechte

Ein Grundgedanke der neoklassischen Theorie besteht darin, daß sich im Wettbewerb jeweils **effiziente Lösungen** (Pareto-Optima) durchsetzen. Diese Idee läßt sich auch auf die Analyse von Institutionen übertragen: Es werden sich diejenigen Institutionen und rechtlichen Regelungen durchsetzen, die dem Kriterium der Effizienz genügen (*Posner* 1977). Das bedeutet nicht, daß Institutionen immer bewußt nach dem Effizienzkriterium erfunden und gestaltet werden. Bei der Einführung von Institutionen waltet nicht selten der Zufall. Überlebensfähig aber sind nach der (neoklassischen) ökonomischen Theorie der Institutionen nur effiziente Einrichtungen. Aus diesem Grunde kann das Effizienzprinzip einen Beitrag zur Erklärung der Entstehung und der Funktionsweise von Institutionen und den darin verkörperten Eigentums- und Verfügungsrechten leisten.

Literatur

Allen, R. G. D., Hicks, J. R., A reconsideration of the theory of value, in: Economica 1934, S. 196–219.

Arrow, K. J., Social choice and individual values, New York 1951 (a).

Arrow, K. J., An extension of the basic theorems of classical welfare economics, in; *Neyman, J.*(Hrsg.), Proceedings of the Second Berkeley Symposium on Mathematical Statistics and Probability, Berkeley 1950 (b), S. 507–532.

Arrow, K. J., Debreu, G., Existence of an equilibrium for a competitive economy, in: Econometrica 22 (1954), S. 265–290.

Becker, G. S., Crime and punishment: An economic approach, in: Journal of Political Economy 76 (1968), S. 169–217.

Böhm-Bawerk, E. von, Macht und ökonomisches Gesetz, in: Zeitschrift für Volkswirtschaft, Sozialpolitik und Verwaltung 23 (1914), S. 205–271.

Buchanan, J. M., Tullock, G., The calculus of consent. Logical foundations of constitutional democracy, Ann Arbor, Michigan 1962.

Cassel, G., Theoretische Sozialökonomie, Leipzig 1927.

Clark, J. B., The distribution of wealth, theory of wages, interest and profits, New York 1899.

Cobb, C. W., Douglas, P. H., A theory of production, in: American Economic Review, Papers and Proceedings, 18 (1928), S. 139–165.

Dantzig, G. B., Maximization of a linear function of variables subject to linear inequalities, in: *Koopmans, T. C.*, (Hrsg.), Activity analysis of production and allocation, New York 1951, S. 339–347.

Debreu, G., Theory of value, New York 1959.

Downs, A., An economic theory of democracy, New York 1957.

Edgeworth, F. Y., Mathematical psychics, London 1881.

Eucken, W., Grundlagen der Nationalökonomie, 5. Auflage, Bad Godesberg 1947.

Heckscher, E., The effect of foreign trade on the distribution of income, in: Economisk Tidskrift 21 (1919); wiederabgedruckt in: Readings in the theory of international trade, London 1958, S. 272–300.

Hicks, J. R., Value and capital, 2. Auflage, Oxford 1946, (1. Auflage, 1939).

Koopmans, T. C., (Hrsg.), Activity analysis of production and allocation, New York 1951.

Meckling, W., Values and the choice of the model in the social sciences, in Schweizerische Zeitschrift für Volkswirtschaft und Statistik 112 (1976), S. 545–560.

Neumann, J. von, Morgenstern, O., Theory of games and economic behavior, 3. Auflage, Princeton 1953, (1. Auflage, 1944).

Neumann, M., Theoretische Volkswirtschaftslehre, Band II, 3. Aufl., München 1991, und III, 2. Aufl., München 1994.

Niskanen, W., A., Bureaucracy and representative government, Chicago, New York 1971.

Ohlin, B., Die Beziehungen zwischen internationalem Handel und internationalen Bewegungen von Kapital und Arbeit, in Zeitschrift für Nationalökonomie 2 (1931), S. 161–199.

Phelps, E. S., The golden rule of accumulation: A fable for growthmen, in: American Economic Review 51 (1961), S. 638–643.

Posner, R. A., Economic analysis of law, Boston 1977.

Quirk, J., *Saposnick, R.*, Introduction to general equilibrium theory and welfare economics, New York 1986.

Ramsey, F. P., A mathematical theory of savings, in: Economic Journal 38 (1928), S. 543–559.

Robbins, L., An essay on the nature and significance of economic science, London 1932.

Robinson, J., The production function and the theory of capital, in: Review of Economic Studies 21 (1953–54), S. 81–106.

Samuelson, P. A., Foundations of economic analysis, Cambridge, Mass. 1947.

Samuelson, P.A., International trade and the equalization of factory prices, in: Economic Journal 58 (1948), S. 163–184.

Samuelson, P. A., The pure theory of public expenditure, in: Review of Economics and Statistics 36 (1954), S. 387–389.

Schultz, T. W., The value of children: An economic interpretation, in: Journal of Political Economy 81 (1973), S. S2–S13.

Schumann, J., Die Wegbereiter der modernen Preis- und Kostentheorie, in: WiSt 12 (1983), S. 405–414, (abgedruckt in diesem Band).

Schumann, J., Wohlfahrtsökonomik, in: WiSt 12 (1983), S. 512–520, (abgedruckt in diesem Band).

Shephard, R. W., Cost and production functions, Princeton, N. J., 1953.

Shephard, R. W., Theory of cost and production functions, Princeton, N. J., 1970.

Solow, R. M., A contribution to the theory of economic growth, in: Quarterly Journal of Economics 70 (1956), S. 65-94.

Stackelberg, H. von, Grundlagen der theoretischen Volkswirtschaftslehre, Bern 1948 (1. Auflage als „Grundzüge der theoretischen Volkswirtschaftslehre“ 1943).

Stigler, G. J., Production and distribution theories, New York 1941.

Stigler, G. J., *Becker, G. S.*, De gustibus non est disputandum, in: American Economic Review 67 (1977), S. 76–90.

Uzawa, H., Optimal growth in a two-sector model of capital accumulation, in: Review of Economic Studies 31 (1964), S. 1–24.

Walras, L., Eléments d'économie politique pure ou théorie de la richesse sociale, édition definitive, Paris 1926.

Weizsäcker, C. C., von, Wachstum, Zins und optimale Investitionsquote, Basel 1962.

Weintraub, E. R., On the existence of a competitive equilibrium: 1930–1954, in: Journal of Economic Literature 21 (1983), S. 1–39.

Wicksteed, P. H., Essay on the co-ordination of the laws of distribution, London 1894.

Zeittafel großer Nationalökonomen und ihrer Vorläufer

(mit Angabe der wichtigsten Werke)

Name	Lebensdaten	Bedeutendste Werke
Platon	427–347 v. Chr.	Staat; Gesetze
Aristoteles	384–322 v. Chr.	Politik; Nikomachische Ethik
Thomas von Aquino	1225–1274	Summa theologica
Johannes Buridanus	1300–1358	Quaestiones super octos libros politicorum Aristotelis
Luis de Molina	1535–1600	Concordia Liberi arbitrii cum gratiae donis, divina praescientia, providentia, praedestinatione et reprobatione (1588)
John Locke	1631–1704	Essay Concerning Human Understanding
Richard Cantillon	1680–1734	Essai sur la nature du commerce en général (1755)
François Quesnay	1694–1774	Tableaué conomique, Maximes générales du gouvernement économique d'un royaume (1758)
David Hume	1711–1776	A Treatise of Human Nature (1741–1742) Political Discourses (1752)
Adam Smith	1723–1790	Theory of Moral Sentiments (1759); Wealth of Nations (1776)
A. R. Jacques Turgot	1727–1781	Réflexions sur la formation et la distribution des richesses, Mémoire sur les prêts d'argent (1769)
Jeremy Bentham	1748–1832	An Introduction to the Principles of Morals and Legislation (1780)
Claude Henri de Rouvroy Saint-Simon	1760–1835	Le Nouveau Christianisme (1825)
Robert Malthus	1766–1834	An Essay on the Principles of Population (1798) Principles of Political Economy (1820)
Jean-Baptiste Say	1767–1831	Traité d'économie politique (1803) Cours complet d'économie politique pratique (1828/29)
David Ricardo	1772–1823	On the Principles of Political Economy and Taxation (1817)

Johann Heinrich von Thünen	1783–1850	Der isolierte Staat, Teil I (1826) Der isolierte Staat, Teil II, Abschnitt I (1850) Der isolierte Staat, Teil II, Abschnitt II, und Teil III (1863)
Friedrich List	1789–1846	Das nationale System der politischen Ökonomie (1841)
Antoine Augustin Cournot	1801–1877	Recherches sur les principes mathématiques de la théorie des richesses (1838)
John Stuart Mill	1806–1873	Elements of Political Economy (1821) Principles of Political Economy (1848)
Hermann Heinrich Gossen	1810–1858	Entwicklung der Gesetze des Menschlichen Verkehrs und der daraus Fließenden Regeln für Menschliches Handeln (1853/54)
H. Karl Marx	1818–1883	Zur Kritik der politischen Ökonomie (1859) Das Kapital (Bd. 1: 1867; Bd. 2: 1885; Bd. 3: 1894)
M. E. Léon Walras	1834–1910	Eléments d'économie politique pure (2 Teile: 1874 und 1877) Etudes d'économie politique appliquée (1898)
William Stanley Jevons	1835–1882	The Theory of Political Economy (1871)
Gustav Friedrich von Schmoller	1838–1917	Über einige Grundfragen der Sozialpolitik und der Volkswirtschaftslehre (1898) Grundriß der allgemeinen Volkswirtschaftslehre (2 Bände: 1900 und 1904)
Carl Menger	1840–1921	Grundsätze der Volkswirtschaftslehre allgem. Teil (1871) Untersuchungen über die Methode der Sozialwissenschaft und politischen Ökonomie insbesondere (1883)
Alfred Marshall	1842–1924	Principles of Economics (1890) Money, Credit and Commerce (1923)

Francis Ysidoro Edgeworth	1845–1926	Mathematical Psychics (1881) Papers Relating to Political Economy (1891–1921)
Vilfredo Marquis Pareto	1848–1923	Cours d'économie politique (1896/97) Manuali di economia politica (1906)
John Gustav Knut Wicksell	1851–1926	Finanztheoretische Untersuchungen (1896) Geldzins und Güterpreise (1898) Vorlesungen über Nationalökonomie auf der Grundlage des Marginalprinzips (1913–1922)
Eugen von Böhm-Bawerk	1851–1914	Kapital und Kapitalzins (1884–1889)
Friedrich Frh. von Wieser	1851–1926	Der natürliche Wert (1899) Theorie der gesellschaftlichen Wirtschaft (1914)
Werner Sombart	1863–1941	Der moderne Kapitalismus (1902, 1923) Die deutsche Volkswirtschaft im 19. Jahrhundert (1903) Die drei Nationalökonomien (1930)
Max Weber	1864–1920	Ges. Aufsätze zur Religionssoziologie (1920/21) Ges. Aufsätze zur Wissenschaftslehre (1922) Wirtschaft und Gesellschaft (1922)
Gustav Cassel	1866–1945	Theoretische Sozialökonomie (1918) The World's Monetary Problems (1921)
Irving Fisher	1867–1947	Mathematical Investigations in the Theory of Value and Price (1892) The Purchasing Power of Money (1911)
Arthur Cecil Pigou	1877–1959	The Economics of Welfare (1920) The Theory of Unemployment (1933)

John Maynard Keynes	1883–1946	The Economic Consequences of the Peace (1919) A Treatise on Money (1930) General Theory of Employment, Interest and Money (1936)
Joseph Alois Schumpeter	1883–1950	Theorie der wirtschaftlichen Entwicklung (1912) Business Cycles (1939) Capitalism, Socialism and Democracy (1942)
Walter Eucken	1891–1950	Die Grundlagen der Nationalökonomie (1940) Grundsätze der Wirtschaftspolitik (1952)
Oskar Morgenstern	1902–1977	Spieltheorie und wirtschaftliches Verhalten (mit *J. v. Neumann*, 1944)
Joan Robinson	1903–1983	Economics of Imperfect Competition (1933)
Heinrich v. Stackelberg	1905–1946	Marktform und Gleichgewicht (1934) Grundzüge der theoretischen Volkswirtschaftslehre (1943)

Die Nobelpreisträger der Wirtschaftswissenschaft

Name	Lebens-daten	Bedeutendste Werke	Jahr der Preis-verlei-hung
Ragnar Frisch	1895–1973	Theory of Production (1965)	1969
Jan Tinbergen	1903–1994	Business Cycles in the USA, 1921–1933 (1939) Economic Policy: Principles and Design (1967)	1969
Paul Anthony Samuelson	1915	Foundations of Economic Analysis (1947) Collected scientific papers of Paul A. Samuelson, 4 Vols (1966, 1972, 1977)	1970
Simon Kuznets	1901–1985	Secular Movements in Production and Prices (1930) National Income since 1869 (1946)	1971
Kenneth J. Arrow	1921	Social Choice and Individual Calues (1951) Essays in the Theory of Risk-bearing (1971)	1972
John R. Hicks	1904–1989	Value and Capital (1939) A Contribution to the Theory of the Trade Cycle (1950)	1972
Wassily W. Leontief	1906	Studies in the Structure of the American Economy (1953) Input-output Economics (1966)	1973
Friedrich A. von Hayek	1899–1992	Prices and Production (1931) The Constitution of Liberty (1960)	1974
Gunnar Myrdal	1898–1987	The Political Element in the Development of Economic Theory (1953) Economic Theory and Under-developed Regions (1957)	1974
Leonid V. Kantororich	1912–1986	Mathematical Methods for Organizing and Planning Industry (1960, Übersetzung des russ. Originals von 1939)	1975

Tjalling C. Koopmans	1910–1984	Activity, Analysis and its Applications (1953)	1975
Milton Friedman	1912	A Monetary History of the United States 1867–1960 (1963 m. *A. J. Schwartz)* The Optimum Quantity of Money and other Essays (1969)	1976
James E. Meade	1907	Theory of International Economic Policy, 2 Vols (1951, 1955) Principles of Political Economy, 4 Vols (1965, 1968, 1972, 1976)	1977
Bertil G. Ohlin	1899–1979	Interregional and International Trade (1933)	1977
Herbert A. Simon	1916	Administrative Behavior (1955) Models of Man (1957)	1978
William A. Lewis	1915–1991	The Theory of Economic Growth (1955)	1979
Theodore W. Schultz	1902	Measures for Economic Development of Underdeveloped Countries (joint author, 1951) Human Resources, Human Capital: Policy Issues and Research Opportunities (1972)	1979
Lawrence R. Klein	1920	An Econometric Model of the United States, 1929–1952 (mit *A. S. Goldberger,* 1955) An Introduction to Econometrics (1962)	1980
James Tobin	1918	National Economic Policy (1966) Essays in Economics: Macroeconomics (1971)	1981
George J. Stigler	1911–1991	The Organization of Industry (1968); The Behavior of Industrial Prices (mit *J. K. Kindahl,* 1970)	1982
Gérard Debreu	1921	Theory of Value, an Axiomatic Analysis of Economic Equilibrium (1959, Deutsche Übersetzung 1976)	1983
J. Richard Stone	1913–1991	National Income and Expenditure (1944)	1984
Franco Modigliani	1918	Collected Papers of Franco Modigliani: Vol. 1, Essays in Macroeconomics, Vol. 2, Life	1985

		Cycle Hypothesis of Saving, Vol. 3, Theory of Finance and Other Essays (Vol. 1–3: 1980)	
James McGill Buchanan	1919	The Calculus of Consent (mit *G. Tullock*, 1962) Liberty, Market and State (1985)	1986
Robert M. Solow	1924	Capital Theory and the Rate of Return (1963)	1987
Maurice Allais	1911	À la recherche d'une discipline économique. Première partie: L' Économie pure (1942) Économie et intérêt (1947)	1988
Trygve M. Haavelmo	1911	Multiplier Effects of a Balanced Budget (1945)	1989
Harry M. Markowitz	1927	Portfolio Selection (1952)	1990
Merton H. Miller	1923	The Cost of Capital, Corporate Finance and the Theory of Investment (mit *F. Modigliani,* 1958)	
William F. Sharpe	1934	Capital Asset Prices: A Theory of Market Equilibrium under Conditions of Risk (1964)	1990
Ronald H. Coase	1910	The Nature of the Firm (1937) The Problem of Social Cost (1960)	1991
Gary S. Becker	1930	Human Capital (1964) A Treatise on the Family (1981)	1992
Robert W. Fogel	1926	Railroads and American Economic Growth (1964) Time on the Cross (1974 mit S. L. Engermann)	1993
Douglas C. North	1920	Institutions, Institutional Change and Economic Performance (1990)	1993

Sachverzeichnis